"博学而笃志，切问而近思。"

（《论语》）

博晓古今，可立一家之说；
学贯中西，或成经国之才。

复旦博学·复旦博学·复旦博学·复旦博学·复旦博学·复旦博学·复旦博学

主编简介

　　仇雨临，中国人民大学劳动人事学院社会保障系主任，教授，博士生导师。1983年毕业于北京大学经济学系，获经济学学士学位；1986年毕业于北京大学社会学系，获法学硕士学位；2004年毕业于中国人民大学劳动人事学院，获经济学博士学位。1998年在法国蒙德斯鸠大学做访问学者，研究欧盟国家社会保障制度；2001年在加拿大马尼托巴大学做访问学者，研究加拿大社会福利制度。主要从事员工福利管理、企业年金、社会保障国际比较、医疗保险等领域的教学和研究工作。曾出版过《员工福利管理》《员工福利概论》《医疗保险》《加拿大社会保障制度的选择及其对中国的启示》《社会调查研究方法》等著作。担任的社会兼职有：人力资源和社会保障部中国社会保险学会常务理事、人力资源和社会保障部中国社会保险学会学术委员会委员、中国医疗保险研究会理事、人力资源和社会保障部中国-欧盟社会保障合作项目中国社会保障论坛专家、国务院城镇居民基本医疗保险试点工作评估专家（2007.10-2010.12）、中国保险学会理事、北京市劳动和社会保障学会常务理事、北京市第二届社会保险基金监督委员会委员等。

普通高等教育"十一五"国家级规划教材

复旦博学
21世纪人力资源管理丛书

员工福利管理

（第二版）

仇雨临　主　编

复旦大学出版社

内容提要

本书是目前国内为数不多的在理论联系实践的基础上全面、系统地介绍员工福利管理的教材，对员工福利计划的原理、运作和管理等问题均给予了详细的介绍。

全书共分为12章，包括三个部分的内容。第一部分：基本理论与发展概况，包括第一章到第三章，主要是对员工福利基本理论方面的介绍；第二部分：员工福利体系的设计与管理，包括第四章到第六章，从企业的角度介绍员工福利计划的设计与规划管理；第三部分：几种典型的员工福利计划，包括第七章到第十二章，介绍了几种典型的员工福利方案。全书具体包括员工福利总论、员工福利的相关理论、员工福利的发展、员工福利体系设计的影响因素、员工福利计划的设计模式、员工福利计划的规划与管理、企业年金计划、企业健康保险计划、住房福利计划、利润分享计划、员工持股计划以及其他福利计划等内容。

此次出版的第二版对前一版本进行了很大的改动，包括增加大量新的知识和信息、更新数据资料、删减已经过时的内容等，且每一章开篇有本章提要，篇末有本章小结、相关案例及复习讨论题，力争使新版本的《员工福利管理》更准确、更全面、更系统地反映员工福利的理论与实践。

本书适合大学人力资源管理专业、社会保障专业及相关经济管理专业师生作为教材使用，也可作为企业高层管理者、人力资源主管的参考书。

丛书编辑委员会

主　任　曾湘泉

委　员　（按姓氏笔画排序）

文跃然　孙健敏　刘子馨　刘尔铎　萧鸣政

苏荣刚　郑功成　徐惠平　彭剑锋

总策划

文跃然　苏荣刚

前言

在今天的社会,"以人为本"已经成为企业人力资源管理的共识。员工福利作为现代企业全面薪酬体系的一个有机组成部分,充分体现了"以人为本"的管理理念和思想。员工福利具有保障员工权益和激励员工的功能,一个恰当的、理想的员工福利安排可以为企业营造出强大的竞争优势。因此,关注员工福利,改善员工福利和提升员工福利就成为企业人力资源管理的一项重要的工作。

尽管理论界和企业界对员工福利的认识在逐步深化,员工福利在人力资源管理中的地位在逐渐提升,但目前有关员工福利的专门论述比较少见,往往是作为员工薪酬体系的一个部分进行介绍。本书将员工福利从薪酬体系中独立出来,专门介绍员工福利的有关理论和实践,在一定程度上弥补了以往对员工福利论述的不足。本书是2004年出版的《员工福利管理》的再版,这次编写对前一版本进行了很大的改动,包括增加大量新的知识和信息、更新数据资料、删减已经过时的内容等,力争使《员工福利管理(第二版)》更准确、更全面、更系统地反映员工福利的理论与实践。

《员工福利管理(第二版)》有如下特点:

1. 体系和内容新。本书包括三个部分共12章,由基本原理与发展概况、员工福利体系的设计与管理和几种典型的员工福利计划三大板块组成。在介绍以上内容时,着重介绍员工福利中的最新理论和实践经验以及发展趋势。

2. 实践性强。在编写本教材时,注重员工福利的实践性和可操作性。如本书中有相关章节专门介绍员工福利的设计模式、规划和运作,员工福利具体项目的内容和操作办法等,有助于读者对员工福利有更深入的认识和具体的把握。

3. 案例有助于知识的掌握和理论的运用。本书不仅有理论阐述,还增加了案例和案例分析的内容。这样的安排有利于读者用所学的理论对现实问题进行诊断和分析,学以致用,增强读者对现实问题的认识和动手解决实际问题的能力。

本书力求从理论和实践两个方面全面、系统、深入地阐述员工福利,对员工福利计划的原理、运作和管理等问题均给予详细的介绍。本书共分为12章,从内在逻辑上看,这12章包括三个方面的内容,从抽象层面到具体层面,从一般理论到具体实践。具体分配如下:第一部分介绍基本理论与发展概况;第二部分介绍员工福利体系的设计与管理;第三部分介绍几种典型的员工福利计划。第一部分包括第一章到第三章,主要是对员工福利基本理论方面的介绍。第二部分包括第四章到第六章,从企业的角度介绍员工福利计划的设计与规划管理。第三部分包括第七章到第十二章,具体介绍几种典型的员工福利方案。各章的主要内容如下:

第一章"员工福利总论"。主要介绍国内外学者和机构对员工福利概念的定义、员工福利与薪酬的关系、员工福利与社会福利的关系、员工福利的构成。通过本章的学习,可以使读者对员工福利的概念、员工福利的结构和主要项目以及本书的特性有一个清楚的认识。

第二章"员工福利的相关理论"。从经济学、管理学的角度,针对员工福利自身所具备的特点,依据相关理论,分析了这一薪酬支付方式为雇员、雇主所带来的积极效用和一定的消极因素,并在此基础上提出了企业应增强福利的针对性与灵活性,设置满足员工需求的员工福利项目,同时适当控制福利工资的增长比例和增长幅度,以最大限度地发挥员工福利的积极效用。

第三章"员工福利的发展"。从纵向的角度对员工福利的历史沿革进行了全面介绍,先是就一般意义上的员工福利的产生、发展和未来走向作出了详细的描述;然后对中国在不同历史发展时期的员工(职工)福利问题进行了回顾,对目前的员工福利政策和计划进行了系统的阐述。

第四章"员工福利体系设计的影响因素"。从外部环境和内部环境两个方面论述影响员工福利计划的因素。外部环境因素主要是国家的政策法规和制度等;内部环境因素主要是企业方面的影响因素和员工方面的影响因素,如企业的文化价值和管理理念,企业的薪酬策略,工会的态度和力量,员工的绩效、年龄及福利需求等。此外,成本—效益问题对企业的福利也有重要的影响。

第五章"员工福利计划的设计模式"。在这一章中,首先介绍了什么是员工福利计划,指出员工福利计划所包括的基本内容;然后对员工福利计划的各种模式进行了论述,针对每一种模式都分析了其优点和存在的问题;最后介绍目前最为流行的一种福利计划模式——弹性福利计划模式。

第六章"员工福利计划的规划与管理"。对员工福利的规划和管理进行逐一阐述。首先介绍员工福利的规划,对员工福利规划的理论、内容和实际操作程序进行了系统的讲解;然后介绍员工福利的管理,对员工福利管理的相关理论问题、员工福利管理的内容、方式和流程、员工福利各发展阶段的管理等作了详细的讲解。

第七章"企业年金计划"。对企业年金计划进行了系统的介绍,包括企业年金的性质、特点及其产生和发展状况;企业年金的类型、投资运营和管理;政府在企业年金计划中的角色,如立法、税收政策和监督等;最后介绍了中国企业年金的建立和发展情况。

第八章"企业健康保险计划"。对建立企业健康保险计划的必要性、国外几种典型的健康保险计划以及中国目前的企业补充医疗保险制度进行了简要的介绍,特别增加了目前逐渐受到企业关注的心理健康管理计划的内容。

第九章"住房福利计划"。介绍了住房福利计划的意义和主要形式,分析了住房福利的特点以及企业住房计划方案的选择与实施,回顾了中国企业住房福利从计划经济时代到社会主义市场经济时代的发展过程,并阐述了目前住房福利的政策和实施状况。

第十章"利润分享计划"。本章重点对西方国家比较流行的一种员工福利计划,即利润分享计划的理论基础、历史背景、制度设计方法、操作流程以及在中国的发展情况进行了介绍。

第十一章"员工持股计划"。这是与利润分享计划齐名的另外一种在西方国家比较流行的员工福利计划,本章对该计划的历史沿革、理论依据、制度设计等方面进行了详细的介绍,并根据我国的国情分析了这一计划在中国企业的具体应用。

第十二章"其他福利计划"。重点介绍了团体人寿保险计划和员工福利计划。这两项计划在企业越来越受到重视并得到采用。本章详细介绍了这两项计划的主要内容、重要作用以及实施办法。

本书编写的具体分工如下:仇雨临撰写第一章和第七章;刘潇撰写第二、十、十一章;万谊娜撰写第三、八、九章以及第十二章第二节;李洪瑞撰写第四、五、六章以及第十二章第一节。最后由仇雨临总纂全书,郝佳、于环和梅丽萍也为此书的完成作出了重大贡献。

本书凝结了编写者们的心血和智慧,是编写者们努力工作的劳动成果。但我们承认,书中一定还有不足或不妥之处,希望得到读者的指正。

仇雨临

2009 年 11 月 11 日

目录

第一部分 基本理论与发展概况

第三部分　几种典型的员工福利计划

第一部分
基本理论与发展概况

Employee Benefits

Management

第一章

员工福利总论

【本章提要】

何谓员工福利,福利为何会从仅仅被作为礼物赠予的"小额优惠"发展到占雇主所支付的整体薪酬的重要组成部分,以及福利是如何成为企业吸引和留住人才的一种激励手段的,这些问题将会在本章中作出详细的分析和阐述。本章的学习要点在于以下几个方面:

(1)理解员工福利的内涵;

(2)弄清员工福利与薪酬、员工福利与社会福利的关系;

(3)了解员工福利的分类与构成。

第一节　员工福利的概念界定

提起福利,人们也许会想到如养老、医疗等基本社会保险,也许还会想到各种如住房、交通等补贴,以及带薪假期、集体旅游等。那么究竟什么是福利? 福利是不是就是社会保险? 福利与人们所关注的薪酬存在怎么样的关系呢?

本节将从中西方对于员工福利的内涵界定,员工福利与社会保险、社会福利的关系,以及员工福利与基本薪酬的内在联系等角度对员工福利的含义作出详细的阐述,并就其目前的实施状况对员工福利从多个角度作出划分,以达到对员工福利内涵与外延的一个从理论到实践的整体的、全方位的诠释。

一、西方国家关于员工福利的界定

西方国家主要从福利计划的角度给员工福利下定义,具有代表性的有美国商会(The Chamber of the United States)和美国社会保障署(The Social Security Administration)对员工福利计划的定义①以及美国学者对于员工福利的界定。

1. 美国商会的定义

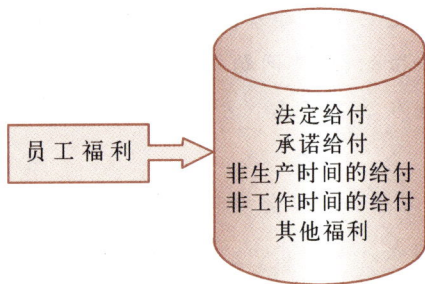

图1-1　广义的员工福利分类

美国商会对员工福利计划(Employee Benefit Plan, EBP)采用广义解释,它认为员工福利计划是相对于直接津贴(Direct Wages)以外的任何形态津贴而言的。依此见解,商会把 EBP 的内容分成以下五大类(如图1-1所示)。

第一类:对于员工经济安全所需的法定给付,包括老年、遗属、工作能力丧失的收入和健康保险(Old-Age, Survivors, Disability and Health Insurance, OASDHI),失业保险(Unemployment Compensation),强制性的短期工作能力丧失收入保险,以及针对铁路劳工的特殊退休、工作能力丧失收入补偿和失业津贴。

第二类:养老金和其他承诺的给付,包括养老金、人寿保险和其他的死亡给付、非营利机构所提供的医疗服务和其他医疗费用给付、工作能力丧失收入保险和其他工

① Robert D. Eilers & M. Robert, *Crowe Group Insurance Handbook*, 1965, pp. 3 - 5.

作能力丧失时的给付,但带薪病假、私营失业补助金和遣散费除外。此外还包括一些其他承诺的福利,如员工购买商品的折扣、免费进餐、员工认股、员工子女学费补助等。

第三类:上班中非生产时间的给付,包括在休息时间、午餐时间、洗涤时间、外出时间、更衣时间、准备时间和工作时间中类似小憩时间的照付工资。

第四类:未工作时间的给付,包括带薪休假和放弃休假的特别奖金、假日照付工资、带薪病假、服役、陪审等公假照付的工资。

第五类:其他福利,即除了薪金以外而未包括于上述四类之中的所有福利。

2. 美国社会保障署的定义

美国社会保障署则采用狭义的认识来定义 EBP(如图 1-2 所示)。它认为员工福利计划是由雇主和员工单方面或共同赞助创立的任何形态的给付措施,必须有雇佣关系,并且不是政府直接承保和给付。一般而言,其目的在于使用一个有秩序、预定模式的措施,以提供因死亡、意外、疾病、退休或失业等正常所得中止期间收入之持续,以及由于生病和伤害通常面临的特殊费用之补偿。

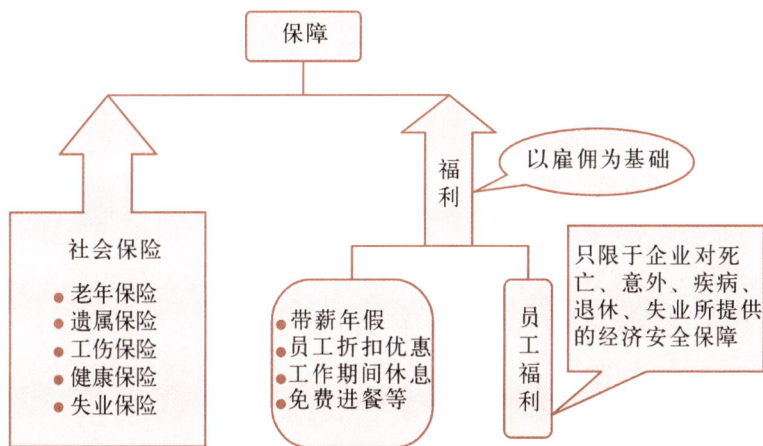

图 1-2 狭义的员工福利分类

由此可见,美国社会保障署对于员工福利计划的内容只限于私人对死亡、意外、疾病、退休或失业所提供的经济安全保障,而带薪年假、员工折扣优惠、工作期间的休息、免费进餐等项目则不属于此;同时,也不包括国家的老年保险、遗属保险、工作能力丧失的收入(工伤保险)、健康保险和失业保险等。

3. 美国学者对于员工福利的界定

加里·德斯勒①认为,员工福利包括健康和人寿保险、休假和保育设施,具体可

① 加里·德斯勒,《人力资源管理(第六版)》,中国人民大学出版社,1999 年,第 492 页。

以归纳为四类：一是补充性工资；二是保险福利；三是退休福利；四是员工服务福利。约翰·E·特鲁普曼①在他所提出的由十种薪酬成分组合而成的整体薪酬中，认为"……间接工资，即通常所说的福利工资。福利工资有别于以单位工作时间计算的薪酬方式，该费用由雇主全部或主要承担，我们可以把它看作整体薪酬方案的一部分"。乔治·T·科尔科维奇在《薪酬管理》一书中界定员工福利是"总报酬的一部分，它不是按工作时间给付的，是支付给全体或部分员工的报酬(如寿险、养老金、工伤保险、休假)"。

二、我国关于员工福利的界定

在我国，员工福利又被称为职工福利或机构福利，对于其内涵的界定存在着不同角度和方式。具体而言，主要有以下两种。

1. 从广义上的福利角度而界定的职工福利

李怀康等②认为，用以改善人民物质、文化生活的公益性事业和所采取的一切措施均可称为福利。从享受的范围、水平和举办者的地位来分，福利事业可以划分为三个层次：最高层次是在全国范围内以全体居民为对象而举办的福利事业，被称作国家福利；第二层次是在一定行政区域或地域内以该地区居民为对象而举办的福利事业，一般由当地政府举办，被称作地方福利；而职工福利则属于第三层次的福利事业，它是各企业、事业、国家机关等单位通过建立集体生活设施和服务设施以及补贴制度等方式，贴补本单位(或本系统)职工在物质文化生活方面的集体消费以及共同需要或特殊生活困难而举办的公益性事业。

2. 从福利受益者——雇员的角度而界定的雇员福利

李新建③认为，对雇员而言，福利有广义和狭义之分。广义的福利包括三个层次：首先，作为一个合法的国家公民，有权享受政府提供的文化、教育、卫生、社会保障等公共福利和公共服务；其次，作为企业的成员，可以享受企业兴办的各种集体福利；最后，还可以享受到工资收入以外的、企业为雇员个人及其家庭所提供的实物和服务等福利形式。狭义的雇员福利，又称职业福利或劳动福利，它是企业为满足劳动者的生活需要，在其工资收入以外，向员工本人及其家庭提供的货币、实物及一些服务形式。

---

① 约翰·E·特鲁普曼，《薪酬方案》，上海交通大学出版社，2002年，第99页。
② 李怀康等，《社会保险和职工福利概论》，北京经济学院出版社，1990年，第188—189页。
③ 李新建，《企业雇员薪酬福利》，经济管理出版社，1999年，第174—175页。

刘昕①认为,狭义的福利可以定义为"在相对稳定的货币工资以外,企业以改善企业员工及其家庭生活水平、增强员工对于企业的忠诚感、激发工作积极性等为目的而支付的辅助性货币、实物或服务等分配形式"。

三、对员工福利内涵的总结

综合上述中西方对于员工福利的界定,就其内涵总结出以下几点。

1. 员工福利是基于广义的福利与雇主所支付的整体报酬的交叉概念

从广义福利的角度而言,员工福利是由企业雇主专门面向其内部雇员所提供的,用以改善雇员及其家庭生活水平的一种辅助性措施和公益性事业。在此需要指出的一点是,在我国处于计划经济体制的特殊历史时期,由于企业隶属于政府,堪称"准政府"组织,因此混淆了社会福利、社会保险和员工福利三者之间的区别,由国家通过企业提供了许多本应由国家所承担的福利,如教育等,而形成了中国特有的"低工资、高福利"的分配体制。在从广义的福利角度理解员工福利时,应将这三者明确地区分开来。

从整体报酬的角度而言,员工福利是企业向员工支付的、不以员工向企业供给的工作时间为单位来计算的,有别于工资、奖金的间接性薪酬支付,是全部报酬的一部分。

2. 员工福利的给付形式多样

员工福利的给付形式包括现金、实物、带薪假期以及各种服务,而且可以采用多种组合方式,要比其他形式的报酬更为复杂,更加难以计算和衡量。

3. 员工福利中某些项目的提供要受到国家法律的强制性约束

如基本的社会保险、法定休假等,而企业所自行举办的其他一些福利也由于要获得政府最为优惠的税收待遇,而必须满足某些条件或受到一些重要规章制度的制约,如各项企业补充保险等。

4. 无论企业的规模、性质如何,总会为员工提供一些福利,福利已经成为某些制度化的东西

由此,可以看出员工福利是一个综合性的概念,我们可将其界定为:员工福利

---

① 刘昕,"福利是否需要全部货币化",《中国人力资源开发》,2001 年第 1 期。

是企业基于雇佣关系,依据国家的强制性法令及相关规定,以企业自身的支付能力为依托,向员工所提供的、用以改善其本人和家庭生活质量的、各种以非货币工资和延期支付形式为主的补充性报酬与服务。

第二节 员工福利与薪酬

既然从整体性报酬角度而言,员工福利是雇员通过工作所获得的全部报酬的一部分,那么员工福利与我们通常所讲的薪酬存在什么样的关系呢? 要对此有一个清晰的了解,我们要先明确整体性报酬所包含的内在含义和基本内容。

一、整体性报酬的概念及其内容

什么是整体性报酬? 一般情况下我们所说的薪酬是指员工由于工作而获得的经济性报酬(Financial Rewards),但实际上员工由于为企业工作而获得的所有他认为有价值的东西都可以统称为报酬,这就是所谓的整体性报酬。由此可见,在这种报酬理念下,报酬并不仅仅等同于金钱或者是可以折合为金钱的实物,还包括不能用金钱加以衡量的心理感受,因此同一工作对于不同的人而言,其所获得的报酬也是不同的。

一方面,以报酬本身对于接受者所产生的内部或外部性影响,可将这一体系下包含的所有报酬划分为两大类。

(1)外在报酬(Extrinsic Rewards)。

外在报酬即人们通常所认为的薪酬(Compensation),与组织的现金、实物等方面的支出直接相关,能够用货币进行衡量,如工资、奖金以及各种福利等。

(2)内在报酬(Intrinsic Rewards)。

内在报酬则来源于工作本身,源于工作者对于工作环境,如自我发展机会、工作生活质量、工作满意度以及工作的挑战性等方面的心理感受。即工作者将工作的全部内容或部分内容在某种程度上看作商品或消费品,例如:① 参与决策的权利;② 具有挑战性,能够发挥潜力的工作机会;③ 可灵活自主地安排自己的工作时间;④ 较多的职权;⑤ 感兴趣的工作;⑥ 个人发展的机会;⑦ 学习与进步的机会;⑧ 多元化的活动;⑨ 上级、同事的认可与内部地位,等等。

另一方面,以接受者所获得的报酬是否可以用金钱来衡量,则可以将其划分为经济性报酬和非经济性报酬两大类。

(1)经济性报酬。

经济性报酬,即员工通过工作所获得的可以直接或间接用货币来衡量的报酬,即通常所指的薪酬。

（2）非经济性报酬。

非经济性报酬,亦称非财务性报酬,并不以金钱形式表现出来,且通常不能用金钱来衡量。其主要项目有:① 较为舒适宽敞的办公室;② 业务用的名片和动听诱人的头衔;③ 私人秘书;④ 良好的工作氛围;⑤ 良好的人际关系等。

二、薪酬及薪酬的构成

诚如前面所讲的,我们通常所讲的薪酬是指员工为企业工作而获得的可以用货币直接或间接衡量的经济性报酬,即薪酬涵盖了员工从企业所获得的所有形式的经济收入以及有形的服务与福利。

具体来讲,薪酬可以划分为以下两个基本模块。

1. 直接薪酬

直接薪酬,亦可称之为竞争性的货币性薪酬,是与薪酬接受者的现实表现、能力等方面的个性特征有关的薪酬,包括基本工资以及奖金、津贴、补贴、劳动分红等各种形式的附加工资。

再进一步细化,直接薪酬又可以分为固定性薪酬和可变性薪酬。固定性薪酬主要指员工所获得的基本工资部分,这部分工资是企业以员工所承担的工作的性质、重要程度、相对价值等为指标,或以员工本身所具备的基本能力、知识、技能等为指标所确定并支付的固定性报酬。这部分报酬通常较为稳定,如果其确立所依据的指标未发生变化,那么它本身一般不会有所变动,因此,固定性薪酬通常为员工提供了基本的生活保障和稳定的收入来源。当然,固定性报酬也不是一成不变的,它也会受到一些因素变化的影响,如物价水平、通胀程度、企业的赢利能力以及同行业或地区的竞争程度等。

可变性薪酬则主要是指员工所获得的各种奖金、与业绩相联系的绩效工资以及与企业经营状况相联系的股权收益、红利等。可变性薪酬与固定性薪酬相比,通常更具有激励性,企业可以通过调整这部分薪酬达到改善员工个人及企业整体绩效、节约成本、提高质量、增强企业赢利能力等目的。

2. 间接薪酬

间接薪酬,亦可称之为非竞争性的福利薪酬,即我们所指的员工福利,通常不与薪酬接受者的工作业绩挂钩,多数具有内部普享性,包括带薪非工作时间、法定保险、补充性企业保险以及为员工个人及其家庭所提供的家庭服务等,其目的是为了保证和提高员工及其家属的生活水平,它不仅是企业组织保障和社会保障的一部分,也是对直接货币性薪酬的补充或延续。下面是一个有关薪酬各项目具体的比例分布表(参见表1-1)。

表1-1　薪酬项目分析(2000 年)

薪酬项目(Compensation Elements)	比　率	金　额
直接薪酬(Direct Compensation):		
固定薪酬(Actual Salary)	70%	$46 200
可变薪酬(Annual Incentive)	3%	$1 900
小计:	73%	$48 100
间接薪酬(Indirect/Non cash Compensation):		
带薪假期(Paid Time Off, including statutory holidays)	7%	$4 500
法定保险(Statutory/Legally Required)	7%	$4 400
退休金(Retirement Benefits)	7%	$4 600
企业补充保险(Private Group Benefits)	5%	$3 500
额外补贴及其他(Perquisites and Other Benefits)	1%	$800
小计:	27%	$17 800
总　　计	100%	$65 900

资料来源: Hay Group Compensation and Benefits Database。
说明: 这一数据来自对加拿大的工业、金融业等450家企业中层管理者的薪酬福利调查。

三、间接薪酬(以下简称"福利")与直接薪酬(以下简称"工资")的关系

从上述界定可以看出,工资和福利共同构成了经济性报酬体系——薪酬体系,这两者之间既有区别又有联系。

两者的联系体现在:

(1)工资与福利同属员工的劳动所得,属于劳动报酬的范畴,在劳动报酬总量一定的情况下,两者存在一定程度的此消彼长或替代关系;

(2)两者均具有经济保障功能;

(3)两者都要在一定程度上受到政府法律法规的约束;

(4)两者均具有一些弹性项目,可以依据经济条件的变化而作出调整,以满足不同的员工需求。

两者的区别主要有以下几点:

(1)产生的效用不同。工资对于员工的生活水平起决定性作用;而福利则是在此基础上起到了一种保障和提高的作用。

(2)支付依据不同。工资是按劳付酬,或按能力、业绩支付,不同岗位的员工以及同一岗位不同员工之间均会存在着工资差别;而福利则在很大程度上是按需支付,即根据用人单位工作和员工的需要支付,员工之间福利差别一般不大。

（3）支付形式不同。工资具有即期现金支付的特点；而福利则多以实物和延期支付为主。

（4）费用来源不同。工资来源于直接的劳动力再生产费用；而福利则来源于间接的劳动力再生产费用。

（5）影响其总量发生变化的主要因素不同。工资总额通常会随着劳动时间的变化而发生变化；员工福利总额则随雇佣人数而非工作时间的变化而发生变化。

（6）列支渠道不同。有些福利项目从利润中支付，不列入成本，享有税收优惠；而工资则从成本中列支。

此外，工资具有个别性、稳定性，而员工福利则具有集体性和随机性。

第三节　员工福利与社会福利

既然员工福利与社会福利同属于福利范畴，那么员工福利与社会福利存在什么样的区别和联系呢？要对此有一个清晰的了解，首先我们要明确社会福利的内在含义和基本内容。

一、社会福利的界定

1. 社会福利的概念界定

由于各国社会福利制度不一致，其研究背景与价值观选择不统一，因此，社会福利概念的界定存在着很大的差异。

对社会福利的界定包括广义和狭义两种方式。有些国家、学者倾向于认同广义的社会福利观点。在英国，社会福利就被定义为"为了保障全体国民的物质的、精神的、社会的最低生活水准而由政府和民间提供的各种社会服务的总和"[1]。美国的弗里德曼教授在其《选择的自由》一书中明确指出，社会福利包括社会保障（Social Security）、公共援助（Public Assistance）、房屋津贴（Housing Subsidies）和医疗保健（Medical Care）[2]。

中国的台湾、香港地区也广泛认同广义的社会福利界定。曾任台湾"中央研究院"院士的于宗先就认为广义上的社会福利应当包括医疗保健、国民就业、社会保险、福利服务、社会救助、国民住宅、环境保护等体系[3]。香港也将综合援助、社会服

---

[1] 郑功成，《社会保障学——理念、制度、实践与思辨》，商务印书馆，2000 年，第 20 页。
[2] Milton and Rose Friedman, *Free to choose*, Avon Books, 1981, pp. 82 – 118.
[3] 徐滇庆等，《中国社会保障体制改革》，经济科学出版社，1999 年，第 473—474 页。

务等纳入社会福利范畴①。

而我国大陆的理论界较认同狭义的社会福利观点："社会福利是国家和社会为增进与完善社会成员,尤其是困难者的社会生活而实施的一种社会制度,旨在通过提供资金和服务,保证社会成员一定的生活水平并尽可能提高他们的生活质量。"主流观点认为"社会福利制度是社会保障体系的有机组成部分和基本手段之一"②。

郑秉文、和春雷③认为,所谓社会福利,是指企业、事业单位举办的集体福利和国家或社会建立的针对某些人群(残疾人、孤儿、生活无依靠的老人)的社会福利。因此,社会福利可分为两个层次:(1)集体和单位提供的各种福利;(2)国家或社会提供的福利。

图1-3是社会福利的内容示意图。

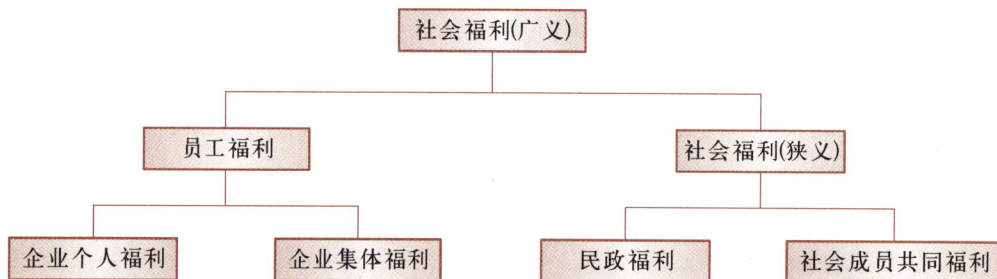

图1-3　社会福利的构成

2. 社会福利的特征

综合考察各国对社会福利的界定,以及各国的发展与研究实践,其本质特征主要包括以下几个方面:

(1)福利性。李占乐认为这是社会福利最本质的特征④。这一特征决定了社会福利的供给具有非营利性,而对福利对象而言,受益者的所得大于其所提供的费用。同时,福利性也决定了社会福利不能完全交给市场,国家和社会是它义不容辞的责任主体,承担对其提供政策、资金、人员和服务等方面支持的义务。

(2)社会化。社会福利的实施主体与实施对象都体现了社会化的特征,由官方机构或社会团体提供的福利服务也具有开放性,不存在供给者与受益者的直接对应。

---

① 周弘,《福利的解析——来自欧美的启示》,上海远东出版社,1998年,第8—13页。
② 时正新,《中国社会福利与社会进步报告(2000)》,社会科学文献出版社,2001年。
③ 郑秉文、和春雷,《社会保障分析导论》,法律出版社,2001年,第197页。
④ 李占乐,"'福利'与'社会福利'的再认识",《理论月刊》,2004年第5期。

（3）以服务保障为主。社会福利的供给以提供服务为主要方式,包括教育服务、残障保护服务、安老服务等,从而与社会保障的经济保障方式相区别。

（4）以促进社会成员生活质量的提高为目标。与社会保障保证社会成员基本生活的目标不同,社会福利的目标层次更高,包括满足社会成员在教育、文化方面的需求等,它旨在不断改善和提高社会成员的生活质量,因此,社会福利的福利水平也要高于社会保障。

3. 社会福利类型划分

广泛被接受的是社会福利经典作家哈罗德·威伦斯基提出的福利模式二分法,即社会福利的两种概念——剩余说和制度说。前者主张社会福利只有在正常的供给渠道(即家庭和市场)遭受破坏时才发挥作用,它显示的是对自由选择的价值承诺,要求解决的首先是社会失常现象和补充必要的普及性服务;后者则视社会福利为正常的和第一线的危机预防系统,它强调社会福利优先解决普遍性的社会问题,补充以必要的补救性选择服务,从而在现代工业社会中有必然的重要性①。

社会福利的范畴还可以从另外一个视角看,一个不只看直接支出,也不只看政府部门的视角。这个视角最早由理查德·梯特姆斯(Richard Titmuss)提出,他注意到社会上存在三个而不是一个福利系统：社会福利、职业福利(Occupational Welfare)和财税福利(Fiscal Welfare)②。

首先,梯特姆斯提出的社会福利与"直接支出"相对应,基本上等同于包括一系列政府资助的商品和服务——收入支持、健康和社会服务等在内的公共福利;其次,职业福利是指与就业有关的企业内部福利;最后,财税福利则涉及财政预算的收入部分。具体地说,它指具有明确社会目标的特别减税和退税措施。所有三个福利系统都具有一个基本的社会特点和目标,即每个系统都构成了集体干预的一个主要方面,这些集体干预旨在满足个人和社会需要。

梯特姆斯把职业福利看成一种"集体干预"形式,这是因为它的范围和特点反映出公共政策的特点。换句话说,尽管它们在名义上是"私人"的,但政府对工作福利的影响很大。以特殊税收安排为形式的公共政策——特别是雇员福利开支是当作免税的正常商业开支——一直是促进私人雇主资助健康和福利计划的强有力因素。尽管这些福利的现金价值只相当于雇佣合同中的工资,但这个现金价值是免了大量税的。从这些免税福利的意义上来说,它们等同于政府补贴(也许可以成为

① Harold Wilensky & Charles Lebeaux, *Industrial Society and Social Welfare*, New York: The Free Press, 1965, pp. 130–140.
② R. Titmuss, *Essays on the "Welfare State"* (2nd ed.), Unwin University Books, 1958.

"福利"），并和其他社会福利措施一模一样①。

二、员工福利与社会福利的区别

社会福利的目标在于促进社会成员的生活质量不断得到改善和提高，而员工福利本质上属于职工激励机制范畴，目标在于吸引、激励员工以赢得竞争优势。因此，无论是在实施主体、实施对象、筹资机制，还是在功能作用、实施方式等方面，两者均存在很大的差异。

（1）本质不同。社会福利是国家或社会为促进社会成员提高生活质量安排的社会制度；而员工福利则是企业吸引、激励员工的人力资源管理事务。

（2）实施主体不同。社会福利的责任主体是国家或社会，国家、社会对其承担法律、资金、管理、监督等职能；而员工福利属于企业激励机制，其责任主体自然是相应的企业。

（3）实施对象不同。社会福利具有社会性特征，它面向所有的社会成员；员工福利则相对封闭，只面向相应企业的员工。

（4）获得福利的资格要求不同。绝大多数的社会福利提供并不要求受益者承担相应的义务，只要是该国公民即可获得相应的社会福利；而员工福利是基于劳动合同的，它要求员工履行劳动合同中的相应义务。

（5）供给方式不同。社会福利旨在满足社会成员大众化的需求，主要以提供服务的方式供给，也包括一定的现金津贴；而员工福利可以充分考虑员工的差异化需求，供给方式呈现多样化的特征，包括带薪休假、家人补充保险、交通补助等。

三、员工福利与社会福利的联系

尽管社会福利与员工福利存在本质上的差异，但我们仍要清醒地认识到它们在社会功能方面是相辅相成的。考察中国员工福利的发展实践，我们发现国有企业的员工福利很大程度上承担了社会福利的功能，政府是实际的责任主体，国有企业完全按照国家政策的统一规定提供员工福利；而在发达的工业社会里，员工福利实际上也越来越多地承担社会功能，许多企业提供的福利，包括家庭照顾、家庭保险等，可以满足员工乃至其家人的多数社会服务需求，这些福利通常享受国家相关的政策、税收优惠，在发展过程逐渐出现稳定、社会化等社会福利的特征，从而成为

---

① Neil Gilbert、Paul Terrell 著，黄晨熹等译，《社会福利政策导论》，华东理工大学出版社，2003 年，第66—68 页。

社会福利强有力的支撑。

第四节　员工福利的构成

员工福利是一个复杂的系统,根据不同的标准,员工福利可以分为不同的类型。从宏观上认识,以福利项目是否具有法律强制性,可以分为国家立法强制实施的法定福利和企业自主实施的非法定福利;从员工福利的价值或目标来看,可以分为风险保障型福利和物质激励型福利。从微观上认识,以福利的享受时间为标准,可以分为即期性福利和延期性福利;按照福利的给付形式划分,可以分为现金型福利和非现金型福利;以实施范围为依据,可以分为全员性福利、特种福利以及特困补助;依据员工是否有选择权来看,可以将福利分为固定福利、弹性福利等。

一、法定福利和非法定福利

1. 法定福利

法定福利是国家通过立法强制实施的对员工的福利保护政策,包括社会保险、法定假期、住房福利等。

（1）社会保险。

社会保险是国家通过立法手段建立的,旨在保障劳动者在遭遇年老、疾病、伤残、失业、生育及死亡等风险和事故,导致暂时或永久性地失去劳动能力或劳动机会,从而全部或部分丧失生活来源的情况下,能够享受国家或社会给予的物质帮助,维持其基本生活水平的社会保障制度。

社会保险制度最早产生于德国,1883 年德国颁布了《疾病社会保险法案》,标志着社会保险制度的诞生。该法案规定,对全体从事工业性经济活动的工人一概实行强制性疾病社会保险,工人负担保险费的 2/3,企业主负担 1/3。对参加保险的工人,其医疗和药品的费用由社会保险承担。随后,德国又相继颁布了《工伤事故保险法》(1884)、《老年和残疾社会保险法》(1889),陆续实行了疾病保险计划、工伤事故保险计划和退休金保险计划,初步建立起当时世界上最完备的工人社会保险制度。

社会保险制度在 19 世纪 80 年代出现,是当时工业化生产方式带来的社会风险,如工伤、失业、疾病等更加严重,而原有的家庭保障职能弱化,国家出面对工人的利益给予保护的产物,也是国家强制推行的对工人的福利政策。

社会保险具有以下特点:

- 强制性。即社会保险是国家立法强制实施的社会政策,被保险人必须参加,承保人(企业)必须接受。
- 保障性。社会保险是一项收入补偿制度,其目标是保障被保险人的基本生活。
- 公益性。与商业保险不同,社会保险不以营利为目的,注重社会效益。
- 普遍性。工薪劳动者(在中国)或全体公民(发达国家)都可以参加社会保险。
- 互济性。社会保险基金通过收入再分配(保险费和税收)的手段筹集和建立,当被保险人发生风险时,可以享受社会保险待遇。因此,社会保险具有风险共担、互助互济的性质。

社会保险的目的是风险的补偿和预防,现代社会经济生活中的风险决定了社会保险的内容。市场经济中能够使人们收入中断、减少或丧失的风险有老年、疾病、工伤、生育、失业、残疾、死亡,从理论上说就有七大社会保险项目。对于企业职工来说,主要是养老保险、医疗保险、失业保险、工伤保险和生育保险。

① 养老保险。

养老保险是社会保险的一个重要险种,也是企业员工的一项基本福利。养老保险是国家为劳动者或全体社会成员依法建立的老年收入保障制度。当劳动者或社会成员达到法定退休年龄时,由国家或社会提供养老金,保障退休者的基本生活。

目前各国的养老保险制度大体可以分为以下三种模式:普遍保障模式、收入关联模式和强制储蓄模式。

- 普遍养老金保障计划,也叫全民平均津贴计划。这是在英国、北欧国家及一些英联邦国家普遍使用的养老金计划。其特点:一是无论个人的收入和工作经历有什么差别,达到法定退休年龄后均可领到相同的养老金;二是它的覆盖面通常十分广泛,既包括本国全体公民,有时也包括居住在该国一定年限的外侨(如瑞典、丹麦等);三是养老保险金主要来源于国家的税收,尽管在少数国家,政府要求公民缴纳少量的社会保险费或税(如英国)。普遍养老金制度更加关注养老金的公平分配机制。
- 收入关联养老金计划,也叫社会保险计划。在这种养老金计划下,缴费和养老金的多少与个人的工资水平直接相关。德国、法国和美国是推行这种模式的主要代表。养老保险费由雇主和雇员共同承担,一般缴费比例为雇员和雇主各占一半。当实际支付超过预测时,政府给予财政补贴。收入关联养老金的给付通常是根据劳动者的工资收入水平、就业年限、缴费期限、收入替代率及调节系数等基本要素共同确定的,侧重于体现收入关联和收入再分配的特征。

• 强制储蓄养老金计划,是通过建立个人退休金账户的方式,逐渐积累养老保险基金。当劳动者达到退休年龄时,将个人账户储存的基金、利息和其他投资收入发还给账户本人作为养老金。这种模式以新加坡的中央公积金制和智利的市场经营的个人账户制为代表。新加坡的公积金制度,由雇主和雇员按照雇员工资的一定比例按月分别缴纳保险费,并全部记入雇员的个人账户;个人账户的资金由中央公积金局管理和运作;雇员的退休金就是个人账户积累的保险金。智利也实行个人账户制度,但与新加坡不同的是,智利是完全由个人缴费建立个人账户,雇主不缴费;另外,个人账户的资金由相互竞争的基金公司负责管理和运作,通过基金的投资营运来保值增值。个人账户制度强调个人保障,注重养老金的效率和激励机制。

目前我国企业实行的职工养老保险制度是根据《关于建立统一的企业职工基本养老保险制度的决定》(国发【1997】26 号),以及《关于完善企业职工基本养老保险制度的决定》(国发【2005】38 号)建立起来的。其主要包括以下内容:第一,由企业和职工个人共同缴费,企业缴费比例一般不得超过企业职工工资总额的20%,个人缴费比例为8%。第二,实行社会统筹与个人账户相结合。职工个人缴费全部记入个人账户,企业缴费全部划入社会统筹基金。第三,累计缴费满15年的人员,退休后按月发给基本养老金。基本养老金包括基础养老金和个人账户养老金两部分,基础养老金月标准以当地上年度在岗职工月平均工资和本人指数化月平均缴费工资的平均值为基数,缴费每满一年发给1%;个人账户养老金月标准为个人账户储存额除以计发月数。

② 医疗保险。

医疗保险是为了分担疾病风险带来的经济损失而设立的一项社会保险制度。具体来说,医疗保险是由国家立法,按照强制性社会保险原则,由国家、用人单位和个人集资(缴保险费)建立医疗保险基金,当个人因病接受了医疗服务时,由社会医疗保险机构提供医疗费用补偿的社会保险制度。狭义的医疗保险只负担医疗费用的补偿;广义的医疗保险,则除了补偿医疗费用以外,还包括:补偿因疾病引起的误工工资、对分娩、残疾及死亡给予经济补偿,以及补偿用于预防和维持健康的费用。目前我国的医疗保险制度属于狭义的概念,即只按规定负责补偿医疗费用的开支。

1883 年德国颁布了《疾病保险法案》,这是世界上第一部社会保险法律,标志着现代社会保险制度的诞生。疾病保险法是各项社会保险法律中出台最早的法律,由此可见医疗保险的重要性。

目前我国企业实行的医疗保险制度是根据《关于建立城镇职工基本医疗保险制度的决定》(国发【1998】44 号)建立起来的,其主要包括以下内容:

第一,确立了城镇职工基本医疗保险制度的基本原则。即,基本医疗保险坚持

"低水平,广覆盖";基本医疗保险费由用人单位和职工双方共同分担;基本医疗保险基金实行社会统筹与个人账户相结合。

第二,确定了基本医疗保险的覆盖范围、统筹层次和缴费比例。基本医疗保险适用于一切城镇用人单位和职工;基本医疗保险原则上以地市级为统筹层次,确有困难的也可以县为统筹单位;缴费比例的分配:用人单位缴费率为职工工资总额的6%左右,职工缴费率为本人工资收入的2%。

第三,明确了基本医疗保险统筹基金和个人账户基金的各自来源和使用范围。基本医疗保险基金由统筹基金和个人账户构成。职工个人缴纳的保险费全部计入个人账户;用人单位缴纳的保险费一部分用于建立统筹基金,一部分划入个人账户。统筹基金和个人账户的支付范围要分别核算,不能相互挤占。同时,《决定》还规定了统筹基金的起付标准和最高支付限额:起付标准原则上控制在当地职工年平均工资的10%左右,最高支付限额原则上控制在当地职工年平均工资的四倍左右。起付标准以下的医疗费用,从个人账户支付或个人自付。在统筹基金支付的范围内(起付标准以上,最高支付限额以下),个人也还要负担一定的费用比例。

③ 失业保险。

失业保险是国家以立法形式,集中建立失业保险基金,对因失业而暂时中断收入的劳动者在一定时期内提供基本生活保障的社会保险制度。

失业是市场经济不可避免的现象,已经成为世界性的问题。但世界上实施失业保险制度的国家并不多,远远少于养老保险、医疗保险和工伤保险。发达的市场经济国家基本上都有失业保险制度,而大部分发展中国家还没有建立该制度。我国在计划经济时期,由于意识形态上否认社会主义国家存在失业现象,所以一直没有失业保险制度。随着经济体制改革的深化,大批国有企业职工下岗或失业,客观上要求我国应该建立保护劳动者权益的失业保险制度。1999年国务院颁布了《失业保险条例》,这是我国目前执行的失业保险制度的法律依据。

《失业保险条例》的主要内容包括:第一,失业保险基金由单位和职工共同缴纳。单位按照本单位工资总额的2%缴纳失业保险费,职工按照本人工资的1%缴纳失业保险费。第二,失业保险基金的支出范围包括:失业保险金、领取失业保险金期间的医疗补助金、丧葬补助金和抚恤金、接受职业培训和职业介绍的补贴等。第三,享受失业保险待遇的条件为:参加失业保险,单位和本人已按规定缴费满一年的;非自愿性失业的;已办理失业登记,并有求职要求的。第四,领取失业保险金的期限:根据缴费时间长短来确定,最长为24个月,最短为12个月。第五,失业保险金的标准:按照低于当地最低工资标准,高于城市居民最低生活保障标准的水平。

④ 工伤保险。

工伤保险是国家立法建立的,对在经济活动中因工伤致残、或因从事有损健康的工作患职业病而丧失劳动能力的劳动者,以及对职工因工伤死亡后无生活来源的遗属提供物质帮助的社会保险制度。在世界范围内,工伤保险是产生最早、实施国家最多、制度设计最严密的社会保险制度,这是因为工伤保险关系到职工的生命安全和家庭的生活幸福。

在现代工伤保险制度中,普遍实行"补偿不究过失原则"或"无责任补偿原则"。根据该原则,劳动者因工负伤或死亡,不管过失在谁,均可获得收入补偿。另外,与养老保险、医疗保险、失业保险不同的是,工伤保险费只由企业或雇主缴纳,雇员个人不缴纳。

在我国,2003 年 4 月 16 日国务院颁布了《工伤保险条例》,自 2004 年 1 月 1 日起实施,这说明工伤保险正式被纳入法律体系。工伤保险制度由工伤保险基金、待遇给付和工伤或职业病认定三个部分构成。待遇项目主要包括:工伤医疗费用;根据劳动能力丧失程度确定的伤残补助金、伤残津贴、伤残护理费;因工死亡劳动者直系亲属领取的丧葬补助金、供养亲属抚恤金和一次性工亡补助金等。给付工伤保险待遇的主要条件是:职工在工作时间、工作区域内,因工作原因发生意外事故伤害或患职业病。

⑤ 生育保险。

生育保险是国家通过立法,筹集保险基金,对生育子女期间暂时丧失劳动能力的职业妇女给予一定的经济补偿、医疗服务和生育休假的社会保险制度。生育保险的内容一般包括:第一,产假。给予生育女职工不在工作岗位的时间期限,通常是产前和分娩后的一段时间。第二,生育津贴。在法定的生育休假(产假)期间,对生育者的工资收入损失给予一定的经济补偿。第三,生育医疗服务。生育保险承担与生育有关的医疗服务费用,从女职工怀孕到产后享受一系列的医疗保健和治疗服务,如产前检查、新生儿保健、产乳期保健等。

现阶段我国企业实行的生育保险制度,是依据 1994 年 12 月 14 日劳动部颁布《企业职工生育保险试行办法》建立起来的。该办法规定:第一,生育保险实行社会统筹,企业按照其工资总额的一定比例缴纳生育保险费(不超过工资总额的 1%),职工个人不缴纳;第二,参保职工享受生育津贴,按照本企业上年度职工月平均工资计发;第三,女职工生育期间的检查费、接生费、手术费、住院费、药费以及生育出院后因生育引起疾病的医疗费,均由生育保险基金支付。

目前国家通过立法和制定办法,强制企业职工参加的社会保险制度主要是以上介绍的养老保险、医疗保险、失业保险、工伤保险和生育保险。从企业的参加情况来看,医疗保险和养老保险的参保人数最多,其次是工伤保险和失业保险,生育保险的参加人数最少①。社会保险制度是职工享受的社会福利,也是职工应有的权益,受到《宪法》和《劳动法》的保护。在中国经济转型时期,社会保险制度对保障职工的切身利益具有十分重要的作用;但同时,对于企业来说,五个保险项目都要求企业缴纳保险费,总体约占企业职工工资总额的30%,也是一笔不小的成本。可是无论怎样,企业都不能拒绝参加社会保险,因为社会保险是企业的法定福利。

（2）法定假期(休假)。

企业职工依法享有的休息时间。在法定休息时间内,职工仍可获得与工作时间相同的工资报酬。我国《劳动法》规定的职工享有的休息休假待遇包括六个基本方面:劳动者每日休息时间;每个工作日内的劳动者的工间、用膳、休息时间;每周休息时间;法定节假日放假时间;带薪年休假时间;特殊情况下的休息,如探亲假、病假休息等②。

① 法定节假日。

法定节假日,又称法定休假日,是国家依法统一规定的休息时间。根据1994年颁布的《劳动法》和1999年国务院修订发布的《全国年节及纪念日放假办法》,我国的法定节假日包括:第一,元旦(新年),放假一天;第二,春节,放假三天;第三,劳动节,放假三天;第四,国庆节,放假三天;第五,法律、法规规定的其他休假节日,如妇女节、中国人民解放军建军节、青年节等,相关人员可以休假半天或一天。法定节假日是带薪休假。在法定节假日,劳动者有权享受休息,工资照发。按《劳动法》规定,如果在法定节假日安排劳动者工作,应支付不低于300%的劳动报酬。

② 公休假日。

公休假日是劳动者工作满一个工作周后的休息时间。按《劳动法》第38条的规定,用人单位应当保证劳动者每周至少休息一天。根据国务院1995年发布的《国务院关于职工工作时间的规定》,每周休假日为星期六和星期天。

③ 带薪年休假。

带薪年休假,又叫探亲假,是职工同分居两地,又不能在公休日与配偶或父母团聚的带薪假期。我国《劳动法》第45条规定,国家实行带薪年休假制度。劳动者连续工作一年以上的,可享受带薪年休假。《国务院关于职工探亲待遇的规定》(1981)第3条规定:第一,职工探望配偶的,每年给予一方探亲假一次,假期为30天;第二,未婚职工探望父母的,原则上每年给假一次,假期为20天;第三,已婚职工探望父母的,每四年给假一次,假期为20天③。

---

① 参见"2008年度人力资源和社会保障事业发展统计公报",国家统计局网站。
② 左祥琦,《工资与福利》,中国劳动社会保障出版社,2002年,第202页。
③ 同上书,第210页。

（3）住房福利（住房公积金）。

除了上面论述的法定福利中的社会保险和法定假期外，目前中国企业还要实行国家通过立法强制实施的住房福利，即住房公积金制度。

为推动我国住房体制改革的深化和发展，1999 年 4 月 3 日，国务院颁布了《住房公积金管理条例》（以下简称《条例》）。此后，又于 2002 年 3 月 24 日，根据在《条例》的具体实施过程中所出现的问题对其进行了进一步的修订。

企业实行住房公积金制度，按照国家规定，雇主和员工都要按照员工工资的一定比例（5% 或以上）缴纳住房公积金，计入职工的公积金账户。职工个人缴存的住房公积金和职工所在单位为职工缴存的住房公积金属于职工个人所有。住房公积金应当用于职工购买、建造、翻建、大修自主住房。没有动用的公积金，或公积金账户有剩余资金的，在员工退休时按规定返还给职工。

这里特别要说明的是，住房公积金在我国属于法定福利的范畴，是我国在特定历史时期为员工提供的住房福利计划。而在国外，住房福利大多属于企业自主提供的非法定福利计划。其实在我国的企业中，除了住房公积金制度外，企业还为员工提供其他形式的住房福利计划（这部分内容将在本书第九章进行专门的介绍）。

2. 非法定福利

非法定福利是指企业自主建立的，为满足职工的生活和工作需要，在工资收入之外，向雇员本人及其家属提供的一系列福利项目，包括货币津贴、实物和服务等形式。非法定福利计划比法定福利计划种类更多，也更加灵活。按非法定福利的功能划分，可以分为以下五种。

（1）企业安全和健康福利。

由企业提供的旨在防范员工安全和健康风险的福利，具有风险分散的保障性功能，包括企业年金、人寿保险、健康保险、住房援助计划等。

① 企业年金。

企业年金，也叫企业补充养老保险、私人养老金、职业年金计划等，是企业或行业自主发起的员工养老金制度。它作为老年收入（主要是社会养老保险金）的一个补充来源，已经成为养老保险体系中的一个重要支柱。而对于企业来说，它已经成为人力资源管理战略的福利体系的一个重要组成部分，是延期支付的工资收入。大多数发达国家都建立了企业年金制度，甚至有一些国家通过立法，把企业年金变成了国家强制性的养老金制度。企业年金一般由雇主缴费，也有的由雇主和雇员共同缴费建立保险基金，经过长期积累和运营作为退休雇员的补充养老金收入。国家鼓励企业开展企业年金计划，通过税收优惠政策吸引企业为职工建立补充养老金(这部分内容将在本书第七章进行专门的介绍)。

② 人寿保险。

由雇主为雇员提供的保险福利项目,是市场经济国家比较常见的一种员工福利,通常以团体保险的形式建立。团体人寿保险的好处是,由于参加的人多,相对于个人来讲,可以以较低的价格购买到相同的保险产品。在美国,大约有91%的大公司向雇员提供人寿保险;1998年制造业平均为每位雇员提供了179美元的人寿保险,而非制造业人均有120美元①。绝大部分的雇主(79%)支付全额保费,其中,超过40%的人寿保险包括退休职工,2/3的保单包含了意外死亡和伤残条款。如果由于意外事故造成雇员的死亡或伤残,就可以从保险公司获得一笔经济补偿。一般雇员死亡后其受益人得到的抚恤金是去世雇员工资的两倍左右。为了鼓励员工为企业长期工作,几乎所有的公司在雇员离开企业时都会取消雇员享受该项福利的权利②。

③ 健康保险(商业健康保险)。

在发达国家,企业健康保险已经成为企业的一项常见的福利措施。在美国,由于没有全民的社会医疗保险制度,只有为老年人、残疾人、原住民和贫困人口建立的医疗照顾(Medicare)和医疗救助(Medicaid)制度,所以,一般大企业和政府部门都会为本单位员工选择一项商业健康保险计划,传统的办法是参加商业医疗保险。比较有影响,并且参加人数较多的是蓝十字(Blue Cross)和蓝盾(Blue Shield)保险公司。雇主和雇员共同缴纳保险费,雇员看病和住院时,由蓝十字和蓝盾报销绝大部分医疗费用。

在我国,由于城镇职工基本医疗保险制度的局限,也有一些企业为职工建立了补充医疗保险计划。这些计划基本上都是针对基本医疗保险费支付封顶线——社会平均工资的四倍——设计的补充保险计划,负担封顶线以上的医疗费用开支。典型的有:商业保险公司经营的补充保险、工会组织主办的补充保险和社会保险经办机构举办的补充保险等(这部分内容将在本书第八章进行专门的介绍)。

④ 住房援助计划。

住房援助计划,包括住房贷款利息给付计划和住房补贴。前者是针对购房员工而言的,指企业根据其内部薪酬级别及职务级别来确定每个人的贷款额度,在向银行贷款的规定额度和规定年限内,贷款部分的利息由企业逐月支付,也就是说,员工的服务时间越长,所获企业的利息支付越多;后者则指无论员工购房与否,每

---

① 约瑟夫·J·马尔托其奥,《战略薪酬》,社会科学文献出版社,2002年,第277页。
② 乔治·T·米尔科维奇,《薪酬管理》,中国人民大学出版社,2002年,第401页。

月企业均按照一定的标准向员工支付一定额度的现金,作为员工住房费用的补贴(这部分内容将在本书第九章进行专门的介绍)。

（2）企业设施性福利。

企业设施性福利,是指企业为满足员工的日常需要所提供的福利,包括员工餐厅、浴室、阅览室、交通车(班车)、托儿所等。企业在公司内部建立的食堂,一般是非营利性的,以低于成本的价格为雇员服务,有些食堂甚至是免费就餐的。对于没有食堂的公司,往往也会统一安排员工的工作餐,如通过外卖的方式定购。提供饮水或自动售货机服务就更加普遍了。一些雇主提供上下班的班车接送服务,不能提供班车的,雇主也会为雇员上下班提供交通费补贴,如公交汽车、地铁和火车的月票费用。

（3）企业文娱性福利。

企业为促进员工的身心健康、丰富员工的精神和文化生活而提供的福利,比如,在不少企业中,雇主为雇员提供健身房和各种健身器械,还为员工举办健康教育讲座,目的是改善和维持雇员身体和心理健康。组织员工春秋两个季节出外旅游,或为员工提供旅游假期并报销旅游费用。此外,还组织员工观看各种文艺演出等。

（4）企业培训性福利。

通过一定的教育或培训手段提高员工素质和能力的福利计划,分为内部培训计划和外部培训计划。前者主要是在企业内部进行培训,开设一些大学课程,如MBA课程,并聘请大学教授、大公司经营管理的专家来企业讲课。甚至有能力的企业自己开办大学,如摩托罗拉公司(Motorola)就是自己办大学培训员工的。后者是对到社会上的机构,如大学或其他培训组织接受培训的员工的学费给予适当补偿的福利。

（5）企业服务性福利。

除了以上福利以外,企业还为员工或员工家庭提供旨在帮助员工克服生活困难和支持员工事业发展的直接服务的福利形式。

① 雇员援助计划(Employee Assistance Programs,EAPs)。

这是一种治疗性福利措施,针对员工酗酒、赌博、吸毒、家庭暴力或其他疾病造成的心理压抑等问题提供咨询和帮助的服务计划。在美国,据统计有10%～15%的雇员会遭遇到影响企业绩效的困难。因此,很多企业都建立了雇员援助计划。1997年,59%的公司为雇员提供了援助服务。尽管这项福利的成本比较大,但它带来的效益超过了成本支出。在雇员援助计划上,平均每个雇员花费大约30～40美元,但结果是大大减少了旷工率、意外事故、伤亡事件等不良现象的发生。一项对雇员援助计划有效性的分析报告显示,78%使用该计划的人找到了解决问题的办法①。

在计划的组织和操作方式上,有以下三种形式:一是由内部工作人员在本企业进行的援助活动;二是公司通过与其他专业机构签订合同来提供服务;三是多个公司集中资源,共同制定一个援助计划。

②　雇员咨询计划。

类似于员工援助计划。雇主从一个组织中为其雇员购买一揽子咨询时间,可由雇员匿名使用。在那里可以得到的服务范围包括:夫妻矛盾和家庭冲突问题的解决、毒瘾的戒除和丧亲之痛的缓解等、职业生涯咨询、再就业咨询、法律咨询以及退休咨询等。其中,再就业帮助计划是针对下岗和被解雇了的雇员提供技术和精神支持,帮助雇员寻找新的工作。具体服务包括:职业评估、求职方法培训、简历和求职信的写作、面试技巧以及基本技能的培训等。这些服务是作为雇员福利来提供的,目的是使雇员在她或他个人或家庭生活出现问题时,可以将工作表现保持在一个可接受的水平上。

③　家庭援助计划。

企业向雇员提供的照顾家庭成员的福利,主要是照顾老人和儿童。由于老龄化和双职工、单亲家庭的增加,员工照顾年迈父母和年幼子女的负担加重了。因此,为了保障员工安心工作,企业向员工提供家庭援助福利,主要有老人照顾服务和儿童看护服务。企业提供的老年照顾福利包括:第一,弹性工作时间和请假制度。弹性工作时间是允许压缩每周的工作时间(每天工作 10 小时或 12 小时),这样就可以每周多出一天到一天半时间用于照顾家庭。请假制度是允许雇员在上班时间请假去照顾亲属或处理突发紧急事件。此外,有些企业还允许雇员延长法定福利规定的请事假时间。第二,向雇员提供老人照顾方面的信息,如推荐老人护理中心等。第三,公司对有老人住在养老机构的员工出资进行经济补偿,或资助老年人照顾中心等。

儿童看护计划与老年人照顾计划类似,除了弹性工作时间和请假制度以及信息服务外,有些企业还提供日托(Day Care)服务。一种形式是资助儿童进社区托儿所,或为雇人看护儿童的员工提供补贴;另一种形式是企业自办托儿所看护儿童。

多项调查都表明,提供老年人照顾和儿童看护服务的企业,员工的缺勤现象大大减少,劳动生产率也有一定程度的提高②。

④　家庭生活安排计划。

企业安排专门部门帮助员工料理生活中的各种细节、杂务,类似于后勤服务。

---

①　约瑟夫·J·马尔托其奥,《战略薪酬》,社会科学文献出版社,2002 年,第 288 页。
②　刘昕,《薪酬管理》,中国人民大学出版社,2002 年,第 274 页。

据报道,在中国微软全球技术中心,有专门部门,即行政部,负责料理员工的生活事务,承担"保姆"的职责。他们的工作包括:帮员工缴水电费、接外地来的亲戚、找房租房、为信用卡充值、房屋按揭月缴款、私人物件快递等,只要是能叫人代办的私事,微软员工都可以请行政部安排人员去办。实行这项一揽子福利的目的,就是尽量减少员工不必要的麻烦,让他们更好地工作和休息[①]。

二、风险保障型福利和物质激励型福利

员工福利具有风险保障、物质激励和成本利用三大价值,可以根据企业动机和员工需要进行计划设计,以实现不同的企业发展和个人生活改善的目标。因此,可以根据福利的价值和目标分为风险保障型福利和物质激励型福利,而这两种福利形式都要考虑成本—效益的关系,即成本利用问题。

1. 风险保障型福利

风险保障项目,即为了提高员工社会风险补偿能力而建立的福利项目,其目的是提供对员工基本生活水平的保障,包括抵御老年风险的企业退休金项目(企业年金)、抵御健康风险的企业健康福利项目(健康保险和补充医疗保险等)和覆盖家庭困难的救助计划(企业家庭援助计划等)。风险保障项目基本上是对员工收入所提供的保障。

2. 物质激励型福利

物质激励型福利,即为增强人力资源管理激励性而建立的福利项目,主要包括如下几类:

(1)时间奖励,包括带薪和不带薪的休假、病假、陪审义务休假等。

(2)现金奖励,包括教育资助、搬迁费用补助、节日奖金、住房补助、交通补助、老幼扶助补助等。

(3)服务奖励,如自助计划资助、娱乐项目、旅游项目、健康项目、服装资助、托儿所、老人照顾、财务和法律咨询等。

三、即期性福利和延期性福利

员工福利根据员工可以享受的时间来看,可以分为即期性福利和延期性福利。

---

① "外企'家'有'保姆'全包员工婆妈小事",《中国劳动保障报》,2003 年 9 月 24 日。

前者指员工目前或近期可以享受的福利,一般是在职期间可以获得的福利;后者指员工未来可以享受的福利,一般是退休后可以获得的福利。即期福利和延期福利可以满足员工眼前利益和长远利益的不同需要,在福利分配上,兼顾了员工的整个就业期间和退休后的生活需要,使员工在职时期的福利得以延续。一般来说,员工退休后,其收入水平远远低于在职时的工资收入,延期福利可以提高退休金水平,为老年人提供收入保障。

在员工福利范畴中,大部分福利项目都属于即期福利;属于延期福利的项目只有企业养老金或企业年金一种。但在社会保险计划中,除了养老金外,延期福利还有医疗保险和补充医疗保险、工伤保险待遇等。

四、现金型福利和非现金型福利

按照员工福利的给付形式划分,可以将福利分为现金型和非现金型两种。前者指以货币的形式给付的福利;后者指以非货币形式给付的福利。前面提到的企业安全和健康福利(补充保险类福利),即企业年金、人寿保险、企业健康保险、住房援助计划以及各种补贴(如交通补贴、出差补贴、就餐补贴、教育补贴)等基本上是以现金形式支付的,属于现金福利。

而企业设施性福利,如员工餐厅、浴室、阅览室、交通车(班车)、托儿所等;企业文娱性福利,如各种文化、体育活动;企业培训性福利,包括企业内部和外部培训计划;企业服务性福利,如雇员援助计划、雇员咨询计划、家庭援助计划、家庭生活安排计划等是以实物、活动和服务等形式提供的,属于非现金型福利。

五、全员性福利、特种福利及特困福利

根据实施的对象,员工福利可以分为全员性福利、特种福利以及特困福利。全员性福利是所有员工都可以平等享受的福利。特种福利和特困福利是企业为不同职位和不同需求的员工提供的福利。特种福利是指针对企业中的高级人才设计的,如高层经营管理人员或具有专门技能的高级专业人员等,这种福利的依据实际上是贡献率,是对这类人员的特殊贡献的回报。常见的特种福利有:高档轿车服务、出差时飞机和星级宾馆待遇、服务以及股票优惠购买权、高级住宅津贴等。特困福利指针对特别困难的员工及其家庭提供的,如工伤残疾、重病员工的生活补助等,主要以员工的需要为基础进行分配。

这种福利设计的思想强调的是福利的效率性,即在企业中,既要考虑维护所有员工的需要和利益,提供全体员工都同样享受的福利,还要考虑对企业发展起到关键作

用的员工的特殊需要,根据贡献大小给予特殊的奖励。这样做有利于稳定高端人才队伍,激励他们为企业作出更大的贡献。同时,对经济困难职工和家庭也要给予适当的照顾。这种根据不同员工给予不同福利的设计理念体现了公平与效率的有机结合。

六、固定福利和弹性福利

根据员工对福利的选择权来看,可以将福利分为固定福利和弹性福利。固定福利是指由企业所设定的,无论员工愿意与否都要接受和参与的项目。从传统上看,以往的福利基本都属于固定福利,员工一般不具有选择权,处于比较被动的接受者地位。但自20世纪70年代以来,弹性福利计划逐渐兴起,已使情况有所改善。目前,固定不变的项目主要是一些法定项目,如基本的社会保险和休假制度等。而弹性福利,即由企业所提供的,允许员工在规定的时间和现金范围内,根据自己的需要自愿进行选择和调整的福利项目却发展很快。在这些项目上,员工的自主权扩大,员工可以根据自己的生活变化而调整其所享受的福利待遇,如员工可以放弃企业所提供的汽车保险,而用这部分福利来抵消自己参加自我增值培训的支出。近年来,弹性福利有增长的趋势,发展相当快。有关这部分的详细内容,本书在第五章"员工福利计划的设计模式"中将有详细的介绍。

本 章 小 结

本章对员工福利进行了概念界定,针对员工福利自身所具备的特点,分别阐述了员工福利与薪酬、员工福利与社会福利之间的区别和联系。同时,本章对员工福利的体系、各种福利项目及其作用作了全面、详细的介绍。

案例一　宝洁公司的福利激励[①]

宝洁中国的7 000多名员工每年都创造了10%以上的增长,2007年宝洁在中国的销售额已达到26亿美元。2007年9月,宝洁北京技术有限公司中心荣膺

---

① 案例来源:王丹、王锐,"广州宝洁公司知识型员工的福利激励",《企业改革与管理》,2008年第5期。

"中国杰出雇主年度奖"称号；美国《财富》杂志评选"2007年度最佳领袖企业"，宝洁全球排名第二；《Barron's World's》评选"世界最受尊重企业"，宝洁全球排名第四；《商业周刊》杂志评选"最佳职业发展公司"，宝洁全球排名第四。那么，宝洁公司究竟有着怎样的员工福利呢？

灵活的工作安排

自2007年9月1日起，宝洁中国有了一项新的福利，即办公室员工在每周五个工作日当中可以任意选择一天在家上班。这种灵活、弹性的工作安排节约了员工因交通拥堵而浪费的时间，使员工兼顾了工作和家庭。更重要的是，借助现代信息技术，自由度高的工作安排使素质较高、具有专业技能的企业员工的责任感和创新意识进一步增强，实现了员工工作和生活的平衡，达到了提高工作效率和保留优秀人才的效果。

轻松的工作环境

宝洁公司致力于为员工营造轻松便利的工作环境，使员工的身心得到尽情的释放。在宝洁中国公司的大楼里，不仅设有水果商店、运动健身房，还有两间配备专业按摩师的按摩室，员工在工作的时间如果觉得累了随时可以来按摩，费用相当低。最近宝洁又开始了一项70天重塑体能的活动，公司给员工配发计步器，员工自行结队，开展体育锻炼活动，70天后，体能变化最大的胜出队伍将会得到购买奥运会门票的金额奖励。宽松的工作环境和多样的选择，最大限度地激发了员工的潜能，及时缓解了他们紧张的情绪，使他们始终保持着高效的工作状态。

全员持股计划激发主人翁意识

2008年，宝洁中国在全公司推行了"员工长期储蓄计划"，该计划意味着宝洁中国每一位员工都可以购买和拥有宝洁公司境外股票，真正成为宝洁全球公司的主人。传统意义上的员工持股针对的是企业管理者，与之不同的是，宝洁将持股范围推广到了全体员工，增强了全体员工对公司的忠诚度，提高了工作积极性和创造性，更有效地提升了企业的经营绩效和竞争力。

教育福利促进员工个人发展

宝洁公司切合知识型员工的特殊发展要求，在公司设立了一流的培训体系，并通过为每一个员工提供独具特色的培训计划和个人发展计划，使他们的潜力得到最大限度的发挥。宝洁中国的员工除了在本地公司的发展之外，还可以获得到诸如日本、美国等很多地方工作的机会，丰富工作体验。同时，宝洁是当今为数不多的严格执行内部提升制的企业，公司有80%的员工是从校园招聘过来的，所有的人都从基层做起，一步一步做到更高的位置。"本地人才培养计划"重点培养表现好的员工，使他们以后能够承担更多的责任，增强本地人才的全球竞争力。

一系列的方案设计和演练系统,帮助员工在个人优势上塑造自我,使他们工作更加努力,充满热情。

专业咨询提升员工生活品质

宝洁聘请专业的咨询公司,免费为员工提供心理咨询、投资、法律、婚姻和家庭等方面的指导,员工拨打电话即可获得心理健康、理财、婚育、购房、交友等方面的服务,迅速解决生活难题。最近,宝洁还专门为六岁以下孩子的妈妈和刚怀孕的准妈妈们成立了阳光俱乐部。在俱乐部里,她们可以学习如何当一名好家长、如何处理长辈和保姆阿姨的争论、如何看待孩子生病的问题等。专业的指导为员工解决了家庭生活的后顾之忧,提升了员工的生活品质,使他们可以更加全身心地投入工作。

案例二　"精神福利"——关爱员工的新方式[①]

在温州,"精神福利"正成为民营企业关爱员工的新方式。红蜻蜓集团的"阳光咨询室"、康奈集团的"新温州人情感交流站"、正泰集团的"阳光服务室"相继挂牌成立。

外来员工急需心理减压

在民营企业云集的温州,外来务工人员达200多万,他们的心理健康状况却不容乐观。红蜻蜓集团心理咨询师厉云花曾对企业大楼里的行政人员做过一个检测,从收上来的18份《压力测试表》分析,有六人感觉筋疲力尽,需要调整压力;三人状态一般,需适当调整;九人心理状态良好。

康奈集团党委副书记、工会主席陈增鑫通过对员工进行心理咨询调查,总结出导致员工出现心理障碍的主要问题,包括:工作压力大、对工作岗位不适应、失恋、人际关系紧张、沟通障碍、家庭生活困难等。

"聊天"化解心理"疙瘩"

在实践中,多数员工抱着试探、好奇的心态来咨询,他们一开始还有点儿设防,一般先从身体不适谈起,当心理咨询师让他们感受到安全的时候,他们会逐渐深入话题——工作中紧张的人际关系、职业发展的迷茫、家庭感情的变故以及子女教育的困惑等。

---

① 案例来源:陆健,"'精神福利'——关爱员工的新方式",《光明日报》,2007年6月26日。

来自湖北的谢作武进入红蜻蜓集团人力资源部以后,发现自己的工作压力越来越大,情绪越来越不稳定,严重的时候经常失眠、食欲不好,心情特别压抑和郁闷。他如约和心理咨询师厉云花"聊天"。在聊天中,谢作武认识到自己应该主动和领导沟通、交流,主动让领导知道自己的想法和意见。当天晚上,他就睡得很好。过了两天,他主动约人力资源部经理面谈。他说:"我谈得很放松,质量很高。对工作的一些看法和建议,领导听了也是非常理解和支持,这让我如释重负。"

"企业员工基本是1980年代以后出生的青年,感情上比较脆弱,看问题比较直接,一旦有困难发生,就不知道怎么处理,这就需要疏导。工作压力不仅损害个体,而且也破坏企业的健康,最终导致企业效益损失。我们公司绝大部分是外来员工,员工有心事,要么通过热线电话,要么直接到情感交流站里来面对面沟通,这样可以将问题及时解决。"陈增鑫说。

"精神福利"体现人文关怀

在对外交往过程中,温州几家知名民营企业已经逐渐认识到关心员工工作压力问题的重要性。一些有远见的企业家认为,维护员工心理健康对公司生产效率的提高会有帮助,并且可以带给员工一种人文关怀。一位民营企业家坦诚地告诉记者:"你说公司关心员工,对员工福利照顾得很周到,但不关心职工的快乐,那怎么能叫关心职工呢?怎么体现人文关怀呢?"

"员工健康就是企业的财富。"温州市总工会副主席叶中华认为,民营企业关注员工职业心理健康是一种新的"精神福利",这样做不仅给员工带来好处,也增加了企业凝聚力。

复习讨论题

1. 如何理解员工福利的内涵?
2. 员工福利与薪酬存在怎样的关系?
3. 员工福利与社会福利存在怎样的关系?
4. 员工福利可以分为哪些类型?
5. 你认为员工福利的未来发展趋势如何?

第二章

员工福利的相关理论

【本章提要】

本章回顾了员工福利的理论渊源,探讨了各种薪酬理论和激励理论对员工福利的产生与发展的影响,并着重关注了福利计划对雇主与雇员的效用。本章的学习重点主要在于以下几点:

(1)相关薪酬福利理论;

(2)福利的经济效用;

(3)激励理论与员工福利计划的激励性分析。

第一节　员工福利相关理论综述

从薪酬管理的角度上说,员工福利是员工整体薪酬(Total Reward)的一部分,是员工劳动报酬的体现,因而管理学视角下的薪酬理论及经济学视角下的工资理论都是员工福利理论的基础。从绩效管理的角度上说,员工福利是企业管理员工绩效的一种激励手段,是激发员工工作积极性和降低离职率的重要方法,因此,心理学中的激励理论也是员工福利研究的基础理论。本节内容即主要从上述两个角度综述员工福利的理论基础。

一、薪酬理论

1. 早期的工资决定理论

早期工资问题研究的重点主要是集中在对于工资决定因素的研究,经济学家们力图对确定工资水平的因素作出解释,如威廉·配第、亚当·斯密、李嘉图、穆勒、克拉克等。

(1)威廉·配第和重农学派的创始人魁奈等都提出过最低工资理论。其基本观点是:工资往往处于维持基本生存的水平上。工人最低工资不取决于企业或雇主的主观意愿,而是市场竞争的结果。当工资高于维持基本生计的水平线时,则会出现人口增长和劳动力供给的增长,从而造成工资下降到为维持生存的水平;反之,如果工资低于这一水平线时,则会造成人口的减少和劳动力供给的下降,从而使工资上升到维持生存的水平。

(2)约翰·穆勒等英国古典经济学家提出了工资基金理论。其主要观点是工资决定于三个要素:工人人数、雇佣工人的资本、工资成本与其他成本间的比例。工资数量和水平由总资本及其比例决定,工资是资本的函数,即 $F = F(c)$。工资基金理论认为,对一个国家来说,在一定时期内的资本总额是一个固定量。工资基金取决于总资本中扣除了生产资本和利润之后的剩余。工资水平的高低首先取决于工资基金的多少,其次取决于工人人数的多少。

(3)以英国经济学家阿尔弗雷德·马歇尔和美国经济学家约翰·贝茨·克拉克为代表的边际生产力工资理论。他们以雇主追求利润最大化为假设前提,认为在一个完全自由竞争的市场上,企业主总是力求他的每一种生产要素都获得最大利润,以至于每一种生产要素在生产中都能得到最佳配置。工资决定于劳动的边际生产力,雇主雇佣的边际工人的产量等于付给工人的工资,也就是劳动力的边际收入等于劳动力的边际成本。

此外,马歇尔在其著名的《经济学原理》一书中以供求均衡价格论为基础,建立了新的工资理论——供求均衡工资论,从生产要素的需求和供给两个方面对工资的市场决定机制进行了论述,其理论的假设前提是劳动力市场的买卖双方均处于完全竞争的情况之下。但随着劳动力市场双方组织力量的成长,尤其是 19 世纪中叶以后,工会组织的成长和壮大,使这一理论假设受到了质疑,并逐渐发展起来对以集体谈判为背景的工资市场决定机制的理论探讨,如庇古的"范围论"和"希克斯模型"。这一理论的主要观点是:工资取决于劳资双方——工人集团或工会与雇主或雇主集团,通过集体谈判而形成的最终结果。有关工资市场决定机制的探讨不属于本节的讨论主题,故在此不作赘述。

在马歇尔以后,对于工资问题的研究,分为三个方向:一是对宏观经济运行中工资问题的研究,如凯恩斯经济理论、效率工资理论和分享经济理论等;二是对劳动力市场中工资差别的研究,如人力资本理论、家庭劳动力供给理论、补偿性工资差别理论等;三是对企业内工资报酬的研究,如交易成本理论、代理理论等。基于本书的探讨主题为员工福利,因此下面只着重对马歇尔之后对于员工福利的产生与发展产生影响的几个主要理论进行介绍。

2. 效率工资理论

效率工资理论是由新凯恩斯主义经济学家提出的,用以解释非自愿失业现象的一种理论模型。

对这一理论进行了突破性研究并使之系统化的是阿克洛夫(George Akerlof)和叶伦(Janet Yellen)。阿克洛夫用劳动力市场的效率模型解释了劳动力市场均衡和非自愿失业现象。他指出,劳动力市场上雇主和求职者关于求职者信息的不对称性,使得企业只能通过许诺高工资来挑选高素质的员工,从而提高整体工作效率。随着工资的提高,平均效率也在提高。但是,这并不意味着效率工资会无限提高,因为平均效率提高的速度会越来越慢。因此,存在一个向右上倾斜凹向右下方的效率曲线,表明效率价格比先上升后下降。这也意味着有一个使效率价格比最大的工资存在,这就是雇主所要支付的工资,即效率工资。

效率工资的存在会影响到雇员的行为模式,提高其工作效率和工作业绩,具体而言体现在以下几点:(1)更高的工资能够增加雇员的食物消费,改善雇员的营养状况,因此,雇员会以提高其劳动绩效作为回报。(2)更高的工资可以提高雇员的努力程度,减少怠工和降低离职率。由于对多数职位而言,雇员或多或少都能自由支配自己的行动,雇主很难全方位地进行监督。一方面是因为监督费用太高,另一方面原因是很多行为也难以进行限定和监督。因此,在这种情况下,雇员总有怠工的机会。而且,在瓦尔拉均衡的劳动力市场中,经济处于充分就业状态,所有厂商都支付市场出清工资,在这种情况下,工人不在乎失去工作,因为相同的工作立即可以找到,怠工无成本。但是,当实施效率工资后,工资水平会高于市场出清水平,假如雇员偷懒或不努力工作被发现并被解雇,他就会失去一份高工资的工作,很难再次找到相同的工作,这时,工资构成工人偷懒被抓住从而被开除的机会成本(Opportunity Cost)——工资越高,机会成本就越高。在这种情况下,怠工就有成本,工人很珍惜较高工资的工作,即使不努力工作有可能不被发现,这些工人也会努力工作。(3)高工资还能培育出雇员对于雇主的忠诚以及提高工人其他方面的能力。另外,阿克洛夫还运用社会学中一些有趣的事实说明,雇主通过发给雇员少许超过他们最低要求的工资作为小礼物,能够成功地提高某群体的工作标准和平均努力程度;同时,雇员回报这少许礼物的努力,会超过其最低的生产率要求。

也正因为效率工资可以提高工人的努力程度、降低离职率、减少不必要的监督,所以效率工资使厂商在面临产品需求下降,或是劳动力市场供大于求的情况时,也不会降低工资,这也就导致了劳动市场不能出清,从而解释了非自愿失业的现象。另外,对雇主而言支付较高的工资,还可以吸引更多有能力的求职者,同时把提供较少努力者拒之门外。

效率工资理论本身是一个经济模型,但引入了社会学、心理学的假设,并使经济学家认识到"理性经济人"假设的不足,从而把行为科学引入经济研究的范围。这一理论也从侧面支持了福利作为不同于工资的薪酬形式存在的价值,因为员工福利和直接的货币工资给人的心理感受是有差别的,对人的激励效果也是不同的。

3. 分享工资理论

20世纪60—70年代,西方经济出现了凯恩斯经济理论所无法解释的滞胀现象,即经济停滞与通货膨胀并存。美国麻省理工学院经济学教授马丁·威茨曼针对这一现象提出了一个新的经济学思路——分享经济理论,对这一现象进行了合理的解释。威茨曼的这一理论在西方经济学界产生了很大反响,甚至被人称为"自凯恩斯理论之后最卓越的经济思想"。

威茨曼从企业工资报酬的分配制度入手,对滞胀产生的原因进行解释、分析,寻找对付滞胀的对策。一方面,展示了一种对付滞胀的全新的思维;另一方面,提出了一个不同于传统经济学的全新工资理论——分享工资理论。

这一理论认为,传统资本主义经济的根本弊病不在于生产,而在于分配,特别是雇员报酬制度。在传统上,工人的工资同厂商的经济活动无关,只同厂商所无能为力的因素,如生活费用指数、货币发行量等有关。由于工资固定、劳动成本固定,厂商按照利润最大化原则,对市场总需求的变化作出的反应总是在产品的数量方面,而不是在产品的价格方面。因为价格一般是按照成本加成方法确定的,成本不能变动,价格也就不能变动。因此,一旦市场需求收缩,为了不至于亏本,厂商只能减少生产,不能降价。这样,当总需求萎缩、经济衰退时,企业基于利润最大化原则而削减产量,必然导致解雇工人。由于经济衰退,失业的工人很难重新就业,收入下降,导致总需求进一步下降,因此,一旦宏观经济出现总需求不足,传统的工资制度就会加剧这一衰退现象,导致更多的失业、更大的产量下降以至生活水平恶化。

　　基于上述原因,威茨曼认为,必须对现行工资制度动大手术。首先,他将雇员的报酬制度分为工资制度和分享制度两种模式,与之相对应地,市场经济也分为工资经济和分享经济。工资制度指的是"厂商对雇员的报酬是与某种同厂商经营,甚至同厂商所做或所能做的一切无关的外在的核算单位(如货币或生活费用指数)相联系";分享制度则是"工人的工资与某种能够恰当反映厂商经营指数(如厂商的收入或利润)相联系"①。而所谓工资经济就是传统的由劳动力市场供求决定工资的市场经济体制;分享经济则是把工人的工资与某种能够恰当反映企业经营的指数相联系的制度。在分享制下,雇员与雇主在劳动力市场上所达成的协议就不再是具体规定每小时工资率的劳动合同,而是确定雇员与雇主在企业收入中各占多少分享比例的协议。分享制度可能是"单纯"的,即雇员的工资完全取决于企业的业绩;也可能是"混合的",即雇员的工资由有保障的工资和利润(或收入)分享基金两部分构成。

　　威茨曼认为,以分享制度为基础的雇员报酬在多个方面都优于原有的工资制度。首先,分享制具有扩大生产、实现充分就业的内在机制。在工资制中,对企业而言,劳动的平均成本始终等于雇佣最后一个单位劳动力的边际成本;而在分享制中,由于每个单位收入都由企业和工人按比例分享,劳动的边际成本总是低于劳动的平均成本,这就使得厂商有动力不断扩大产量和就业量,从而实现利润最大化。在工资制下,增加和解雇一个工人,并不会直接影响其他工人的收入变化;而在分享制度中,雇员的工资报酬则与企业的产量、收益、雇佣量相关——若少雇佣工人,工人的报酬就会自动增长;多雇佣工人,工人的工资由于分享人数的增多而自动下降。其次,分享制能够从根本上抑制通货膨胀的发生。因为,在工资制中,价格变动并不会直接影响劳动成本,在可能的条件下,提价对厂商总是有利的。但是,在分享制下,任何价格变动都能自动反馈给劳动成本——价格越高,需要支付的工资越高;而降价则会使需要支付的工资降低,对企业而言,提价要付出的代价是昂贵的。所以,分享经济总有一种少提价、多降价的倾向。因此,从这个意义上说,分享制本身就具有一种内在反通货膨胀的倾向。最后,分享制能使经济在偏离均衡时

①　马丁·L·魏茨曼,《分享经济——用分享制代替工资制》,中国经济出版社,1986年,第2页。

具有更强的返回均衡的能力。由于传统的工资是具有较强刚性的经济参数,市场经济中的"看不见的手"只能以较弱的力量对其予以缓慢的校正;而在分享制下,工资本身就具有可变性,会随同微观经济活动指标的变动而自行变动,因此,在经济偏离均衡时,分享制比工资制具有更强的返回均衡的倾向。此外,分享制还有形成"劳动力饥渴"、改善微观人际关系的积极效应。因为,在纯粹的分享制度下,企业仅将新增收入的一部分作为雇员工资的"基金",它可以得到剩余的部分,所以,企业每多雇佣一个人,其净利润总是上升的。因此,短期内,实行纯粹收入分享制度的企业对可以获得的任意数量的劳动力都会有需求,即会形成"劳动力饥渴"。也正因为如此,雇主对于工人的强烈需求,会使"雇主像巴结顾客那样地讨好工人"。

但威茨曼认为,虽然分享制具有其优势,但是从工资经济向分享经济的过渡不是一个自然、轻松的过程,因为宏观与微观利益的损益存在着不对称性。即无论是雇员或雇主,其所关注的仅仅是自身的利益所得,而不会在意何种方式会更有利于宏观经济的发展。因此,要改革工资报酬制度的形式就像解决环境污染一样,需要政府的参与,需要政府采取一定的措施帮助企业尽快接受分享制。比如,加强对于分享制的宣传力度,使工会、企业和雇员都对分享制有所了解,还可以利用各种强有力的税收手段刺激企业实行分享制。具体而言,可以把劳动报酬分为工资制和分享制两类,对这两类报酬制度在税收上区别对待——对工资制的劳动报酬按现行办法征税;而对分享制的劳动报酬则采取适当免税后提高起征点、降低税率等政策——从税收上给分享经济以强有力的刺激。

分享工资理论和分享经济理论的初衷是在宏观上解决经济危机中的通货膨胀和失业问题,但在微观层面却催生了利润分享计划和员工持股计划这两大员工福利计划,因而分享理论也成为员工福利理论的重要理论基础。

4. 人力资本理论

1960 年,美国经济学家舒尔茨(T. W. Schultz)在美国经济学年会上发表了题为"论人力资本投资"的演说,系统、深刻地论述了人力资本理论,开创了人力资本研究的新领域,并由此而荣获了 1979 年诺贝尔经济学奖,同时舒尔茨也被誉为人力资本理论的创立者和人力资本之父。

但实际上,早在舒尔茨之前,西方经济学家亚当·斯密、萨伊和马歇尔等就提出过人力资本的思想。亚当·斯密在《国富论》中把资本划分为固定资本和流动资本,其中,"固定资本"就包括"社会上一切人们学到的有用才能"。斯密说:"一国国民每年的劳动,本来就是提供给他们每年消费的一切生活必需品的方式的基础。"他认为,财富增长的来源决定于两个条件:一是专业分工促进劳动生产率提高;二是劳动者数量和质量的提高。对于劳动者素质提高,斯密阐述了以下观点:

全体国民后天取得的有用能力都应被视为资本的一部分。亚当·斯密关于人力资源的观点可以说是人力资本理论的起源。但在当时的经济发展状况下,物质资源相对于人力资源更为稀缺,因此亚当·斯密的这一观点在长时间内没有被经济学家重视。

随着生产力水平的提高,社会分工体系日益发达,人力资本在社会财富创造中的决定性作用也日益显露出来。舒尔茨经过大量的调查研究,认为高收入和低收入的各国,经济现代化的一个组成部分中农田和其他资本的经济重要性在下降,技能和知识的重要性在上升。另一位诺贝尔奖得主库兹涅茨的研究也证明了舒尔茨的上述判断。对于西方国家的发展过程,库兹涅茨做了长期的考察,发现国民收入中由资产所创造出的贡献份额从大约45%下降至25%,而劳动的贡献份额则从55%提高至75%。在这一背景下,舒尔茨提出了人力资本理论。所谓人力资本是体现在劳动者身上的、以劳动者的数量和质量表示的非物质资本,这一资本主要是通过教育、健康等投资所形成的。舒尔茨指出,从经济发展的角度看,人力资本是稀缺的,特别是企业家型的人力资本。人力资本像一切资本一样,也应获得回报。

另外,20世纪90年代兴起的新经济增长理论将人力资本理论研究推向了新的高峰。新经济增长理论认为,由于人力资本积累和技术进步加快,其对经济增长的作用已经超过了物质资本和劳动力数量投入的影响,因此人力资本是经济增长的主要源泉,强调人力资本的生产比物质资本生产更为重要。此外,随着人力资本价值的全面提升,人力资本已逐渐从其他资本中分离出来,发展成为独立的、稀缺的、可以带来未来收益的生产要素,因此人力资本的所有者——劳动者,应该像其他资本所有者一样,改变其受雇佣的地位,成为企业的主人,共同经营和分享企业利润。

员工通过人力资本获取企业剩余索取权乃至参与企业管理,不管最终是形成利润分享机制,还是员工持股机制,还是管理层期权计划,都是员工福利的具体表现形式。人力资本理论为员工福利计划的实现提供了强有力的理论支持。

5. 委托—代理理论

委托—代理理论是在微观层面上,对组织的薪酬系统设计有最直接影响的一个理论。这一理论主要分析所有者与其代理人之间的委托代理关系。所谓委托代理关系是指一个人或一些人(委托人)委托其他人(代理人)根据委托人利益从事某些活动,并相应地授予代理人某些决策权的合同关系。在委托代理关系中,委托人与代理人之间是一种内部授权关系,它是基于代理权而产生的委托人与代理人之间的合同关系。

西方的企业制度发展经历了业主制、合伙制后,进入了以股份制为主的公司制时期。在股份制企业中,产权的明晰是建立在委托代理关系上的,股东大会拥有最终决策权,董事会享有法人财产权,但不直接参与企业的经营管理,而是委托职业经理人对企业进行管理,经理层享有经营决策权。20世纪30代美国经济学家伯利和米恩斯经研究发现,美国股份制公司的控制权逐渐落在经理阶层的手中,高级支薪经理成为企业的实际控制者,资本所有者的控制能力逐渐下降,这就是所谓的经理革命,这就产生了企业的代理问题。具体而言,在股份制企业中实际上存在着三层委托代理关系:股东与董事会之间、董事会与经理层之间以及经理层与员工之间的委托代理关系。

在信息不完善的条件下,股东、经理和雇员之间的利益是多元化的。所有权与经营权的分离产生了所有者与经营者之间在利益上的不一致性。所有者追求所拥有的资本收益的最大化;代理者则追求个人的地位、声望、个人收入的最大化。这样,代理人在最大限度增进自身效用时,可能采取一些短期的投机行为,或其他一些对委托人长期利益不利的举措,这就会产生代理人的道德风险问题,导致委托人的代理成本加大,尤其是监督成本。因此,在这种情况下,必须建立一种机制来平衡委托人与代理人之间的利益关系,同时减少监督成本,增强企业的竞争力。经济学家认为,其问题的核心就在于设计一个激励机制,来驱动代理人为委托人利益服务。例如,为经理层设计一种基于公司绩效的薪酬(利益分享)方案,以确保利润的实现。

在现代经济中,年薪制,特别是经营者年薪制,就是以代理理论为指导设计出来的,这一薪酬制度已成为现代企业工资制度中不可缺少的部分。此外,近些年来美国的员工持股计划亦是为了解决企业的代理问题而兴起的。员工持股计划在刺激员工福利的同时,使员工及经理阶层有条件拥有剩余索取权和承担风险,从制度上使所有员工与股东结成利益共同体,从而可以解决企业的代理问题。

从上述在经济学领域对于薪酬理论的研究脉络来看,如果说早期的工资理论所关注的是一般意义上的工资的决定因素与决定机制的宏观问题,那么自马歇尔以后的薪酬研究则开始注意到了有关薪酬的微观问题,涉及薪酬的具体设计,以及如何通过建立合理的薪酬机制来改善企业的内部利益冲突。比如,在效率工资中提到了工资划分为工资制和分享制两部分,实际上后一部分也就是我们通常所讲的福利问题。而分享工资理论、人力资本理论以及委托—代理理论更是利润分享计划、员工持股计划和管理层持股(期权)计划等员工福利计划得以发展起来的最为主要的理论依据。因此,现代薪酬理论是员工福利计划产生与发展的重要理论基础。

二、激励理论

诺贝尔奖获得者西蒙(H. A. Simon)在《管理行为》一书中指出,管理者们都普遍地认识到"组织问题不在组织本身,而在有关的人"①。即要实现组织的目标,首先要解决好"人"的问题,从这个意义上说,组织管理首先就是对人的管理。而无论是薪酬也好,福利也好,均是企业所提供的,为企业内部的人员所享有的,因此从这个角度而言,福利计划,不过是企业内部为了管理好、解决好内部人的问题而使用的一种管理手段而已,而目前这种手段已越来越成为企业"留才"方案的重要组成部分。上海贝尔有限公司总裁谢贝尔曾说:"深得人心的福利,比高薪更能有效地激励员工。"以下我们就对管理学领域中的激励理论进行简要介绍,以便于我们从企业内部管理与激励的角度对企业的福利计划发展有更进一步的认识。

1. 管理激励的人性假设

如麦格雷戈所说的,"每一种管理决策或管理行动都以关于人性及人的行为的假设为后盾"②。对于作为管理实践的指导思想——管理理论的研究而言,也必然是以对于人性的认识假设为基础的。所谓人性的假设,就是指研究者对于人的本性的假设,这一假设显然是研究者通过对现实生活中人的具体观察和认识而抽象出来的。因此,一方面会受到生产技术、社会的发展水平等外界因素的制约;另一方面也要受到研究者本身的价值观、认识水平等个人因素的影响,因而不同的研究人员、不同的社会发展阶段都会产生不同的人性假设。

薛恩(E. H. Schein)在《组织心理学》中将 1965 年以前的关于人性的观点归为三类,即"理性—经济人性"假设、"社会人性"假设和"自我实现人性"假设,并在此基础上提出了"复杂人性"假设③。

(1)"理性—经济人性"假设。

"经济人"的假设源于亚当·斯密的思想。亚当·斯密认为人的一切行为都是为了最大限度满足自己的私利,人都要争取最大的经济利益,工作是为了获取工作报酬。传统的管理理论基本是以这种人性假设作为其理论分析基础的。麦格雷戈在 1957 年将传统的管理理论和其人性假设统称为"X 理论",概括说明了"经济人"的观点,即把人划分为两部分:只有少数人能担当管理的责任;而多数人的天性都是厌恶工作的,只能是被管理者,则这些人需要少数人对其实行强制的控制指挥和用惩罚作威胁,才能为组织目标的实现作出适当的努力。

(2)"社会人性"假设。

"社会人性"假设是由梅奥(G. E. Mayo)等人在霍桑实验的基础上提出来的。

---

① 西蒙,《管理行为》,北京经济学院出版社,1988 年,第 7 页。
② D·麦格雷戈,"X 理论和 Y 理论",载于 D·S·皮尤编,《组织理论精粹》,中国人民大学出版社,1990 年,第 311 页。
③ 爱德加·薛恩,《组织心理学》,经济管理出版社,1987 年,第 58—90 页。

"社会人性"假设认为,在工作中所得到的物质利益,对于调动员工的生产积极性只有次要意义,良好的人际关系才是调动员工生产积极性的决定性因素,员工对管理部门的反应能达到什么程度,当视主管对下级的归属需要、被人接受的需要以及身份感的需要能满足到什么程度而定。

(3)"自我实现人性"假设。

"自我实现人"是由马斯洛(A. H. Maslow)首先提出的,麦格雷戈的"Y 理论"①中的人以及阿吉里斯(C. Argyris)的"不成熟—成熟"理论中的具有成熟个性的人也类似于"自我实现人"。依据"自我实现人性"假设,员工在工作中所获得的知识、充分发挥自己的潜力的机会等更能够满足人的自尊和自我实现需要,因此也更能调动员工的工作积极性。

(4)"复杂人性"假设。

薛恩在总结了上述人性假设理论之后,指出这些人性假设都存在不同程度的局限性,在特定时代背景下,适合于某些人和某些场合,但并不能全面反映出人性。他认为人的需要与潜在欲望是多种多样的,而且这种需要的模式也是随着年龄与发展阶段的变迁、随着扮演的角色的变化以及所处环境和人际关系的演变而不断变化的。因此,人具有复杂性,在不同的年龄、不同时间和不同的地点都会有不同的需要和不同的表现。

在薛恩的"复杂人性"假设基础上,莫尔斯(J. Morse)和洛希(J. W. Lorsch)于 1970年发表了"超 Y 理论"一文,"超 Y 理论"对于人性的复杂性有了更进一步的假设②。这一理论认为,对人性的认识要因人而异,人与人之间也是不同的,"人们之中包含着不同的需要类型,当工作和组织设计适于这些需要时,他们就能最好地进行工作"。

此外,在管理学史上,除了这些人性假设之外,还有关于"文化人"、"决策人"等假设,在此就不一一历数了。从这些人性假设可以看出,随着人们对于人本身认识的深入,有关人性的假设已从单一型发展为多样型,从简单对人先天所具有的本性假设转向对在一定的后天环境影响之下所发展出来的人性的假设。人性假设这一管理理论前提条件的转变,相信也必然使相关的管理激励理论发生变化,下面我们就对典型的激励理论进行简要的回顾和评述。

2. 激励理论评述

如何调动人的积极性,利用有效手段引导和规范组织成员的行为,实现组织的

---

① "Y 理论"与"X 理论"是相对立的,它的基本观点是:人们从事工作并不是被动的,而是受动机支配的;只要创造一定的条件,他们就会视工作为一种得到满足的因素,从而主动把工作干好。
② J·J·莫尔斯 J·W·洛希,"超 Y 理论",《哈佛管理论文集》,中国社会科学出版社,1985 年,第 144—158页。

目标,一直就是管理学家关注的核心问题。20 世纪初以来,出现了许多与此相关的激励理论。按照这些理论所研究的激励问题的侧重点不同,主要可以将其划分为内容型激励理论和过程型激励理论。这些理论分别从人们的需要、与需要和行为结果相连接的心理过程以及行为结果等角度对激励问题进行了研究。

第一类:内容型激励理论。

内容型激励理论是以人的心理需求和动机为主要研究对象的激励理论,认为人的积极性和受激励程度主要取决于需要的满足程度。该类理论的典型代表主要是马斯洛的需求层次理论、麦克利兰(D. C. McClelland)的成就需求理论和赫茨伯格(F. Herzberg)的双因素理论。

(1)需求层次理论。

以美国行为科学家马斯洛为代表的需求层次理论是研究组织激励时应用得最广泛的理论。需求层次理论[①]认为,人的需求是有层次的,归结起来,可以分为五个层次,从下到上依次为:

① 生理需求。人类维持自身生存的最基本的要求,包括饥、渴、衣、住等方面的要求,如果这些需求得不到满足,人类的生存就成了问题。因此这类需求的级别最低,人们在转向较高层次的需求之前,总是尽力满足这类需求。

② 安全需求。指人类有保障自身安全、摆脱失业和丧失财产威胁、避免职业病的侵袭、解除严酷的监督等方面的需要。

③ 社会需求。包括对于友爱的需要和归属的需要,即个体归属于某一群体的感情需要。这一层次是与前两层次截然不同的另一层次。这些需要如果得不到满足,就会影响到人们的精神,导致工作效率下降、情绪低落。

④ 尊重需求。包括内部尊重和外部尊重。内部尊重是指以个人希望在不同情绪中有实力、能胜任、充满信心、能独立自主,即自尊;外部尊重则是指一个人希望有地位,有威信,受到别人的尊重、信赖和高度评价。

⑤ 自我实现需求。这是最高层次的需要,指实现个人的理想抱负,最大限度地发挥个人潜能,以完成与自己的能力相称的一切事情的需要。

马斯洛认为,这五个层次的需要是像阶梯一样逐层上升的,一般来说,只有在较低层次的需求得到满足之后,较高层次的需求才会有足够的活力来驱动行为,即只有满足较低层次的需求,高层次需求才能发挥激励作用,而且,原来用以满足较低层次需求所采取的措施就不再会对人们产生激励了。因此,激励的过程是动态的、逐步的、有因果关系的。在这一过程中,一套不断变化的"重要"的需求控制着人们的行为。当然,这五个层次的需求也并非对所有的人都是一样的。社交需求

---

① 马斯洛等,《人的潜能和价值》,华夏出版社,1987 年,第 162—208 页。

和尊重需求这样的中层需求尤其如此，其排列顺序因人而异。不过马斯洛也明确指出，人们总是优先满足生理需求，而自我实现的需求则是最难以满足的；同时，人们对于尊重和自我实现这两种高层次需求的追求是无止境的，而且高层次的需求越是得到满足，就越能产生令人满意的激励效果。

与工资体系不同，企业设置福利计划就是为了满足员工的特定层次的需求，如对于年老退休后生活保障的需求，对意外保险、医疗保障的需求等。这些延期支付的货币以及不同类型的保险都是通过满足员工多层次和多样化的心理需求来达到激励员工的目的，因而马斯洛的需求层次理论作为一个基础心理理论被广泛应用于员工福利的激励效果研究。

（2）成就需求理论。

成就需求理论是美国哈佛大学麦克利兰教授于 20 世纪 50 年代在一系列文章中提出的①。麦克利兰把人的高层次需求归纳为对权力、亲和以及成就的需求。他对这三种需求，特别是成就需求做了深入的研究。

① 权力需求（Need for Power）。影响或控制他人且不受他人控制的需求。不同人对权力的渴望程度也有所不同。权力需求较高的人对影响和控制别人表现出很大的兴趣，喜欢对别人"发号施令"，注重争取地位和影响力，常常表现出喜欢争辩、健谈、直率和头脑冷静；善于提出问题和要求；喜欢教训别人，并乐于演讲。麦克利兰还将组织中管理者的权力分为两种：一是个人权力。追求个人权力的人表现出来的特征是围绕个人需求行使权力，在工作中需要及时反馈和倾向于自己亲自操作。二是职位性权力。职位性权力要求管理者与组织共同发展，自觉地接受约束，从体验行使权力的过程中得到一种满足。

② 亲和需求（Need for Affiliation）。建立友好亲密的人际关系的需求，与马斯洛的社会需求基本相同，亲和需求就是寻求被他人喜爱和接纳的一种愿望。高亲和动机的人更倾向于与他人进行交往，至少是为他人着想，这种交往会给他带来愉快。高亲和需求者渴望亲和，喜欢合作而不是竞争的工作环境，希望彼此之间的沟通与理解，他们对环境中的人际关系更为敏感。有时，亲和需求也表现为对失去某些亲密关系的恐惧和对人际冲突的回避。

③ 成就需求（Need for Achievement）。争取成功并希望做得最好的需求。具有强烈的成就需求的人渴望将事情做得更为完美，提高工作效率，获得更大的成功。他们追求的是在争取成功的过程中克服困难、解决难题、努力奋斗的乐趣，以及成功之后的个人的成就感，并不看重成功所带来的物质奖励。麦克利兰发现高成就

① D. C. McClelland, *The Achievement Motive*, New York：Appleton-Century-Crofts, 1953；D. C. McClelland, Power is the Great Motivation, *Harvard Business Review*, 1976, 54(2), pp. 100 – 110.

需求者有三个主要特点：第一,喜欢设立具有适度挑战性的目标,不喜欢凭运气获得的成功,不喜欢接受那些在他们看来特别容易或特别困难的工作任务,也很少自动地接受别人——包括上司——为其选定的目标,总是精心选择自己的目标,而且不喜欢寻求别人的帮助或忠告。第二,在选择目标时会回避过分的难度。他们喜欢中等难度的目标,既不是唾手可得没有一点成就感,也不是难得只能凭运气。对他们而言,当成败可能性均等时,才是一种能从自身的奋斗中体验成功的喜悦与满足的最佳机会。第三,希望得到能够有明确而又迅速反馈的任务,希望能够得到有关个人所从事工作的及时明确的绩效反馈信息,从而了解自己是否有所进步。因此,高成就需求者,在能够独立负责、可以获得信息反馈和中度冒险的工作环境中,可以获得高度的激励。

另外,麦克利兰指出,金钱刺激对高成就需求者的影响很复杂。一方面,高成就需求者往往对自己的贡献评价甚高,自抬身价。他们有自信心,因为他们了解自己的长处,也了解自己的短处,所以在选择特定工作时有信心。如果他们在组织中工作出色而薪酬很低,他们是不会在这个组织呆很长时间的。另一方面,金钱刺激究竟能够对提高他们绩效起多大作用很难说清,他们一般总以自己的最高效率工作,所以金钱固然是成就和能力的鲜明标志,但是由于他们觉得这配不上他们的贡献,所以可能引起不满。

（3）双因素理论。

双因素理论[①]是美国心理学家赫茨伯格在需求层次理论基础上进一步发展并创立的。他通过大量的调查、访谈和研究,得出了影响员工工作态度的因素有以下两种：

① 使员工对工作满意的因素,称为激励因素,包括工作本身、认可、成就和责任,这些因素涉及人们对工作的积极感情,又和工作本身的内容有关,是与工作相联系的内在因素。在很大程度上,这类因素属于个人的内心感受,组织政策只能产生间接的影响。

② 使员工对工作不满意的因素,称为保健因素,包括公司政策和管理、技术监督、薪水、工作条件以及人际关系等,这些因素涉及工作的消极因素,也与工作的氛围和环境有关,属于与工作相联系的外在因素,主要取决于正式组织（如薪水、公司政策和制度）。

赫茨伯格认为,激励因素只有满意和没有满意之分;保健因素只有不满意和没有不满意之分。也就是说,不满意因素被消除之后,也不一定会带来满意,即不一定会产生激励作用。只有激励因素得到充分发挥,才能给员工带来工作满意感,并

---

① 　F·赫茨伯格,"激励—保健因素",《组织理论精粹》,中国人民大学出版社,1990 年,第329—347 页。

产生有效的激励作用。从这个意义出发,传统的激励假设,如工资刺激、人际关系的改善、提供良好的工作条件等,都不会产生更大的激励;它们能消除不满意,防止产生问题,但这些传统的"激励因素"即使达到最佳程度,也不会产生积极的激励。按照赫茨伯格的意见,管理当局应该认识到保健因素是必需的,不过它一旦使不满意中和以后,就不能产生更积极的效果。只有"激励因素"才能使人们有更好的工作成绩。另外,赫茨伯格还注意到,激励因素和保健因素存在若干重叠现象,比如,赏识属于激励因素,基本上起积极作用;但当没有受到赏识时,又可能起消极作用,这时又表现为保健因素。

双因素理论对薪酬结构的研究有很大的促进作用,研究者们可以通过关注哪些薪酬形式是保健因素,哪些是激励因素来设计薪酬和福利体系以达到更为积极的激励效果。

第二类:过程型激励理论。

过程型激励理论主要是以影响人们行为的因素之间的关联及其相互作用的过程为研究对象的。其中有代表性理论是:维克多·弗鲁姆(Victor H. Vroom)的期望理论和亚当斯(J. S. Adams)的公平理论。

(1)期望理论。

期望理论最早由美国心理学家弗鲁姆在1964年出版的《工作与激励》一书中提出,是用以解释行为激发程度的一种理论[①]。

期望理论指出,激励所产生的力量取决于人们对其行动结果的价值评价和预期实现目标可能性的估计。或者说,激励力的大小取决于效价与期望值的乘积。即:

$$激励力(Motivation) = 效价(Value) \times 期望值(Expectation)$$

其中,效价是一个心理学上的概念,是指达到目标对于满足个人需要的价值。同一目标,由于每个人所处的环境不同、需求不同,其需要的目标价值也就不同。同一个目标对每一个人可能有三种效价——正、零、负。效价越高,激励力量就越大。

另外,弗鲁姆认为,人总是渴求满足一定的需要并设法达到一定的目标。这个目标在尚未实现时,表现为一种期望。期望值则是指个人对某一行为导致特定成果的可能性或概率的估计与判断,可能性越大,期望值也就越高,这一目标的激励力量也就越大。

由此可见,效价大小直接反映人的需要动机强弱,期望值则反映人实现需要和动机的信心强弱。这个公式说明:假如一个人把某种目标的价值看得很大,估计能

———————————

① 刘正周,《管理激励》,上海财经大学出版社,1998年,第79—81页。

实现的概率也很高,那么这个目标激发动机的力量越强大。

弗鲁姆还提出了用以表示目标对于行为产生激励这一过程的期望模式(如图2-1所示)。

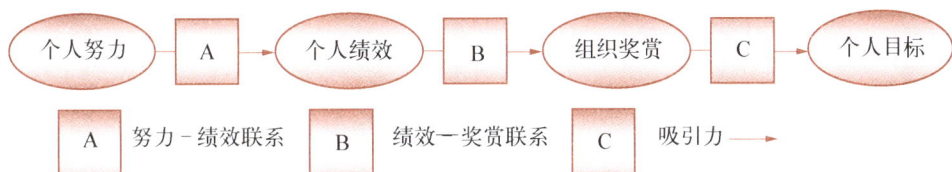

图2-1　弗鲁姆的期望模式

这个期望模式所表达的含义有三点:① 一个人努力工作的动机强度取决于他对理想的工作绩效实现的信念程度;② 报酬与奖赏对雇员有强烈的影响作用;③ 雇员的自我利益是组织激励的基础,只有在雇员对自我利益的追求和实现过程中,组织能够保证所提供的奖赏与个体的需要一致时,雇员才会获得最大的满足感。

因此,要达到最好的激励效果,需要兼顾以下三种关系:

① 努力与绩效的关系。这两者的关系取决于个体对目标的期望值。期望值又取决于目标是否适合个人的认识、态度、信仰等个性倾向,以及个人的社会地位、别人对他的期望等社会因素,即由目标本身和个人的主客观条件决定。

② 绩效与奖励的关系。人们总是期望在达到预期成绩后,能够得到适当合理的奖励,如奖金、晋升、提级、表扬等。组织的目标,如果没有相应的、有效的物质和精神奖励来强化,时间一长,积极性就会消失。

③ 奖励和个人需要的关系。奖励什么要适合各种人的不同需要,要考虑效价。要采取多种形式的奖励,满足各种需要,才能最大限度地挖掘人的潜力,最有效地提高工作效率。

(2)公平理论。

公平理论又称社会比较理论,最初是由美国心理学家亚当斯提出来的,是研究人的动机和知觉之间关系的一种激励理论,侧重于工资报酬分配的合理性、公平性及其对员工的积极性所产生的影响。

亚当斯公平理论的基本内容包括以下三个方面:

① 公平是激励的动力。公平理论认为,人能否受到激励,不但由他们得到了什么而定,还要由他们所得与别人所得相比是否公平而定,即不仅关心自己所得所失本身,而且还关心与别人所得所失的关系,以相对付出和相对报酬全面衡量自己的得失。付出包括教育程度,所作的努力,用于工作的时间、精力以及其他的无形损耗等;而所得则包括金钱、奖赏、晋升等各种因素。实际上,对于付出和所得不仅包括可衡量的外在物质因素,还代表了人们内心对于所得和

付出的一种心理感受。

②公平理论的模式(即方程式)。

一是自我现在的付出与所得和过去的付出与所得的纵向比较,当 $Op/Ip=Oh/Ih$ 时,会产生公平感。其中,Op 表示自己对现在所获报酬的感觉;Ip 表示自己对个人现在投入的感觉;Oh 表示自己对过去所获报酬的感觉;Ih 表示自己对个人过去投入的感觉。

二是自我的所得与付出和组织中其他人的付出与所得的横向比较,当 $Op/Ip=Oc/Ic$ 时,会产生公平感。其中,Oc 表示自己对他人所获报酬的感觉;Ic 表示自己对他人所作投入的感觉。

③公平与不公平的心理行为。当上述两个公式均相等时,就会产生公平感,公平感会使人们感到心理平静、心情舒畅。当出现不相等时,就会有一种不公平感。调查和试验的结果表明,不公平感的产生,绝大多数是由于经过比较认为自己目前的报酬过低而产生的;但在少数情况下,也会由于经过比较认为自己的报酬过高而产生。一旦人们感觉到不公平,就会试图从行为上进行纠正。若认为自己的报酬较高,会产生兴奋的感觉,也会主动多承担一些工作,这是最有效的激励,不过时间久了,人们会重新估计自己的技术和工作情况,最终觉得自己确实应当得到那么高的待遇,便又会恢复到平静的心态;另外,如果过高,也会产生不安全感,导致工作效率下降。若认为自己的报酬过低,人们就会产生不公平感,这种不公平感会导致内心的痛苦,呈现出紧张不安等现象,导致行为动机下降,工作效率下降,甚至出现逆反行为。为了消除这种不安,人们一般会采取以下一些行为措施:通过自我解释达到自我安慰,主观上造成一种公平的假象,以消除不安;更换对比对象,以获得主观的公平;采取一定行为,改变自己或他人的得失状况,如工作不努力、消极怠工、发泄怨气、制造矛盾等。

综合上述两种不同类型的激励理论来看,无论是内容型还是过程型的激励理论,实际上都是以人的需求作为激励的基点的,激励产生的机理在于人的需求、动机和行为三者之间的互动关系。内容型的激励理论是以人的需求作为出发点来探索人的激励和研究人的行为,把握不同时期、不同阶段人们的需求,通过满足这些需求来激发人们的行为;而过程型的激励理论则是从需求到行为这一心理转化过程出发,以系统化、动态化的角度来研究如何最大限度地调动人们的工作积极性。由此看来,各种管理手段、管理措施是否能够对员工的行为产生影响,起到激励的作用,主要在于他们是否体现并满足了员工的需要,以及在何种程度上满足了这些需要。由于单一的工资体系在激励功能方面的缺陷,福利体系就成为组织实施各种工资体系不可缺少的制度性保障;货币工资只是短期内人才资源市场供求关系的体现,而福利则反映了组织对员工的长期承诺。福利计划正是由于对员工需求的满足,才能够激励员工行为,提高员工绩效。因此对员工福利计划的满意度研究也一直以来都是员工福利领域的热点问题。

第二节 员工福利的效用分析

从上述关于员工福利计划的发展历程,以及与之相关的薪酬和激励理论进行的简要回顾中,我们可以了解到,无论是从经济学角度还是从管理学角度而言,归根到底员工福利之所以有今天的发展,除得益于政府的政策支持之外,同时也在于其无论是对福利的接受者——雇员,还是对福利的提供者——雇主,都具有其"独特的效用",即有别于工资所带来的效用。对此我们将在本节中展开进一步的分析。

在展开分析之前,为了更明显地将员工福利与工资区别开,我们需要首先对员工福利的内容进行分类:第一类,我们称之为"具有延期支付性质的货币收入",包括各类基本社会保险和补充保险等,即现在所得的报酬以后以货币形式支付;第二类,则称之为"实物性报酬",如折扣购物券、集体旅游等。在这里需要特别说明的是,各类假期(如带薪休假等)属于第二类,即作为一种特殊的"实物性报酬"。举个简单的例子,一位雇员每年工作 12 个月,月工资 3 000 元,那么可以通过两种方式将他的月均工资增加 300 元:一是直接提高工资;二是在月报酬不变的情况下,将每年的工作时间减少一个月,即为他增加一个月的带薪休假时间,显然,这一休假对雇员和雇主而言也是具有价值的一种特殊商品。

一、福利计划对于雇主的效用分析

引入一个例子:假设雇主提供某种类型的工作,为了吸引员工,他必须支付每年 30 000 元的总报酬,而且若总报酬超过了 30 000 元,那么企业的利润就会小于零,因此 30 000 元的总报酬是雇主使自己能够同时在劳动力市场和产品市场保持竞争力的一个水平。若相同数目的福利与工资对于雇主来讲意义是相同的,那么在总效用既定的情况下,任何形式的福利与工资组合都是一样的,这些组合可以用利润为零的等利润线来表示(如图 2 - 2 所示)。

在图 2 - 2 中,这条等利润线的斜率为 - 1,意味着每增加一单位的福利,就要减少一单位的工资。换句话

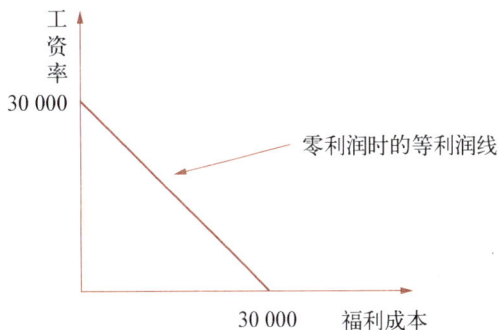

图 2 - 2 **工资率与福利成本**

说,从表面看来所有的福利对于供给方——雇主而言,都是可以换算为货币支出的,其与工资一样均属于企业成本。因此,福利与工资在数量相同的情况下,对于雇主而言是无差异的,而唯一重要的是福利与工资的总支出额。但实质上,却并非如此。因为,福利的某些特点使得在相同数量额度下的工资和福利,为雇主所带来的实际成本事实上是不同的。福利对于雇主而言,其特殊的效用,主要表现在以下几点。

1. 由于政府政策的支持,可以使企业以相对较低的成本,为员工提供相对较高的保障效果

首先,根据法律规定,基本社会保险费中的雇主缴费是以工资为基数缴纳的,因此工资增加意味着雇主所要缴纳的保险费也要随之增加,即假如增加100元的工资,为雇主所带来的成本不仅仅是100元,假设基本保险的雇主缴费率为10%的话,那么这部分工资所带来的成本增加额实际上是110元(100 + 100 × 10% = 110)。因此,相比之下,相同数量的福利,会减少企业的成本支出。

其次,福利费用,尤其是像政府所鼓励的企业年金,有一部分是税前扣除的,减少了企业的纳税基数,间接减少了企业的成本支出;并且,一般而言,向员工提供的福利计划所需的费用,也通常比相同给付的个人保险的费用要低。这也是促成雇主设立员工福利计划的理由。因为有些企业为了保障重要人员的生命,可以向保险公司购买"要人"保险,然而这种个人保险的保费很高而且没有免税优待,所以一般雇主基于保费低和可获取免税的理由,更易设立员工福利计划,以提供相同的保障,改善员工与雇主之间的关系。

2. 雇主可以利用员工福利计划,间接增加某一类型雇员的实际收入,而避免违反相关的反歧视法律

例如,假设经过观察和测试,雇主发现若想要已婚的,尤其是已有小孩的成年人的流动性更低、生产效率更高的话,雇主可以提供一些只有这类人才能享受到的全额福利,如向雇员的家庭成员提供健康保险、为雇员的子女提供教育补助等,显然这一类的福利会使单身汉或没有孩子的人不能全额享受到。在此种情况下,员工福利计划就使得雇主一方面达到了用相对较少的成本吸引和留住某一类型雇员的目的,而另一方面也不会受到雇佣歧视的控告。

3. 像带薪假期、休息日这样的福利有助于调整雇员的身心状态,减少差错的发生,间接降低企业成本,另外也有助于建立和维护双方的良好关系

首先,我们都知道,每个人的精力都是有限的,连续紧张的工作往往会造成人们疲劳、精神不振等状态,在这种状态下最容易造成差错,甚至是意外事故。另外,某些带薪假期对企业有特殊的意义,如银行中的雇员休假。对于银行这样的企业,可以利用雇员休假的时间审计由休假员工所执行的账户和交易,以及时发现存在贪污等不轨行为的员工,减少企业的损失。

其次,员工福利计划可凭借降低员工财务的忧虑而改善员工的行为和工作效率。一个良好的就业环境能吸引工作能力强的员工、降低员工的流动性并能增加员工的工作效率。假如两个企业工作环境相同,对员工去留的选择影响甚少,如果一个企业设立了员工福利计划,那将可改善企业的工作环境和员工与雇主的关系,使企业与员工建立起长期紧密的联系,可以更好地调动雇员的生产积极性,提高劳动生产率,进而促进企业自身发展。员工为了获取财务安全保障,雇主为了改善企业关系、增加雇员的凝聚力,这可以说是员工福利计划产生和发展的主要因素。

当然,对于雇主而言,福利也不是毫无弊端的,某些福利也会增加企业的成本支出,如带薪病假。这种福利有可能会增加雇员的缺勤率,使企业的总工时降低,间接增加企业成本。显然,福利对于雇主而言也是存在着正负两个方向的效用的。作为福利的供给方,雇主要实现其利润的最大化,不仅要考虑雇员的偏好,以及这些计划所带来的正效用,还应考虑福利计划的提供形式,适当控制福利工资的比例,以减少其为企业所带来的负效用。

二、福利计划对于雇员的效用分析

诚如上面所述,相对于现金形式的工资而言,企业对福利计划的选择在某种程度上更加节省成本,但是毋庸置疑的是,企业无论是选择福利计划还是工资,其最根本的目的都是为了能够吸引和留住优秀的员工,调动员工的积极性,使员工能够为企业创造更多的效益。因此,企业在考虑选择工资还是福利计划的时候,并不能单纯只从成本的角度出发,还要考虑到员工的需求,即福利计划的激励性效果——而这也正是我们下面将要分析的——对员工的效用分析。

1. 员工福利的激励性因素分析

所谓激励性因素,从一般意义上说,指所有能够促使人们工作或调动人们工作积极性的因素。而从上述激励理论可知,这些因素之所以能够产生激励效果,是因为他们在某种程度上满足了人们的需求。因此,员工福利目前之所以能够成为吸引和留住员工、调动员工积极性的一项管理措施,显然也是由于它具备了某些能够满足员工需要的激励性因素。

首先,员工福利可以满足人们在生理上、安全上的低层次的物质需要。这一点是由员工福利性质所决定的,正如在本章第一节中所界定的,员工福利是企业为了改善员工及其家庭的生活质量而提供的各种以非货币性和延期支付为主的补充性报酬与服务,显然这就决定了员工福利必然具有保障人们基本生存、满足人们生理需要的功能。而从员工福利的具体项目来看,其最重要的项目——各类社会保险和企业补充性保险,还可满足人们的安全需要。例如,养老保险和企业年金可以使员工免于为年老后的生活担忧;失业保险可以减少人们由于失业而遭受到的经济损失;各类健康保险则能够在人们由于生病或受伤而暂时或永久丧失劳动收入时提供基本的生活保障。

其次,员工福利可以满足人们在情感上的社会需要。这主要体现在各种各样的实物性福利项目上。例如,目前许多企业都提供的带薪休假,这种福利形式使员工在长时间的紧张工作之后可以调整生活节奏、放松身心,还可以利用这段时间更多与家人、朋友相处,丰富感情生活,满足亲情和友情的需要。还有,各种精心策划的集体旅游、定期举办的各种宴会可以使公司员工在工作之外有更多的接触机会,从而能够增进员工之间的了解,融洽公司内部成员间的同事关系,也有助于人们获得感情上的满足感。此外,一些诸如在公司内部提供理发和修鞋等杂项服务,以及免费早餐等看起来不起眼的福利可以使公司表现出富有人情味的一面,使员工获得归属感。

最后,某些员工福利项目还能在一定程度上使人们获得公平感和成就感,如员工持股计划。通过这一计划,一方面使员工拥有了企业的股票,成为企业的所有者之一,从而让员工能够真正以主人翁的精神投入工作,将企业的成功视为自己的成功,从而获得更大的成就感;另一方面,这一计划在一定程度上改变了过去员工与雇主之间的被雇佣与雇佣的关系,从某种意义上来讲,使得员工可以以自己所拥有的人力资本和雇主所拥有的物质资本站在平等的立场上来共同分享企业的经营利润,从而产生一种公平感。

2. 福利的效用分析

虽然,员工福利能够满足人们的需要,具有激励性的因素,但员工福利是否必然会产生激励性的效果呢?我们从如下两个角度进行分析。

(1)根据西方经济学中有关"经济人"的假设,从纯经济的角度进行分析。

首先,这些福利与工资相比,共同的优势就是均享有税收优惠,对于第一类具有延期支付性质的货币收入来讲,由于这部分福利有助于减轻政府的保障负担,因此为了鼓励企业实施,政府对这类计划采取了税收优惠政策。雇员向各类基本的社会保险以及符合政府规定的补充性保障计划所缴纳的费用都属于税前列支项目,免交个人所得税。虽然部分项目在领取最终的收益额时,需要纳税,如企业年金,在退休后,领取退休金时,仍需缴纳个人所得税,但是,由于退休后的收入要低于在职时的收入,个人所得税的征收又实行累进制,且具有免征额,因此,在很大程度上,这类福利起到了避税或减轻税负的作用,这对于高收入的员工来讲,尤其具有吸引力。而第二类福利因为本身的实物性特点,根本就无需纳税,所以这类福利对雇员而言具有同样的吸引力。

其次,在第一类福利中各类社会保险和补充保险计划,可以在一定程度上分担员工未来可能承受的各种风险,并为员工未来的收入提供保障,解除员工的后顾之忧。此外,这类计划中的一种重要的福利形式——员工持股计划,则可以使员工共同分享企业的经营成果,提高实际的收入水平。

再次,第二、第三类的实物性报酬,除可带来税收优惠外,其另一特有的优势是这部分实物性福利具有集体采购的性质,因此员工可以享受到个人购买所不能享受到的价格优惠,相当于以同样数量的钱,换取更多的实物,这显然可以为雇员带来更大的效用。另外,这一类福利中的假期,则可以满足人们对于闲暇的需求。在紧张繁忙的现代化的工作之余,轻松自在的假期生活使人们能够放松心情,更多地与家人相处,进行情感上的交流,同时带来身心双方面的愉悦,这些往往是金钱难以满足的。

最后,虽然福利工资凭借其延期性和实物性两个特点,使其与同量价值的现金相比,在一定条件下,能为员工带来更多的效用,但福利也存在着一定的局限性,主要体现在福利导致员工失去了对于其全部报酬的自由处置权。若在其他条件都相同的情况下,即如果不存在税收优惠等条件,那么根据公认的经济理论准则,与实物、延期性的收入相比,人们宁愿得到的是相同数量的即期收入,即相同数量的现金,因为有了现金,人们可以随心所欲地购买不同的商品。而且有时,即使在福利存在着税收优惠等优势的情况下,人们也愿意选择现金报酬,假如在出现突发性事件、急需可支配的现金时,恐怕福利也有"远水解不了近渴"之忧,在这种情况下,相同数目的工资与福利相比则能为员工带来更大的效用。

从这一点来看,福利效用的大小,取决于不同情况下雇员的偏好。根据西方微观经济学原理,雇员的偏好可以用无差异曲线来表示(如图2-3所示)。

在图2-3中,曲线ab是一条表示雇员偏好的无差异曲线,在这条曲线上,任意一点的工资、福利组合为雇员所带来的总效用都是相同的,但在不同的点,工资与福利各自为雇员所带来的效用却是不同的。在现金劳动报酬较高,而员工福利较小时,如c点,雇员愿意放弃大量的现金劳动报酬,以获得福利,此时新增加一单位的福利所带来的效用要大于新增加一单位现金收入所带来的效用;但随着福利的不断增加,根据商品的边际替代率递减规律,即在维持效用水平不变的前提下,随着一种商品消费数量的连续增加,消费者为得到每一单位的这种商品所需要放弃的

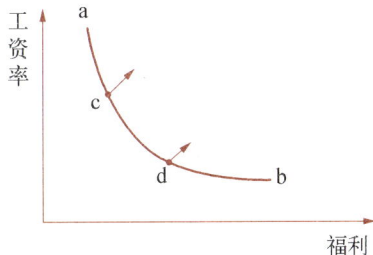

图2-3 工资率与福利

另一种商品的消费数量是递减的,到了 d 点,仅需放弃少量的现金劳动报酬,就能获得大量的福利,此时新增加一单位的福利所带来的效用显然要小于新增加一单位现金收入所带来的效用。

(2)从管理学领域中对人的假设进行分析。

人对于事物的偏好并不仅仅取决于经济利益,还有其他心理和生理需求。简单来讲,从马斯洛的需求层次理论中,我们已经了解到,人的需求具有复杂性和多样性,不同的人具有不同的需求;对同一个人而言,不同的时期需求也会有所变化;在同一时期,同一个人也会存在多种不同的需求,但这些需求的重要程度不同,而占支配地位的需要才能够对行为起决定作用。另外,对于不同层次的需要而言,当某一层次的需要相对满足了,就会向高一层次发展,追求更高一层次的需要就会成为驱使行为的动力,相应地,获得基本满足的需要就不再是一股激励力量。因此,从这个角度来讲,只有满足了那些在一段时间内,对于人们来讲处于支配地位的需要的福利,才能在这一段时间起到激励作用,而其他的只能成为双因素理论中的"保健性因素",起到防止或消除员工不满情绪的作用。

另外,在期望理论中,弗鲁姆指出激励取决于效价和期望值,效价是人们对于某一结果对自己价值大小的主观感受。既然是一种主观性的判断,那么同一结果对不同的人会有不同的效价,可以满足一些人需要的福利,有可能对另一部分人而言效价会是为零,甚至是负效价,那么在这种情况下,这些福利对这部分人不仅不能起到激励的作用,也许还会导致工作积极性下降的负效用。例如,为员工的配偶所提供的健康保险计划,这对于已婚的人来讲,如果其配偶本来有自己自费投保的需要,那么这项福利对这样的人而言,具有一定的价值,会起到激励的作用;但是对于那些已经抱定独身主义的人来讲,如果没有其他相应的替代项目的话,也许会产生不满情绪,导致消极的后果。

综上所述,福利的发展在于其在政府的政策支持下为企业和员工带来了相对即时性现金形式工资所不能提供的经济效用;同时,其本身所具备的特性也使其相对于即时性现金形式工资而言,能够满足员工除物质需求之外的精神需求。当然不可回避的是,福利也存在着某些弊端,使其今后的发展有所限制,终究不可能替代工资,也不能成为激励员工的唯一手段。

三、激励性福利计划的设计与发展应注意的几点问题

1. 在设计福利计划时,及时与员工进行沟通,了解员工需求,充分考虑不同员工的差异,尽量满足大多数员工的需求

从激励理论我们可以了解到,不同人的需求是不同的,性别、年龄、职位、家庭背

景、生活环境等都是影响人们需求的重要因素;同时,员工的需求也是不断变化的,不同阶段的需求也不一样,因此要使福利计划能够满足员工的需求,产生激励作用,就要及时了解员工需求状况,有针对性地调整原有的和设置新的福利项目。另外,就激励而言,同一种激励措施长期作用于员工会出现作用递减趋势,直至无效,也就是出现抗激励性的情况。而斯金纳的强化理论也指出,固定间隔的间歇性强化,只能带来一般的和不稳定的工作表现,组织所强化的行为会快速消退。如果组织长期使用这种强化方式几乎收不到激励效果。因此,为防止这种情况的发生,企业应按照循序渐进的原则,逐渐提高福利项目的水平,逐步满足员工的某些需要,以维持较长时间的作用效果。

2. 控制福利水平,并将福利项目适当与员工业绩相联系,避免过于均等化,增强员工的公平感与成就感

虽然,绝大多数的福利计划本身就有"普享性"的特点,但是福利项目本身也是员工薪酬的一部分。从公平理论来看,员工的公平感一方面是源于自己的投入与所得和他人的投入与所得的比较,如果福利计划完全脱离于员工的工作业绩,而且福利水平又比较高的话,必然会使员工之间的差距变小,这有可能导致高业绩的员工产生不公平感,从而降低工作积极性。因而,应适当控制福利水平,并将福利的享受标准适当与员工的工作业绩挂钩。从另一个角度而言,这也有助于增强员工的成就感,因为这种与他人相比不同的待遇,会使员工感觉受到赏识、得到认可,获得一种成就感,从而获得激励,正如范佛里特所讲的,"受人重视、得到赏识、引起注意的愿望是一个人最强大的、最原始的动力之一"①。

3. 从整体薪酬的角度考虑,处理好福利与即期性工资之间的关系,适时调整福利项目并适当控制福利项目的增长幅度;同时在对福利进行设计时,必须使其与企业所倡导的文化理念相融合

从整体薪酬的角度考虑,福利从本质上而言,是企业所支付给员工的"附加报酬",是对即期性工资的补充,但与之不同的是,福利由于其大部分项目的"普享性"及"均等性",比即期性工资具有更高的刚性,一旦上去,很难削减,因此对福利项目的设计和调整更应慎重,应使其控制在企业可承受的范围之内。此外,福利制度作为企业内部制度的重要组成部分,必然应体现企业经营管理理念,使福利计划能够在某种程度上对员工的正确行为起到引导和加强的作用。

---

① 吉姆斯·K·范佛里特著,《激励人的十二大诀窍》,同济大学出版社,1990年,第4页。

本 章 小 结

　　本章从薪酬管理和绩效管理两个视角回顾和梳理了员工福利的相关理论基础,按照时间发展顺序分别对薪酬理论(工资理论)和激励理论作了体系化的综述,并评论了这些基础理论对员工福利发展与研究的影响。同时,运用相关理论工具分析了员工福利分别对雇主和雇员的效用。学过本章之后,读者应当对员工福利的理论基础发展脉络有较为清晰的了解,能够同时从经济学和管理学的不同角度理解员工福利的本质,且能够运用这些理论研究员工福利领域的实际问题。

案例　马狮公司:给员工真正想要的和真正有效的[①]

　　"致力发展与员工的良好的人际关系非仅是付与优厚收入而已。经理人员必须了解员工的困难并作出反应。高级管理层应该知道员工的工作环境和各项福利措施的优劣程度。"

——马狮集团董事长　依时雷·薛福

公司背景:

　　马狮(Marks & Spencer)公司是一位犹太移民于 1884 年在英国创办的一家零售企业。该公司从 20 世纪初期成为全国性的连锁店。1926 年,马狮公司在英国的所有主要城市都建立了分店,成为英国最大的零售商。直到今天,马狮公司仍然是世界上利润最高的零售商之一。吉尼斯世界纪录显示,该公司在伦敦的旗舰商店 Marble Arch 每平方英尺的交易量为 3 700 美元,为世界之最。

员工福利计划设计理念:

　　作为英国最大且营利能力最高的百货零售集团,马狮的出名更在于它已成为西方管理学界公认的卓越人力资源管理典范。众所周知,马狮以福利高而著称,为推行种种福利措施所花费的代价往往使试图模仿它的其他企业望而生畏。该公司认为"福利"首先是指关心个人的需要和健康,照顾员工是目的,福利是手

[①]　案例来源:http://www.beidouweb.com/text/show.php?itemid=98395;
　　　http://www.china.com.cn/info/zhuanti/gjzmppjc/2008-09/24/content_16525780;
　　　http://www.xooob.com/330982_811954.

段,出发点是人的关系。为了优先关心员工的福利,公司为员工提供的医疗补助和养老金大大高于行业平均水平,而且除却良好的员工分红制度、医疗保险、退休金制度等一般性的福利措施外,又有许多从员工的角度于细微之处的考虑,如一些便利服务:咖啡厅、医务室、娱乐间和美容沙龙等。

该公司于1934年就成立了福利委员会,福利委员会每周开一次会,从未间断过。平均每周讨论八件事,大多涉及员工和他们的家属,如贷款、补助金、长休假、减少工作时间等,有时还提供法律性或医务性的咨询和帮助。福利委员会有一个令人注目的特点,即预算不封顶、费用不受限制。该委员会由九人组成,都不是董事,但却有充分的自主权来处理一切困难和灾难事件,他们所作的决定和建议,很少遭到拒绝。所以,从某种意义上说,福利委员会为员工们提供了安全网,不管有什么困难,也不管困难有多么严重,都不愁无人相助。委员会对90%的事件可立即作出决定,在任何情况下,对所有的事都能尽快作出处理,并通知有关个人,或告知几天内可有结果。公司一直为有这样一个委员会而感到自豪。

正如各门市部门管理人员都得到的指示:“如果你在处理员工问题有可能犯错时,那么宁可过于慷慨而不是相反。”这就是马狮管理的准则:尊重所有员工,关心员工的一切问题,全面和坦诚地作双向沟通,对努力和贡献作出赞赏和鼓励,不断地训练和发展。在如此管理下,每个员工都感觉到自己受到公司的尊重;他们得到不断的训练和不断作自我发展的机会;最重要的是管理层是与员工站在一起的,而不是处于敌对地位;他们看到管理高层所宣扬的目标和所付诸实际施行的,其间差异极少。此外,公司的22 000个员工,按照公司的营利分配规划,都成了股东。

福利体系的作用效果:

符合员工需求的贴心福利设计加强了员工对公司的信任和忠诚,激励了员工士气,最终体现为很高的员工生产率。“我们努力的结果是员工流失率低,随时可应付任何转变,提高了生产力和获得了对谁都有利的利润——有利于股东、员工、退休员工乃至社会大众。”集团董事长薛福如是说。

复 习 讨 论 题

1. 员工福利有哪些理论基础?
2. 激励理论如何影响员工福利的发展?
3. 如何从企业和员工的角度分别理解员工福利的效用?
4. 建立和发展激励性福利计划应注意哪些问题?

第三章

员工福利的发展

【本章提要】

本章从纵向的角度对员工福利的历史沿革进行了全面介绍,先是就一般意义上的员工福利的产生、发展和未来走向作出了详细的描述;然后对中国在不同历史发展时期的职工(员工)福利问题进行了回顾,对目前的员工福利政策和计划进行了系统的阐述。本章的学习要点在于以下几个方面:

(1) 了解员工福利发展的来龙去脉;

(2) 透析国外员工福利的改革和发展趋势;

(3) 了解我国职工福利的发展历程。

第一节　员工福利的历史沿革

员工福利是伴随着工业化的发展和产业工人的增加逐渐兴起的,它的历史可以追溯到 19 世纪初。员工福利近 200 年的发展历史,可以分为初建时期、快速发展时期和改革创新时期三个阶段。本节主要阐述前两个阶段的发展,关于员工福利的改革和发展趋势将在本章第二节进行讨论。

一、员工福利初建阶段

1. 员工福利从劳工保护、学徒教育和培训开始

工业化发展带来了一系列劳工问题,如工人健康、使用童工、工伤事故、工作条件、工作时间、工人年老后的生活等问题,导致工人与雇主之间的矛盾日益加剧。工人对自己的劳动生存环境强烈不满,采取罢工和暴力反抗发泄怨愤。这些日益严重的劳工问题已经发展成社会问题,引起有识之士的关注和思考。以工业革命的先驱英国为例,当时的一些社会活动家、政治家、思想家和慈善家对劳工问题进行了大量的社会调查和分析。他们看到,在煤矿井下男工女工混杂在一起,体弱的女工与男工一样从事高强度的劳动。纺织厂雇用救济院中不满十岁的儿童做工,迫使他们每天工作长达 16～18 小时。工人缺少休息和休假,严重营养不良,体弱多病,一些童工未到成年就工作致死。目睹工人恶劣的劳动环境、非人的劳动强度和简陋的生活条件,他们深感震惊。他们深知劳工问题继续发展下去的严重性及其危及社会和政府的不良后果,因此,他们上书政府,发出了强烈的呼吁,呼吁国家干预劳工福利,请求国家立法规定工厂主必须承担劳工保护的责任。

英国国会议员罗伯特·皮尔爵士在察看了自己的工厂劳动情况后,撰写了《健康与道德法案》,在 1802 年 4 月 6 日提请下议院表决,法案获得通过,并在同年 6 月 22 日得到国王批准。这个保护童工和妇女等体弱劳动者的法案,限定童工每天的工作时间最高 12 个小时,并规定了车间的卫生环境、工作服装、男女两性学徒工人分设宿舍以及培训问题等。"这一立法活动促使了后来的一些英国工厂主、慈善家采取改善工人工作环境的行动。……其更深远的意义是,促使了世界各国政府对企业劳工的保护、福利保障的关注和一系列社会立法的产生,也是寻求劳工社会保障漫长的历史进程中的一次大的进步。"①该法案随时代发展又在 1819 年、1833 年、

---

① 刘燕生,《社会保障的起源、发展和道路选择》,法律出版社,2001 年,第 101 页。

1844 年和 1847 年多次修订,连同此后德国 1839 年颁布的普鲁士儿童保护法,英国 1872 年颁布的矿山法案、1883 年颁布的工厂法,对世界劳工保护活动起到了重要的推动作用,奠定了最初员工福利的基础。到 19 世纪末,已经有一些开明的雇主为员工提供一些福利,如工厂设置澡堂、餐厅,改善工作环境,改善员工宿舍条件,提供简单的医疗服务和教育培训等。

在员工福利的历史上,英国人罗伯特·欧文(1771—1858)早期所做的社会主义试验对劳工保护的发展有着重要的贡献。欧文很早就注意工作时间和劳动保护问题,他著书立说对劳工问题提出自己的见解,向议会和社会各界提出,必须对工人的年龄和工作时间加以限定,并敦促罗伯特·皮尔爵士向下院提出关于改善童工和其他工人的状况的法案。他还在自己管理的工厂进行了长达 30 年(1799—1829)的实验。他在自己的工厂内把劳动时间缩短为十个半小时,而当时一般是 13 或 14 个小时。在欧文的工厂里的工人每月只需付儿童教育费三便士,子女就可以在工厂办的学校中接受教育。公司为教育每一个儿童每年要付出两英镑的费用,之所以要求儿童父母交费,只是为了强调这种教育不是慈善事业。

经过 30 年的努力,欧文的企业"由一个纱厂、一个制造纱厂自用机器的工厂和企业附设一所培养人的性格的新式学校组成,学校有两所造价很高的大厦,设备齐全,装饰完善,备有直观教学所需要的一切贵重仪器和图书。教学经费每年不下 1 200 英镑,企业用了很多钱去改善村庄住宅和街道、修筑新的道路、建造花园和广场,以及整顿工厂的各部分。此外,在美国禁运棉花,以及棉价高得使精明的厂商不能购买棉花的四个月期间,还向工人支付了 7 000 英镑的工资。在这个时期,厂里没有开工,工人除维护停工的机器,使它们保持清洁和完好以外,没有做过任何的工作,可是工资照付,不打折扣。欧文创造性的工厂实验,对以后的工厂立法以及企业职工福利产生了深远的影响。特别是像'幼儿园'、'停业期间照发工资'等方法对后来的社会保障福利制度都是富有启迪作用的"①。

在美国,劳工保护发展的一个重要事件是 1938 年颁布了《公平劳动标准法》。1937 年 5 月,罗斯福向国会提交了关于最低工资最高工时立法的咨文,文中指出"我国人口的 1/3,其中绝大多数从事农业或工业,吃不好、穿不好、住不好","我们必须铭记我们的目标是要改善而不是降低那些现在营养不良、穿得不好、住得很糟的那些人的生活水平。我们知道,当我们工人的一大部分还没有就业的时候,超时工作和低水平的工资是不能提高国民收入的"。罗斯福认为,"一个自给自足并有自尊心的民主国家,竟存在着童工制是说不过去的,也没有什么经济上的理由去克

---

① 刘燕生,《社会保障的起源、发展和道路选择》,法律出版社,2001 年,第 64—65 页。

扣工资或延长工时"。几经努力,1938年6月14日该法案获得通过,这就是《公平劳动标准法》(又称《工资工时法》)。《公平劳动标准法》的主要条款包括每周40小时工时,每小时4美分最低工资;禁止使用16岁以下童工,在危险性工业中禁止使用18岁以下工人,并规定雇主安排雇员加班必须按工资标准的150%向雇员支付加班费。

2. 企业年金问世,员工福利增添重要内容

企业年金制度是由企业承担全部或部分资金责任建立员工退休基金,员工达到退休年龄退出企业后,可以从基金中获得一定的退休金作为经济补偿,以维持退休后的基本生活需要的制度。

企业年金在西方发达国家有100多年的历史。早在19世纪初,英国一些私营企业雇主为了鼓励雇员为企业长期和忠实地服务,就开始向退休雇员支付一次性病残或伤残补助金。美国企业雇主早于政府100多年为其雇员提供养老金。然而企业年金制度建立的时间应定位在19世纪末。1875年美国快递公司设立退休金计划,标志企业年金制度建立。1880年巴尔的摩和俄亥俄铁路公司紧随快递公司,第二个设立退休金计划。在随后的半个世纪中,美国先后出现了约400个退休金计划。

对私人退休金计划发展有积极意义的一个关键事件,是保险公司进入退休金业务。这之前退休金计划由企业自行掌管,基金分散在各公司,管理专业化程度低,保障的稳定性相对差一些。进入20世纪,一些国家的保险公司推出了年金业务。1921年,美国大都会寿险公司发出第一份年金合同,标志着美国保险公司进入退休金业务;1924年该寿险公司又与一个已经建立"现收现付制"退休金计划的雇主签订保险合同,标志美国保险公司进入员工福利计划。

私人退休金计划发展中另一个有积极意义的关键事件,是团体保险的出现。从国际上看,团体保险一开始就是以员工福利计划为主要经营方向的,这一业务的出现对员工福利的发展具有推动作用。历经近百年的发展后,团体保险与员工福利计划之间已形成了十分密切的关系,团体保险也发展成为多品种服务,包括了人寿保险、医疗保险、伤残保险和养老保险等。在一些国家,团险业务主要来自员工福利计划,在保险业发达国家,甚至团体保险几乎等同于员工福利计划。以美国为例,目前共有1000多家保险公司为企业提供各种雇员福利保险,全国有8500多万员工福利计划被保险人,占总人口的33%,即保险覆盖的员工及其家属占美国总人口的1/3。欧洲福利国家对企业通过团体保险提供员工福利更有明确规定,例如,瑞士法律规定,雇员应从团体保险中得到保障项目,并且由雇主全额承担保险费。

与此前被动地承担员工福利不同,企业年金是企业主动建立的,甚至在初期工

会不赞成企业提供退休金计划的情况下,企业仍然坚持自己的主张,出资为员工提供了这项福利。原因何在? 企业建立退休金计划,首先主要是为了解决员工年老工作效率低下而造成的损失,对于年老体力下降的员工,留下来影响企业效率,推出去会受到道德上的谴责。如果有一个制度能让老员工顺利退出,企业又不承担过多来自各方的压力,既可以提高生产力又为年轻员工提供发展的机会,对企业是一种不错的选择。因此,最先遇到大量年老员工需要安排的产业,像铁路、银行和公用事业等传统部门,率先推出了退休金计划。

其次,鼓励员工的忠诚,增加企业的凝聚力和活力。领取企业年金有为本企业服务年限条件,客观上鼓励员工长期服务于企业,利于稳定员工队伍。员工在得到退休金的承诺后,普遍有安全感,对提高士气、和缓劳资关系都有积极作用。

另外,在企业年金制度建立之前,就有一些国家政府为公务员建立由国家提供补助的自助性年金计划,对企业建立退休金计划有积极的影响。例如,法国政府在社会保障制度建立之前,曾在1853年为公务员建立了有补贴的年金制度,之后就有一些企业效仿政府,建立本企业的退休金计划。丹麦的中央雇员养老金计划也对私营企业建立年金制度有积极影响。1851年丹麦政府通过了关于中央政府雇员(限于由国王任命的雇员)养老金计划的第一部法案,该法案明确提出中央政府雇员由于年龄或疾病原因退休时可获得养老金,养老金数额由工龄和退休前工资共同决定。中央政府雇员的遗孀在子女低于一定年龄的条件下可领取部分养老金。以后该法案经修订,一些非国王任命的中央政府雇员也可以享受该养老金计划。

3. 社会保险制度建立,以法律形式规定了企业的员工福利责任

企业年金制度和历史上的工人互助组织,对解决工人遭遇的生老病死等生活困难、分散劳动风险,发挥了很大作用。但是,这些形式毕竟是民间行为,不具有强制力,其保障的稳定性和承载力都受到一定限制。随着工业化和城市化的推进,家庭保障功能日益退化,仅以民间力量不足以应对社会成员的贫困问题,不足以化解工薪劳动者的劳动风险。政府介入老年、疾病、伤残、失业、遗属的保障,成为必然的选择。

19世纪80年代,德国政府相继颁布了一系列社会保险法令——1883年《工人疾病保险规定》、1884年《工伤事故保险法》、1889年《老年和残障保险法》——标志着世界上第一个社会保险体系的建立。

德国构建社会保险制度是顺应历史发展潮流的,更是出于政治策略上的考虑,为了国家统一和社会安定,也为调和阶级冲突和巩固政权。19世纪末,社会主义政党活跃在德国政治舞台上,马克思主义有相当传播,无产阶级组织的力量相当强大,对当时政权的稳定构成威胁;罢工、暴力和日益紧张的劳资冲突有损德国的经

济发展和对外政策。同时,统一后的德国中新加入的各诸侯国离心离德,德国首相俾斯麦的首要目标就是政治统一。因此,俾斯麦把社会保障视为"一种消除革命的投资",他采取"胡萝卜加大棒"的做法,希望通过社会保险立法拉拢工人队伍,借此赢得工人对国家政权的支持,阻止工人运动的进一步发展。正是由于这些原因,促使德国率先建立了社会保险制度,并对世界社会保障制度具有示范效应。

德国的三个保险法案为投保资助型社会保险制度奠定了基础,它提供的基本原则可以概括为:社会保险实行强制推行和投保原则;政府、工人、雇主三方分摊保险费;社会保险覆盖工薪劳动者;劳动者投保有年限规定;享受保险待遇需要具备一定的条件;雇主负担职业伤害社会保险的资金来源;退休金按退休前工资计发。由此可以认为,在社会保险计划中,雇主是主要的供款人,社会保险立法意味着国家以法律形式规定了企业必须承担的员工福利责任,即雇主必须为雇员缴纳社会保险费,以保障雇员遭遇劳动风险而生活困难时,可以通过社会保险制度获取必要的生活费用,满足基本生活需要。社会保险制度问世以来,履行社会保险缴费责任已经成为企业给予员工的最普遍和最稳定的福利项目,是法定员工福利的最重要内容。

继德国之后到 1935 年期间,世界上很多国家先后实施了单项或多项目社会保险制度。

丹麦(1891)、新西兰(1898)、比利时(1900)、捷克、斯洛伐克(1906)、英国、爱尔兰(1908)、奥地利、冰岛(1909)、法国(1910)、卢森堡(1911)、罗马尼亚(1912)、瑞典、古巴(1913)、西班牙、荷兰、意大利(1919)、乌克兰、斯洛文尼亚、南斯拉夫、俄罗斯、吉尔吉斯斯坦、亚美尼亚(1922)、巴西(1923)、爱沙尼亚、智利、保加利亚(1924)、加拿大、波兰(1927)、南非、乌拉圭、匈牙利、厄瓜多尔(1928)、希腊(1934)、美国、葡萄牙(1935)等先后建立了老年和残疾社会保险制度。

奥地利、捷克(1888)、匈牙利(1891)、丹麦(1892)、比利时(1894)、卢森堡(1901)、挪威(1909)、英国、瑞士、爱尔兰(1911)、意大利、罗马尼亚、俄罗斯、乌克兰(1912)、保加利亚(1918)、波兰(1920)、南斯拉夫、吉尔吉斯斯坦、日本、希腊(1922)、巴西(1923)、智利、拉脱维亚、爱沙尼亚(1924)、立陶宛(1925)、法国(1928)、荷兰(1931)、阿根廷、古巴(1934)、葡萄牙(1935)等先后建立了疾病社会保险制度。

波兰(1884)、奥地利、捷克、斯洛伐克(1887)、挪威、芬兰(1895)、英国、爱尔兰(1897)、法国、意大利、丹麦(1898)、西班牙(1900)、瑞典、荷兰(1901)、卢森堡、澳大利亚(1902)、比利时、俄罗斯(1903)、匈牙利(1907)、新西兰、加拿大、美国(1908)、瑞士、日本、秘鲁、萨尔瓦多(1911)、乌克兰、罗马尼亚(1912)、葡萄牙(1913)、希腊、乌拉圭、南非(1914)、阿根廷(1915)、智利、哥伦比亚、古巴、圭亚那、巴拿马、巴巴多斯(1916)、阿尔及利亚(1919)、突尼斯、厄瓜多尔(1921)、南斯拉夫、吉尔吉斯斯坦、斯洛文尼亚(1922)、孟加拉、委内瑞拉、缅甸、巴基斯坦、印度(1923)、爱沙尼亚、玻利维亚(1924)、马达加斯加、冰岛、哥斯达黎加(1925)、特立尼达和多巴哥(1926)、巴拉圭、摩洛哥、拉脱维亚(1927)、越南、赞比亚、新加坡、马耳他(1929)、尼加拉瓜、科特迪瓦、毛里求斯(1931)、贝宁、塞内加尔、毛里塔尼亚、马里、几内亚、多米尼加、布基纳法索(1932)、斯里兰卡(1934)等先后建立了工伤社会保险制度。

英国在1911年12月推出了世界上第一个强制性的《失业保险法》之后,爱尔兰(1911)、荷兰(1916)、芬兰(1917)、意大利、西班牙(1919)、奥地利、比利时(1920)、亚美尼亚、吉尔吉斯斯坦、卢森堡、俄罗斯、乌克兰(1921)、波兰、瑞士(1924)、保加利亚(1925)、德国、斯洛文尼亚、南斯拉夫(1927)、新西兰(1930)、瑞典(1934)、美国(1935)等也先后建立了失业保障制度。美国1935年在罗斯福总统的领导和主持下,实行以社会保险制度为核心的社会保障制,通过了历史上第一部《社会保障法》,包括老年社会保险、失业社会保险、贫穷盲人补助、贫穷老人补助、未成年人补助(失去双亲或残疾无人抚养的未成年人)等内容。美国的《社会保障法》对世界其他国家的社会保障制度也产生了重要影响。

随着社会保险制度在世界各个国家的基本确立,法定的员工福利成为企业薪酬的重要内容,而社会保险则是法定员工福利的主体,从它问世以来一直是员工最关注的福利项目。

二、员工福利快速发展阶段

1. 二战后员工福利的全面发展

在20世纪40年代,员工福利在工业国家得到快速的全面发展,在内容、形式、水平上都有了长足的进步。特别是二战后,员工福利迅速铺开,内容更加丰富,形式多种多样。今天我们谈及员工福利,习惯上说"员工福利计划是指直接经济报酬以外的任何形态的津贴",而列举繁多的员工福利项目,可以开出一个长长的单子。员工福利涉及员工劳动生活的方方面面,可以用不同的标准加以归纳分类,如法定福利和企业自主福利、在职福利和离职福利、福利补贴和福利设施、家庭生活福利和文化娱乐福利、日常福利和节假日福利等。在员工福利计划实施的过程中,各国企业既承担着法定福利的责任,又根据本国、本企业的情况和员工的需求开发了很多具有特色的福利项目。

在美国,90%以上的大公司有完善的员工福利计划,法定员工福利项目包括:老人、遗属、伤残和健康保险,失业保险,工伤保险,州疾病福利保险。企业自主举办的员工福利项目一般有：在职团体保险（主要是医疗保险、人寿保险及意外伤害保险）、私人退休计划、工作时间内的额外报酬（加班费为正常工资的150%、假日工作为正常工资的200%）、带薪休假、带薪节假日、带薪的病假事假、执行陪审义务的补贴、子女入托费、教育津贴、搬家费、圣诞节红包、建议奖励和其他鼓励、利润分享、员工生活服务、员工援助计划，以及其他各种各样的津贴和福利。美国的员工福利计划可以通过劳资谈判确定，也可以由企业董事会决定。各个企业在设计员工福利时，是依据本企业的需要和支付能力确定，企业之间员工福利的项目、实施办法以及水平各不相同，最低的相当于工资成本的30%左右，最高的可达80%。据资料显示，雇主支付的团体福利计划的基本比例是：31%用于休假和休息期间的工资，17%用于社会保障，16%用于职工医疗和人寿保险，14%用于退休年金，8%用于圣诞节红包、建议奖励和其他鼓励，其余的是利润分享等。

在英国，完备的法定福利是员工福利的核心内容。英国是"福利国家"制度的开创者。1945年6月15日，英国政府颁布了《家庭补助法》。1946年8月1日颁布了《国民保险法》、《国民工伤保险法》。1946年11月6日，英国政府又颁布了《国民保健法》，使英国成为世界上第一个实行全民医疗的国家。1948年7月5日，英国政府颁布了《国民救济法》。英国政府的这些"国家福利"措施，使它成为当时西方国家拥有社会保障立法最为完备的国家，为国民提供了"从摇篮到坟墓"的保障。英国公民从母腹中，到出生后上学、病残、就业和失业、住房、丧偶或抚养子女、年老退休，直至死亡都可以按规定获得相应的社会保障。有人统计英国20世纪80年代发放的各种津贴和补助有50种左右。除此之外，英国企业自主举办的补充福利包括各种商业团体保险，团体保险品种丰富多样，有企业年金（团体年金计划的保费由雇主和雇员共同缴纳，雇员缴纳的比例一般为工资的5%~9%）、团体寿险、团体储金、医疗健康保险等；还有带薪休假，带薪假日，免费工作餐，免费或减费的职工幼儿园、子弟学校，生活补贴等，有些行业发给职工的生活补贴数额相当高，可以达到基本工资的30%~50%。

日本企业提供的员工福利计划也包括法定福利和补充福利，法定福利的主要项目是：健康保险、厚生年金保险、雇佣（失业）保险、工伤保险。以团体保险和福利津贴的形式支付的补充福利，涉及住宅、医疗保健、生活补助、喜庆丧事互助、文化体育娱乐、资金贷款、财产形成等员工生活的各个方面。日本的大多数企业依据自身经营情况和管理特点为雇员举办各种补充福利制度，为员工投保年金、伤残、医疗和遗属方面的团体保险，诸如团体丧失劳动能力保障保险、医疗保障保险（团体型）、医疗附加特约（定期团体）保险、团体型三大疾病定期保险、快乐生活附加医疗保障计划、死亡遗属保险等。企业为员工支付的福利津贴包括住房费，医疗保健费，膳食费，文体娱乐费，工伤事故保险附加费，对住院、施行手术、定期看病提供补贴,红白喜事费等。"家庭财产形成"福利是具有日本特色的员工福利,是为员工购买住房等提供资金支持的福利项目。这项福利包括两种具体形式,一种是由员工承担缴费责任建立住宅储蓄公积金保险。该保险由员工负担,企业通常不负担保费,而是从员工工资中直接扣除,积累的资金享有较高的结算利率和一定的税收优惠,员工可以在这个福利项目下提取资金,购置自有住宅。第二种是为员工的家属提供财产保护。当员工意外亡故,无力偿付按揭的住房贷款时,其遗属可以求助于"团体贷款定期寿险",保险公司通过提供贷款和其他款项,帮助遗属继续获取生活所需的住房和其他财产。

在中国企业的员工福利计划中,法定福利包括:基本养老保险、基本医疗保险、失业保险、工伤保险、女职工生育保险、住房公积金、带薪法定假日、带薪年假、法定特别休假(婚假、丧假、计划生育假、探亲假)。企业自主举办的补充福利包括:企业补充养老保险、企业补充医疗保险、带薪假期(法定休假以外的带薪病假、事假、公假)、司机外勤人员的人身意外保险、各种培训(继续教育、外派培训、企业培训)、专项福利补贴(住房补贴、生日津贴、结婚慰问金、住院慰问金、丧事慰问金、免费工作餐、定期体检)、福利设施和服务(员工宿舍、饭堂、医务室、浴室、托儿所、幼儿园、上下班交通车以及各种文化生活设施)。

表3-1将美国、日本和中国的员工福利计划进行比较,可以从中发现三个国家在员工福利计划上的异同。

20世纪中期以来,随着企业提供的员工福利项目增加和水平的提高,企业员工福利支出也在上升。以美国为例,据统计,美国在1955—1975年的20年中,员工福利几乎是以员工工资或消费价格指数四倍的速度增长。美国商会对922家企业的调查显示,从1969—1979年的十年间,企业员工平均工资每年增加2%,而平均福利则每年增加36.8%。进入20世纪90年代,员工福利占薪酬的比重基本稳定下来,对美国工人每小时劳动报酬成本的统计表明,1993—2003年期间,美国工人每小时劳动报酬中,福利所占比重一直在27.4%~29.1%之间变动(参见表3-2),保持相对稳定。表3-3显示了2002年我国人工成本构成情况。

表3-1　美、日、中员工福利计划比较

国　家	员　工　福　利　计　划	
	法　定　福　利	补　充　福　利
美　国	老人、遗属、伤残和健康保险,失业保险,工伤保险,州疾病福利保险	在职团体保险(主要是医疗保险、人寿保险及意外伤害保险)、私人退休计划、工作时间内的额外报酬、带薪休假、带薪节假日、带薪的病假事假、执行陪审义务的补贴、子女入托费、教育津贴、搬家费、圣诞节红包、建议奖励和其他鼓励、利润分享、员工生活服务、员工援助计划

（续表）

国家	员　工　福　利　计　划	
	法　定　福　利	补　充　福　利
日　本	健康保险、厚生年金保险、雇佣(失业)保险、工伤保险	团体保险、住宅补贴、医疗保健补贴、工伤事故保险附加费、住院、施行手术、定期看病补贴、膳食费、文体娱乐费、红白喜事补贴、文化体育娱乐、资金贷款、财产形成等福利
中　国	基本养老保险、基本医疗保险、失业保险、工伤保险、女职工生育保险、住房公积金、带薪法定假日、带薪年假、法定特别休假(婚丧、探亲假)、冬季取暖补贴	企业补充养老保险、企业补充医疗保险、法定休假以外的带薪假期、外勤人员人身意外保险、定期体检、各种培训、住房补贴、生日津贴、结婚慰问金、住院慰问金、丧事慰问金、免费工作餐、上下班车、员工宿舍、饭堂、医务室、浴室、托幼园以及各种文化生活设施

表 3 - 2　　美国工人每小时劳动报酬成本(1993—2003)

年　份	区　间	每小时劳动报酬成本				
		总计(美元)	工资及薪水(美元)	工资及薪水比重(%)	全部福利(美元)	全部福利所占比重(%)
1993	全　年	17.88	12.68	70.9	5.20	29.1
1994	全　年	18.30	12.95	70.8	5.35	29.2
1995	全　年	18.21	12.98	71.2	5.24	28.8
1996	全　年	18.68	13.36	71.5	5.32	28.5
1997	全　年	19.22	13.85	72.0	5.37	28.0
1998	全　年	19.76	14.30	72.4	5.47	27.7
1999	全　年	20.29	14.72	72.5	5.58	27.5
2000	全　年	21.16	15.36	72.6	5.80	27.4
2001	全　年	22.15	16.07	72.6	6.08	27.4
2002	一季度	23.15	16.76	72.4	6.39	27.6
2002	二季度	23.20	16.78	72.3	6.41	27.6
2002	三季度	23.44	16.93	72.2	6.51	27.8
2002	四季度	23.66	17.06	72.1	6.60	27.9
2003	一季度	23.93	17.17	71.8	6.76	28.2
2003	二季度	24.19	17.35	71.7	6.84	28.3

资料来源:《劳动工资动态》,2003 年 9 月。

表3-3　2002年我国人工成本构成情况①

	人均工资总额	人均社会保险	人均福利费用	人均教育经费	人均劳动保护费用	人均住房费用	人均其他费用
人均人工成本(元/人)	10 169.2	2 814.0	1 873.2	158.0	260.8	488.5	1 427.3
所占比重(%)	59.33%	16.42%	10.93%	0.92%	1.52%	2.85%	8.33%

资料来源:《劳动工资动态》,2003年9月,经过整理。

2. 企业年金为主的团体保险成为法定福利外最普遍的员工福利

随着经济繁荣和保险业的发展,保险公司除年金业务之外又推出品种多样的团体保险,增加了医疗保险、伤残保险、意外死亡保险、牙医保险、视力保险、法律事务保险等险种,满足企业员工福利计划的需要。

以美国为例,目前共有1 000多家保险公司为企业提供各种雇员团体保险业务,全国有8 500多万员工是团体保险的被保险人,占总人口的33%,即团体保险覆盖的员工及其家属占美国总人口的1/3。欧洲福利国家对企业通过团体保险提供员工福利更有明确规定,例如,瑞士法律规定雇员应从团体保险中得到保障项目,并且由雇主全额承担保险费。美国保险公司向企业员工福利计划提供的团体保险服务,可分为人寿保险、医疗保险、伤残保险和养老保险。其中,前三项团险主要是员工在职期间的风险保障,养老保险退休后才能享受。除上述险种,保险公司还向企业提供意外死亡保险、牙医保险、视力保险、法律事务保险、病假工资以及其他的职业安全健康保险等保障项目。但是,只有正式雇员才有资格享受团体保险,兼职、临时性雇员以及外聘员工难以获得团险待遇。英国的保险公司尤其是寿险公司,向企业提供的团体保险产品和服务,包括寿险、储金、养老金、年金、医疗健康保险、投资与基金管理、银行与抵押融资等,并应企业的需求,积极开发各种新型团险产品。

当然,在团体保险中,最重要的项目是企业年金。二战之前企业年金的规模有限,其大规模的发展始于20世纪40年代,特别是二战以后企业年金发展得很快。目前,企业年金制度在工业国家已经相当普及,成为法定福利之外最普遍的员工福利项目。美国的企业年金计划已经成为养老体系中的一个重要组成部分,1993年,所有民用行业的工人中,有57%或者说6 700万人受雇于举办了退休金计划的雇主,被覆盖的员工及其家属占美国总人口的1/3。目前,共有1 000多家保险公司为企业提供各种雇员福利保险,截至1993年底,美国私人养老金总资产超过2.5万亿

① 根据劳动和社会保障部规划财务司统计处在全国31个省市地区开展调查,涉及七大行业的46 479个企业,被调查的企业的年人均人工成本为17 140元。

美元。

英国有 2/3 的员工参加了企业年金计划。企业年金市场除了保险公司以外,还有众多的信托、基金和其他非保险金融机构参与,市场主体繁多,竞争激烈,因此,各种退休年金计划具有较明显的地域、行业特点。截至 2003 年 8 月,经英国金融服务局批准认证的退休基金有 156 家,很多基金是由寿险公司参与开发的。

法国在 1947 年,由工会和雇主协会签订全国性集体协议(政府也在协议上签了字),为全国管理人员建立了补充保险计划,1961 年工会和雇主又为非管理人员达成了全国性的跨职业的互助补充保险协议。

北欧国家的企业年金也在二战后发展起来,例如,从 20 世纪 50 年代开始,荷兰政府就一直鼓励补充性养老金计划的发展。目前,荷兰的补充养老金计划覆盖了80% 以上的荷兰工人。

目前西方国家的企业年金计划较为发达和成熟,覆盖面也较广,在经合组织国家,1/4 的老年人以及 1/3 以上的劳动人口参加了企业年金计划,其资产占 GDP 的比例日益上升,有的国家高达 73%。相比之下,发展中国家的企业年金发展得比较慢,目前的覆盖率还比较低。

在企业年金计划发展的过程中,各国政府通过建立和完善相关的法律法规,建立较完善的管理框架,对企业年金给予支持,有力地推动了企业年金制度的发展。以美国为例,政府虽然不直接为企业退休金计划提供资金,但通过法律和政策提高企业和雇员建立、参加退休金计划的积极性。美国企业年金制度的两个主要法规,一是《国家税收法》中的 401(K)条款。该条款允许符合条件的企业员工开设个人退休金账户,将薪水或工资的一部分存入 401(K)计划;同时,雇主也要为每个雇员的 401(K)计划按比例投入资金。个人向 401(K)计划的缴款在税前缴付,不包括在每年的纳税收入中,从 401(K)账户提款之前,这部分收入不需要缴纳个人所得税。公司为雇员的退休金计划投入的资金在一定限额内可作为营业费用列支,并从其应纳税款中扣除。另一个是 1974 年通过的《雇员退休收入保障法》,它规定了雇主和雇员在企业年金领域的权利和义务。例如,如果企业为员工建立退休金计划,员工工作满五年后,即对本人和雇主投入的全部资金享有权利。一旦企业破产或退休金计划破产,政府的退休金保险公司负责向员工提供补偿等。

各国主要从以下几个方面对企业年金进行规范:第一,规范了企业年金应覆盖的对象,参加企业年金计划的资格,获得全部企业年金权利的条件,雇主和雇员的缴费比例,年金计划的保留、自我携带、转移等。第二,完善保险法,对购买保险合同形式的年金计划的有关事项加以规范。第三,完善劳动法,协调年金计划建立过程中雇员雇主利益关系。第四,完善税法,对企业年金实行税收优惠政策。此举对鼓励雇主建立年金制度起着重要作用,有些国家企业年金计划覆盖率高,很大程度上得益于税收优惠政策。为避免雇主或雇员借企业年金逃税,政府也对雇主和雇员缴费、投资收益、待遇支付等环节的税收政策作出详细规定。第五,规范年金管理制度,企业年金主要采取完全积累式筹集基金,年金资产的监管就显得尤为重要。它包括规范年金管理机构的资格认证,年金托管的授权程序,基金的投资运营原则,基金的监督制度、审批报告制度、破产担保制度等。

3. 住房补贴成为员工福利的重要项目

住房问题是工业化和城市化的副产品,是现代社会必须面对的问题。在社会保障制度建立和完善的过程中,住房福利保障成为一个国家社会保障体系中的重要组成部分。英国是世界上最早建立住房保障制度的国家,早在 19 世纪 80 年代英国就制定了《住房法》,并开始兴建政府公寓,以优惠价格出租给贫民。美国从 20 世纪 30 年代罗斯福新政时期,就把住房保障作为缓解社会矛盾的一项重要对策。1937 年 9 月 1 日,美国国会通过了联邦住房法(瓦格纳—斯蒂高尔法),建立美国住房署,规定为低收入家庭修建公共住房制定长远计划、为地方住房机构的低房租工程和清理贫民窟工程提供贷款。

但是各国大规模的住房保障举措是在二战以后。二战期间居民住房遭到严重破坏,有些国家约20%~30%的住房被毁,战后住房短缺成为世界性问题,有些国家甚至因为住房问题引起骚乱。为此,各国都投入大量财力人力,着手住房保障制度的建立和完善。

首先是立法,规范住房市场中各方的行为,保障住房建设资金需要,引导住房市场的良性发展。如美国 1949 年的住房法令,日本 1950 年的《住宅金融公库法》、1951 年的《公营住宅法》等。同时,住房保障的具体措施也一并出台,包括:政府大力兴建福利性公共公寓,以优惠价出租给低收入家庭和无房户;向低收入家庭提供住房补贴、住房福利贷款;调动金融机制,向购买住房的居民提供低息贷款、抵押贷款、住房储蓄服务等;通过一系列措施鼓励私人建房,如自建住房者免税优待、年收入在一定标准以下的家庭的优惠建房贷款、多子女家庭建房特别优惠贷款、残疾人家庭建房特别优惠贷款等;以优惠价鼓励公共公寓内的居民购买租住的公房;直接干预住房市场,实行房租管制。组织发展住宅合作社,鼓励集资合作建房;以政府提供资金支持和税收优惠的政策,鼓励企业建造自己的员工住宅;以无息长期贷款的优厚条件,鼓励社会各界——企业、个人、自治团体——建造住房,向社会出租;为公务员修建宿舍,低租金出租,或为公务员发放住房补贴。从 20 世纪 70 年代起,住房福利改革就被提上了议事日程,一些国家为减少政府在住房福利方面的投入,加快了住房私有化的步伐,鼓励购房的政策力度加大。

住房福利是吸引和留住员工的重要手段,因此,住房福利已成为企业普遍提供的员工福利项目。企业为员工举办的住房福利主要有以下几种形式：建立个人住房储蓄计划，雇主定期按标准向个人住房账户注入资金，帮助员工实现购房计划；提供住房贷款和实行利息补助计划；为员工投保住房贷款保险；发放住房现金补贴，在住房紧张和房价相对高的国家，无论本国还是外资企业基本都发放住房补贴；为员工建造或购买公寓、宿舍，免费或低租金提供给员工居住，特别是在二战后的20年中，因为有政府的资金和税收优惠政策支持，刺激了企业建造员工公寓宿舍的积极性，很多企业为员工提供福利住房。

4. 利润分享计划和员工持股计划在员工福利计划中占有一席之地

利润分享计划出现在19世纪。根据资料显示，法国19世纪中叶就有企业实施利润分享计划，美国的宝洁公司1885年就开始实施利润分享方案。但受多种因素影响，除美国外，大部分国家的利润分享计划是在二战后铺开的。以法国为例，虽然是最早推出利润分享计划的国家，但到20世纪60年代还只有少数企业采用这一分配形式。主要是雇主和工会不积极，影响了利润分享计划的发展。法国政府为推动利润分享计划，1959年和1967年先后两次出台法规，规定雇员100人以上的企业有义务实行利润分享，少于100人的小企业可以自愿实行，收到了一定效果。到1985年，法国有11 965家企业共签订10 336个递延式利润分享协议，惠及455万员工；并有1 180个直接现金式利润分享协议，惠及36.5万员工。二战后包括美国在内的很多国家，都就利润分享计划制定了相关法规，推动和引导计划发展。目前，利润分享在各国已经是成熟的员工福利项目。

利润分享计划有直接现金式和递延式两种形式。前者是员工所分享的红利以现金形式支付，每年1~2次，红利收入没有税收优惠。后者是将应派发的红利按规定转入员工个人账户，在到达规定储存期限前不能支取（通常要五年以后甚至到退休时才可以支取）。计入个人账户的红利享受所得税优惠，因此递延式利润分享计划需要政府有关部门批准备案。利润分享计划对改善劳资关系、增强企业凝聚力、提高工作效率有积极作用。并且，交由信托机构管理的利润分享收入账户往往就作为个人储蓄性退休金计划，可谓一举两得。因此，越来越多的企业选择这种福利形式。

员工持股计划20世纪50年代起源于美国，是在美国著名的公司法律师路易斯·凯尔索及其追随者提议倡导下逐步发展起来的。他们设计的雇员持股计划，以资本信贷为手段，即通过雇员向银行贷款、公司担保方式，将债权转为股权，使雇员拥有资本所有权，之后用这种资本所有权的收益来分期偿还借款。20世纪50年代中期，凯尔索开始将计划付诸实施。1961年，他成立了"雇员持股计划发展中心"，并创办了一家投资银行，专门支持雇员持股计划。到20世纪70年代，雇员持股计划引起了社会各界的广泛关注,也得到国会和政府的大力支持,并为此制定了专门的法律。美国的员工持股计划发展很快,1974 年全国有 200 个,到 1998 年已经是 10 000 个员工持股计划,遍及各行各业;1 000 万员工参与计划,占美国全部雇员总数的 10%;雇员所拥有的公司资产达 2 220 亿美元。

在美国之后,主要工业国家都尝试着引入员工持股计划。例如,法国的员工持股计划,是二战后在政府的倡导和推动下逐步发展起来的,1973 年法国政府就颁布了一条法令,对公司以优惠条件鼓励雇员在股市认购本公司股票或认购本公司股份以增加企业资本的做法作出了若干规定。但是,像利润分享一样,法国企业对员工持股主动性不强,影响到这一福利项目的开展。日本的雇员持股计划始于 20 世纪 60 年代。经过 20 多年的发展,这一制度已经被日本企业认可,在走出终身雇佣制和年功序列工资制的过程中,很多企业开始尝试欧美的这种分配方式。在 1989 年全部上市的 2 031 家公司中,有 1 877 家实行了雇员持股,占 92.4%;持股雇员已达到 228.5 万人,占这些企业职工总数的 45.5%。在日本的非上市公司中,雇员持股制度也非常普遍,持股雇员占一半左右。

5. 员工福利快速发展的动因

二战以来员工福利全面发展,作为边缘薪酬,员工福利与工资制度相辅相成,成为工资制度的重要补充。应该说,员工福利有今天的发展有多方面原因,有来自各方面力量的推动。

第一,是社会政治经济环境为员工福利提供了发展的空间。以美国的员工福利发展为例,二战和朝鲜战争期间,联邦政府采取工资物价稳定政策。企业在工资增长受到严格限制的情况下,要吸引人才、稳定队伍、提高士气,就需要寻求新的激励手段。有关部门对福利的控制相对来说比较松,客观上也给企业留出了发展福利的空间。当时企业以开发福利来满足员工的需要,主要是政策环境因素的作用。而二战后,经济高速发展,企业支付能力增强,西方福利国家制度的出现,政府在员工福利方面的积极政策,又使员工福利发展有了更好的经济、法制和政策基础,这些都在一定程度上为员工福利发展创造了条件。

第二,雇主对员工福利作用的深刻认识,引导企业从被动接受福利要求到主动提供福利计划。目前在欧美国家,企业支付的员工福利成本已经占到薪酬的 30%,甚至更高,其中除必须承担的法定责任外,很多福利项目是企业主动提供的。企业之所以主动提供福利,主要原因在于关心员工的满意度和工作效率,希望通过主动提供福利传达企业的关爱,换取员工的绩效和忠诚,也在一定程度上满足高收入员工避税的心理。有研究认为,良好的员工福利计划可以提高士气,为员工提供一个与公司并肩发展的环境,提高企业在行业内的竞争优势。福利还是组织与员工加深感情、增强企业凝聚力的重要途径,是组织吸引员工、减少员工离职率的一个卓有成效的方法。有理由认为,企业接受和实践着这一理念。

第三,雇员对福利的认可接受程度也在一定程度上利于福利发展。众所周知,福利有避税的功能,虽然同值福利与货币比较,前者的效用通常要低一些。但当工资水平提高到一定程度,避税的心理会使员工对福利的认可程度提高,乐于接受这种报酬形式。同时,随着收入水平的提高和快节奏的工作生活,员工更加关注生活质量,更需要生活服务方便自己。各种提供服务的福利项目正好满足了他们的需求。

第四,工会对员工福利的推动作用也不可忽视。在实行劳资集体谈判工资制度的国家,员工福利是谈判的一项内容。工会的福利要价影响着福利的水平。例如在美国,近年来各州劳工组织在为企业雇员争取权益的过程中,对员工福利计划的要求不断提高,这就进一步促进了团体保险的发展。

第二节　国外员工福利改革和发展趋势

员工福利的发展充满挑战及变革,“小额优惠”的特征逐渐弱化,员工福利在整体薪酬包中的重要地位凸显出来。综合考察员工福利的发展实践,福利管理包括以下五个方面的发展趋势。

一、员工福利计划匹配以人为本的管理理念

进入 20 世纪 90 年代,迫于新经济发展的巨大压力,很多企业已经开始重新推敲他们的用人战略,并开始进行实践。有研究认为,对于企业来说,重要的是理解员工的贡献,设法留住优秀的员工,因为他们是企业制胜的法宝。然而,这并非易事。有调查显示,工作价值与获得回报之间的关系仍然是刺激雇员将他们的全部精力投入工作的动因。但是,在新经济条件下,回报的结构发生了变化,现在的员工不仅需要较高的工资,他们还需要长远的获利可能、继续学习和发展的机会,还有良好的工作环境。因此,西方国家企业及时调整薪酬管理思路,设计合适、完善、充满人情味的员工福利制度,主动去适应和服务员工,力求为员工提供一个良好的工作生活环境,为员工提供一个良好的可持续发展的平台。在此基础上形成劳资双方对奋斗目标的一致认同,实现企业与员工的共同发展。员工福利计划变革的方向是,体现以人为本的管理理念,与企业的人力资源管理战略相匹配,为企业的发展服务。

二、体现服务,紧随企业战略和员工需求的动态化管理

在以人为本的管理理念下,最近十几年西方国家在员工福利项目开发上,实行跟随企业战略、紧随员工需求,突出体现服务的动态化管理。以上海贝尔为例,首先,他们的第一条重要经验就是真正做到福利跟随战略、福利管理摆脱以往企业不得已而为之的被动局面,公司主动设计出别具特色的福利政策,来营建自身的竞争优势。其次,上海贝尔努力做到替员工着想、为员工服务,用公司的解释是,卓有成效的企业福利需要和员工达成良性的沟通。上海贝尔认为,"要真正获得员工的心,公司首先要了解员工的所思所想、他们内心的需求"。从某种程度上来说,员工的心是"驿动的心",员工的需求也随着人力资源市场情况的涨落和自身条件的改变在不断变化。所以,公司在探求员工的内心需求时,切忌采用静态的观点和手段,必须依从一种动态的观念。上海贝尔的福利政策始终设法去贴切反映员工变动的需求。上海贝尔公司员工队伍的年龄结构平均仅为 28 岁,大部分员工正值成家立业之年,购房置业是他们生活中的首选事项。在上海房价持续保持高位的情况下,上海贝尔及时推出了无息购房贷款的福利项目,给员工们在购房时助一臂之力;而且,在员工工作满规定期限后,此项贷款可以减半偿还。如此一来,既替年轻员工解了燃眉之急,也使为企业服务多年的资深员工得到回报,同时也从无形中加深了员工和公司之间长期的心灵契约。当公司了解到部分员工通过其他手段已经解决了住房,有意于消费升级、购置私家轿车时,上海贝尔又为这部分员工推出购车的无息专项贷款①。

近些年西方国家从满足员工的需要出发,员工福利不断推出、开展新的项目,如牙病保险、视力保险、照料孩子服务、护理老人服务、法律事务保险、咨询服务、员工援助等,对提高满意度,提高工作效率发挥了积极作用。

三、员工福利注重沟通,体现个性化特征

在员工福利计划管理上,体现、重视员工的选择,注重与员工的沟通,满足员工的个性化要求成为趋势。近年来,在西方国家流行"自助餐式的福利计划",又称"菜单式福利计划"、"弹性福利计划"。它起源于 20 世纪 70 年代,顾名思义,这种福利计划是向员工提供一个可供选择的福利项目清单,允许员工在企业规定的时间和金额范围内,根据自己的需要和偏好选择其中的一部分。企业按本人选择的

---

① Harold Pan,"福利新策:激励第一",finance. sina. com. cn,1999 年。

福利组合提供福利,并每隔一段时间,给员工一次重新选择的机会,以满足员工不断变化的需要。自助餐式的福利计划分为三种类型,即全部自选(全部福利项目均可自由挑选)、部分自选(有些福利项目可以自选,有些则是规定好的福利项目)和小范围自选(可选择的福利项目比较有限)。

自助餐式福利计划,实现了从传统的企业指定性福利到员工选择性福利的转变。这对企业而言,有助于在保证员工满意度的情况下适度控制福利成本。理论上,大家都知道员工福利有提高员工满意度、刺激提高工作效率的功能。但实践中发现,传统的福利计划回报率低于预期,不能使员工都满意,甚至会出现不满意。问题就出在福利给予的方式上,我设计,你享用,全体员工基本一个版本。而员工的文化层次、收入水平、年龄阶段、个人兴趣的不同,对于福利的需求也就产生了较大的差异。中国有一句俗语,众口难调,再精心的福利设计,也很难照顾到各类员工的不同需要。如果员工得到的福利不是他最需要、最想要的,福利的功能和效益就要打折扣,企业投入的福利资金就难以收到预期回报。自助餐式福利计划的最大优势,恰恰是给了员工一个选择,以不变的资金投入换取更高的员工满意度。有专家指出,每一块钱的福利投资可以达到六块钱的回报。自助餐式福利计划,同时也就给了企业一个希望——福利的投入产出达到预期的600%。自助餐式福利计划还通过给员工以自主选择的权利,促进了员工和企业之间的沟通,强化了组织和员工之间的相互信任关系,从而有利于提高员工的工作满意度。自助餐式福利计划显示出的优势预示着它将是员工福利发展的方向。

另一个体现个性化的特征,是企业在员工福利设计中注重满足员工自我发展的要求,为员工提供更多的教育培训机会。上海贝尔的整个福利架构中,培训是重中之重,用他们的话说是"不遗余力"。上海贝尔"从企业长期发展的远景规划,以及对员工的长期承诺出发,形成了一整套完善的员工培训体系。高校毕业的本科生和研究生进入上海贝尔后,必须经历为期一个月的入职培训,随后紧接着是为期数月的上岗培训;转为正式员工后,根据不同的工作需要,对员工还会进行在职培训,包括专业技能和管理专项培训。此外,上海贝尔还鼓励员工接受继续教育,如MBA教育和硕士、博士学历教育,并为员工负担学习费用。各种各样的培训项目,不但提高了公司对各类专业人士的吸引力,也极大地提高了在职员工的工作满意度和对公司的忠诚度"[①]。相对而言,国内企业的福利计划对培训设计得不够。据国内的一次调查,95%的被调查企业都没有系统完整的员工培训计划,30%的企业每季度为员工提供一次培训,仅有6%的企业是每周培训一次。

---

① Harold Pan,"福利新策:激励第一",finance. sina. com. cn,1999年。

四、社会化趋势

员工福利管理开始强调社会化,突出体现在主体多元化的方面:一是企业通过签订合同把自己的福利计划外包给专业性公司来做,由他们具体负责员工福利的制度设计和实施,如目前流行的"第三方管理";二是在企业实施的具体福利项目中借用专业机构的力量,包括企业年金计划的投资决策制定、DB 及 DC 计划的评估等。此外,越来越多的社会团体开始关注员工福利领域,以美国为例,从 20 世纪 70 年代开始,许多学术研究组织都致力于员工福利的趋势研究,包括国家社会保障委员会(NCSS)、养老政策总统委员会(PCPP)、最低工资研究委员会(MWSC)等,关于如何改善员工福利项目,这些团体提供了超过 1 000 份的建议报告①。

五、抵御意外风险的员工福利计划备受关注

一直以来,除了法定福利项目有一定的风险防范作用外,企业自己提供的福利项目大多是为了改善员工的经济和精神状态。但是,在急剧变迁的社会局势下,大家对安全和治安问题日益关注,加之医疗费用的急剧膨胀,对简单的、价格适宜的意外保险产品的需求开始呈上升趋势,以往被认为是福利中比较次要成分的意外保险类的自愿购买型产品在过去的 20 年中得到了快速的增长,很快成了一种非常普遍的福利,雇主们越来越多地把意外保险作为充实完善他们富有竞争力的员工福利套餐中的一部分,为员工购买一份安心。

"我们想提供对员工来说有价值、能够帮我们吸引和维系我们所需要的人才的福利,而且是那些能够让我们的员工把精力集中在服务顾客而不是担心他们个人人身安全的福利",全球最大的一家信息科技公司 EDS 的残疾和人寿服务经理兰德利先生如是说。他又补充道:"知道你在遇到紧急情况时会有人帮助也是个不错的感觉,尤其是在远离家乡的旅途中生病或受伤时。"此产品之所以受员工欢迎,是因为如果发生事故而受伤或死亡,它能够提供额外的赔付保障,而其价格又远低于传统的寿险。雇主们喜欢这种保险是因为企业团购这类保险能享受很大的折扣,并享受政府相关政策优惠,不会过多增加他们在福利方面的支出。法定福利一般只具有满足员工的最基本生活的特性,而意外险则被看作一种"弥补"型保险,用于填补法定福利覆盖不到的保障需求,如截肢、瘫痪和昏迷等,从而在更大范围内帮助员工防范风险。

---

① 仇雨临,《员工福利概论》,中国人民大学出版社,2006 年,第 74 页。

表 3－4 是 IBM 公司顺应员工福利改革与发展的趋势而安排的福利项目。

表3－4 IBM 的福利项目

员工福利项目	内　　　　容
综合补贴	对员工生活方面基本需要的现金支持
春节奖金	农历新年之前发放,使员工过一个富足的新年
休假津贴	为员工报销休假期间的费用
浮动奖金	当公司完成既定的效益目标时发出,以鼓励员工的贡献
住房资助计划	公司提拨一定数额存入员工个人账户,以资助员工购房,使员工能在尽可能短的时间内用自己的能力解决住房问题
医疗保险计划	员工医疗及年度体检的费用由公司解决
退休金计划	积极参加社会养老统筹计划,为员工提供晚年生活保障
其他保险	包括人寿保险、人身意外保险、出差意外保险等多种项目,关心员工每时每刻的安全
休假制度	鼓励员工在工作之余充分休息,在法定假日之外,还有带薪年假、探亲假、婚假、丧假等
员工俱乐部	公司为员工组织各种集体活动,以加强团队精神,提高士气,营造大家庭气氛,包括各种文娱、体育活动、大型晚会、集体旅游等

第三节　中国职工(员工)福利发展历程

新中国成立后使用了"职工福利"这个概念,它的内涵和外延与"员工福利"同义。我国的职工福利制度是在政府的直接规划、指导和参与下建立起来的。多年来国家和各单位通过购置集体福利设施、建立福利补贴制度和组织文化体育活动,缓解了职工生活困难,方便了职工生活,促进了生产发展。职工福利 50 多年的发展历程,经历了从计划经济时期的职工福利向市场经济体制转轨的福利变革,展现出了一幅中国职工福利制度演进复杂而独特的画卷。

一、计划经济体制下的职工福利制度

1. 建立社会保险制度

社会保险是我国职工享受到的最稳定的职工福利。城镇企业职工的社会保险制度建于 1951 年。新中国建立初期,政务院即责成劳动部和中华全国总工会草拟《中华人民共和国劳动保险条例》,并组织全国职工就此讨论。1951 年 2 月 26 日政务院①正式颁布了《中华人民共和国劳动保险条例》(以下简称劳动保险条例),标志着企业职工社会保险制度的建立。

《劳动保险条例》开始只在 100 人以上的工厂和矿场及附属单位实行。对暂不实行《劳动保险条例》的企业,职工的劳动保险待遇,由企业行政或资方与工会双方,根据《劳动保险条例》的原则和本企业的实际情况进行协商,以签订集体劳动保险合同的方式解决。

1953 年 1 月 2 日,修正的《劳动保险条例》公布,修正的主要内容是适当扩大了实施范围和适度提高了待遇标准。据统计,到 1953 年 3 月底,全国实行《劳动保险条例》的企业达到 4 400 多个,比 1952 年增长 11.6%;职工人数达到 420 万人,比 1952 年增长 39.0%。

1956 年,《劳动保险条例》的实施范围又扩大到商业、外贸、粮食、供销合作、金融、民航、石油、地质、水产、国营农牧场、造林等产业部门。至此,全国实行《劳动保险条例》的职工达到 1 600 万人,比 1953 年增加了近四倍;签订集体劳动保险合同的职工有 700 万人,比 1953 年增加了十倍;享受保险待遇的职工人数,相当于当年国营、公私合营、私营企业职工总数的 94%。

企业职工的社会保险由全国总工会负责管理,《劳动保险条例》规定的项目包括:生育保险、养老保险、疾病保险、伤残保险、死亡和遗属保险。社会保险费用全部由企业负担,职工个人不承担缴费义务。实行《劳动保险条例》的企业,每月按企业职工工资总额的 3% 提取社会保险费。其中,30% 上缴中华全国总工会,作为社会保险基金;70% 存于本企业工会,用于支付因工残废抚恤费、救济费,疾病和非因工负伤救济费,退休费,退职生活费,丧葬补助费等保险待遇。企业工会留用部分,每月结算一次,余额转入省、市工会或产业工会,作为社会保险调剂金;不足开支时,向上级工会组织申请调剂。省、市工会或产业工会掌管的社会保险调剂金,用于补助所属各基层工会组织开支之不足和开展集体保险事业,每年结算一次,余额上缴全国总工会;不足开支时,向全国总工会申请调剂(参见图 3-1)。

国家机关、民主党派、人民团体和事业单位工作人员(以下简称国家机关工作人员)的社会保险制度,是从 1950 年到 1955 年,以颁布单项法规的形式逐步建立起来的。保险项目涉及生、老、病、死、伤、残,与企业职工的社会保险项目基本相同。国家机关工作人员的社会保险费用来源于财政拨款;公费医疗经费拨交卫生部门统筹使用;其他各项保险所需资金,由各单位的行政费或事业费项下开支。

1966 年"文化大革命"时期,社会保险工作受到了很大的冲击,企业职工的社会保险倒退为企业保险。当时管理企业职工社会保险业务的工会组织被迫停止活

---

① 政务院(1949—1954),即国务院前身。

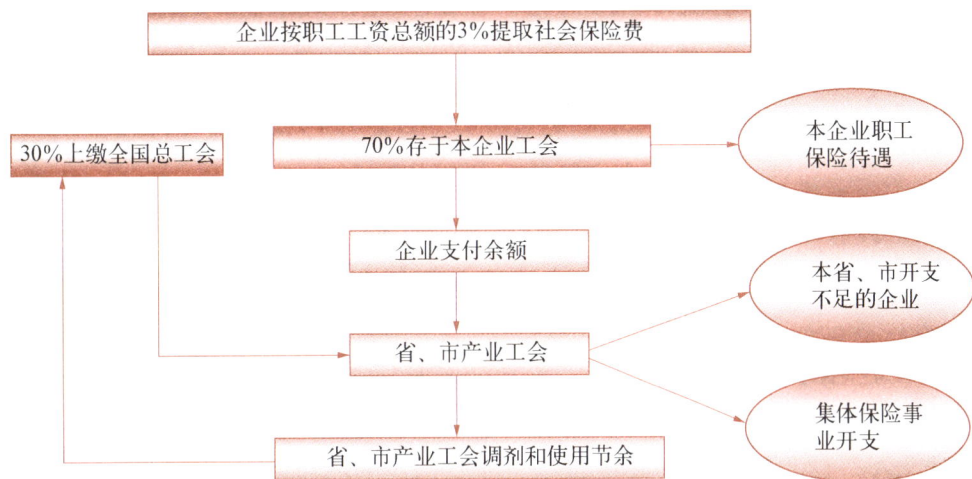

图 3－1　《劳动保险条例》规定的企业社会保险费流程

动,劳动部门被削弱,管理国家机关工作人员社会保险业务的内务部门也被撤销,
社会保险工作一度处于无人管理的局面。企业社会保险、社会统筹的管理制度难
以继续执行。1969 年 2 月财政部发出了《关于国营企业财务工作中几项制度的改
革意见(草案)》,规定"国营企业一律停止提取劳动保险费","企业的退休职工、长
期病号工资和其他劳保开支,改在营业外列支"。这一改变,使企业社会保险的统
筹调剂职能丧失,社会保险倒退为"企业保险"。

2. 兴建集体福利设施

新中国建立初期国家就对职工福利建设提出了明确的方针原则,并通过颁布
法律法规和政策文件推动这项事业。1950 年 6 月《中华人民共和国工会法》颁布。
其中规定,工会有改善工人、职员、群众物质生活与文化生活的各种设施的责任,并
规定各级政府应该拨给工会必需的房屋与设备作为举办集体福利活动之用。1950
年召开的第一次工会俱乐部工作会议,在总结经验的基础上,制定了工人文化宫、
俱乐部的组织条例、工作条例和选举条例。1953 年公布的《劳动保险条例实施细则
修正草案》中规定,实行劳动保险的企业,应根据工人、职员的需要及企业经济情
况,单独或联合其他企业设立营养食堂、托幼园所、哺乳室等。国务院 1957 年 1 月
发出了关于职工生活方面若干问题的指示,对职工住宅、上下班交通、职工的疾病
医疗、职工生活必需品的供应、职工困难补助等问题都作了明确的规定。提出,对
于现在一部分职工所缺少的住宅,应该本着艰苦朴素、厉行节约的精神,采取有效
措施逐步加以解决。对于遇有特殊事故而生活发生困难的职工,应该给予适当的
补助。国家的积极态度和有利推动,大大地促进了职工福利事业的发展。短短的

几年时间,职工福利设施和职工福利补贴制度很快就被建立起来了。

职工福利设施,分为生活服务设施和文化娱乐设施两类。其中,生活设施主要是职工食堂、职工住宅、托幼园所和哺乳室、浴室、理发室、休息室等;文化福利设施包括俱乐部、图书馆、电影院(队)和体育场等。职工可以免费或减费享受福利设施。

按照政府的要求,几乎所有单位都为职工提供了就餐服务,职工人数多的单位自办职工食堂,人数少的单位联合办或为职工提供自带饭菜加热服务,或由街道居民开办食堂为职工服务。为了发展儿童教育和解除妇女参加社会劳动的后顾之忧,各单位根据需要和可能积极开办了托幼园所和哺乳室。1956 年,教育部、卫生部、内务部又就托幼园所问题发出联合通知,对托幼园所的工作方针、任务、经费来源、保教人员的培训等作了具体规定。要求全面规划托幼园所,规定教育部门主管幼儿园的行政领导、卫生部主管托儿所的行政领导。住宅是职工最基本的生活需要,新中国建立后政府拨出大量资金投入职工福利住房建设,仅 1952 年对全国 79个城市的统计,政府的职工住宅拨款可以为 100 多万职工解决住房问题。"一五"时期国家用于住宅建设的投资占同期基本建设总投资的 9.1%,建成职工住宅9.454万平方米,较快地改善了职工的住宅条件。职工住宅无偿地分配给职工,或收取极为优惠的房租。

由于政府的重视和工会的努力,职工文化福利事业也很快发展起来。有条件的企业建立了职工俱乐部、图书室、电影院,以及职工体育场、溜冰场、游泳池、乒乓球室、棋牌室等文化体育设施。为职工学习休闲提供了良好的环境,活跃了职工的文化生活。

3. 建立职工福利补贴制度

国家法定的职工福利补贴主要包括职工生活困难补助、探亲假补贴、上下班交通费补贴和冬季宿舍取暖补贴制度。这些补贴制度建于 20 世纪 50 年代中期,以后在标准和适用范围的规定上又有所调整。

(1)建立职工生活困难补助制度。新中国建立初期,职工工资水平低,供养人口多,有些职工家庭生活比较困难。据当时对部分地区的调查,生活有困难的职工一般占职工总数的5% ~ 10%。为此,政府责成各单位向职工提供生活困难补助。单位采取了个人申请、小组讨论、分级审批、定期公布的办法,排出困难职工并酌情给予补助。1962 年 10 月,劳动部、财政部、全国总工会贯彻《中共中央、国务院关于当前城市工作若干问题的指示》,联合发出《关于做好当前职工生活困难补助工作的通知》。通知对职工生活困难补助标准作了具体规定,根据各城市不同的生活费用,将补助标准定为家庭人均收入低于 10 ~ 12 元,提高了享受生活困难补助的起点标准。职工生活困难补助的资金主要来源有：① 工会会费,1950 年,全国总工会规定,基层工会会费收入的 20% 用于会员困难补助；② 企业劳动保险基金,以后又规定,经过批准可以从劳动保险基金结余中分出一部分用于职工生活困难补助；③ 企业奖励基金,1952 年政务院财政经济委员会在《国营企业提用企业奖励基金暂行办法》中规定,企业奖励基金的 5% 用于职工的特殊补助；④ 企业福利基金和机关事业单位的福利费。没有实行劳动保险,也没有企业奖励基金的企业,则将福利费和工会会员困难补助费合并使用,不足时再由工会与政府有关部门、企业事业行政部门协商解决。私营或公私合营企业,从职工福利奖金中提取一部分或大部分用于职工生活困难补助。

（2）建立探亲假制度。20 世纪 50 年代初,一些工作流动性大的行业（地质、石油、电力等）就自行制定了职工探亲办法,假期长短不一,路费补贴高低不同。为了鼓励广大职工到外地、到祖国边远地区参加建设,国务院于 1958 年颁发了《关于工人、职员回家探亲的假期和工资待遇的暂行规定》,统一了全国的探亲假制度。城镇正式职工,连续工龄满一年,与父母、配偶不在一地居住,可以享受 2～3 周带薪（工资标准 100% 发给）探亲假。1981 年 3 月,国务院重新修改颁布了职工探亲待遇的规定,延长了探亲假日,增加了已婚职工探望父母的规定。

（3）建立上下班交通费补贴制度。1950 年起一些城市开始实行上下班交通费补贴,补贴的标准和范围不尽相同。1978 年国家建立了全国统一的职工上下班交通费补贴制度,在 50 万人口以上的城市和主要工矿区实行。

（4）建立冬季宿舍取暖补贴制度。新中国建立初期,实行供给制的中央机关工作人员宿舍取暖所需的煤,由国家供给,工资制人员发给三个半月的煤贴。1955 年 7 月,国家机关工作人员全部改为工资制以后,国务院指定了《中央国家机关工作人员宿舍取暖补贴办法》,规定在冬季取暖期间,按每人每月工资的 6% 发给烤火费。同年 10 月又发出通知,允许各地的事业、企业单位参照执行。1956 年为纠正取暖补贴发放范围扩大化问题,国务院发出了《国家机关和事业单位、企业单位一九五六年职工冬季宿舍取暖补贴问题的通知》。通知对取暖补贴实施的范围作了明确规定,以淮河、秦岭为界,以北地区分甲、乙两类不同标准发给取暖补贴。并规定职工宿舍装有暖气的,不发给取暖补贴,由供暖单位定额收费。1977 年又对冬季取暖补贴办法进行修改,决定对住在装有暖气设备宿舍的职工实行免费供暖,既不发取暖补贴,也不收取暖费用。1978 年将实行冬季宿舍取暖补贴的范围作了适当的扩大。

4. 职工福利事业资金来源

为保障和支持职工福利事业的建设和发展,国家对职工福利事业经费来源作了具体的规定。规定的资金来源渠道有以下五种。

(1) 国家给各单位提供的非生产性建设投资。这项投资用以兴建职工基本生活设施,第一个五年计划期间,我国非生产性投资占基本建设投资总额的20.3%。

(2) 企业福利基金,国家机关、事业单位福利费。1953年,政务院财政经济委员会规定,国营企业可以按工资总额2.5%提取福利基金,用于一切有关福利方面的经常补助和浴室、理发室、洗衣房、哺乳室、托儿所、食堂的开支除去收入的差额。同年11月,政务院财经委员会在企业奖励基金办法中规定奖励基金的一部分可以用于改善职工物质生活与文化生活的各种福利设施和集体福利事业。同时,国家规定私营企业以赢利的5%~15%用于举办职工集体福利事业和奖励先进职工。1969年11月,财政部文件规定,取消国营企业提取奖励基金的制度,改为企业一律按工资总额的11%提取职工福利基金。

国家机关、事业单位1954年以前,按供给制人数提取一定的经费,用于干部家属补助费、供给制人员病号补贴和干部家属医药补助费。1954年政务院公布了各级人民政府工作人员福利费掌管使用办法,并将这些费用统称为工作人员福利费。福利费主要用于解决工作人员及其家属的生活困难。国家机关工作人员全部改为工资制以后,1956年又规定,区以上工作人员福利费标准按工资总额5%提取;乡镇干部的福利费标准按工资总额3%提取,以后在1957年、1958年、1963年、1964年、1965年几次调整福利费提取标准。1964年确定省、自治区、直辖市以下地方各级机关工作人员福利费按工资总额的2.5%提取;1965年确定中央机关工作人员的福利费按工资总额的1.8%提取。

(3) 机关的行政经费、企业的管理费和事业单位的事业费中,可以开支福利费用。如机关、事业单位对食堂、托儿所等的补贴,职工上下班交通费补贴、房贴、水电贴、冬季宿舍取暖补贴等,可以在这些经费下开支。

(4) 工会经费。有些职工福利费用可以从工会经费中开支。

(5) 福利设施的收入。如职工电影院、溜冰场和职工业余文艺演出、体育竞赛等活动的收费,可以用于有计划地新建、扩建或修建文化宫、俱乐部等。

二、计划经济向市场经济过渡期的职工福利变革

1. 社会保险制度改革

随着我国改革开放的深入,社会保险制度改革在20世纪80年代中期全面启动。企业养老保险改革、城镇职工劳保医疗和公费医疗改革首先开始试点。在取得试点经验并经过专家论证和听取各界意见的基础上,1997年7月,《国务院关于建立统一的企业职工基本养老保险制度的决定》发布,社会统筹与个人账户相结合

的新型养老保险制度开始在企业职工中实行。1999 年 12 月 14 日,《国务院关于建立城镇职工基本医疗保险制度的决定》发布,社会统筹与个人账户相结合的城镇医疗保险制度,开始有计划分步骤地实行。

失业保险制度,以 1986 年 7 月国务院发布的《国营企业职工待业保险暂行规定》为标志正式建立。在此基础上经修订,1993 年 4 月 12 日国务院又发布了《国有企业职工待业保险规定》,这次修订,主要在实施范围、待遇标准、基金开支等方面作了调整。1999 年 1 月 22 日,国务院发布《失业保险条例》,将失业保险的实施范围扩大到城镇企事业单位及其职工。

工伤保险和生育保险的改革也在不断深入,1996 年 8 月 12 日发布了《企业职工工伤保险试行办法》;2003 年 4 月 27 日国务院发布《工伤保险条例》,我国工伤保险制度改革取得突破进展。1994 年 12 月 14 日,劳动部发布了《企业职工生育保险试行办法》,对生育保险作出了规定。

改革后的社会保险制度,强化了权利与义务基本对等的关系。在企业职工基本养老保险和城镇职工基本医疗保险中,用人单位和职工个人都要承担缴费义务,参保人才有资格享受保险待遇。工伤保险和企业职工生育保险由企业单方缴费。由此,用人单位必须承担的法定职工福利责任,通过以上法规已经明确,在市场经济体制下,职工的法定福利逐渐走向正轨。

2. 建立企业年金制度和企业补充医疗保险制度

1991 年《国务院关于企业职工养老保险制度改革的决定》中,首次提出"国家提倡、鼓励企业实行补充养老保险,补充养老保险由企业根据自身经济能力为本企业职工建立"。1995 年,原劳动部制定下发了《关于印发〈关于建立企业补充养老保险制度的意见〉的通知》,对企业建立补充养老保险的基本条件、决策程序、资金来源、管理办法、待遇给付、经办机构、投资运营等,提出了指导性意见,确立了基本的政策框架。2000 年,国务院《关于完善城镇社会保障体系试点方案》将企业补充养老保险正式更名为企业年金,并确定了企业年金实行市场化管理和运营的原则。规定企业年金采用完全积累方式筹集基金,采用个人账户方式进行管理,费用由企业和职工个人缴纳,企业缴费在工资总额 4% 以内的部分,可在成本中列支。

我国企业年金制度经过十余年的发展,已初具规模,截至 2008 年底,参保职工人数超过 1 000 万,基金积累额超过 1 300 亿元。企业年金作为养老保险的第二支柱,开始成为我国企业职工福利的重要内容。但是全国各地和各行业发展很不平衡,经济水平在很大程度上影响着年金的发展,上海、广东、浙江、福建、山东、北京等地区基金积累较多,超过亿元;电力、石油、石化、民航、电信、铁道等行业明显高于其他行业。而且,很多地区企业年金的制度建设没有跟上,也缺乏必要的专业指导。特别是政府对企业年金基金的支持政策不够明确,还没有出台相应的办法和税收优惠政策。

2000 年,国务院《关于完善城镇社会保障体系试点方案》中指出,要逐步建立多层次的医疗保障体系,要贯彻落实国家公务员医疗补助办法,实行职工大额医疗费补助办法,妥善解决基本医疗保险最高支付限额以上的医疗费用。有条件的企业可以为职工建立补充医疗保险,提取额在工资总额 4% 以内的从成本中列支。目前,补充医疗保险的发展正在一些地区试行,它是继年金制度后的又一个企业承担主要费用责任的补充保险,也是职工福利的新内容。

3. 住房公积金制度和住房补贴

计划经济时期我国实行福利住房制度,长期的福利分房和低租金制带来了一系列问题。住房分配不公,引发了职工的不满也影响了职工的生活;房租不足以平衡维修费用,影响房屋修缮,更不能进行住房再投资,住房短缺问题日益严重,住房改革势在必行。20 世纪 90 年代初,一些地区开始提高房租和建立住房公积金的试点工作。1994 年 7 月,国务院发出《关于深化城镇住房制度改革的决定》,1995 年 2 月又发布《国家安居工程实施方案》,我国住房改革的大幕由此全面拉开。取消福利分房、提高住房租金、建立住房公积金制度、住房商品化、住房分配货币化等一整套制度,有计划有步骤地开始实施。1999 年 4 月 3 日国务院发布《住房公积金管理条例》(2002 年 3 月 24 日修订),对住房公积金的管理机构和职责、提取使用、监督等,作出明确统一的规定;对缴存比例规定了下限。条例保证了职工享有的住房福利只是形式的转化和水平的调整,而不是取消;同时,也规范了用人单位的行为,使住房福利更为稳定和公平。

有调查表明,在我国目前,住房福利是最受职工欢迎,也是最具吸引力的职工福利项目。用人单位在设计职工福利计划时,在住房方面投入比较高,除为职工建立住房公积金外,还发给规定标准的住房补贴和企业附加的住房补贴,帮助职工圆住房梦,也为企业留住人才。

4. 企业自主举办的补充职工福利得到发展

改革开放以来,企业在人财物各方面都有了自主权,企业如何自主举办职工福利成了争论的焦点。由于长期的低工资、多就业、泛福利政策,一定程度助长了劳动分配领域的大锅饭,改革初期人们对职工福利的讨伐超过了肯定,职工福利货币化、并入工资的呼声一度很高。但同时,为逃避工资总额的严厉监管,又有很多企业争相给职工发放各种实物,从大米白面水果食油到床单被罩书包鞋帽,企业的福利开支反而增加了。随着国民物质生活的改善,这些曾经让职工兴奋的实物渐渐失去了初期的凝聚作用,福利的效用明显降低。经历了这个过程后,一些企业开始学习外资企业的经验,重新认识和设计职工福利,寻找职工福利改革的突破点。

三、中国职工福利体系的特点及发展现状

中西方员工福利体系背后的逻辑存在很大的差异。对于中国的企业来讲,基本上是从保障劳动者权益的角度,以法规和制度为主要依据,去设计自己的福利体系,主要的也就是四险一金,或者五险一金,而且在很多情况下把福利作为一种成本来看待,因此成本控制是员工福利体系建立和发展时必须考虑的重要问题。而对于西方企业来讲,他们的福利设计主要是基于如何吸引、留住和鼓励员工,实现企业的发展目标,即以企业文化和人才竞争为主要依据,在法定服务的基础之上,更多关注福利的有效性,比如,能不能保证吸引优秀的员工、能不能使他们安心工作等。

目前中国人力资源市场正发生着巨大的变化,人才开始在本土企业和外资企业之间进行流动。很多本土企业的人才竞争意识逐步加强,开始和外资企业展开竞争,而且很多企业的观念开始发生转变,更加关注如何通过有效的薪资福利体系保障实现企业的目标,来激励和留住人才。但是,仍有很多企业没有认识到这一变化趋势,在以下几个方面存在着非常普遍的问题:福利体系建设不受重视,福利工作重视程度仍然不高;大量企业仍然主要从成本角度去看待福利;福利的激励作用发挥不够充分;许多中小企业法定福利制度还不完善,福利制度的改善需要经过员工与企业的反复谈判等。存在这些问题的企业对员工福利体系的重要性没有清醒的认识,势必会导致较高的离职率,失去稳定的员工队伍,从而在激烈的市场竞争中遭遇滑铁卢。

此外,福利管理对专业化要求越来越高,福利管理成本呈上升趋势。建立福利体系已经不再是一些简单的事务性工作,而是要求工作人员有较高的技术能力,分析应该设立什么福利项目,以及项目投入之后有效性到底如何。福利管理成本和企业规模之间存在一定的负相关性,规模越小的企业,福利管理的成本越高。因此,小企业只有借助福利管理的外包,实现管理社会化,才能有效降低福利管理成本,求得管理成本与收益的平衡。

尽管很多企业的职工福利管理还不到位,还在摸索中,但有些企业已经在职工福利计划方面取得了进步。除了在政府指导下举办各种企业补充保险外,利润分享计划(我国习惯上称劳动分红)、员工持股计划在一定范围试行和实行。带薪休假、旅游补贴等享受性的福利项目,也在效益好的企业出现。理财服务、无息或低息贷款等金融服务也在走入企业。一些企业根据自身特点设计福利,力求职工福

利与企业的战略目标匹配的意识日见明显。他们不再简单被动地执行政府的福利规定,不再简单认为使用职工福利形式仅是为规避工资总额的监管,而是把职工福利作为薪酬特定的部分认真设计。这些都说明,我国的职工福利发展已经进入了一个新阶段。

本章小结

　　第二次世界大战之前是员工福利的初建时期,早期的员工福利是从劳工保护、学徒教育和培训的规定开始的。19世纪末一些工业国家推出的私人退休金计划,以后又有利润分享计划问世,企业一直不断探索新的福利形式,希望通过提供员工福利奖励员工对企业的忠诚,稳定员工队伍,以换取较高的劳动生产率。20世纪初,工业国家在德国社会保险制度的榜样示范下,先后建立起强制性的社会保险制度。从而,为雇员缴纳社会保险费成为企业必须承担的法律责任,也是企业给予员工的最普遍和最稳定的福利项目。

　　从第二次世界大战到20世纪80年代是员工福利快速发展时期。二战中一些国家政府实施了工资物价稳定政策,企业由于提高货币工资受到限制转而关注福利,客观上促进了员工福利的发展,在此期间企业创造了很多福利补贴项目。战后,随着经济高速发展和工资水平不断提高,福利避税的功能日渐明显,诱发了雇主和雇员对福利的偏好。政府也在政策上对员工福利给予优惠支持,为员工福利提供了良好的发展空间,促使员工福利在工业国家得以迅速扩展。

　　进入20世纪90年代,世界经济发生了重大变化——经济全球化、企业重组,企业面临更加严峻的市场环境;与此同时,新的知识经济和新的管理理念使企业更加看重人才的价值,更加关注员工队伍,更加注重调动薪酬的功能聚敛人才。很多企业重新设计和强化薪酬制度,员工福利在强化企业与员工的感情纽带、吸引和留住优秀员工方面的独特功能被更大限度地挖掘,员工福利进入改革和创新时期。

　　今天,员工福利无论从形式、内容、资金,还是管理上,都得到充分发展和完善,作为补充性薪酬,员工福利以特定的属性和特殊的功能成为企业薪酬体系中不可缺少的重要组成部分。

　　新中国成立后,中国政府非常重视解决群众困难和改善人民生活的工作,立即着手就职工的生活福利制定了一系列方针政策和相关法律法规。在20世纪50年代很短的时间内,在各方面的努力下职工福利制度基本建立起来。计划经济时期，实行低工资多就业的政策，职工福利对解决职工生活困难、改善职工生活、促进生产发展发挥了重要作用。改革开放以来，社会经济环境发生了翻天覆地的变化，如计划经济向市场经济转轨、企业有了经营自主权、现代企业制度建设、社会保障制度改革等，这些都对传统的职工福利制度提出挑战，职工福利进入全面改革时期。经过近 20 年的建设，新型的职工福利制度已经基本成型。

案例一　Google 慷慨的员工福利计划①

　　Google 公司高级产品行销经理戈皮·卡拉伊尔在一次电话采访中罗列出他在享用的一些广为流传的员工福利。

　　他说，"让我从网上下载一点，因为实在是太多了"，一分钟后他的电脑上出现了一张清单，"供应免费美食，因为这是生活必需品。我的一日三餐都在公司解决。接下来是健身中心，里面有 24 小时开放的健身房，还有瑜伽课"，他暂停了一下，然后说自己还听过演讲、享受过医疗服务、咨询过营养师、用过干衣机和按摩服务，私人教练、游泳池和温泉水疗（SPA）目前还没用过。另外，他也没有乘坐过公司为员工提供的班车。

　　Google 的福利丰厚难道只是单纯的大方吗？自然不是。沃顿的专家认为，所有这些福利都表明，Google 此举是出于商业目的。它希望达到几大目标，包括：在竞争激烈的市场上吸引最优秀的人才；让员工在公司享用美食和处理私人事务，从而可以长时间的加班；告诉员工公司看重他们的价值；让他们在今后许多年一直使用 Google 的服务。

　　这样优待员工的公司远不止 Google 一家，包括 SUN、甲骨文、Netscape 和雅虎在内的许多公司从 20 世纪 90 年代起就开始提供各种员工福利，譬如汽车清洁、换油、哺乳室以及洗衣、干洗等管家服务。但这些慷慨之举也可能会造成负面影响。沃顿有研究人员指出，有些员工可能不会喜欢公司的慷慨福利，因为他们觉得公司这样做是在侵犯他们的私人空间。但多数人都认为 Google 等公司的做法不论对公司还是员工都有益。

　　《热情的员工：公司如何从善待员工中获益》的作者之一大卫·塞洛塔说："有太多的公司不注重员工的价值，并且为此付出了代价。通常人们认为企业面

　　①　案例来源：中国人力资源开发网案例频道：http://www.chinahrd.net/case/。

临的问题是如何激励员工或者增加他们的归属感,但事实并非如此。真正的问题是管理层如何才能避免削弱员工的士气。"塞洛塔调查公司针对公司员工的调查研究表明,员工入职的时候都是情绪高涨。但在短短六个月之后,热情就会急剧下降,因为员工感到自己不被重视,用塞洛塔的话来说,就是"觉得自己像枚回形针"。塞洛塔指出,如果管理层把员工当作成本而不是资产,或者员工的薪资福利太低,员工士气就会下降。他说:"Google 等公司的做法正好相反。员工福利当然是其中重要的组成部分……我们的研究表明,公司在福利方面的举措越多,员工的士气就越高,他们的业绩也更加出色。这其实对公司非常有利。"

假如员工工作的公司不提供 Google 等公司提供的优厚福利,公司会留给员工怎样的印象呢?沃顿人力资源中心主任、管理学教授彼得·卡普利指出:"这可能表明公司对于员工的需求不够重视,也可能表明公司不愿介入你的私人生活。或许他们更喜欢看到你把工作与个人生活完全区分开来。"

案例二　礼来公司铁打的福利体系①

礼来公司(Eli Lilly and Company)是一家总部设在美国印第安纳波利斯的全球性制药公司,同时也是全世界最大的企业之一。2007 年 11 月 10 日,礼来公司分别请了两位劳动法专家就新《劳动合同法》中的相关问题给上海和苏州的员工讲课。公司希望每一位礼来的员工都可以清楚地明确自己的权益。新《劳动合同法》讨论阶段,一直颇有争议的无固定期限合同问题,在礼来并不是一个问题。礼来与每一位在公司工作一定年限的员工都签订了无固定期限合同;工作十年以上的员工还拥有一块公司颁发的红木镶银的英文牌,上面书写着员工的名字和"感谢你在礼来工作十年"的字样。无固定期限合同对于礼来的员工来说,与其说是保障,不如说是企业对于员工的肯定和尊重。

在遵守国家相关法规建立符合中国国情的薪酬福利制度之上,礼来一直努力为员工建立更为人性化、更加温情的福利体系。如果一个礼来的基层业务员告诉你,他拿的是 MBA 薪酬标准的薪水时,不必惊讶,在礼来,这是很自然的事。把一个合适的人在一个合适的时间放在一个合适的位置上,这是礼来对于人才的期许,同时礼来也会考虑到员工的实际情况,从员工职业生涯的角度为其制定福利标准。

---

①　案例来源:中国人力资源开发网案例频道:http://www.chinahrd.net/case/。

　　"三险一金"的缴纳一般是员工、企业各承担一半,而在礼来,员工不但享受"六险一金"带来的保障,而且,这份保障的支付方是礼来公司,员工个人不承担任何费用。除此以外,医保的部分,无论住院、门诊还是重大疾病,均可100%报销。公司还参保了额度较高的人身保险项目,包括意外死亡、意外伤残、交通、疾病死亡。独生子女、体检等各种国企的传统福利项目也都包括在内。

　　解决住房问题一直是最让人羡慕的福利,然而由于中国房价的不断攀升,企业采用的住房公积金制度已不能满足员工的住房需求。但礼来的员工,拥有属于自己的房子并不是什么难事。礼来苏州工业园药厂的员工,每月工资额度中的44.2%会储蓄起来,其中22%为个人支付,剩下的22.2%由公司支付,这些钱可以用来偿还购房贷款,也可提取现金。

　　礼来的"小猪计划"(礼来中国公积金)同样相当吸引人。员工可以选择工资总额的1%~10%自愿储存到礼来中国公积金中,公司也会按照相同的比例存储相同数额的资金。公积金账户委托一家保险公司作为第三方管理,唯一的要求是,入职满两年的员工才可以提取。这笔资金的数额很大,大部分员工使用这笔钱支付房屋首付,或是支付每月房贷。

　　对于每一位进入礼来的女性员工,人力资源部门在其入职时,都会告知她,"根据劳动保护法规定,企业可以不支付产妇员工工资,由社保代发,但是礼来依然按照原来标准给产妇发工资,因此产妇可以拿到双份工资。"

　　如礼来这样真正以人为本的企业,无疑会拥有铁打的营盘、铁打的兵。

复习讨论题

1. 最初的员工福利有哪些形式?
2. 员工福利快速全面发展的动因主要有哪些?
3. 目前发达国家企业的员工福利主要有哪些形式?
4. 近年来员工福利计划正在发生哪些变化?
5. 中国职工福利的主要内容有哪些,改革开放以前和以来,职工福利的内容发生了哪些主要变化?
6. 谈谈你对中国职工福利发展趋势的看法。

第二部分

员工福利体系的设计与管理

Employee Benefits

Management

第四章

员工福利体系设计的影响因素

【本章提要】

影响员工福利体系设计的主要因素来自国家的福利政策法规、企业管理的理念和决策以及员工的福利需求等三个方面。这三个方面通过综合协同作用,共同影响着员工福利的设置。另外,企业总是希望以最划算的成本获得最可观的效益,因此,"成本—效益"分析也是员工福利管理中备受关注的问题。本章的学习要点在于以下几个方面:

(1) 了解我国员工福利相关法律法规;

(2) 了解影响员工福利计划的企业因素;

(3) 弄清影响员工福利需求的因素;

(4) 理解员工福利的成本控制与效益评估。

影响福利水平和福利项目的主要因素来自国家、企业政策制定者以及员工自身三个方面(如图4-1所示)。这三个方面通过综合协同作用,共同影响着员工福利的设置。

图4-1　员工福利的影响因素图

其中,国家政策和法规主要对法定福利产生直接影响,其原则上决定着社会保险、工时、劳动保护等福利的水平、项目种类以及其他模式(原则上应该是强制性的普惠式福利);而企业和员工方面的因素主要是综合决定着企业自主福利的兴办。在企业方面,企业的文化价值和管理理念决定着整个员工福利政策的原则和设置模式,而企业的薪酬策略则会对员工福利的水平起到决定性的作用,此外,工会力量和态度也会对最终的结果产生一定的影响;由于越来越多的企业开始重点关注成本和效益的问题,因此,它对企业员工福利覆盖的对象以及其实施主体的模式也会产生重大的影响。最后,员工对福利的需求则会对企业举办的福利项目种类产生重要的影响,而员工的工作绩效和工作年限则往往决定着员工是否能够享受到企业给他们提供的福利。

因此,设计和实施员工福利制度必须注重企业所处的内外环境,既要符合国家的政策法规,又要有利于企业的管理实践,还要综合考虑员工的福利需求;只有与外部环境协调相适、与内部环境匹配和谐的福利计划,才有望收到预期的效果。

第一节　法定福利的政策法规

国家的相关制度法规综合影响着企业提供法定福利的支付水平、项目和采用的模式。其中,工时制度、社会保障制度、劳动保护制度、住房公积金制度等规定了相应类型的法定福利必须采用全员普惠式的模式,同时它们也明确地规定了相应福利应该提供的水平。

一、我国关于福利的政策法规

1. 法律文件

与员工福利相关的法律文件有宪法和劳动法系列。

宪法是国家的根本大法,具有最高的法律效力,是劳动法制定的法律基础。1982 年的《中华人民共和国宪法》对我国劳动立法的基本原则作出规定,其中提到:实行各尽所能、按劳分配,在发展生产的基础上,提高劳动报酬和福利待遇;劳动者享有休息和劳动保护的权利;劳动者有获得物质帮助的权利。

劳动法是调整劳动关系以及与劳动关系密切联系的社会关系的法律规范总称。其内容中规范的员工福利有:社会保险、工作时间、休息时间、职业培训、劳动卫生、女职工及未成年工的保护等。这些内容有些是以劳动法典形式颁布,有些是以单项法规形式颁布的,有些是包含在相关法律中的。在 2008 年实施的《中华人民共和国劳动合同法》中,也对涉及员工福利的各方面内容,如法定社会保险、工时制度、特殊劳动保护等方面作了相关规定。

另外,《中华人民共和国公司法》、《中华人民共和国职业病防治法》、《中华人民共和国工会法》、《中华人民共和国安全生产法》、《中华人民共和国妇女权益保障法》等法律文件中都有涉及员工福利的内容。

2. 行政法规

行政法规是国家行政机关制定的规范性文件的总称,可以分为中央的行政法规和地方的行政法规。前者为中央政府及其所属各部委制定发布的行政法规,在全国范围内适用;后者是地方各级政府及所属行政部门制定发布的行政法规,只适用于特定地区。

涉及员工福利的行政法规,一般以劳动行政法规和相关的行政法规两种形式出现:或以劳动行政法规的形式,就员工福利的某方面作出规定;或在相关的行政法规中,包含涉及员工福利的内容。我国涉及员工福利的中央级现行行政法规主要如表4－1、表4－2、表4－3所示。

表4－1　关于工时制度的行政法规

颁 布 时 间	法 规 名 称
1980 年 2 月 20 日	《国家劳动总局、财政部关于国营企业职工请婚丧假和路程假问题的规定》
1981 年 3 月 14 日	《国务院关于职工探亲待遇的规定》
1991 年 6 月 15 日	《中共中央、国务院关于职工休假问题的通知》
1995 年 3 月 25 日	《国务院关于职工工作时间的规定》
1999 年 9 月 18 日	《全国年节及纪念日放假办法》
2003 年 5 月 30 日	《关于非全日制用工若干问题的意见》

表4－2　关于特殊劳动保护的行政法规

颁 布 时 间	法 规 名 称
1988 年 7 月 21 日	《女职工劳动保护规定》
1990 年 1 月 18 日	《女职工禁忌劳动范围的规定》
1994 年 12 月 9 日	《未成年工特殊保护规定》
1996 年 4 月 23 日	《劳动防护用品管理规定》
2002 年 9 月 18 日	《禁止使用童工规定》
2006 年 10 月 27 日	《关于加强农民工安全生产培训工作的意见》

表4－3　关于社会保障制度的行政法规

颁 布 时 间	法 规 名 称
1994 年 12 月 14 日	《企业职工生育保险试行办法》
1997 年 7 月 16 日	《国务院关于建立统一的企业职工基本养老保险制度的决定》
1997 年 12 月 22 日	《职工基本养老保险个人账户管理暂行办法》
1998 年 12 月 14 日	《国务院关于建立城镇职工基本医疗保险制度的决定》

（续表）

颁布时间	法规名称
1999 年 1 月 22 日	《失业保险条例》
1999 年 1 月 22 日	《社会保险费征缴暂行条例》
1999 年 3 月 19 日	《社会保险登记管理暂行办法》
1999 年 3 月 19 日	《社会保险费申报缴纳管理暂行办法》
2000 年 10 月 26 日（2001 年 1 月 1 日起实施）	《失业保险金申领发放办法》
2000 年 12 月 25 日	《国务院关于印发完善城镇社会保障体系试点方案的通知》
2003 年 1 月 16 日	《国务院办公厅转发卫生部等部门关于建立新型农村合作医疗制度意见的通知》
2003 年 4 月 27 日（2004 年 1 月 1 日起实施）	《工伤保险条例》
2005 年 12 月 3 日	《国务院关于完善职工基本养老保险制度的决定》

其他涉及员工福利的行政法规还有：《住房公积金管理条例》（2002 年 3 月 24 日）、《企业年金试行办法》（2004 年 1 月 6 日颁布，2004 年 5 月 1 日起实施）。

3. 国际劳工公约

国际劳工公约是国际劳工组织制定的国际劳动法律文件。国际劳工组织是联合国的专门机构，我国是国际劳工组织成员国。国际劳工公约经成员国签署和批准后，该国即有履行和实施的义务。目前，我国已经批准实施的国际劳工公约有 23 个，除其中声明保留的条款之外，对公约内容我国有义务实施。在这 23 个国际劳工公约中，涉及劳动保护、劳动保险等内容的公约有以下十款。

（1）1920 年第二届国际劳工大会通过的，《最低年龄（海上）公约》（第 7 号公约），规定儿童在 14 岁以下者，不得受雇用或工作于船舶上。

（2）1921 年第三届国际劳工大会通过的《每周休息（工业）公约》（第 14 号公约），规定工业企业全体职工应于每七日的期间内享有连续至少 24 小时的休息时间；《最低年龄（扒炭工及司炉工）公约》（第 15 号公约），规定凡 18 岁以下的未成年人不得受雇用或工作在船舶上充任扒炭工或司炉工；《未成年人（海上）的体格检查公约》（第 16 号公约），规定任何船舶对于 18 岁以下的儿童或未成年人的使用，应以提出其适宜于此种工作并经主管机关认可的医生签字的体格检查说明书为条件。

（3）1925 年第七届国际劳工大会通过的《同等待遇（事故赔偿）公约》（第 19 号公约），要求承允对于已批准本公约的任何其他会员国的人民在其国境内因工业意外事故而受伤害者，或对于需其赡养的家属，在工人赔偿方面，应给予与本国人民同等的待遇。

（4）1932年第十六届国际劳工大会通过的《伤害防护（码头工人）公约（修正）》（第32号公约），规定工人往来在装卸工作场所所需通过的船坞、码头、埠头或其他类似处所的任何要道及岸上的任何此种工作场所，均应适当顾及用此要道或工作场所的工人的安全而加以维护。

（5）1935年第十九届国际劳工大会通过的《井下劳动（妇女）公约》（第45号公约），规定凡女性概不得被使用于任何矿井的井下劳动。

（6）1937年第二十三届国际劳工大会通过的《最低年龄（工业）公约（修正）》（第59号公约）规定，凡儿童在15岁以下者，不得受雇用或工作在任何公营或私营工业企业。

（7）1951年第三十四届国际劳工大会通过的《同酬公约》（第100号公约），要求各会员国促进并保证实行男女同工同酬。我国于1990年批准。

（8）1973年第五十八届国际劳工大会通过的《准予就业最低年龄公约》（第138号公约），要求会员国制定有关法律规定，保证最低就业年龄不低于15岁，目的是消除童工劳动。我国于1998年批准。

（9）1990年国际劳工大会通过的《化学品公约》（第170号公约），要求会员国制定和实施一项有关作业场所安全使用化学品的政策。我国于1994年批准。

（10）1999年第八十七届国际劳工大会通过的《禁止和立即行动消除最恶劣形式的童工劳动公约》（第182号公约）。我国于2002年批准。

由于前文已经对这些政策法规作了详细的介绍，所以在此我们只是就各种法定福利的政策法规对于福利政策的影响作一简要回顾。

二、工时制度

工时制度是国家和企业对工作时间和休息时间所作的各种规定的总称。它强制性地规定了福利的项目种类、水平和计划模式。其基本内容包括工作时间、加班加点的限制、轮班制度、公休假日、法定节假日、年休假等方面的规定。公休假、节假日、年休假等都是目前员工福利的重要组成部分。

三、社会保险制度

社会保险制度是法定福利最为重要的组成部分，我国的社会保险项目包括基本养老保险、基本医疗保险、失业保险、工伤保险和生育保险等。我国的社会保险制度详细地规定了企业应该提供的项目种类、支付水平以及计划模式等。这部分内容详见本书第一章"员工福利总论"中的"法定福利"部分。

四、其他

我国法定福利制度还包括特殊劳动保护制度和住房公积金制度等。其中,特殊劳动保护制度包括女职工劳动保护制度和未成年工劳动保护制度两种。特殊劳动保护制度作为法定福利的一种,它强制性地决定了员工福利提供的项目种类、支付水平和计划模式。

住房公积金制度也是国家强制性规定的法定福利项目。它对员工福利提供的项目种类、支付水平和计划模式也有着详细的规定。

由于以上的制度法规在前面章节已有介绍,所以本节不作详细的分析。需要注意的是,关于法定福利制度的规定原则上都是需要强制性执行的,而执行的标准在各个制度里都有详细的规定,因此,这些制度体系其实也就规定了企业在法定福利方面需要提供的项目和水平以及覆盖范围等。

第二节 企业方面的影响因素

企业作为福利的最重要的直接供给方,尤其是企业自主福利的举办者和决策者,他们对员工福利的制定起着决定性的作用。企业方面的因素往往直接决定着员工福利的支付水平、福利项目、覆盖范围和实施模式等。但同时需要注意的是,企业虽然是决策的制定者,但是他们也不可忽视工会的势力以及员工的需求,其实,往往工会和员工都是员工福利制度制定的共同决策者。

影响福利制定的企业方面因素包括以下三个方面。

一、企业文化和企业战略

企业文化和企业战略是影响员工福利的较为宏观的因素。目前,无论是跨国公司还是本土企业,都愈加重视企业文化的作用,关注企业战略的策划和选择,并且依托企业文化的培养和企业战略的实施,提高企业的绩效,提升企业在同行业内的竞争力。不同的企业核心文化和战略会影响到企业的福利制度,并且对福利政策产生重要的影响,它们往往决定了员工福利政策制定的理念和原则。例如,企业是否愿意支付较高的福利、制度中是否会重视员工的需求,这些都会影响到员工福利的水平和项目的设计等。下面主要介绍目前比较盛行的几种企业文化和企业战略,并简要地分析一下其对员工福利制度的影响。

1. 企业文化与员工福利制度

企业文化分为广义和狭义两个层次①。广义的企业文化是指企业在创业和发展过程中形成的共同价值观、企业理想目标、基本行为准则、制度管理规范、外在形式表现等的总和。它是企业意识形态、物质形态、制度形态等文化的复合体。狭义的企业文化主要是指企业的精神文化,它是在长期的经营活动中形成的共同拥有的企业理想、信念、价值观和道德规范的总和。下面介绍几种目前比较盛行的企业文化及其在福利制度上的反映。

(1) 以人为本。

以人为本是现代管理理念的重要特征。在以人为本的理念下,现代企业更注重人的价值,将员工作为一个重要的资源来开发和经营。他们认为,在激烈的市场竞争中,人是决定企业成败的关键要素,只有抓住员工这条主线,其他战略部署才能得以贯彻。员工是企业的财富、企业的未来、企业的生命线。因此,感情留人、事业留人、待遇留人、理解员工、善待员工、共创辉煌,成为很多企业人力资源管理的主导思想。企业把这一思路体现在福利政策中,也就有了"福利跟随经营战略"、"创建员工之家"、"花钱为员工买身心健康"等各具特色、体贴入微的员工福利计划。以人为本的价值理念体现在人力资源管理实践中,就是企业不仅重视员工生产率的提升和员工离职率的降低,还愈加重视员工满意度的提高。虽然目前关于员工福利与员工满意度以及离职率关系的实证研究结果没有显示充足的证据,但是这种观点仍然被大多企业和政策制定者所接受。

(2) 对员工个性化的关怀。

现在越来越多的企业认识到,要留住核心员工,必须要关注员工的个性需求。在实践中,世界著名的成功企业都有一个共同的特点,即提供挑战性的工作和对员工无微不至的关怀。他们的员工福利计划周到完善,除常规的福利项目外,一些特色项目更直接传达着对员工的关爱。员工看重自身发展,企业提供带薪免费培训机会;员工需要午休,企业为员工准备躺椅、盖单、眼罩、闹钟,让员工小憩后精力充沛地工作;员工劳累不愿意自己开车上班时,企业帮助员工组织轮流开车小组;员工有怨气要发泄时,企业就为每人工作卡的反面印有主要管理者的电话号码;工作紧张繁忙,公司就提供了前台的洗衣服务,大厅里的理发店、修鞋店、照片冲洗店,定期的擦皮鞋服务,等等,为员工送来方便。在员工真切地感受到企业的尊重和爱护的同时,企业也得到了员工的忠诚。而企业能设计如此周到的福利计划,主要是

---

① 陈亭楠,《企业文化实务手册》,中国致公出版社,2007 年。

认识到了员工的价值。

2. 企业战略与员工福利制度

我们在这里主要研究企业的总体战略。总体战略是指企业的战略总纲。总体战略决定了企业向何处去、为什么去和怎样去等重大战略问题,与其他战略形态相比,具有生死存亡的决定性意义,容不得出现重大差错,否则企业将迷失方向,步入歧途。其主要形态有四种:增长型、稳定型、紧缩型和混合型①。

（1）增长型战略。

增长型战略又称发展型或扩张型战略,是一种使企业在现有经营管理的基础上,向更高一级目标发展的战略形态。它的特征主要有:在发展速度方面,不满足现有产品市场的发展速度,着力加快企业发展;在战略重点方面,致力于摆脱或消除行业中价格竞争的威胁,较快占据行业或市场领先地位;在竞争手段方面,不断开发新产品、新市场,采用新材料、新工艺,寻找老产品的新用途;在利润水平方面,高于行业平均水平的利润率,甚至拉开较大距离。

实行增长型战略的企业一般是新兴行业,处在发展的黄金时期,拥有较为充足的有形资源、无形资源和人力资源,组织机构具有很大的弹性和变革能力,拥有着鼓励创新的企业文化等。这样的企业为了保证持续增长,必须保留住核心人才和激励普通员工,因此薪酬水平将会普遍高于市场水平;相应地,企业的员工福利的设置也应该是较为丰厚的,侧重激励性和灵活性,因此实行此种战略的企业一般会实行弹性福利计划。

（2）稳定型战略。

稳定型战略,就是在内外部环境的约束下,企业将总体发展状况保持在目前状态和水平的一种战略方式。稳定型战略属于内涵型经营战略,即不求生产规模的扩大,而是向企业内部结构合理要效益,在取得经济效益最大化的同时尽量减少不必要的资源浪费,这种经营战略增长方式缓慢。其主要特征有:在经营业绩方面,企业对过去的经营业绩比较满意,决定追求既定的或与过去类似的经营目标;在战略规划方面,只追求一定幅度的增长,而不是高增长;在满足顾客需要方面,企业准备用与过去相同的产品或服务来满足顾客的需要。

实行稳定型战略的企业一般是处在发展的稳定期阶段,或者是宏观经济增长趋缓时,企业为了适应外部环境,而采取稳定型的发展策略,比如,产业集中度高的企业,或者产品处于成熟期的企业,都趋向于采取稳定型的发展战略。相对于这种求稳的策略,反映在薪酬制度上,则是采取和市场水平相当的薪酬水平;至于福利,

---

① 周培工,《企业战略策划》,中国经济出版社,2008 年。

也会采取处于市场平均水平程度上,福利的灵活性较小。

(3)紧缩型战略。

紧缩型战略,是与增长型战略相反的经营战略,一般不谋求经营规模的扩大或效益的增长,而是相应地缩小和减少;不谋求对新行业或经营领域的介入,而是从已有的行业或经营领域中退出或部分退出。与其他战略类型相比,紧缩型战略具有如下特征:收缩性,紧缩型战略要求企业对现有产品和市场实行收缩、调整和撤退策略,如放弃某些市场、下马某些产品生产线、退出一些业务领域等;节流性,采用紧缩型战略,企业只投入最低限度的经营资源,其他开支、费用全面从紧,严格控制,甚至变卖一部分资产,以补充流动资金的不足;过渡性,与稳定型战略相比,紧缩型战略具有明显的过渡性,时间不能太长,企业应尽快从紧缩的状态中摆脱出来,寻找新的出路。

企业采取这种策略的原因是,其经营状况、资源条件和发展后劲不能应对外部环境的变化,产品销量下滑,利润下降,原有产品和市场已经不可能根本好转,以至于威胁到企业的生存和发展。这样的企业一般是夕阳行业,处于发展的衰退时期。为了节约成本,实行紧缩策略的企业一般采取低于市场平均水平的薪酬体系;反映在福利水平上,亦是对于市场水平,企业自由发挥的空间不大,且福利内容较少,没有灵活性,没有激励性。

(4)混合型战略。

所谓混合型战略,就是将增长型战略、稳定型战略和紧缩型战略组合起来一起使用。事实上许多企业实行的并不只是一种战略,而是多种战略的组合。混合型战略的优势表现在,避免单一战略形态的刚性,使战略的适应性增强。这一点对规模较大、经营领域较多的企业则更为突出;战略组合具有更强的竞争优势,使企业处于不同时期的产品和业务能够得到有针对性的指导,能够促进企业整体的协调发展;在外部环境多变的情况下,战略组合可防止企业某项业务单兵独进,有利于企业进退有度、从容不迫。混合型战略的弊端也十分明显:一是战略形态复杂,易导致管理困难;二是战略种类多样,需要更多的战略人才。

一般跨行业的企业或者业务范围比较大的企业宜实行混合型的战略。混合型战略的最大特点在于多种战略形态的混合,反映在企业的薪酬和福利制度上,亦体现出一定的混合性,比如,可以尝试多种福利内容的混合,针对不同的企业状况和经营状况,采取不同侧重的福利内容。

二、企业的薪酬策略

由于员工福利属于总体薪酬的范畴,因此,企业的薪酬策略,包括薪酬的水平策略和薪酬横向结构策略必然是员工福利水平最为重要的决定性因素之一。它们共同决定了企业愿意为员工支付福利水平的高低。前者主要决定了企业愿意提供薪酬的总支出,同时,也部分影响了薪酬内部板块的结构以及不同人员的薪酬水平;后者则主要决定了福利开支在总体薪酬中所占的比例。

1. 薪酬水平策略及其影响因素

根据企业薪酬水平与外部竞争对手的差异,薪酬水平策略可以划分为领先型、追随型、滞后型等三种基本类型。不同类型的薪酬水平策略决定了企业可以支配的薪酬总额。采用领先型薪酬策略的企业,可以分配的薪酬总额往往相对比较宽松,而选择滞后型薪酬策略的企业则正好相反。

此外,企业还会根据职位或者员工的类型差异,混合选用不同的基本薪酬策略,对薪酬内部的结构进行细化,形成权变型薪酬策略(也可称为混合型薪酬策略)。例如:对于企业的核心人力资源采用领先型薪酬策略、对于辅助型人力资源采用滞后型薪酬策略、对于通用型人力资源采用追随型薪酬策略等。不同的薪酬策略将直接决定企业内不同人员的薪酬水平。

员工福利作为薪酬的组成部分,必然会受到企业薪酬策略在总体支付水平上的制约。通常薪酬水平策略确定下来,员工福利的水平也就基本确定了。

一般而言,正如上个小节介绍的,企业战略和人力资源战略对于企业的薪酬策略有重要的影响,企业人力资源类型的划分就是一种具体的表现形式。其实,影响企业选择薪酬水平策略的主要因素不仅包括人力资源战略,还包括行业状况和行业远景、劳动力市场供求状况、竞争对手的薪酬策略、社会物价水平以及企业的财务支付能力等,如图4－2所示。

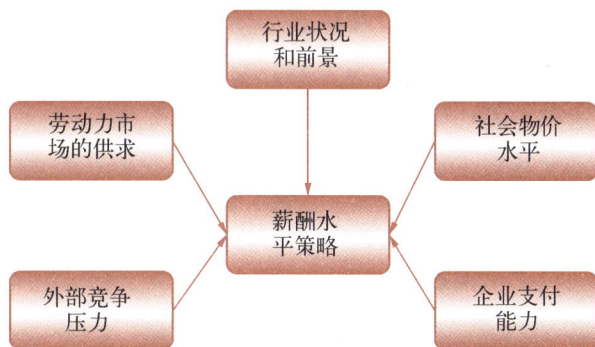

图4－2　企业薪酬水平策略影响因素示意图

(1)劳动力市场供求状况。

劳动力市场的供求状况以及行业间的竞争是决定薪酬水平的主要因素。但是,它们并不是直接对企业的福利政策产生影响,而是往往先决定了企业薪酬策略中的水平策略,进而再对企业的福利支付水平产生影响。

按照经济学的解释,包括福利在内的薪酬是劳动力价值的货币表现,即劳动力的价格,在其他条件保持不变的情况下,它主要取决于劳动力供给和需求的相对关系。如果企业的需求一定,按照供求规律,劳动力供给过多,劳动力市场供过于求时,劳动力价格下降,用人单位的薪酬策略将会发生改变,会采用较低的薪酬水平雇用劳动者。这时,企业提供的福利水平也会随之有所下降。当然,企业可以自主调整的仅是自主福利的水平和项目,法定福利原则上不能自行降低水平或取消。实行劳资谈判工资的企业,一般要通过一定的程序与员工达成降低自主福利的协议。

(2)外部竞争压力。

同行业竞争对手的薪酬策略,尤其是提供的薪酬水平会对企业的薪酬水平产生重要影响。为保持薪酬的外部竞争力,企业不得不考虑提供相似的薪酬福利待遇,否则会使薪酬整体的外部竞争力和对内的激励作用打折扣,竞争对手的福利状况对员工福利计划制定的影响是最为直接的,这是员工进行横向的公平性比较时非常重要的一个参照系,它几乎可以影响到福利计划所有内容的决策。当其他竞争对手为了吸引优秀人才而提高它的企业的福利水平、福利内容、福利形式时,为了保证外部的公平性、保持竞争优势,企业也要相应地对自己的福利计划作出调整,否则往往就会造成在职员工的不满意,当不满比较严重时甚至会造成员工的流失。当外部竞争对手因为各种原因降低它的企业的福利水平时,企业有两种选择:一种是同样降低自己企业的福利水平,这样可以降低成本;另一种选择是保持现有的福利水平不变,这样企业就有了竞争优势,能够起到吸引优秀人才的作用。

(3)行业状况和前景。

行业状况描述了一些基本的行业特征,企业所处的行业决定了其所采用的技术。劳动密集型的行业(如服务业)比资源密集型行业(如采掘业)的薪酬水平低,新兴行业比夕阳行业的薪酬水平高。对于行业状况信息的分析,有助于我们作出正确的薪酬策略。

同时,行业发展的远景也会对薪酬策略的选择产生影响,如销售量和技术进步对商务活动的影响等。如果员工必须学习使用新技术,那么企业可能会采用滞后型的薪酬策略,拉大员工掌握技术前后的薪酬水平差距。

(4)社会的物价水平。

物价水平影响的主要是员工的薪酬水平,包括员工福利在内的薪酬待遇。其最基本的功能就是保障员工的生活,因此对员工来说更有意义的是实际的福利待遇,当企业以货币的形式向员工提供福利时,实际的福利待遇就等于货币福利(或者叫做名义福利)与物价水平的比率,如下式所示:

$$实际的福利待遇 = \frac{名义福利}{物价水平}$$

这样,当整个社会的物价水平上涨时,为了保证员工的福利水平不变,支付给他们的货币福利相应地也要增加。当企业以实物的形式向员工提供福利时,虽然物价水平对于员工的实际福利待遇不会产生影响,但是却会影响企业的福利支出——物价水平上涨时,为了保证员工的实际福利水平不变,企业就要支付更多的福利开支。

(5)企业支付能力。

作为企业薪酬的重要组成部分,其水平受企业经济实力的影响。支付员工薪酬的水平必须考虑企业的财务支付能力,而企业的支付能力又受到其产品或劳务在市场上竞争力的影响。

影响产品竞争力的两个关键因素是产品市场的竞争程度和产品需求。这两个因素都会影响组织按照正常价格出售产品和劳务的能力。如果价格不变,销售量下降,收入减少,那么企业确定更高薪酬水平的能力就会受到限制。对于一般企业而言,劳动力市场状况为企业设计能吸纳足量员工的薪酬水平划了一道最低线,而产品市场又为企业的薪酬水平划了一道最高线。如果企业的薪酬水平超过最高线,那么它必须提高价位把薪酬水平的超出量转嫁到顾客身上,或者在原有价位不变的情况下,从总收入中拨出更多的份额作为劳动成本。如果市场竞争十分激烈,那么它提高产品价格势必会减少产品收入。但是需要注意的是,国有企业,其财务支付能力受自身营利水平的影响,同时,还受到工效挂钩政策的制约。

企业的薪酬策略必须考虑企业的经济实力,薪酬水平必须与经济实力相适应。如果水平太低,不能起到激励人才和留住人才的作用,会影响企业的人力资源战略,进而会影响企业整体目标的实现;如果水平超过企业的经济实力,不但不能帮助企业实现人力资源战略,反而降低企业的竞争力。

一般来说,企业的经济效益与所在地区的经济发展状况有着密切的正向相关关系,经济发达的地区,企业的整体效益就要比经济落后地区的企业好,因此从社会层次来看,经济发达地区的企业,其福利水平往往要比经济落后地区的企业好,这一结论已经得到了实证研究的证明①。

2. 薪酬横向结构策略及其影响因素

企业确定了总体的薪酬水平策略后,还要进一步确定薪酬的横向结构策略,即

---

① 具体的内容可参见杨雪莲、李时彦、杨波,"中国企业员工福利状况分析",《西南民族学院学报(哲学社会科学版)》,2002 年第 12 期。

选择基本工资、激励工资和福利的配比。企业一般要根据自身特点选择不同的薪酬结构,有的企业选择高弹性薪酬模式,实施低工资、高奖励、低福利组合;有的企业则选择高稳定薪酬模式,采用高工资、低奖金、高福利组合;另外,也有低工资、高福利的实践。因此,企业薪酬的横向结构策略对员工福利水平有重要影响。需要说明的是,薪酬的结构策略还包括纵向结构策略,即不同层级人员的薪酬水平不同,这也会影响员工的福利水平。但是由于纵向结构策略的区分还得考虑企业是采用普惠式还是弹性福利等的影响,相对比较复杂,所以我们将在下一章进行讨论。

企业在决定福利和工资的比例和项目形式时,往往主要结合自身的人力资源战略。但是目前几乎没有关于两者关系的实证研究。一般认为:采用累积型人力资源战略的企业因为采用长期的观点来衡量人力资源管理工作,以终身雇佣为原则,比较重视员工的长期发展,希望挽留员工,因此,他们偏爱能够获得长期收益的福利项目以及注重员工发展的培训项目;而采用效用型战略的企业,由于认为与员工只是一种简单的交换关系,实行非终身雇佣制,所以往往会倾向于采取以个人为基础的薪酬支付方式,提供很少的培训机会以及较低水平的福利。

除此以外,对于薪酬结构策略的影响因素还包括企业的发展阶段、外部对工资和福利总额的限制政策、福利的成本效能以及企业避税的考虑。企业通常重点考虑以下四个方面的因素(如图4-3所示)。

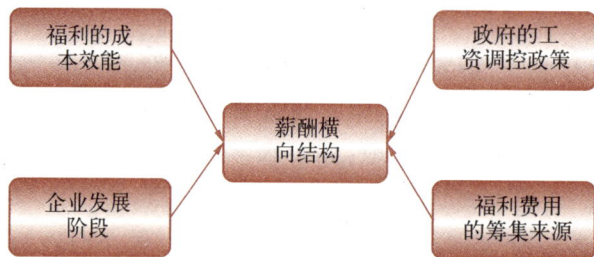

图4-3　企业薪酬横向结构策略
影响因素示意图

（1）企业的发展阶段。

按照企业生命周期理论的解释,企业的发展是要经历不同的阶段的,由于企业处于不同的发展阶段时,其经营的重点和面临的内外部环境是不同的,在不同的发展阶段,包括福利在内的薪酬管理也是不同的。因此,企业在制定福利计划时也要考虑到自己所处的发展阶段,从而保证福利计划更符合企业的实际。表4-4对企业不同发展阶段下的薪酬水平的确定进行了简单的比较。

表4-4　企业不同发展阶段下的薪酬管理①

企业发展阶段		开创	成长	成熟	稳定	衰退	再次创新
薪酬形式	基本薪酬	低	有竞争力	有竞争力	高	高	有竞争力
	激励薪酬	高	高	有竞争力	低	无	高
	间接薪酬(福利)	低	低	有竞争力	高	高	低

从企业发展周期来看,高薪酬成本是在企业处于发展成熟期才有能力支付的,是为了保持本组织持续、高度的竞争力而采取的吸引人才、激励人才和挽留人才的发展战略。当企业在初创期和成长期时,企业的经济实力一般不强,员工薪酬水平不会太高;而福利水平与基本薪酬相比往往具有一定的滞后性,它在成熟、稳定和衰退期都会比较高,但是其他时期则相对较低。

（2）福利的成本效能。

福利的成本效能主要是指福利与工资相比在成本上具有的优势。这种优势主要体现在免税和规模效应两个方面。

① 员工福利的一个成本优势是大多数福利都是免税的,在增长相同金额的情况下,福利往往会免交个人所得税,而工资则不然。当工资水平达到或超过所得税起征点时,企业和员工就会考虑避税的问题,福利便更受欢迎。这表明,员工福利的发展受到市场工资水平和所得税制度的影响,需要具备两个条件:一是社会平均工资超过所得税起征点;二是所得税征收的力度。根据2007年12月29日第十届全国人民代表大会常务委员会第三十一次会议《关于修改〈中华人民共和国个人所得税法〉的决定》第五次修正,从2008年3月1日起,我国新的个人所得税法将个人工资薪金所得税的起征点增加到2 000元,并且仍然采用九级分段累进税率。具体如表4-5所示。

表4-5　我国个人工资、薪金所得税率

级　数	全月应纳税所得额	税率(%)
1	不超过500的	5
2	超过500至2 000的部分	10
3	超过2 000至5 000的部分	15
4	超过5 000至20 000的部分	20
5	超过20 000至40 000的部分	25

---

① 何娟,《人力资源管理》,天津大学出版社,2000年,第222页。

（续表）

级　数	全月应纳税所得额	税率(%)
6	超过 40 000 至 60 000 的部分	30
7	超过 60 000 至 80 000 的部分	35
8	超过 80 000 至 100 000 的部分	40
9	超过 100 000 的部分	45

资料来源: 依照《中华人民共和国所得税法》第6条规定,工资、薪金所得,以每月收入额减除费用2 000元后的余额,为应纳税所得额。

以上两个因素都为福利的发展提供了条件;同时,很多国家对员工福利计划规定的免税减税的优惠政策,是吸引企业和员工选择福利的又一个动力。例如,我国新近出台的企业年金制度体系就规定了企业年金的缴费可以部分从企业成本中进行列支,为其发展提供了税收上的优惠。

2000年,在《国务院关于完善城镇社会保障体系的试点方案》中规定:"有条件的企业可为职工建立企业年金,……企业缴费在工资总额4%以内的部分,可从成本中列支。"2004年,《企业年金试行办法》明确规定"企业缴费每年不超过本企业上年度职工工资总额的1/12。企业和职工个人缴费合计一般不超过本企业上年度职工工资总额的1/6。"同时,各地税务部门分别进一步制定了各个地方的税收优惠比例。目前,山西的税收优惠力度最大,企业可以把全部缴费(即1/12,约等于8.3%)在税前列支;安徽、浙江、云南为5%,山东、河北、上海、广东、新疆为4%。这些规定都为企业年金的税收减免提供了优惠,鼓励此种福利项目的发展。

② 福利的另一个成本优势是规模效应。许多集体福利(如寿险、健康保险等)的费用比单个员工自己获取要低一些,团体保险的投保资格标准也相对较低,这为那些个人参保不符合投保条件的员工提供了保障。

因此,在以上情况下,企业往往乐于采用福利作为薪酬的重要发放形式。

（3）政府的工资调控政策。

政府的工资调控政策直接影响着福利的发展。一般情况下,政府能对货币工资实施有效调控,而很难监控企业的福利支出。因为员工福利项目繁杂、开支渠道又多,所以实施监控成本高、难度大,政府往往选择放弃或仅实施一般性管理。由此,员工福利的发展就和货币工资的控制程度密切相关,政府对货币工资控制得越严格,员工福利发展的动力和空间就越大。

以美国的员工福利发展为例,第二次世界大战和朝鲜战争期间,联邦政府采取工资物价稳定政策。企业在工资增长受到严格限制的情况下,以大举开发福利来满足员工的需要,从而达到吸引人才、稳定队伍、提高士气的效果,结果造就了二战时期和二战后美国员工福利迅速发展的局面。

我国的员工福利在发展的过程中,也有类似美国的情况。新中国建立初期,国家采取了低工资、多就业的劳动政策。为了解决当时职工收入低、生活负担重的问题,政府通过直接拨款和允许企业建立员工福利基金等规定发展员工福利,以改善职工生活状况。这时期,员工福利发展一定程度上是为配合政府的低工资控制政策而来的。

经济体制改革以来,政府陆续推出了工资总额与经济效益挂钩(工效挂钩)的规定、"两低于原则"(工资总额的增长速度低于经济效益的增长速度、平均工资的增长速度低于劳动生产率的增长速度)下自定工资总额的规定以及工资指导线制度。这些货币工资调控措施,不同程度地影响着我国员工福利的发展。工资总额与经济效益挂钩的规定,对企业工资控制相对较严格,不但工资增长速度受到严格限制,即便按规定提取的效益工资,根据以丰补歉的原则,也不能当期全部发放。由此,工效挂钩制度下,有了一定自主权的企业开动脑筋,发展出各式各样的补充福利。工资指导线制度是在社会主义市场体制下,国家对企业工资分配进行宏观调控的一种制度,它对国有和非国有企业进行分类管理。作为三条指导线中的上线,工资指导线对非国有企业是警戒线,起报警作用;而对国有企业则是控制线,不得突破,这样,效益好的国有企业,就有极大的动力发展员工福利,因为不能发现金,可以发福利。

(4)福利费用的筹集来源。

我国除了对工资有着严格的调控政策以外,对于员工福利费用的来源也有详细的规定。这些规定决定着企业能够支付福利水平的上下限。在实际工作中,它们对所有企业的员工福利支付下限水平有着重要的规范作用,尤其是对那些私营和三资企业的福利水平作出了强制性的要求。同时,对国有企业,尤其是经济效益较好的国有企业的员工福利支付上限水平,也有着极其重要的约束作用。

虽然如此,由于福利覆盖的范围相对较广,包含的项目较多,福利经费的来源相对多样,所以很多企业在不能扩大工资总额的情况下,都将研究兴趣转移到如何扩大福利经费的来源上,尤其是考虑到福利可以作为企业成本列支的项目,前述关于企业年金项目的税收优惠就是一个很好的例子。

目前在我国的企业实践中,关于员工福利费用筹集的可用来源主要包括以下几个方面:

① 员工福利费用。

财政部1992年颁发的《工业企业财务制度》对员工福利费用的来源、提取比例以及使用方向作了详细的规定。《工业企业财务制度》明确了职工福利费属于管理费用,可以进行税前列支;第五十二条还规定了职工福利费应该按照企业职工工资总额的 14% 提取;在使用方向上,该制度规定职工福利费主要用于职工的医药费(包括企业参加职工医疗保险缴纳的医疗保险费),医护人员的工资,医务经费,职工因公负伤赴外地就医路费,职工生活困难补助,职工浴室、理发室、幼儿园、托儿所人员的工资,以及按照国家规定开支的其他职工福利支出。

② 培训和教育经费。

作为员工培训福利的重要来源,《工业企业财务制度》对培训和教育经费也作了较为详细的规定,其第四十九条规定职工教育经费是指企业为职工学习先进技术和提高文化水平而支付的费用,按照职工工资总额的 1.5% 计提。

③ 工会经费。

在我国,工会经费往往是支持企业组织员工活动、丰富员工精神文化生活的重要来源,《工业企业财务制度》规定工会经费必须按照职工工资总额 2% 计提。因此,很多企业将工会的会费作为兴办员工集体福利的重要经费来源。

④ 劳动保险费。

《工业企业财务制度》规定劳动保险费可以作为管理费用进行税前列支。劳动保险费是指企业支付离退休职工的退休金(包括按照规定缴纳的离退休统筹金)、价格补贴、医药费(包括企业支付离退休人员参加医疗保险的费用),职工退职金,六个月以上病假人员工资,职工死亡丧葬补助费、抚恤费,按照规定支付给离休人员的各项经费。

⑤ 其他。

企业在企业缴纳所得税后的利润,还可以提取公益金,公益金主要用于企业的职工集体福利设施支出。同时,国有企业的福利费用还可以来源于工资总额的结余等。

此外,在实践中很多企业还利用差旅费等其他科目的管理费用变相地作为交通、通讯等福利的重要来源。

三、工会的态度和力量

工会在企业中的作用重大。德国前总理施密特曾这样评价工会的作用:没有工会负有责任感的、以全体人民福利为目标的态度,我们国家今天就不可能这么好地屹立在世界上;没有工会富有批评的、向前看的合作,我们大家就不可能生活在社会经济、特别是政治方面普遍稳定的联邦德国中,德国战后经济上的繁荣和成就,其中就凝聚着德国工人阶级及其组织——工会的巨大努力和卓越贡献。

在西方国家,工会是员工福利发展的重要推动因素,工会对员工福利的态度和自身的力量决定了它对企业政策和福利计划的影响力,主要决定了企业愿意支付员工福利的水平。工会代表会员与企业雇主通过集体谈判决定工资,是西方国家通行的工资决定制度。集体谈判涉及的内容相当广泛,包括货币工资增长水平、员工福利计划、就业保障等。实际上,代表会员进行集体谈判是工会存在的基本原因,工会在谈判中全力表现,提出包括福利在内的各种要价,以提高工会的吸引力和凝聚力。但是,历史上,工会并不是对所有福利从开始就持积极态度。雇主刚推出企业年金计划时,工会就不以为然。工会以为,企业年金在播撒父爱,与其让雇主举办,不如工会自己举办。但经过一段时间的实践,工会接受了雇主提供的企业年金,它也就成为员工福利计划要价的重要内容。

因此,在西方国家,某一地区或某一行业员工的福利待遇往往是工会与资方谈判的结果。工会对员工福利的推动作用不可忽视,工会的福利要价影响着福利的发展。例如在美国,近年来各州劳工组织在为企业雇员争取权益的过程中,对员工福利计划的要求不断提高,就进一步促进了团体保险的发展。

在我国,尤其是在国有企业里,工会是员工福利发展的重要实施力量。他们并没有发挥完全的集体谈判功能,而往往与企业的人力资源部门或者党群部门结合在一起,扮演着员工福利的具体实施者和法定福利的具体监督者的角色。他们通过举办各类活动(如运动会、文艺表演、购买发放节日礼品等活动),与企业决策者一起,丰富职工的业余文化和物质生活。因此,我们将工会的态度和力量作为企业方面的影响因素之一。

工会的力量和态度影响员工福利主要体现在以下两个方面。

1. 工会的态度影响员工福利计划的水平

在西方国家,工会往往成为员工利益的代言人。工会通过各种形式,如协商、会议甚至采取组织罢工的极端形式来保障员工的合法劳动权益,或者争取更多的员工权益。员工福利水平的高低是员工权益的一个重要表现形式,较高的员工福利水平必然意味着员工权益得到了较好的体现。因此,在工会态度和力量比较强大的企业,员工福利计划的水平较工会力量弱的企业往往要高。

2. 工会力量强弱影响企业和员工的福利沟通

企业与员工之间的福利沟通直接影响着企业愿意提供的福利水平,以及企业提供的福利项目是否满足了员工个性化的要求。这时候工会的作用就会凸显出来,一般说来,工会力量强大的企业,能够充分反映员工的个性化需求,并且能够有足够的力量与企业进行讨价还价,寻求企业与员工利益的平衡点,达到双赢的目的。

总之,企业的福利支付水平受到企业文化和企业战略、企业的薪酬策略以及工会的态度和力量三者的综合影响。前两个因素对企业的支付行为产生主动性的作用,后者在我国主要起到辅助实施的作用。企业的薪酬策略包括水平策略和结构策略,水平策略主要决定了企业在薪酬支付方面的总体水平,它对福利水平起着指导性的作用;结构策略决定了企业支付工资和福利的相对比例,关系着员工福利的实际支付水平。而企业薪酬策略也受到多重因素的影响,既包括企业外部环境也包括企业的内部因素,所以企业支付福利水平的高低是一个相对较为复杂的问题,但是由于国家对工资总额控制比较严格,而且福利具有强烈的避税功能,因此,在国有企业里,研究开辟员工福利的支付渠道是一个非常热门的话题。

第三节　员工方面的影响因素

除了企业自身的一些因素外,员工个人的一些因素也会对福利计划的制定产生影响。虽然按照劳动经济学的观点,员工福利是一种小额优惠,具有准固定成本的性质,但是在实践中,企业制定福利计划时,往往都会考虑员工个人的因素,而且随着企业管理理念的革新以及对成本效益的重视,员工的因素越来越受到企业的重视。这些因素主要是员工的需求和个人的绩效、工作年限等。

一、员工的工作绩效

员工的绩效主要影响福利提供对象的确定,即福利项目的设置。虽然相比激励薪酬,福利并不完全以绩效为基础来支付,但是这并不意味着福利就与绩效完全没有关系,采取平均主义的方式来向员工提供福利,只会削弱福利的激励效果,计划经济体制下国有企业工资福利管理的弊端就很好地说明了这个问题,因此为了提高福利实施的效果,福利还是应当在一定程度上与绩效挂起钩来,目前企业在福利管理中越来越多地采取了这种做法,通常员工的工作绩效对福利计划享受的影响表现在当期福利水平高低或项目多少以及福利计划的晋升两个方面。

二、员工的工作年限

工作年限主要是指员工的司龄,也就是说员工在本企业中的工作时间。工作年限影响的主要是员工个人福利水平的确定,一般来说,司龄越长的员工,企业提供的福利水平往往也越高。之所以会有这样的影响,其理论依据主要是组织社会化理论,就是说员工在企业中的时间越长,对企业和职位的了解就越深刻,其他条件一定时,绩效就会越好,因此企业才愿意提供更多的福利;此外,保持员工队伍的稳定也是一个原因,司龄越长的员工,企业支付的薪酬福利越高,这样可以在一定程度上减少员工的流动率,因为如果流动的话,员工就会损失一部分的收入。

三、员工的福利需求

员工对福利政策的影响最主要的还是体现在个人需求方面。员工的福利需求包括福利水平和福利项目两个方面的内容。但是由于员工对于福利水平的需求往往跟福利项目交互在一起,所以本节重点探讨员工对福利项目的需求及其影响因素。

在传统的福利方案中,企业方倾向于替员工包办统一的福利项目。但是,按照激励理论的解释,人们的行为都是受一定动机支配的,而动机又来源于需求,因此为了更好地激发员工的工作动机,企业就要根据员工的需求来提供福利,这样才能提高福利的针对性和有效性。有些企业并不重视这一问题,从而就导致了福利计划的实施效果不佳。在现代企业里,由于员工对福利项目的需求差异性表现得越来越明显,而且企业也愈加注重福利支出的成本和收益权衡。所以,员工福利项目的举办越来越注重员工需求。因此,当福利支付水平一定的情况下,员工的福利需求往往会成为决定企业选择福利项目种类的最为重要的因素。是否能够有效满足员工的福利需求成为衡量员工福利政策优劣的重要指标。影响员工福利需求的因素很多,主要包括以下五种。

1. 员工的公平感

在福利需要的产生过程中,对比效应往往会发挥作用。员工对于福利的需求有一部分来自他们通过与外部企业或者内部其他人的员工福利对比后所感受到的公平或者不公平,而并非真实需要。例如:本来一些福利并不是员工所需要的,但是由于别的企业有这些福利(外部公平感),或是企业里其他员工有这些福利(内部公平感),这样往往会大大增加他们的不满情绪,导致强烈的不公平感,进而产生对这些福利的需求。

因此,企业在制定福利政策的时候,福利的对比效应和员工的公平感确实是我们所必须考虑的一个因素。对于外部企业的福利政策需要给予更多的关注,对于内部员工福利的差异化,要作出合理的解释,最大限度地增强与员工间的福利沟通。

2. 员工所属国的文化

西方的实证研究表明,员工所属国的文化类型会对他们的福利需求产生重要影响。

霍夫斯塔德把国家文化划分为集体主义与个人主义、权利距离、不确定性规避、男性与女性四个维度。权利距离是指社会的层级结构;不确定性规避是指社会对于高度危险的容忍程度;个人主义是指社会成员在社会中与他人交往以个人或集体为标志;男权主义与女权主义涉及性别的地位。通常,低不确定性规避的国家更倾向于提供缴费确定型并可灵活处理的福利;低权利距离的国家,不会针对不同收入阶层实施不同的养老保险计划;来自女性文化的社会并有相对较高的不确定性规避,会比较愿意接受用于保障收入安全的政策;来自女性文化的社会希望得到有利于家庭的管理政策,也希望最大限度地提高工作生活质量;在个人主义、低权利距离的国家中,员工更喜欢灵活自选式的福利项目。

关于国家文化影响员工福利需求的机理,一般认为,由于国家文化会对人们的深层次价值观产生重要的影响,进而影响到他们的行为方式,所以,不同文化下的员工对于福利的需求也会产生极大的差异。值得注意的是,这种义化差异的影响要求我们在福利项目设置上需要重点考虑国籍的因素,实行差别化的原则。尤其在全球性的跨国公司在不同国家的分支机构,经理们往往根据不同的国家文化来决定其不同类型福利的覆盖范围。

3. 员工的工作压力和紧张程度

员工福利有释放工作压力、缓解紧张情绪的功能。工作压力越大,紧张程度越高,员工就更需要福利,福利的作用也就越明显。快节奏的工作生活下,员工更需要生活服务,更需要方便自己,更关注生活质量,更希望释放压力。

现代企业面临更严峻的市场竞争,在寻求成功方案的过程中,很多企业选择和员工分担企业的风险与绩效,和员工结成利益共同体。他们给予员工更大的权利,也让员工承担了更大的责任。由此,员工比以往更紧张地工作,承受着比以往更大的工作压力,但也得到企业提供的更多的福利。例如,企业通过利润分享方案、员工持股计划等,给员工更丰厚的报酬;实施弹性福利计划,满足员工的不同需求,以此告诉员工,企业真心实意关心你,企业很看重你;一些企业通过建立员工俱乐部、运动健身设施、文化娱乐设施和组织旅游等形式,让员工在紧张的工作之余放松身心、缓解疲劳;还有的企业建立了倾听员工诉说的制度,企业领导人定期与员工面对面交流,直接听取员工诉说心中的烦恼,或聘请专家对员工进行心理指导,帮助缓解压力,这对高强度、满负荷运转的员工无疑是很大的安慰和激励。

4. 员工的传记特点

国外以及台湾学者关于员工传记特征影响员工福利需求的实证研究很多。这些研究选择了能够反映员工传记特点(Biographical Characteristics)的变量,包括性别、年龄、教育程度、婚姻状况、职业、为人父母的比例、员工所处的地理位置、员工在组织中的工作年限、员工是否有在职配偶、劳动合同状态(全职或兼职)等。这些研究发现了一些有意义的结论。

研究发现,员工在年龄上的差异会导致其对福利内容有不同的偏好。其中,年轻员工倾向高工资、低福利的组合;中老年员工对福利的接受程度相对比较高,他们更看重稳定的生活,倾向于更好的福利,尤其是养老金方案和健康保险;青年职工偏好住房福利和其他各种置业支持贷款。同时,受教育程度的差异往往也会带来福利需求上的差别:受教育程度高的员工,对个人职业发展的期望值相对更高,更欢迎企业提供培训进修等发展机会。此外,蓝领、白领的福利偏好也有所不同:蓝领在生活和安全方面的需要更高;白领在职业发展方面的福利需求较高。最后,员工性别不同,已婚和独身等因素也会一定程度地影响其对福利的偏好。其中,有供养人口家庭的员工需要更多的服务,如孩子的照料和子女的学费,他们更偏爱健康或者医疗保险。

但是更多关于员工传记特征影响员工福利需求的结论不太一致。例如,同样是性别研究,台湾学者和美国学者的结论存在很大的差异。这说明同样是一种类型的人员,如果存在于不同国度或者不同企业,他们对福利的需求也可能差异较大,这可能是不可控变量过多造成的,如企业文化等。所以从福利内容的角度看,企业的福利计划必须根据本企业的具体情况进行量身定做,在设计本企业的员工福利方案时,需要进行详细的福利需求调查①,根据调查结果设计的方案才能有利于员工福利计划功能的发挥。

5. 员工的工资水平

员工的工资水平在很大程度上决定了他们对福利的认可程度和对福利内容的接受程度。当工资收入较低时,同值福利和货币工资比较,前者效用通常要低一些;但当工资水平提高到一定程度,随着福利的边际效用递增工资的边际效用递减,同值福利的效用可能会超过货币。此外,避税的心理也会使员工对福利的认可程度提高,乐于接受这种报酬形式。另外,按照需求层次理论,人们要先满足生存需要,其次才考虑安全需要和舒适的需要。员工的收入水平不同对福利的内容要

① 福利需求调查表请见第五章末的附录。

求也会有很大差异。因此,企业设计福利计划,必须注意不同收入水平的员工的需要,提供的福利计划无论在水平或内容上,都应该与员工收入水平匹配。

以我国为例,新中国建立初期由于是政府主导员工福利的建设,因此在保险、生活服务设施、生活补贴和文化福利设施等各方面的投入保持了一定的比例。改革开放以后,企业拥有了更大的福利举办权,初期企业自办的福利主要集中在生活必需品的发放上,带给职工很大满足。但是,随着职工工资水平的提高,对传统的福利内容不满足了,越来越多的企业开始为职工举办诸如住房贷款、汽车贷款、理财服务等金融福利,以及旅游休养、健康体检、健身活动等健康休闲福利。在职工欣喜地接受新福利项目的同时,企业的投入也收到了预期的效果。有调查表明,目前,我国职工更关注自身的发展、关注个人和家庭的生活质量。因此,住房福利、健康福利、在职培训是特别受欢迎的福利项目。

国外对高收入的高级管理人员,提供的福利项目相对更多一些,如对经理人员的股票期权激励、专用公车与司机、专用停车场、保姆和厨师津贴等。

企业之间由于员工构成不同,在福利计划上应该表现出一定差别。同时,在一个企业内部,福利制度要尽量照顾到多方面、多层次的需要,合理安排员工的经济与生活需要、社交与休闲需要、健康与安全需要以及职业发展的需要。

总之,员工会因为国家文化、工作特征、个人传记特征、工资水平以及公平感等因素,产生不同的福利需求。但是,需要注意的是,即使在员工福利水平可以提供员工需求的福利项目时,企业也不一定会兴办此类项目。因为,员工的福利需求本身并不能对企业的福利项目的选择构成全部的影响,员工福利最终还受到福利政策制定者个人偏好、兴趣,成本—效益等其他因素的影响,下一节我们将重点探讨成本—效益对于员工福利制定的影响。

第四节　成本—效益

成本控制已经日益成为员工福利管理中最受关注的问题。根据资料显示,国内外的很多企业在员工福利上的开支,已经达到或超过薪酬的1/3,甚至超过了40%。而且,福利投入到底能带来多大的收益也是一个争论的问题。因此,企业在试图降低人工成本时,往往将控制福利作为首要选择。

面对这样的现实,需要研究员工福利成本如何界定、员工福利带给企业的收益如何估算,以及如何实施合理的福利成本控制等问题。只有回答了这些问题,企业的薪酬结构定位才能更准确,员工福利才能有合适的位置(如图4-4所示)。

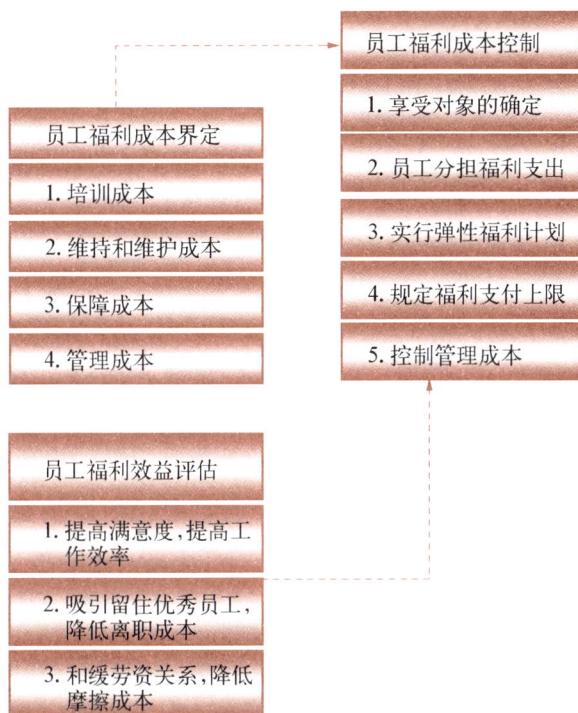

图 4−4　员工福利的成本—效益分析

一、员工福利成本界定

1. 员工福利成本构成

根据人力资源成本定义,人力资源成本构成包括以下 5 类 17 项。即：人力资源取得成本(招聘成本、选拔成本、录用成本、安置成本)、人力资源开发成本(上岗前教育成本、岗位培训成本、脱产培训成本)、人力资源使用成本(维持成本、奖励成本、调剂成本)、人力资源保障成本(工伤保障成本、健康保障成本、退休保障成本、失业保障成本)、人力资源离职成本(离职补偿成本、离职前业绩差别成本、空职成本)。

在这些内容中,属于员工福利支出的是：开发成本中的员工培训费用、维持成本中发给和用于员工的生活福利费用和调剂员工工作生活的文体费用、保障成本中的社会保险和补充保险费用等。

员工福利成本也可以分为：企业为福利直接缴纳的费用、企业直接支付给员工的福利开支、企业为员工购置福利设施和举办活动的开支、员工享受福利而对企业生产工作有影响的损失,以及员工福利管理的开支。

2. 培训成本

培训成本是企业直接支出和企业损失形成的福利成本。

在激烈的市场竞争环境下,员工,特别是高学历员工把参加培训作为自己职业计划的一个重要环节,视培训为职业发展的阶梯。很多企业也已经把企业的需要和员工个人的职业发展计划结合起来安排培训,培训既是企业发展计划的一部分,也作为给予员工的一项福利设计。员工接受再培训,有在岗培训、企业内脱产培训和企业外脱产培训几种不同情况,其培训成本计算也各有不同。

(1)在岗培训成本。包括为培训而消耗的材料费用和人工费用、培训过程中因学习新技术占用时间而给生产造成的损失费用。

(2)企业内部脱产培训成本。包括培训所需聘任教师或专家工资福利费用、被培训人员工资及福利费、培训资料费、组织专设培训机构的各种管理费用,以及受培训人员的离岗损失费用等。

(3)企业外部脱产培训成本。在外部培训机构脱产培训的成本,包括培训机构收取的培训费、被培训人员工资及福利费、差旅费、资料费,以及受培训人员的离岗损失费用等。

3. 维持和维护成本

维持和维护成本是企业直接支付给员工和为员工支付的福利成本。

在正常的情况下,员工为企业贡献劳动、创造价值,企业向员工支付工资和福利,以维持劳动力的生产和再生产,作为交易或交换。企业付出劳动力的维持成本和维护成本中,各种福利开支是为获得更忠诚的员工和更高的工作效率的投入。

(1)维持成本。这是保证员工维持其劳动力生产和再生产所需的费用,主要是指支付给员工的薪酬。其中也包括各种福利费用,如住房补贴、幼托费用、生活设施支出、生活补贴支出、年终劳动分红、劳动保护费等。

(2)维护成本。也叫调剂成本,是指用于调剂员工的工作和生活节奏,帮助员工放松身心、消除疲劳的开支。这项福利投入类似对机器设备的"维修"和"保养"费用,是为延长资源使用期、提高使用效率而必需的开支。调剂成本包括员工疗养费用、娱乐及文体活动费用、业余社团开支、定期休假费用、节假日开支费用、改善企业工作环境的费用等。

4. 保障成本

保障成本是以企业直接缴费方式支出的福利成本。

为分散员工的劳动风险,企业向保险机构缴纳保险费,以保障员工在暂时或长期丧失劳动能力时的基本生活需要。其必须支付的费用,包括工伤保障、健康保障、养老保障、失业保障、生育保障等费用。

5. 员工福利计划管理成本

企业在实施员工福利计划中,为完成福利计划设计,日常福利申请、审批和给付,福利基金管理,福利运行监控,福利水平的预测,福利项目的评估调整,以及与员工的福利沟通等各个环节,需要配备管理人员和必要的办公经费。

二、员工福利效益评估

1. 提高满意度,提高工作效率

企业管理者中有一种疑惑,员工福利对企业到底有多大好处?投入的福利成本能不能得到回报?客观的回答是,有些员工福利投入在短期内很难看出效益,需要长期观察才能作出评价,有些福利投入和收益很难以准确的数字联系起来,只能大概估算。但是,肯定地说,员工福利可以带给企业相当的收益,其中有些也可以用量化指标反映,像员工满意度提高、劳动生产率提高、员工流动率降低等。

员工福利投入,可以通过满足员工需求,提高员工满意度,振奋员工士气,达到提高工作效率的效果。这方面最典型的项目,是利润分享计划和员工持股计划。

美国渴望技术公司的发展就是一个很好的例子。该公司 1996 年在发展遇到重重困难的情况下,更换主帅。新官上任即着手薪酬计划的调整。第一,建立了高管人员的管理激励计划,公司的所有董事和副总裁都参与其中;第二,公司的所有其他员工都有资格参加一个利润分享计划,该计划考核的基础和高层管理激励计划一样,也是投资回报率;第三,股票期权计划经过全面调整,只针对关键的业绩贡献者提供,主要用于留住关键人才。员工成了股东,促使他们更加努力地工作。很快薪酬调整收到了预期的结果,公司整体人才流失率从 25% 下降到 12% 多一点,稍低于劳动市场平均水平;1997 年关键人才的流失率降到 3%;1997 年第一季度,公司在连续五个季度亏损后扭亏为盈,第三季度,销售收入增长完全出乎预期,营利能力达到创纪录的水平。由于管理层和员工的不懈努力,投资回报率也不断飙升,存货得到了控制,应收账款减少了,重复性的资本支出也减少了,存货周转次数增加了,产品销售周期明显缩短。应该说,把员工个人利益与企业利益联系在一起的利润分享计划和员工持股计划,为企业重新焕发生机发挥了重要作用。

2. 吸引留住优秀员工,降低离职成本

劳动者择业会不会考虑企业的福利计划?回答是肯定的。这也应该算作员工

福利的收益之一,而且,员工福利在降低离职率方面的作用,几乎没有什么争议。在福利计划中,对服务企业时间较长的老员工给予优待,使员工在准备转换工作时必须更加慎重考虑。国外已经有研究数字表明,福利水平越高,员工流动性越低。以上渴望公司的例子也证明了这个规律,该公司整体人才流失率从25%下降到12%多一点,关键人才流失率降到3%,这其中就有员工福利的魅力。

稳定的员工队伍,有利于降低员工离职成本,包括离职补偿成本、离职低效成本、空职成本等。

(1)离职补偿成本。这是指辞退员工或员工自动辞职时应补偿给员工的费用,包括直至离职时间应付给员工的工资、一次性付给员工的离职金、必要的离职人员安置费等支出。

(2)离职低效成本。这是指由于员工离职前的工作或生产效率降低而给组织带来的损失费用。员工离职前要办理各种离职手续,移交本岗位的工作,会一定程度影响其工作进度;此外,不论是企业辞退员工,还是员工主动辞职,都会引起员工情绪的波动,使其工作效率较正常情况下低,给企业造成损失。

(3)空职成本。这是指员工离职造成企业职位空缺而导致某项工作或任务的完成情况受到影响,从而给企业带来的损失费用。主要包括由于某职位空缺而导致该职位的业绩减少、对相关职位工作业绩的影响,以及由此引发的企业整体效益降低的损失。

3. 和缓劳资关系,降低摩擦成本

员工福利计划是企业缓解劳资关系的一个手段。工资传达的是企业对员工工作能力和贡献的认可及评价,福利则传达了企业的关爱,让员工感到企业真心实意地关心他们。福利是一种沟通,有助于和缓劳资关系,可以避免或降低由于劳资关系紧张而发生的摩擦成本。企业主动提供的福利还往往使工会被动,从而使工会的影响力下降,有利于增强企业凝聚力。

有研究认为,员工在工作中的主动配合,对企业是非常宝贵的。如果企业忽略了与员工沟通,没有传达对他们的重视和尊重,员工就会以为,企业在把他们当成一部干活挣钱的机器,而心生怨气。一些著名的成功企业,正是认识到员工的这种心理需求,认识到劳资双方合作的价值,通过福利等手段平息了员工的不满,拉近了与员工的距离,避免了劳资摩擦损失。

三、员工福利成本控制

因为员工福利成本的支出越来越大,所以目前,许多企业都在考虑如何控制日

益增长的员工福利成本。以下介绍几种有效的控制方式。需要注意的是,基于成本控制的考虑,必然会对员工福利的水平、项目以及运作模式产生重要的影响。

1. 明确福利享受对象

企业实施员工福利计划的目的,是增加满意度、降低离职率、提高工作效率。福利提供给哪些人员才与制度设计的目标吻合,是企业必须考虑的,这是成本控制的第一步。

与员工福利有关的人员身份包括:在职员工、退休员工、伤残员工、全日制员工、兼职员工、分时制员工、员工家属等。这其中,哪类员工可以对应享受哪类福利项目,很值得研究。例如,退休员工可以拥有哪些福利的享受权利? 新员工和兼职员工一般不享有福利,这也是企业降低人工成本的一个措施,那么分时制员工的福利如何规定? 员工福利是否要规定起步工龄,哪些项目应该规定起步工龄? 这些都是需要研究的问题。员工福利计划应根据企业的需要和能力设计,虽然福利是以员工集体为对象,但并不等于所有的福利项目都必须覆盖所有的员工。

2. 员工分担福利支出

在员工福利管理中,会遇到这样的问题,有些福利的开支增长非常快,而且企业没有能力控制这些开支增长的速度;还有一些福利项目的成本变化难以预测,企业不能确定其费用的变化趋势。对这样的福利项目,企业在效益好的情况下,还有能力承受,如果效益平平或效益下降,支付就很艰难。为了适度控制福利成本,也避免企业日后负担不起时被迫降低福利标准引起员工不满,可以采取员工和企业共同负担福利开支的办法。有研究指出,当福利完全免费,个人不承担任何责任时,容易引起对福利的过度使用,发生浪费现象,对成本控制不利。

员工负担一些福利费用,还可以提高员工对福利的评价。很多企业对福利开支是全部承担,久而久之,员工已经视为理所当然,并且倾向于低估企业提供的福利价值。美国学者提供的一项研究结果表明,当要求员工回想他所获得的福利有哪些时,多数员工想到的福利只占他实际享有的福利的15%左右。这就大大降低了福利的效用。

3. 实行弹性福利计划

员工的福利偏好有差异,实际需要也有差异,弹性福利计划给员工以选择福利项目的权利。对于企业,可以在福利投入一定的情况下,最大限度地满足不同员工的不同需求,提高满意度。对于员工,在规定的货币额度内,自己选择福利组合,实现了个人享有的福利价值最大化。

但是,弹性福利计划的设计和管理相对复杂,会增加一些管理费用。另外,当员工有权选择福利组合时,当然会选择自己最需要和经常发生的项目,也影响到福利费用。企业在开列福利菜单时,要注重效率,"别人给什么,我也给什么"的福利设计是不可取的。应尽量与企业员工的年龄、文化、职业等相匹配,对企业支付有难度和华而不实的福利项目,或者采取分担费用的方式,或者暂时排除在外,也有助于福利成本控制。

4. 规定福利支付上限

控制福利成本的另一个措施,是对有些项目可以设置待遇支付的上限。企业应该通过一个适当的方式让员工知道,福利是有限度的。如医疗保险中的封顶线、牙科诊疗费提高自付比例或完全由个人承担、伤残保险金不超过正常收入的一定比例等。

5. 控制管理成本

成本控制是今天一个非常热门的话题。近年来,在西方国家,成本控制领域最为常用的策略恐怕要数外包法,许多公司通过雇佣外部人员来管理福利计划,这些公司认为这样的做法使得他们对成本和福利的控制更为集中、更一致、效果更好。

在成本控制方面,由本企业自行管理的福利项目,要尽可能在福利手册中详细介绍,让员工了解企业的福利计划。这既有助于福利沟通,又可以提高福利管理效率。由企业外部组织管理的福利项目,可以实行竞争性投标,选择质量价格比最优者。

本 章 小 结

　　员工福利计划包含的项目很多,如果以制度强制力为标准进行划分,可以分为法定福利和企业自主福利两大类。前者由国家立法强制实施,企业没有选择的自由,必须按有关规定执行。后者由企业根据组织的具体情况进行设计,国家通过有关法规政策给予必要的引导和支持。

　　员工自主福利设置是企业管理的理念和政策以及员工的福利需求等因素综合作用的结果,而这些因素本身又受众多方面的影响。因此,设计和管理员工福利计划要熟悉国家相关制度,研究员工福利面临的企业内部环境和企业外部环境,还要进行成本—效益分析。员工福利作为边缘薪酬,是企业薪酬的组成部分,它对货币薪酬的补充作用,对贯彻企业管理意图、支持企业战略目标的作用,反映员工福利需求的作用,都应体现在设计中。评价员工福利计划的标准,应该是合法性、有效性和成本控制等综合条件。企业的员工福利计划要兼顾各方面的要求,与企业自身情况相匹配适应,才能收到预期效果。

案例　美国 ESI 台湾分公司员工福利计划[①]

1. ESI 公司简介

电子科技工业公司（Electro Scientific Industries, ESI）为全球的电子市场供应高价值的高科技制造设备。创立于 1944 年，1959 更名为 Electro Scientific Industries，寓意 ESI 的生产线日益扩充宽广。ESI 的制造厂房设在俄勒冈州和加州，办事处遍及全球，包括北美洲、日本、欧洲、中国大陆及台湾地区、韩国以及新加坡等地。

2. ESI 的福利全方位奖励

ESI 素以提供创新的方案与卓越的服务而闻名。公司成功的关键在于他们能够吸引且保留最有才干的员工。"全方位奖励"（Total Rewards）一词就代表着薪资—福利—工作经验的最佳结合。

ESI 的"全方位奖励"方案旨在提供以下的福利：与公司的目标一致、市场上的竞争优势、员工持有公司股份、收入保障、工作弹性、工作/生活均衡。

3. ESI 的员工福利项目

ESI 特别设计了福利方案，为员工提供具全面性与竞争优势的保险计划。结合国家与当地的市场情况而定，福利可分为以下几大类：健康保险、储蓄计划、收入保障计划、请假和休假以及工作/生活平衡。每一种方案的设计都具有弹性，以便满足员工及家人的需要。

• 促进员工的健康。ESI 的健康保险计划，提供全面的医疗与牙科诊疗服务保险。医疗计划提供处方、视力以及复健治疗服务保险。牙科计划提供预防、基本以及主要齿科服务的保险。员工可以将税前薪资的一部分存入一个弹性的开支账户，支付个人与亲属额外的医疗健康开销。

• 投资员工的未来。ESI 的 401（K）退休储蓄计划提供员工投资于自己未来的管道。员工可以依照当地税收政策，选择存入最高可达其薪资（税前）的 50% 的补充养老金。对于员工存入退休储蓄计划中的每一元（上限为薪资的前 6%），ESI 相对应的存款项目则会配合存入伍角。

• 员工股票认购方案（ESPP）。提供一种通过便利的薪资扣除方式让员工认购 ESI 的股票。员工可以选择拿出其薪资支票在扣税之后的一定百分数（1%～

---

① 案例来源：www.esi.com，经作者编辑整理。

15%），通过 ESPP 认购公司股票。购买价格应为发价有效期第一个工作日或是最后一个工作日两者之中较低的股票价格的85%。

• 保障员工的收入。ESI 提供收入保障方案，协助员工及其家人在遇到伤残、死亡或严重事故时能够保障员工的生活标准。ESI 向合格的员工提供免费的伤残保险、基本寿险与意外险。员工也可以选择自行购买额外的寿险及意外险。

• 请假和休假。ESI 的请假和休假方案提供员工休假、请事假和家庭病假的弹性。新进的全职员工每年可以累积四周的弹性休假（FTO）。除了 FTO 外，员工每年还可获得三天浮动假日。

• 取得工作/生活平衡。ESI 致力于协助员工在个人、专业和家庭责任等各方面取得平衡。ESI 的工作/生活方案可以协助员工学习如何调适并享受人生。工作/生活方案包括：员工辅助方案（EAP）、教育辅助方案以及领养协助方案。ESI 也在各地的公司办事处提供现场员工托儿与餐厅服务。

附表　福利预算表

福利基金来源	费用支出项目	上年积余	本年预算	年底积余	说明和备注
55%福利提成					
20%养老基金	养老保险费、补充养老项目				
14%集体福利费	员工活动费、交通费、集体福利项目				
7.5%医疗基金	大病统筹、医疗报销、体检				
10%住房公积金					
1.5%教育费用	员工教育自助计划				
2%工会费					
工会活动项目明细					
税后利润福利基金					

使用说明：上表只是一般的福利预算模式，其中的栏目和项目可以根据企业实际情况增删，福利基金来源栏目中的百分比请根据实际修改。

来源：中华薪酬网 http://www.xinchou.com.cn。

复 习 讨 论 题

1. 我国员工福利相关法律法规包括哪几类？
2. 简单描述影响员工福利计划的企业因素。
3. 简单描述我国员工福利经费筹集的来源渠道。
4. 简单描述影响员工福利需求的因素。

第五章

员工福利计划的设计模式

【本章提要】

目前,企业对员工福利的重视程度越来越高,福利开支在整个薪酬支出中的比重也越来越大,员工福利已成为企业的一项重要制度安排。为了保证员工福利实施的效果,需要企业对员工福利作出规划和安排,这就是员工福利计划;而不同的企业,由于内、外部环境条件的不同,实施员工福利的方式和方法也不同,从而就形成了不同的员工福利计划模式。上一章节我们重点讨论了影响员工福利设置的因素,本章我们将重点讨论不同影响因素最终会产生的福利模式种类。本章的学习要点在于以下几个方面:

(1) 清楚员工福利计划的含义和内容;

(2) 了解员工福利计划模式的种类;

(3) 了解弹性福利计划的含义、特点、类型及其实施机制。

第一节 员工福利计划设计概述

通过前面几章的学习我们知道,企业向员工提供的福利是企业薪酬计划的一个重要组成部分,作为总体薪酬的一部分、间接薪酬的主要形式,员工福利在增强企业的凝聚力、保持员工队伍的稳定性等方面发挥着不可替代的作用;而且,伴随着福利管理理念的不断更新,员工福利除了继续扮演保健因素的角色外,还日益成为一种重要的激励因素,受到企业越来越多的重视。

目前,大部分的企业都为员工提供了各种各样的福利,而且福利开支在整个薪酬支出中所占的比重也越来越大。根据美国1995年的调查,有97%的大中型企业和69%的小型企业为员工提供健康保险,同时提供补充健康福利计划;还有25%~40%的企业提供视力保健计划、50%左右的企业提供医疗药品计划、55%左右的企业提供健康资助计划及保健教育计划等,大部分企业还提供了各种形式的养老保险计划。随着福利类型的增多,美国企业在1995年福利收入的比重已经占到员工总收入的41%,而在1961年,该比例还只有25.5%。每个雇员的平均福利收入,制造业为15 839美元;非制造业为14 476美元,每小时折合为七美元。其中,带薪休假和病假占10%以上,医疗及相关的福利占11%,社会保险占9%;此外,还有企业兴办的各种养老、住房和教育计划等。福利开支已成为雇员收入的一个重要组成部分,而且趋势还在上升①。

虽然员工福利在企业中已经成为一种普遍的制度安排,但是在实践中,各个企业实施员工福利的方式和方法却不尽相同,员工福利的这些不同实现形式也就形成了不同的员工福利计划模式。在介绍员工福利计划模式之前,我们首先要对员工福利计划作一简单的介绍。

一、员工福利计划的含义

员工福利计划(Employees Benefits Plan,EBP),是指企业对实施员工福利所作的规划和安排。由于福利支出在企业中已成为一项重要的开支,而且员工福利的激励作用也逐渐受到重视,因此,任何企业都不可能,也不应该盲目地实施员工福利,而是应当根据企业的情况和员工的特点来向员工提供福利,这样才能保证福利制度的持续性和有效性,员工福利计划就是达到这一目的的重要手段和有力工具。

---

① 李新建,《企业雇员薪酬福利》,经济管理出版社,1999年,第188页。

二、员工福利计划的内容

员工福利的内容可以分为法定福利和企业的自主福利,其中,企业的法定福利主要是依据国家的法律法规建立的,企业自主发挥的内容不多。员工福利计划的内容几乎不涉及企业的法定福利,而主要是针对企业的自主福利来进行计划和实施的。具体说来,员工福利计划的内容主要包括六个方面:(1)福利提供的理念;(2)福利提供的水平;(3)福利提供的项目;(4)福利的纵向结构;(5)福利享受的条件;(6)福利实施的主体。在企业的具体实践过程中,一般来说,一个相对完备的员工福利计划的制定应当主要考虑这些方面的问题,它们的相互关系和内容如图5-1所示。

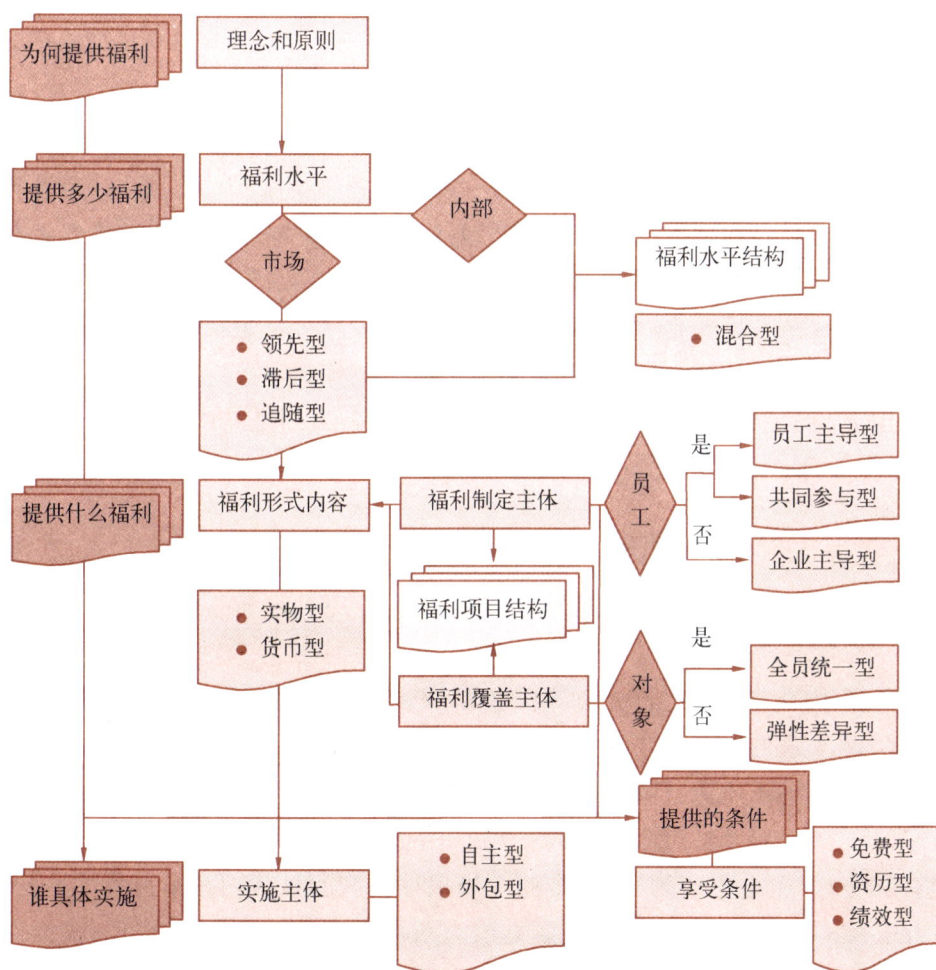

图 5-1　员工福利计划内容板块图

1. 福利提供的理念：企业为什么要向员工提供福利

也就是说，企业给员工提供福利的目的是什么？这是企业在制定员工福利计划时需要考虑的首要问题，它是福利制度制定的理念、原则和基石。

目的决定手段，企业向员工提供福利的目的不同，会导致福利计划的其他决策也不同。例如，当企业提供福利的目的是为了保障和提高员工的生活水平时，那么福利水平的确定就要依据当地的生活水平，提供的福利也要侧重于实物和服务，一般实行全员普惠式的模式；如果企业提供福利的目的是为了有效提升企业的总体业绩，那么福利项目的享受就要和员工个体的工作业绩相关联；如果企业提供福利的目的是为了保证整个薪酬水平的外部竞争性，那么福利水平就要根据市场水平来确定；如果企业提供福利的目的是为了提高员工的满意度，尊重员工的需求和权利，那么福利项目就要根据员工的福利需求来确定，在福利制定过程中也应该更多的要求员工参与，等等。

2. 福利提供的水平：企业要向员工提供多少福利

也就是说，企业提供的福利应当是什么水平的？在实践中，福利水平就体现为企业的福利开支。福利水平的确定主要包括两个层次的内容：一是确定企业整体的福利水平；二是确定员工个人的福利水平。由于福利是薪酬的重要组成部分，因此福利水平就成为反映企业薪酬水平的一个重要方面，企业就需要对自身的福利水平作出决策；此外，现在越来越多的企业在福利的实施中已经抛弃了平均主义的做法，开始实行差异化的员工福利，而福利水平的差异则是其中重要的内容，因此就有必要来确定员工个人的福利水平。

3. 福利提供的项目：企业向员工提供什么样的福利

它包括两个层面的含义，即要解决企业向员工提供福利的内容和形式分别是什么。

福利的内容直接决定着员工需求的满足程度，是员工满意度的主要影响因素。因此，企业必须要合理地确定福利的内容，这样才能保证福利实施的效果。

虽然从整体上来讲，福利实施的对象应当是企业全体员工，但是这并不是说每一项具体的福利都要针对全体员工来实施，由于不同的福利项目具有不同的特点，其适用的对象也是不同的，因此企业应当根据福利的具体内容来选择实施对象。在实践过程中，有些企业对这个问题并没有给予足够的重视，往往会出现"出力不讨好"的尴尬局面，虽然也耗费了大量的财力物力来实施员工福利，但是员工并没有感到满意。在福利内容的制定过程中，员工参与就显得至关重要，因此，立足福利内容的制定过程,我们可以将其划分为员工主导型、企业主导型和共同参与型三种。

与基本薪酬和激励薪酬不同,作为间接薪酬的福利,其发放的形式更具灵活性,并非必须以货币的形式发放给员工,还可以借助于其他的形式。福利的发放内容和发放形式往往密不可分,但是有的时候两者之间也存在一定的差异,同样是一种福利内容,其发放的形式往往有多种。因此,企业需要对福利的各种形式进行比较,从中选择最为合适的形式。

4. 福利提供的纵向结构:企业提供福利,纵向应该考虑什么差异

企业提供福利的纵向结构指的是对于不同类别的人员,他们应该采用何种福利水平以及福利内容和形式。

这本来不应该作为单独的一点,因为它是和福利个人水平以及福利的个人内容和形式结合在一起的。但是,由于在现实企业中,这个问题非常重要,所以有必要单独拿出来以示强调。

福利的纵向结构包括两个方面的问题:一个是不同类别的人员应该享有的福利水平各是什么,它的关键在于如何对人员进行分类,分类的标准是什么,为什么? 另一个是不同层级人员福利项目的内容和形式应该如何确定? 在实践中,前者往往可以根据企业的战略意图进行划分,通常结合劳动力市场的供求状况和企业内部人员价值的大小把人员分成四类,进而选择不同的薪酬水平策略;后者则可以在福利水平一定的情况下,基于员工福利需求的差异进行综合确定。需要说明的是,在福利制定过程中,制定主体的不同和覆盖主体的不同都会对其产生影响。

5. 享受福利的条件:员工应该如何做才能享受到福利计划

企业还应该考虑在什么时机向员工提供福利。即从员工的角度来看,他们为获得福利,应该付出什么努力。因此,为了增强福利的激励作用,需要对员工享受福利的资格条件作出规定,如设定工作绩效标准或在单位工作的年限等。对于管理者来说,他们需要考虑应该在什么时候向员工提供福利。因为,即便是同样水平和同样内容的福利,在不同的时间提供给员工,给员工带来的效用也是不同的,因此为了使福利的效用最大化,企业应当恰当地确定福利实施的时机,要在最合适的时间把福利提供给员工,从而充分地发挥福利对员工的激励效果。按照激励理论的观点,福利提供的时机应当遵循两个主要的原则:一是及时性的原则,要及时地把福利发放给员工;二是需要性的原则,要在员工最需要某种福利的时候给他们提供这种福利。

6. 福利实施的主体：福利计划由谁来实施

也就是说员工福利的实施主体是谁？员工福利的责任主体和实施主体是两个不同的概念，虽然员工福利的最终责任主体是企业，但是这并不意味着企业就一定要直接来向员工提供福利，它可以将具体的实施责任委托给外部的组织或机构。这两种实施方式是各有利弊的，因此需要企业综合考虑各种因素之后作出决策。

第二节　员工福利计划模式的种类

员工福利计划的模式，通俗地说，就是企业实行什么类型的员工福利计划。因为不同的企业由于所处行业不同、自身发展状况不同以及外部环境的不同而实行不同的员工福利计划。在这里要特别说明的是，和上面的员工福利计划的内容一样，这里所有的员工福利计划的模式也是排除企业的法定福利，而专门研究企业的自主福利设计的计划模式的。

由于员工福利计划的制定需要考虑的问题是多方面的，因此企业也就需要作出多方面的决策，从而就使得员工福利计划也存在着多种模式。从不同的角度出发，可以将员工福利计划划分成不同的类型。一般来说，从福利计划提供的水平维度，可以将福利计划分为市场领先型、市场跟随型和市场滞后型三种模式；从福利计划提供的形式维度，可以将福利计划分为实物型和货币型两种模式；从福利计划制定的过程中企业和员工扮演角色的维度，可以将福利计划分为企业主导型、员工主导型和共同参与型三种模式；从福利覆盖范围维度，可以将福利计划分为统一型和差异型两种模式；从福利的享受条件维度，可以将福利计划分为免费型、绩效型和资历型三种模式；从福利实施的主体维度，可以将福利计划分为自主型和外包型两种模式。下面是各种模式的具体展开。

一、员工福利计划的水平模式

通过企业所提供的员工福利水平与外部市场福利水平的比较，可以将员工福利计划划分为市场领先型、市场追随型和市场滞后型三种模式。需要强调的是，这种划分所依据的福利水平是针对企业整体的福利水平而言的。如果我们考虑到员工个人的福利水平，那么还存在着第四种模式，即混合型模式。

1. 市场领先型模式

这种模式是指企业向员工提供的福利在整体水平上高于本地区或者本行业大多数企业的水平,也就是说企业的整体福利是高于市场平均水平的。

作为薪酬的重要组成部分,较高的福利水平意味着员工能够从企业那里获得较多的经济收入,这就可以为企业人力资源管理活动的实施提供有力的支持。首先,较高的福利水平可以使企业的薪酬具有较强的竞争力,从而能够吸引大量的优秀人才,这也是企业采取市场领先型福利模式的主要目的;其次,较高的福利水平提高了员工离职的机会成本,从而可以降低员工的离职率;此外,按照赫茨伯格双因素理论的解释,传统的员工福利属于保健因素,因此较高的福利水平可以降低员工不满意的程度,这些都有利于保持员工队伍的稳定性;最后,较高的福利水平还可以使企业的福利政策保持一定的稳定性,不必经常地为员工增加福利,从而可以减少员工福利的管理成本。

虽然市场领先型的福利模式具有上述的优势,但是这种模式也存在着一定的问题,由于是按照高于市场平均的水平向员工提供福利的,因此企业的福利支出相对就比较大,这会给企业的经营带来一定的压力,尤其是在那些人工成本占企业整个成本比例较高的企业,这种压力会更加明显,如果企业无法获得足够的收入和利润,那么较高的福利水平就会成为企业的一种负担,甚至会影响到企业正常的运转。因此,这种福利模式的实施需要企业有良好的财务状况作为基础。

2. 市场追随型模式

这种模式就是指按照市场的平均水平来确定本企业的福利水平,也就是说企业向员工提供的福利在整体水平上与本地区或者本行业大多数企业的水平大致相当。这是最为常见的一种福利计划模式,在实践中,大多数企业往往都采取这种模式。

与市场领先型模式相比,市场追随型模式由于是按照市场的平均水平来提供福利的,在福利水平上并不像前者那样具有较强的外部竞争性,因此在吸引优秀人才、保持员工队伍稳定性等方面也不像前者那样具有明显的优势;而且,由于要按照市场的平均水平来提供福利,因此企业需要随时监控外部市场的福利状况,要根据市场水平的变化来及时调整自身的福利水平,这就相应地增加了福利的管理成本。但是,这种模式的实施可以使员工福利水平的决策变得相对比较简单,市场的平均水平是多少,企业的福利水平就确定为多少,这就降低了决策的难度;此外,相比领先型的模式,追随型模式也可以减少企业的福利支出,从而减轻了企业经营的压力。

3. 市场滞后型模式

这种模式是指企业以低于市场平均水平的标准来确定本企业的福利水平,也就是说企业向员工提供的福利在整体水平上低于本地区或者本行业大多数企业的水平。

虽然从成本支出的角度来看,采取市场滞后型的福利计划模式可以明显地降低企业的福利支出,从而减少企业的人工成本开支。但是这种模式的问题也是显而易见的,由于福利水平低于其他的企业,因此员工从企业获得的经济收入相对就会减少,这样企业在吸引优秀人才方面就会处于劣势;此外,较低的福利水平也不利于稳定现有的员工队伍,往往会造成较高的员工流失率。因此在具体的实践中,很少有企业会主动地采取这种福利模式,采取这种模式的企业往往是因为自身的财务状况出现了问题,没有相应的支付能力而不得不降低员工的福利水平;或者,还有些企业之所以会采取滞后型的福利模式,是因为他们在薪酬的其他方面或者在内在报酬方面进行了相应的补偿,从而使员工的整体薪酬水平或报酬水平并不低于其他企业,例如,企业通过增加基本薪酬或者激励薪酬的方式,弥补因为福利水平的降低而造成的员工经济收入的减少。但是,这里需要强调指出的是,作为间接薪酬的福利,与基本薪酬或者激励薪酬相比在对员工的激励方面的作用是不同的,福利更多地体现了企业对员工的关心,而基本薪酬或者激励薪酬更多的则是员工个人付出的回报,是企业应当支付也必须支付给员工的,因此,即便是通过提高基本薪酬或者激励薪酬使整体的薪酬水平不低于其他企业,较低的福利水平对于企业的凝聚力也是不利的。

4. 混合型模式

上面所讲的这三种福利计划模式都是建立在企业整体的福利水平基础上的,而混合型模式则不同,它考虑了员工类型的变量,是针对员工个人的福利水平而言的。这种模式是指企业基于职位对企业的价值不同,综合考虑不同的员工的市场供求关系来确定福利的结构水平,也就是说在同一个企业中各种水平的福利是同时存在的,有些员工的福利水平高于市场的平均水平,有些员工的福利水平低于市场的平均水平,还有些员工是按照市场的平均水平来享受福利的。简单地说,混合型模式就是市场领先型、市场追随型和市场滞后型这三种福利计划模式的结合。

Lepak 和 Snell(1999)依据人力资源对于企业的价值性和他们在市场上的稀缺性两个维度将组织中的人力资源划分为四种类型(如图 5-2 所示)。

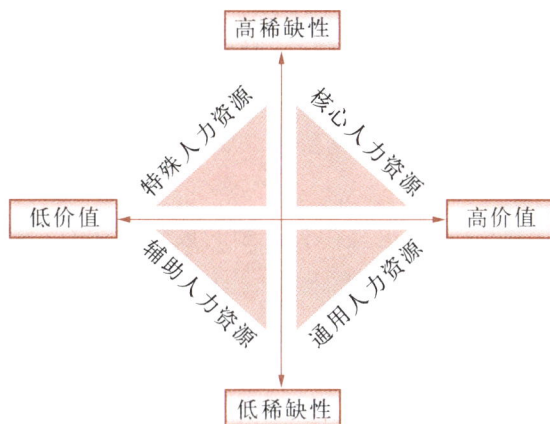

图 5-2　企业的人力资源类型示意图

　　人力资源的类型不同,则需要采用不同雇佣模式。在实践过程中,一般来说,企业对于那些核心人力资源通常会采取市场领先型的薪酬策略,给这些人员提供高于市场水平的福利,从而增强企业整体薪酬待遇的竞争力。例如,在很多企业中,高层管理人员和骨干技术人员通常都会享受到健康保险、带薪休假、股票期权等很好的福利待遇;对于通用型人力资源,企业在选用薪酬策略时,通常需要考虑自身的支付能力,往往会采取市场追随型的模式,按照市场的平均水平向这些人员提供福利,从而使自己在吸引和保留这些人员方面不处于劣势;而对于那些辅助职位的人员或者可以在劳动力市场上随时找到替代者的员工,企业一般会采取市场滞后型的模式,给这些人员提供的福利往往低于市场的平均水平,甚至将这些职位和人员进行外包,而不直接提供工资或福利;对于特殊人力资源的管理,企业往往采用合作的方式进行,如聘请咨询公司等,这时企业通常根据知识和时间支付工资,一般不提供福利。

　　混合型模式的实施,提高了员工福利政策的灵活性和针对性,一方面企业可以在劳动力市场上保持对优秀人才的吸引力和竞争力;另一方面又有助于企业合理的控制其福利成本的开支。但是,这种模式也存在着一个不容忽视的问题,由于在企业内部采取了不同的福利政策,不同的员工获得的福利水平是不一样的,这就会在一定程度上使部分员工感到不平衡,造成他们心理的失落,从而影响整个员工队伍的团结和稳定。因此在实行混合型模式的时候,一定要准确合理地确定出各种模式适用的对象,如果适用的对象发生了错误,那些员工福利政策的实施就不会达到预期的目的和效果。例如,企业向本来应该享受到高水平福利的员工提供了低于市场平均水平的福利,那么这些员工就会产生不满情绪。

　　以上我们介绍了以员工的福利水平为依据所划分的四种福利计划模式,这也是员工福利计划模式最为主要的划分方法。通过上面的内容可以看出,这四种模式的实施,都需要以确定市场平均的福利水平为前提。那么在实践中,企业是如何来获取这一信息的呢? 通常来说,企业是通过薪酬调查的方法来了解市场的福利水平的。当然,这种调查不一定要由企业亲自来实施,可以委托给专门的咨询公司进行;此外,企业也可以直接购买咨询公司的调查结果,从而掌握整个市场的福利水平状况。

在实践过程中,企业在实施这些福利计划的模式时还有一个问题需要解决,那就是要明确福利水平领先或者落后的程度,也就是说本企业的福利水平到底领先或者落后市场的平均水平多少。企业在解决这个问题时通常都借助于百分位分析的方法。

百分位分析是指企业将通过薪酬调查获得的关于福利水平的数据按照从低到高的顺序依次排列划分为 100 个组,每一组就是一个百分位,这样第 50 个百分位(亦称 50 分位)的福利水平就是市场的中间水平。理论上,当企业的福利水平所处的百分位高于 50 时,就意味着它采取了市场领先型的模式;相反,当企业的福利水平所处的百分位低于 50 时,就表示它采取了市场落后型的模式;而在实践过程中,为了便于决策,企业常常选择 25 分位作为市场的低水平代表,用 50 分位作为中间水平代表,用 75 分位作为高分位的代表(如图 5 - 3 所示)。

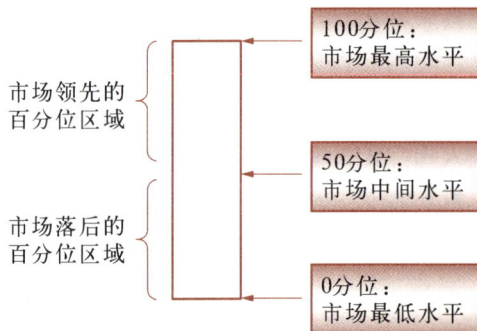

图 5 - 3 百分位分析示意图

例如,如果某家企业的福利水平处在第 80 个百分位上,那么就意味着该企业的福利水平高于市场的平均水平,有 80% 的企业的福利水平比自己的低;相反,如果某一家企业的福利水平处在第 30 个百分位上,那就表示该企业的福利水平低于市场的平均水平,只有 30% 的企业的福利水平比自己的低。这样,企业通过确定自己的福利水平所处的百分位,就可以明确地获知福利水平领先或者落后的程度。

二、员工福利计划的项目模式

按照企业给员工提供福利项目的内容和形式的不同,可以将员工福利计划划分为多种模式。其中,前面章节已经按照福利项目内容进行了划分,在这里就不再赘述。依据福利形式的不同划分,可以把员工福利的项目模式划分为实物型模式和货币型模式两种。

1. 实物型模式

这种模式是指企业主要以直接发放实物的形式或者以直接提供服务的方式来向员工提供福利。在传统的计划经济体制下,由于国家实行的是"低工资"的政策,因此国有企业采取的主要就是实物型的福利模式,以各种实物和服务的形式给员工提供福利,以保证工人正常的生活。

在实物型模式中,由于企业需要给员工发放实物或提供服务,所以对物品和服务的需求量相对就比较大,企业就可以采取团体采购的方式来集中购买,因此在价格上就比员工个人购买要具有优势,这样在同样的成本支出条件下,员工就可以享受到更多的福利待遇;或者说在同样的福利待遇条件下,企业就可以支付更少的福利成本,这可以说是实物型福利计划模式最为明显的优点。此外,由于向员工提供的是实实在在的物品和服务,因此员工的福利待遇就不会受物价水平波动的影响。但是,这种模式的实施也是存在着一些弊端的:首先,实物型模式向员工提供的福利主要是各种物品,而按照马斯洛的需求层次理论,物品对员工需求的满足主要是较低层次的生理需求和安全需求,对于更高层次的社交需求、尊重需求和自我实现需求是很难满足的,这样当员工的基本生活有所保障之后,实物型福利计划模式对员工的激励效果就会下降;其次,实物型模式的实施需要企业采购和发放大量的物品或者直接来提供服务,这无疑就增加了企业的工作量,有些企业甚至为此还需要设置专门的岗位、配备专门的人员,这样虽然降低了福利购买的成本,但是却提高了员工福利的管理成本。

2. 货币型模式

这种模式是指企业向员工提供的福利主要是以货币或者准货币的形式出现。目前在大多数外资企业中,员工福利的实施采取的主要就是这种模式,企业几乎不给员工发放什么实物,而是将员工的福利折合成货币,与基本薪酬和激励薪酬一起发放给员工;此外,这些企业还向员工提供各种准货币形式的福利,如给员工办理健康保险、建立补充养老保险制度、实施员工持股计划、推行股票期权制度等。

和实物型福利计划模式不同,在货币型模式中,由于企业不再直接向员工发放各种物品或者提供各种服务,这些物品和服务转而由员工个人去购买,这样就失去了企业集中统一采购所具有的价格优势,因此与实物型模式相比,如果企业的福利开支要想保持原有水平的话,那么员工实际享受到的福利待遇水平就要比前者有所降低;而如果要想保持员工实际的福利待遇水平不变,那么企业的福利开支相应就要比以前有所增加才行,这是货币型模式在实施过程中存在的主要问题之一;此外,即使不考虑员工实际福利待遇和员工福利支出的变化,以货币的形式来发放员工福利,也会在一定程度上改变福利原有的性质,从而削弱福利在凝聚员工队伍、建立融洽的员工关系方面的作用。例如,体育活动由员工个人自己参加和由企业出面组织,在增强企业凝聚力方面的效果就相去甚远;再比如,国内有些企业在春节前会集中给家在外地的员工购买火车票,这就比把买票的钱直接发给员工由他们自己去买更能体现企业对员工的关心;还有,由于需要员工自己去购买相应的物品和服务,因此他们实际的福利待遇水平就会受物价水平变动的影响,当企业的支付一定时,物价水平上涨,那么员工实际的福利待遇就会下降,反之,实际的福利待遇就会上升。

但是,这种模式相比实物型模式也具有明显的比较优势:首先,由于不需要企业再来直接地发放物品或者提供服务,这样就大大降低了福利管理的复杂程度,减轻了企业的管理负担,节约了管理成本;其次,在这种模式中,福利是以货币形式提供给员工的,这样他们就可以根据自身的实际情况来购买自己最需要的物品和服务,从而就能够更好地满足员工不同的需求;再次,以货币的形式来向员工提供福利,除了可以满足员工较低层次的需求之外,还可以满足他们较高层次的需求。例如,员工可以用这些资金参加各种活动,从而满足自己的社交需求;再比如,用股票期权的方式向员工提供福利,就是对他们工作成就的肯定,这样可以满足员工的尊重需求和自我实现需求。

三、员工福利计划的制定模式

根据福利计划制定过程中企业和员工所扮演的角色不同,可以将员工福利计划划分成企业主导型、员工主导型和共同参与型这三种模式①。

1. 企业主导型模式

这种模式是指在福利计划的制定过程中,企业居于绝对的主导地位,员工基本没有什么参与,也就是说福利计划所涉及的内容主要是由企业来决策的。我们可以把这种模式形象地称作是"独裁型模式",当然,这里的独裁并没有什么贬义。

这种模式的实施,其好处是非常明显的:首先,以企业为主导来制定福利计划,按照经济学中理性人的假设,其出发点肯定是保证自身利益最大化的,因此制定的

---

① 这里所讲的企业其实是指与员工相对应的企业的管理层。

计划往往最符合企业的利益,这一点对于企业来说无疑是非常重要的;其次,由于管理层对于企业的情况是最为了解的,因此由他们来制定福利计划,可以保证所作的决策比较符合企业的实际情况;再次,按照这种方式来制定福利计划,可以简化制定的过程,提高决策的效率,节约福利计划制定的成本。但是在实践中,企业主导型的模式也受到了人们的质疑,其中最大的一个问题就是,由于缺乏员工的参与,员工无法表达自己的意愿,因此制定的福利计划可能与员工的需求不太相符,特别是在"以人为本"的管理理念逐渐深入人心的背景下,这一问题就显得更为突出。

2. 员工主导型模式

与企业主导型模式不同,员工主导型模式是指在福利计划的制定过程中,员工居于绝对的主导地位,也就是说福利计划所涉及的内容主要是以员工的意见为主来进行决策的。这种模式也可以被形象地称作是"民主型模式"。

在实践中采取这种模式,对于企业和员工来说,其优点正好是企业主导型模式的缺点:首先,由于是以员工为主来制定福利计划的,因此员工就可以充分表达自己的意愿,这样福利计划就能最大限度地满足员工不同的需求;其次,按照员工的意见来对福利计划的内容进行决策,体现了企业对员工的重视,可以在一定程度上满足员工的尊重需求,这样,福利的实施就从较低的层次和较高的层次同时对员工进行了激励,从而增强了激励的效果。而这种模式的缺点则是企业主导型模式的优点:首先,以员工为主导来制定福利计划,员工考虑的往往是自己个人利益的最大化,这样对企业来说往往是不利的;其次,相比管理层,员工对企业的整体情况相对不是很了解,因此以员工为主导来制定福利计划,往往会出现福利计划不太符合企业实际的情况。

3. 共同参与型模式

由于单纯的企业主导型模式或者员工主导型模式都存在一定的问题,为了更好地发挥这两种模式的优势,同时有效地避免它们的劣势,在实践过程中又衍生出了另一种模式,即共同参与型模式,也就是说在福利计划的制定过程中,不单纯的以企业或员工为主,而是双方共同参与,一起来制定福利计划。

在实践中,这种模式的实施一般有两种方式:自上而下和自下而上。自上而下的方式是指先由企业制定出一个福利计划的草案,然后交由员工讨论,最后由企业根据员工的意见对福利计划进行修改和完善。自下而上的方式正好相反,是指由员工先进行讨论,提出自己的意见,然后再由企业进行综合平衡,制定出最终的福利计划。

由于共同参与型模式是前两种模式的结合,因此它相对是一种比较理想的模式,但是这种模式的实施产生了另外一个问题,福利计划制定的程序比较烦琐,需要企业和员工不断的沟通,因此就提高了制定的成本。

四、员工福利计划的覆盖模式

按照企业给员工提供的福利项目对象的一致性不同,员工福利计划可以划分为统一型和差异型两种模式。

1. 统一型模式

统一型模式也叫全员型模式。这种模式是指企业向员工提供的福利在内容上是一致的,也就是说所有的员工享受到的福利项目都是一样的。

这种模式的好处在于,由于所有的员工都享受一样的福利项目,因此企业制定福利计划的复杂程度就大大降低了,减少了福利计划制定的成本;此外,这种模式实施起来也相对比较简单,特别是以实物和服务的形式向员工提供福利时,实施的成本会大大降低。但是,这种模式却没有考虑到员工的需求,因此往往缺乏针对性,很难满足不同员工的不同需求,这也是统一型模式最大的问题,因此在实践中,这种模式受到了越来越多的挑战。

2. 差异型模式

这种模式是针对统一型模式存在的问题而产生的,是指企业向员工提供不同内容的福利,以满足员工不同的需求。在实践中,差异型模式的实施可以有不同的方式,而弹性福利计划就是其中最有代表性的一种,在下一节中,我们会重点介绍这种模式,因此这里就不再赘述。

五、员工福利计划的享受模式

按照员工享受福利的条件有无和种类,员工福利计划模式可以划分为免费型、绩效型和资历型三种。

1. 免费型模式

这种模式是指:不论员工的工作绩效如何或员工现在是否在岗(或者退休),只要是企业的正式员工,都可以无条件获得企业设置的福利计划。这种免费型模式其实并不是完全免费的,它是以员工对企业的贡献或是历史贡献为依据,只是在享受条件上比其他的两种显得相对比较宽松。

这种模式往往和其他的福利模式结合起来,通常也只有部分项目才能享受到这种免费。免费型模式在国有企业里比较普遍,尤其是在计划经济时代,无论是在职或者退休员工,一般情况下,几乎都能够享用年终福利。

2. 绩效型模式

这种模式是指:员工要想获得一定的福利水平或者福利项目,必须达到一定的工作绩效标准。绩效型模式将福利的有无、福利的晋升与员工的工作绩效评价结果有机地结合起来,大大地增加了福利的激励作用。例如,有些企业规定,员工年度绩效考核必须达到良好或以上时,才能获得相应的培训福利;如果员工绩效能够不断提升,他所能够享用的福利水平以及福利项目的数量、种类也将随之获得增加等。这种绩效型的福利模式极大地刺激了员工的工作动机,有助于企业绩效的整体提升。

3. 资历型模式

资历型模式和绩效型模式相似,只是它并不是以绩效为导向,而是以员工在企业里的工作时间为福利享受或晋升标准的。这种福利模式主要适用于那些强调终身雇佣的企业,也适用于企业想挽留的核心人力资源。

在这种模式下,企业将福利作为一项重要的工具,用以维护员工队伍的稳定。但是需要注意的是,这种模式必须和我们从其他角度划分的模式联合起来使用,一定要区分哪些是企业想要挽留的员工、哪些项目适合做这样的设计,以避免企业支付成本的无序提高和员工队伍的老化。

六、员工福利计划的实施模式

按照员工福利实施主体的不同,可以将员工福利计划划分成自主型和外包型这两种模式。

在前面已经指出,员工福利的责任主体和实施主体是性质完全不同的两个内容。责任主体是指员工福利的最终承担者,简单地说就是福利开支的承担者,主要涉及对企业整体福利水平的决策,因此责任主体有且只有一个,那就是员工所在的企业[①]。而实施主体则不同,它是指员工福利的直接提供者,主要涉及确定福利计

---

① 这里所指的是那些真正自主经营、自负盈亏的企业。我国计划经济体制下的国营企业严格地说并不在这个范围之内,因为它们并不是真正意义上的企业,只是国家的附属物而已,国营企业员工福利的开支实际上最终是由国家承担的,企业并不是员工福利的责任主体。

划的其他内容以及福利计划的执行落实,因此实施主体与企业并没有必然的联系,员工福利可以由企业直接来实施,也可以由企业外部的组织或机构来具体实施。这样,由于实施主体的不同,员工福利计划相应也就有所区别。

1. 自主型模式

这种模式是指由企业作为员工福利的实施主体直接来向员工提供各种福利,也就是说员工福利的责任主体和实施主体是一致的,都是员工所在的企业。

采取自主型的员工福利计划模式,主要有以下几个方面的优点:首先,由于责任主体和实施主体是统一的,企业既负责制定福利计划,同时又负责实施这些计划,这样就减少了福利计划从制定到执行的中间环节,从而可以有效地避免实施过程中出现偏差,保证了福利计划执行的有效性;其次,由于实施主体是企业本身,它对自身的情况是最为了解的,因此制定的福利计划也会比较适合企业的实际,从而就提高了福利计划的针对性;再次,由企业直接来实施员工福利,那么它对福利计划实施的控制程度相对就比较高,这样当外部环境条件发生变化时,企业就能够迅速地对福利的实施作出相应的调整,从而保证了福利计划实施的灵活性。

当然,这种模式的实施不可避免地也存在一些问题。对于企业来说,员工福利责任主体和实施主体的一致虽然保证了福利计划执行的有效性,但是由于要由企业来实施这些计划,因此就增加了企业的工作量,加重了企业的管理负担;同时,由于员工福利的具体实施活动大部分都是一些事务性的工作,需要投入大量的时间但是本身的价值又不大,因此由企业作为实施主体就会影响其正常的生产经营活动。在分析国有企业效率低下时所讲的"企业办社会"现象其实就是这个问题的反映,由于员工福利的具体实施活动要由企业来承担,这就增加了企业不必要的负担,从而在一定程度上降低了企业的效率。对于整个社会而言,这种模式的实施也会造成社会资源的一定浪费,很多员工福利的项目,特别是一些服务性的福利设施,如大多数传统国有企业中通常都有的职工浴室,由单个的企业举办往往就会失去其应有的规模效应或者无法充分地加以利用,无论从企业的角度还是从社会的角度来看,这都是一种资源的浪费;同时,由企业来具体的实施员工福利,那么每个企业都需要配备相应的人员甚至设置相应的部门,例如,在我国的国家机关和事业单位中,几乎都设置有专门管理退休人员的机构,从社会的角度来看,这就是一种重复的设置,是对社会资源的浪费。目前,在我国的社会保险制度改革中提出的社会化管理的原则,在一定意义上就是要解决上述问题,将企业从繁杂的福利事务管理中解脱出来,使它们可以摆脱包袱,轻装上阵,集中精力进行正常的生产经营;同时,由社会机构集中统一地来进行社会保险事务的管理,也可以提高效率,充分利用资源。

2. 外包型模式

这种模式是指企业将员工福利的实施责任全部或者部分地委托给外部的组织或机构,由这些机构或组织作为员工福利的实施主体或者部分的实施主体来进行具体的实施,也就是说员工福利的责任主体和实施主体是分离的,责任主体仍然是企业,但是实施主体却不再是或者不完全是企业,而是外部的组织或机构或者有它们的参与。在我国的企业中,这种模式以前几乎是没有的,但是现在,随着专业人事代理公司的出现和发展,外包型模式的应用越来越多,很多企业都将员工福利的事务或多或少地对外进行委托①。

由上面的解释可以看出,员工福利的实施责任向外委托的程度是可以有所不同的,既可以是全部委托,也可以是部分委托,据此,外包型模式又可以区分为部分外包和全部外包这两种形式。

（1）部分外包型模式。这种模式是指企业只是将实施责任的一部分委托给外部的机构或组织,而企业本身还要承担一定的实施责任,也就是说员工福利的实施是由企业和外部的机构或组织共同完成的。在实践中,企业采取这种模式时,通常是把福利计划的具体执行责任委托给外部的机构或组织,而由自己来承担福利计划的制定责任。

在部分外包的模式中,由于还是由企业自己来制定福利计划的,因此就继续保持着自主型模式中福利计划具有针对性的优点;同时,由于将具体的执行活动剥离出了企业,由外部的机构或组织来承担,这样又在一定程度上避免了自主型模式所存在的问题,对于企业来说,可以摆脱烦琐的事务性活动,集中精力进行生产经营,对于社会而言,整合了资源,避免了浪费,提高了效率。但是,这种模式的实施却丧失了自主型模式所具有的其他两个优点:首先,福利计划是由企业来制定的,而具体的执行则由外部的机构或组织来完成,在福利计划的制定和执行相分离的情况下,如果企业不能很好地监控执行过程的话,那么在实施过程中难免就会出现偏差,从而影响到福利计划执行的有效性;如果企业想要保证福利计划的有效执行,那么就需要加强监控,这样实施的责任虽然减少了,但是监督的责任却又增加了。其次,由于福利计划是由外部的机构或组织来完成的,这样企业就不能随便地对实施过程进行调整,从而就在一定程度上失去了福利计划实施的灵活性。

（2）全部外包型模式。这种模式则是指企业将全部的实施责任都委托给了外部的机构或组织,自己不再承担员工福利的实施活动,也就是说企业只负责确定整

---

① 在实践中,企业不仅会把员工福利委托给专业的人事代理公司来做,而且还会把人力资源管理的其他一些事务性工作,如档案管理,甚至部分的职能性工作,如招聘录用、员工培训等都外包出去。

体的福利水平,福利计划其他内容的确定和执行都交给外部的机构或组织来完成。

　　和部分外包型模式一样,全部外包型模式的实施同样可以避免自主型模式所存在的问题,由于这些内容在前面已经作了详细的说明,这里就不再赘述;此外,全部外包型模式还有另外一个优点,由于企业所委托的这些机构或组织大多都是专门从事员工福利管理的,因此它们具有更加丰富的知识和更加娴熟的经验,相比企业自己来制定福利计划,由这些机构或组织来完成,其专业化程度会更高,福利计划也会更加科学。目前,国内很多企业都在聘请外部的管理顾问公司来帮助设计本企业的薪资福利制度,其中很重要的一个原因就是因为这些公司具有专业的知识和经验。全部外包型模式的问题和部分外包型模式类似,也丧失了福利计划执行的有效性和福利计划实施的灵活性;此外,这种模式还存在另外一个问题,虽然福利计划由外部的机构或组织来制定可以提高它的科学性,但是由于对企业的情况不太了解,因此会影响到福利计划的针对性,为了使福利计划更符合企业的实际,在制定过程中,企业就需要向这些机构或组织介绍企业的情况,与它们进行不断的沟通,这又从另外一个方面增加了企业的工作量。

　　以上我们介绍了员工福利计划的几种模式,需要强调的是,这些模式的划分都是从某一个角度出发进行的。在实践中,企业的福利计划一般不可能只采用一种模式,往往是几种模式的综合,如采取实物型的部分外包模式、市场领先的货币型模式等。

第三节　弹性福利计划

　　传统上,企业向员工提供的福利大多都是固定的,向所有的员工提供同样的福利内容。但是员工的实际需求其实并不都完全一样,因此统一型的福利计划模式往往无法满足员工多样化的需求,从而削弱了福利实施的效果。从20世纪70年代开始,在西方发达国家的一些企业中,如 TRW 系统和能源集团（TRW System and Energy Group）、教育考试服务局（Education Testing Service）、美国罐装食品公司（American Can）等,开始针对员工不同的需求提供不同的福利内容,弹性福利模式逐渐兴起并成为福利管理发展的一个趋势。有调查表明,在1987年有22%的大公司采用了弹性福利计划,从1987—1988年,采用这一模式的大公司数量增加至原来的两倍[1]。而根据哈维协会的一项调查,在1980年时仅有八家公司采用正规的弹

---

[1]　中国企业国际化课题组,《企业人力资源国际化管理模式》,中国财政经济出版社,2002年,第170页。

性福利计划，到 1988 年实行此制度的公司已达 800 家，而且这一数量还在继续增加①。

一、弹性福利计划的含义和特点

1. 弹性福利计划的含义

DeCeno 和 Holoviak（1990）认为，弹性福利制度是员工可以从组织所提供的一份福利菜单（Menu）中，在一定的金额限制内，自由选择符合自己需求的福利项目。Byads 和 Rue（1991）指出：弹性福利制度又称自助餐式的福利计划（Cafeteria Plans Benefits），因为它提供了一份福利项目的菜单（Menu）给员工选择。每一个弹性福利制度所提供的选项都不一样，例如，有些计划限制员工只能选择几种保险项目，如寿险和健康保险，而另一个计划则可能允许员工有较大范围的备选项目。Duggan（1992）则将弹性福利制度界定为：是一种福利管理的方法，员工可以依照他们的需求和偏好来组合他们的福利，而且每一个员工都可以参与福利选择的过程。

综合以上理论界和实践界的见解，我们可以探索性地得出关于弹性福利计划的一个定义，即弹性福利计划，也叫做自选性福利计划，是指员工可以根据自己的需要，从那些有雇主参与的不同类型和水平的福利项目中进行选择，从而建立自己的一揽子福利计划。从定义中可以得知，弹性福利制度是一种有别于传统固定式福利而发展出的新型福利制度，虽然它和固定式福利一样都是由许多不同种类的福利项目组成，但是弹性福利制度强调让员工依照自己的需求，从公司所提供的福利项目中来选择或组合属于自己的一份福利套餐，它是由员工自行选择福利项目的福利计划模式。因此，即使在同一公司的同一部门中，每一个员工都可能有自己专属的福利组合。同时，弹性福利制度也非常强调员工参与的过程。为了更进一步了解员工的需求，公司通常会成立一个由福利部门及员工代表所组成的项目小组，希望借员工的参与来知道员工真正的需求，企图规划出员工认为最需要的福利制度。然而，我们应该注意到，弹性福利计划虽然允许员工自主选择自己需要的福利项目，但是并不意味着员工的选择是完全自由的，有一些福利项目是必选项，如法定的社会保险；此外，企业还会根据员工的工资、工作年限等因素来设定每一个员工所拥有的福利限额，同时福利清单所列出的福利项目都会附一个金额，员工只能在自己的限额内购买喜欢的福利。

---

① 欧明臣，"自助餐式的企业福利——弹性福利制"，《中国人力资源开发》，2003 年第 7 期。

2. 弹性福利计划的特点

弹性福利计划作为一种新型的福利计划,是有着不同于传统福利计划的特殊性的,其特点主要表现在以下四个方面。

(1) 福利内容多样性。

弹性福利计划的内容多样,不仅包括医疗支出福利、伤残福利、意外死亡抚恤、休假、家属护理援助,而且包括奖学金、研究基金、交通补助、教育资助、免费服务、员工折扣和附加福利。不仅如此,在套餐式的福利计划中,还包括各种福利项目的组合,这些不同的组合更增加了福利计划的多样性。图 5-4 是美国普遍自选计划中的福利内容,从中可以看出福利计划内容多样。

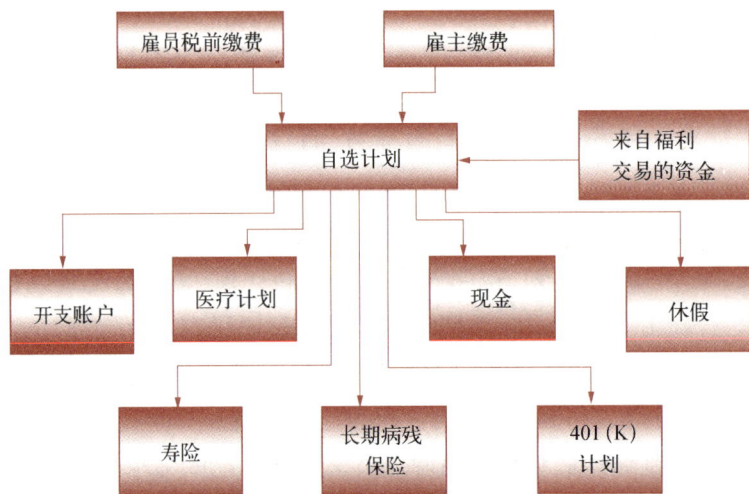

图 5-4　普遍自选计划

资料来源: 杰尔·S·罗森布鲁姆编著,杨燕绥等译,《员工福利手册》,清华大学出版社,2007 年,第 611 页。

(2) 选择性。

弹性福利计划最显著的特点就是弹性,即选择性。弹性福利计划非常注重员工自我选择的权利。无论其中的何种项目都会让员工拥有一定的福利选择权。可以说,弹性福利计划很好地印证了人力资源管理中日益重要的"以人为本"的管理理念。在员工流动性日益加大的今天,弹性福利计划通过选择性体现出来的尊重员工的理念,对于企业留住核心员工,具有重要意义。

由于增加员工的选择权,所以弹性福利计划便增加了福利的针对性。当员工需要发生变化时,员工可以随之改变他们的福利选择项目。例如,对于一名孩子渐渐长大的母亲来说,由于她的生活压力变小,年龄增大,所以她的生活方面的需求会逐步降低,但是健康保障的需求则会增加。通过弹性福利计划,她可以灵活地降低自己的家庭福利项目,替之以医疗保险福利项目。因此,企业在实施弹性福利计划后,往往能够显著地提升员工的工作满意度,同时,也避免自己"吃力不讨好现象"的发生。

（3）激励性。

弹性福利计划的激励性体现在员工选择福利的水平和项目往往和他们的工作业绩相挂钩这一点上。正如前文所述,员工的福利选择度,即其能够享受的福利水平和福利项目的种类、数量通常要和员工的工作业绩挂钩。只有当员工的工作业绩达到某一个标准时,他们才会拥有百分之百,甚至额外的福利选择权。因此,为了获得更加优厚的福利待遇或是增加福利的选择范围,员工就需要付出更多的努力,取得更好的工作业绩。这样,原本作为保健因素出现的福利计划便带上了激励的成分。

（4）经济性。

弹性福利计划的经济性主要表现在企业可以根据不同的员工设置不同的福利项目和计划,从而减少福利资源的浪费。具体地说,在以前传统的福利计划中,企业提供的一个福利项目往往要覆盖所有员工,而不管员工是不是真正的需要这项福利措施,这样一方面增加了企业的成本,另一方面使得企业忽略了每个员工的具体需求,影响员工的满意度。弹性福利计划的实行,可以很好地解决这样的问题,虽然相比传统福利计划,弹性福利计划提供了更多的福利项目,但是因其具有的选择性,可以让员工自由选择所需的福利项目,这样每项计划使用的员工很少,一定程度上节约了企业的福利成本;另外,还可以体现企业对员工的关心。

二、弹性福利制度的产生背景

当代的管理学理论的权变理论认为管理是因人、因时、因地而制宜,按照情境不同而采用不同的管理技巧（Duham & Pierce,1989）。员工福利的设计必须按照员工不同的需要而设计不同的员工福利方案,这就是权变理论下的最好解释。

在20世纪70年代的美国,大多数的雇主对于福利的认识,都停留在它只是一种边缘薪酬（Fringe Benefits）的观念,因为福利的主要功用是补偿直接待遇的不足。不过受到社会压力、税收优惠、员工本身的兴趣、团体参与的盛行、雇主的恩惠以及保障员工的经济安全和工会压力等因素的影响,其重要性与日俱增（Bergmann *et al.*,1994）。根据统计数据显示,美国员工福利支出占薪资总额的比例已由1959年的24.7%,增加到目前的39.6%（M. B. Tremblay, D. B. Sire & A. Pelchat,1998）。福利成本的骤增,凸显出福利已不容忽视,且福利成本的不断上扬,反而使人力资源专家不得不绞尽脑汁研究如何抑制福利的支出。

除此之外,人口统计因素和社会环境的变迁,也促使很多组织重新考虑是否应该设计新的福利制度。人口统计的数据可以发现,员工对福利的需求明显发生了巨大的变化,而员工福利制度无法配合人口统计变量的改变来调整福利措施,这已经成为员工对福利不满的主要原因(Milkovich & Boudereau,1991)。例如,美国的女性大量就业使传统福利制度受到质疑,因为就业的夫妻双方均享有相似的福利,他们认为这样会是浪费;而国内就业人口的高龄化则呼唤健康保险类福利的增加等。

1986年,美国的刘易斯协会(Louis Harris Association)曾对实行弹性福利制度的公司做了一项调查,发现这些公司之所以实施弹性福利制度,主要原因包括以下几点(Baker,1988):

(1) 控制激增的福利成本(40%);

(2) 迎合员工的需求(27%);

(3) 增进员工的工作满足度(17%);

(4) 提升员工的士气和忠诚度(16%);

(5) 使员工能充分了解实际的福利成本(14%);

(6) 加强员工的福利(11%)。

从上述的调查结果得知,控制成本和满足需求是企业实行弹性福利制度的最重要理由,除此之外,由于人口统计因素的改变和社会环境的变迁,也是实行弹性福利制度的主要原因。

三、实行弹性福利计划的理论解释

传统的固定福利制度假定所有员工的需求都一样,而弹性福利制度则强调每一个员工的需求都不一致。因此,弹性福利制度比较符合期望理论(Expectancy Theory)的主张(Robbins,1993)。此外,Locke的差距理论也可以说明弹性福利制度为什么普遍受到大家的欢迎。

1. 期望理论

期望理论是员工激励理论的一种。它认为员工的决策取决于以下三个方面:价值、绩效获奖估计和期望。所谓价值指的是员工对奖励价值的评价;绩效获奖估计指的是高工作绩效得到奖励的可能性;而期望指的是员工对自己尽到努力就能够获得良好工作绩效的信心。于是,相信自己的努力能够带来出色的工作绩效、并预计其成就可以获得重大奖励的员工会提高自己的工作积极性,并在获得与他们的期望相吻合的奖励后继续保持这种积极性。

由此,我们发现如果员工认为他再怎么努力,也得不到什么好成绩;或者是即使有好成绩也不会得到公司的任何奖励,那么他的工作动机将难以提升。此外,员工对奖励的偏好(即期望),也会影响他的工作动机。Lawer(1973)发现:组织往往对表现优异的员工提供奖励，但是如果该项奖励不受员工的喜好，那么，激励员工的意图仍是徒劳无功的。

那么，如果将员工福利视为公司所提供的工作报酬，由于弹性福利制度准许员工自由选择他所偏好的福利项目，因此依照期望理论的看法，弹性福利制度增加了员工对获得组织奖励的估计和价值，也就是说，奖励的行为能够与员工的绩效结果紧密挂钩，同时，也符合员工的价值认可，因此它会激励员工的行为。

2. 差距理论

Locke 认为员工对于他的工作是否感到满意，取决于他对工作的认知。如果他认为自己从组织中实际所获得的和希望获得的（如工作量、报酬、地位）完全没有差距，那么他就会有较高的工作满意度。实际所获得的和希望获得的差距可能有下列四种情形（陈义胜，1984）：

（1）两者差距为零，员工会感到稍微的满足。

（2）如果实际所获得的大于希望获得的，且超出的部分（如额外的津贴）对其有利，则员工会有更高的满足。

（3）如果实际所获得的大于希望获得的，但超出的部分对其不利（如额外的工作量或工作时间），则员工将会不满意。

（4）如果实际所获得的小于希望获得的，且短缺部分是员工所偏爱的事物，则其将产生不满足感，而且差距愈大，愈不满足。

由于弹性福利制度强调参与和自由选择，因此，所规划出来的福利措施将较符合大多数员工的需要，加上员工可以从福利清单中依所需自由挑选、搭配福利项目，所以理论上每一员工个人专属的福利都是最符合其需求的项目。依照差距理论的看法，其实际所获得的和希望获得的差距势必将变小，甚至趋近为零。在此情形之下，员工将有高度的工作满足度，其工作动机亦可维持一定的水平。

四、弹性福利计划的类型

在实践过程中，弹性福利计划主要有以下几种类型，企业可以根据自己的实际情况和不同需要加以选择。

1. 附加型弹性福利

这是最为普遍的一种弹性福利计划，就是指在现有的福利计划之外，再提供一些福利项目或提高原有的福利水准，由员工选择。例如，原来的福利计划包括房屋津贴、交通补助、免费午餐等，实行附加型弹性福利后，可以在执行上述福利的基础上,额外提供附加福利,如补充养老保险、补充医疗保险等。员工要根据自己分配到的限额去认购所需要的额外福利;有些公司甚至还规定,员工如果未用完自己的限额,余额可折发现金,不过要和其他所得合并,而且还要缴纳所得税;此外,如果员工购买的额外福利超过了限额,也可以从自己的税前工资中扣抵。

这种类型的优点是增加了员工选择范围,进而充分满足了员工的需求;缺点是因为选择增多,导致操作复杂,且成本将比以前有较大增加。

2. 核心加选择型弹性福利

核心加选择型弹性福利就是由核心福利项目和选择福利项目组成福利计划。核心福利是所有员工都享有的基本福利,不能随意选择;选择福利项目包括所有可以自由选择的项目,并附有购买价格,每个员工都有一个福利限额,如果总值超过了所拥有的限额,差额就要折为现金由员工支付。福利限额一般是未实施弹性福利时所享有的福利水平。

核心加选择型弹性福利计划和附加型弹性福利计划最大的不同在于核心福利部分,后者的核心福利完全取自原来的福利项目,附加的项目则是新增的;而前者等于是重新设计了一套福利制度,如果公司以前就有福利制度的话,那么在新制度中要全部重新调整,以决定新的福利计划要包括哪些项目以及哪些项目属于核心部分、哪些项目属于选择部分。

这种类型的优点是可避免员工作出不适当的选择而造成自身利益受损;缺点是弹性选择的范围比单纯附加型小。

3. 灵活开支账户式福利

灵活账户是指员工每年可以从其税前收入中拨出一定数额的款项作为自己的"支用账户",并以此账户去选购各种福利项目的福利计划。由于拨入该账户的金额不必缴所得税,因此对员工具有吸引力;为了保证"专款专用",一般都规定账户中的金额如果本年度没有用完,不能在来年使用,也不能以现金形式发放,而且已经确定的认购福利款项也不得挪作他用。

这种类型的优点是账户内的钱免缴税,相对等于增加净收入;缺点是由于每位员工的支用账户需要随时输入数据,导致操作手续烦琐,增加了管理成本。

4. 套餐式福利计划

在套餐式福利计划中,员工可以在许多事先安排的福利计划包中进行选择。通常至少有一个福利包是可以免费获得的,如果员工选择了价值更高的福利包,员工应该为此付费。

　　福利包的项目有些是免费的,有些是要支付一定的费用的,有些则是负支付。负支付意味着选择它的员工可以获得现金补偿。福利包收费取决于两个因素:(1)福利选择是否包括家属医疗保险;(2)是否可以选择健康维护组织和优先医疗服务组织①。

　　这种类型的优点在于,相对于核心—附加计划,逆向选择在套餐式计划中更容易控制,同时套餐式计划更易于沟通;缺点是管理比较繁杂。

五、弹性福利计划的设计和实施

　　弹性福利计划的设计和实施是主体内容,涉及很多技术性的因素,下面分别介绍一下弹性福利计划的设计原则、实施机制和一种新的弹性福利计划的实施方式——点数化福利计划。

1. 弹性福利计划的设计原则

　　(1)物质奖励和非物质激励相结合。企业提供的福利项目不能只有物质的奖励或者只有非物质的激励,这样的组合激励性不高,而且会加重企业的成本。物质与非物质激励的组合,一方面可以保证员工的基本物质需求,还可以满足员工精神需求,提高福利计划的价值。

　　(2)明晰各种奖励之间的关系。例如,一笔100元的奖金等价于一天额外休假或两次双人晚餐或一个为期两天的培训等。这里重要的是将估算价格当作管理成本。

　　(3)激励内容应根据员工的需求进行调整,这可以通过员工调查来了解。员工也可以随时对新的福利种类提出建议,只要是合理的都应得到重视。

　　(4)弹性福利计划赋予员工选择权的适度性。在实际实施弹性福利计划的过程中,需要注意的一点就是,企业往往不能给予在法律允许范围内员工所能拥有的最大限度的自主选择权。这是因为,一方面,这种做法会因为个别员工的特殊福利要求而大大提高公司的福利成本;另一方面,如果某一员工在其职业生涯的早期阶段作出了一个并不明智的福利选择,到后来才发现这一选择其实是一种错误,到那个时候,企业赋予员工的这种自由度很大的选择权反而会招致员工的怨恨。因此,在实施“自助餐式福利计划”的时候,除了国家法律规定的必选福利项目外,企业还应该限定某个员工必须选择的一些福利项目。在这个基础上,员工才可以作出进一步的福利选择。另外,为了保证福利计划的总成本不超出预算,在提供弹性福利计划之前,还需要进行组织内部的福利调查,给出员工一系列可供选择的福利项

---

　　①　肇越、杨燕绥、丁小东,《员工福利与退休计划》,中信出版社,第244页。

目,让他们确定自己的福利组合,组织不会提供那些只有少数人选择的福利项目。

2. 弹性福利计划实施的机制①

弹性福利计划的实施,一般来说要具有以下四个方面的机制,这样才能保证方案的有效。

(1)购买力确定机制。

这里所说的购买力,不是货币购买力,而是一种点数购买力,它是一种虚拟信用形式。具体说来,就是通过资历审查、绩效考核等手段,确定一定的标准,评定出员工的购买点数。它具有类似货币的购买力性质,可以购买福利。这种点数具有公司信用,可作为公司范围内的交换媒介。实施这一过程需要将点数和物品价值联系起来。福利是有价的,需要计入公司的人工成本。配置员工购买点数的时候,需要考虑这些点数的现实价值。一般说来,福利点数的价值应当与以前未采用这种方法时配发的福利品的价值一致。

(2)福利物品定价机制。

福利物品的定价需要根据物品的现实价格,再折算成相应的点数作为价格。说到定价,首先得有一个基准货币单位,即一个点数相当于多少现实货币。为简便起见,通常规定一个点数对应一元钱,这样在确定基准货币单位之后就可以对福利物品进行定价了,这只是对某些可衡量的实物或服务的定价,对于那些不能用货币衡量的物品,如带薪假期,则需要根据一定的标准折算成现值进行定价。比如,对带薪假期的衡量,可以用它在这期间的工资额加上因不工作造成的损失定价。

(3)配置机制。

当员工手中有了“货币”——福利点数,而福利物品(包括服务在内)也一一定价完毕之后,就可以进行交易了。公司首先向广大员工公布福利物品的种类及价格,由广大员工进行挑选,然后再按照员工选择的状况向他们提供相应的福利。选购的过程并不是当时现买现付,而是做预先的登记,隔一段时间之后再提供给他们物品。

在这一过程中,将不可避免地发生员工购买力不足和员工“储蓄”的情况。员工购买力不足是指员工本身所积累的点数不足以购买福利物品;员工“储蓄”是指员工暂时不购买,而把点数储存起来以备下次购买。对于员工购买力不足的情况,公司可以考虑实行分期付款的方法,实行预支。预支这种做法将不可避免地占用公司大笔资金,在实施的时候应当采取各种会计方法,对其加以管理,以减少损失。但是预支的优点也是显而易见的,它可以使员工长期地为公司工作,保持持久的忠诚。对于员工的“储蓄”行为,公司应当参照现实的银行储蓄利率,对员工的储蓄点数支付

---

① 这部分内容主要参考了孙海法,《现代企业人力资源管理》,中山大学出版社,2002 年,第267—268 页。

当期利息。员工没有消费他的当期福利物品,实际上为公司节约了一笔购买物品的费用,公司可以将这笔费用用作其他用途,因此公司需要支付相应的利息。

（4）约束协调机制。

约束协调机制主要是针对配置过程中发生的各种意外纠纷等特殊情况采取的处理措施,如员工跳槽时的福利点数处理、公司信用危机时的福利点数的处理等。

3. 点数化的弹性福利计划的实施[①]

下面简单介绍一下目前日益流行的一种新的弹性福利计划的实施方式——点数化弹性福利计划。点数化弹性福利计划方案的优点在于不但推进福利制度改革的进程,消除传统福利制度的弊端,而且还行之有效地克服了弹性福利计划在实施过程中所产生的诸多问题,同时,又进一步凸显了弹性福利制度的优势。点数化弹性福利计划的实施主要有以下几个步骤。

（1）确定可以点数化的福利项目类型。

并不是所有的福利项目都可以点数化处理的。首先要分析福利项目的类型。按照常规的划分方法,福利通常包括强制性福利与自主性福利,其中的具体内容见表5-1。

表5-1　弹性福利内容表

	福利项目	内　　　　　容	备　　　注
弹性福利	核心福利	法定养老保险、法定医疗保险、工伤保险、失业保险、法定假期、病假、事假、特殊假期(婚丧假、探亲假等)	所有员工都要享受的基本福利
	弹性选择福利	人寿保险、健康检查、工作餐、带薪培训或教育补助、节假日礼物或优惠实物分配、娱乐或体育活动、职工个人财产保险、带薪假期、职工住房或住房补贴、交通补贴、员工旅游或提供疗养机会、本企业股份股票或股权优先权、企业幼儿园或家庭保姆、家庭特困补助、视力保险、牙科保险、健身房等	福利种类不同、福利层次不同,需要根据企业的支付能力和员工喜好设立

（2）展开福利调查,了解员工福利需求[②]。

如前所述,企业设计福利制度最根本的是要从员工需求出发来确定企业应提供的福利项目,这也是以人为本的管理理念在福利制度设计中的又一体现。因此,在进行福利设计之前,需要充分了解员工的个性化福利需求。

调查可以采用问卷或访谈的方式,其中,问卷调查的特点是比较经济,如时间持续较短、信息搜集较全面;访谈调查则可能了解的信息更为深入,也利于向员工宣传解释福利制度。

---

① 此部分参考了解进强、史春祥,《薪酬管理实务》,机械工业出版社,2008 年。
② 问卷示例请参见本章末的附录。

（3）企业对员工福利需求的审核确认。

通过上一个调查环节，福利计划制定者基本掌握了员工的需求，但是为了控制福利成本，节约不必要的开支，企业管理者还需要对员工提出的福利菜单进行筛选，如确定企业可以负担得起的福利项目等。

在确定弹性福利项目菜单过程中，企业管理者需要注意的问题是：由于企业发展阶段不同、层次不一、需求多样，在确定员工福利需求、制定福利菜单时，要根据员工层次进行福利项目确定。举例说明，一家公司共 50 人，其中 25～30 岁的员工 15 人，31～45 岁的员工 25 人，40 岁以上的员工 10 人，这三个年龄段的员工占全部员工的比例分别为：30%、50%、20%；所以在确定福利项目的时候就要保障此三个年龄段的员工所选择的福利项目占总福利项目的比例分别为：30%、50% 和 20%。

（4）福利项目定价。

在进行了上面三个步骤的操作之后，下面进入点数化福利制度设计的关键环节——给福利项目定价，也就是福利项目点数化。

福利项目的定价需要根据其在市场上的现实价格，考虑折扣、优惠等因素，再折算成相应的福利点数。对于不能用货币进行衡量的福利项目，如带薪休假等，可以用它在这段时间的工资额加上因不能工作造成的误工损失，折算成现值进行定价。具体的计算公式为：

某福利项目的点数价格 = 该福利项目的市场价格 ÷ 公司福利点数的单价。

（5）员工点数购买力的确定。

这里所说的购买力不是货币购买力，而是一种虚拟购买力，是一种虚拟信用形式[1]。只要能吸引、保留、激励员工的项目都可以设定福利点数。一般来说，点数购买力确定的依据主要有两方面：一方面是员工的资历，包括员工的工作年限、职务安排、职责大小、学历等。另一方面是绩效考核结果，是对员工完成工作任务情况的一个评价，比资历更具灵活性，主要包括完成工作情况、态度、任务重要性、能力等。实际确定时，应加大主观能动性的权重，从而更好地实现福利的激励功能。实际操作时，方式有很多种，比如，企业在薪酬制度上采用岗位薪点工资制度，其点数也可用来确定福利购买力；还有将员工的福利等级与员工的薪酬等级相对应，员工所获得的标准福利点数就是其标准薪酬的一定百分比的对应值，该百分比沿用上年度水平。员工实际可获得的福利点数是标准福利点数、企业上年度的经营业绩、员工上年度绩效考核三者的乘积，其公式可以表示为：

标准福利点数 = 标准薪酬 × R

员工当年可获得的福利点数 = 标准福利点数 × P × (L/12) × K

---

①　参见张晋云，"点数化的弹性福利计划"，《经营管理者》，2005 年第 9 期。

式中：R——标准福利占薪酬的百分比；

　　　P——员工上年度考核浮动系数；

　　　L——当年服务月份；

　　　K——年度经营业绩浮动系数。

（6）员工自主选择福利组合。

当福利项目点数和员工购买力点数都确定后，员工就可以进行福利选购了。其过程不是当时的现收现付，而是预先登记，为实际支付提供准备期。企业可以根据员工的选择进行组合，在一定程度上也可以降低福利购买成本。

（7）人力资源部门进行协调、管理、反馈和沟通。

在推行弹性福利计划的过程中，可能会面临一些具体的问题。因此，企业人力资源部门要注意在此过程中加强与员工的协调、反馈和沟通，随时处理和解决可能出现的道德问题，如明确对员工离职时的福利点数如何处理、调查员工对所选择的福利项目是否满意等。

下面用一个案例来展现点数化弹性福利计划的实施过程①。

假设张博是某公司的工程师，标准薪酬为 3 100 元/月，2008 年福利费用与工资之比为 11.5%。那么，该工程师的标准福利点数为 4 278（3 100 × 12 × 11.5%）点，若该员工 2008 年度业绩考核总分为 14 分，所对应的考核浮动系数为 1.0，单位经营浮动系数也为 1.0，则该员工 2005 年度福利点数为：

$$W = 标准福利点数 × P × (L/12) × K$$

$$= 4\,278 × 1.0 × (12/12) × 1.0 = 4\,278$$

该员工据此选择福利项目如表 5－2 所示。

表5－2　个人福利单示例

姓名：张博	职务：工程师	薪酬等级：B－5	标准薪酬：RMB3 100
1. 固定福利			
项　　　目	个 人 支 付		单 位 支 付
1. 社会养老保险	184		322
2. 社会医疗保险	46		276
3. 工伤保险	0		8.5
4. 生育保险	0		7.2
5. 失业保险	9		18
6. 法定假日			

① 引自张晋云，"点数化的弹性福利计划"，《经营管理者》，2005 年第 9 期。

（续表）

姓名：张博	职务：工程师		薪酬等级：B－5		标准薪酬：RMB3 100
2. 自助式福利					
序号	项　　目	实际价值	福利点数	周　　期	备　　注
1	工作餐	240 元/月	2 016	504/季度	实际价值×0.7
2	员工宿舍	120 元/月	720	720/年	半价
3	业务书籍购买补贴	120 元	72	一次性	实际价值×0.6
4	补充人寿	60 元/月	720	年	
合计		5 160 元	3 528	全年汇总	
备注：您的福利额度为 4 278,已使用 3 528,剩余点数 750,实际自助价值 5 160 元					

六、弹性福利计划实施的评估

弹性福利制度自 20 世纪 70 年代兴起以来,至今蓬勃发展,主要原因是其迎合了员工的需求、降低公司福利成本,但在实际运作方面,弹性福利制仍有一些问题亟待解决。因此对弹性福利计划实施的评估主要包括三个方面:一是计划实施的优点评估,二是对现存问题的认识,三是对弹性福利计划未来发展的预测。图 5－5是总结的弹性福利计划的优缺点。

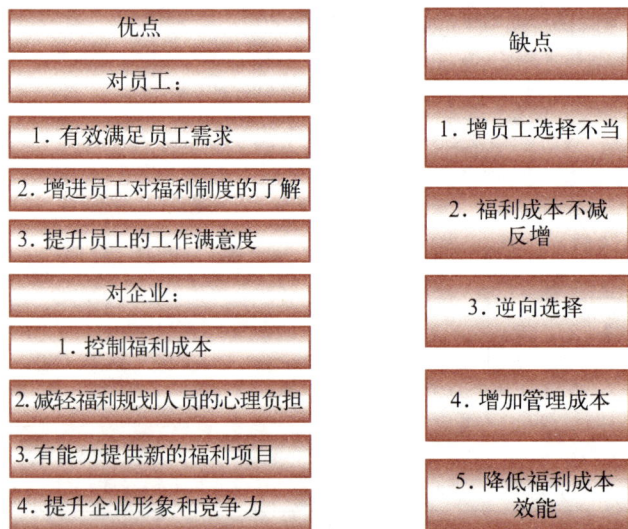

优点	缺点
对员工:	1. 增员工选择不当
1. 有效满足员工需求	
2. 增进员工对福利制度的了解	2. 福利成本不减反增
3. 提升员工的工作满意度	
对企业:	3. 逆向选择
1. 控制福利成本	
2.减轻福利规划人员的心理负担	4. 增加管理成本
3.有能力提供新的福利项目	
4. 提升企业形象和竞争力	5. 降低福利成本效能

图 5－5　弹性福利计划优缺点分析

1. 弹性福利制度的优点评估

弹性福利制度之所以发展迅速,主要是不仅迎合了企业的需求,也满足了员工的要求。下面分别从企业和员工的角度进行弹性福利制度优点分析。

（1）从员工的角度来看,弹性福利制度有下列的优点:

① 有效满足员工的需求。因为弹性福利制度允许员工规划自己的福利组合,且由于员工属性的个体差异,因此他们的需求无法强求一致,而且需求状况也会随时间及空间的不同而有所变化。例如,年轻的员工可能更喜欢以货币的形式支付福利;有孩子的员工可能希望企业提供儿童照顾的津贴;而年龄大的员工又可能特别关注养老保险和医疗保险。因此,让员工依据自己的需求来规划自己的福利措施,便可以更加有效地解决个体之间的差异而满足员工真正的需求,这是弹性福利计划最大的优点。

② 增进员工对福利制度的了解。大多数的弹性福利制度对所提供的福利项目都会标出一个金额,而员工在选择福利项目时,可以从金额上获知该项福利的成本,这样就能让员工更加了解员工福利制度的性质及企业为他们所支出的福利成本。

③ 提升员工的工作满意度。弹性福利制度让员工选择自己所需要的福利项目,借此使员工有机会参与规划福利制度的制定,这样可以提升员工的工作满意度。据一项研究发现,公司实施弹性福利制度不仅能提高员工对福利的满意度,而且还可以提升员工对于整体的工作满意度（Barber *et al.*,1992）。

（2）从雇主的角度来看,弹性福利制度具有以下的优点:

① 福利成本的控制。福利成本的不断增加,使很多公司负担沉重。由于弹性福利制度通常会在每个福利项目上标出金额,使员工可以了解每项福利的福利成本,这样便有助于公司管制福利成本。另外,很多公司发现实施弹性福利制度之后,确实有降低福利成本的效果。例如,苹果计算机公司,由于其医疗福利水平高于其他公司,导致成本一直居高不下,但是自从 1987 年实施弹性福利计划以来,医疗成本已经明显下降;西南航空公司及克莱斯勒汽车公司,在实施弹性福利制度之后,也节省了可观的支出（Hitchcock,1992;Harris,1992）。

② 减轻福利规划人员的心理负担。以前,规划福利制度的人员必须绞尽脑汁设计各种福利项目,但这却是一件"吃力不讨好"的工作。因为即使员工对现在的福利项目满意,但谁也无法保证将来他们的态度还是一样。因此,由员工自己选择福利项目,员工很难产生抱怨,同时也可以减轻规划人员的心理负担。

③ 在经费不充裕的状况下,公司仍能提供额外或新的福利项目。在固定式福利制度下,公司若要增加新的福利,必须先筹措经费。因此很多员工喜欢的福利项

目,往往因公司经费不足而无法进行。但是在弹性福利制度之下,因为每一个员工所能使用的福利限额是固定的,雇主增加新的福利项目,并不会增加额外的福利成本,所以增设额外的福利项目只是增加员工的选择机会,并且让公司在经费不充裕的状况下,仍能提供额外或新的福利项目。

④ 提升企业形象和竞争力。形象良好的公司在劳动力市场上是较有竞争力的。因为实施弹性福利制度的公司给人以高瞻远瞩、与时俱进以及以人为本的印象,所以,他们在劳动力市场上与其他企业争夺人力资源时,往往更具竞争力。同时,他们还可以借着良好的形象招揽优秀的人才和留住人才,这对于未实施弹性福利制度的公司而言,将构成极大的竞争压力。

2. 弹性福利制度现存的问题

弹性福利制度并非完全没有缺点,在实践方面也存在一定的问题。主要表现在以下几个方面(Milkovich & Newman,1993;Rosenbloom & Hallman,1991;Byads & Rue,1991;DeCenz & Holoviak,1990):

(1)员工选择不当。因为有些员工在挑选福利项目时,可能只顾眼前利益或者考虑不周,只挑选可以马上获利的福利项目,从而过早地用完了自己的限额,这样当他再需要其他的福利项目时,就可能无法购买或者需要透支,往往造成未来难以弥补的经济损失。例如,有些员工自觉年轻力壮,不愿选择医疗保险类福利,如不幸突然罹患重病,即无法享有该项福利而得不偿失。

(2)员工选择过当,导致福利成本不减反增。选择过当是指员工过于集中挑选某些特定的福利项目,而使得该项福利项目的成本超出原本公司的预期,因而造成整个福利经费的不合理增加,所以在事前公司必须和员工做好沟通工作,同时也应该明确各项福利的享用条件。

(3)"逆向选择"增加。员工可能为了享受的金额最大化而没有选择自己需要的福利项目。例如,员工可能为了完成自己的福利限额而购买了自己本来不需要的东西。

(4)增加管理成本。实施弹性福利制度通常会伴随着繁杂的管理手续等行政性作业,因为从新的管理制度理念的倡导到具体的付诸实施,均需花费很多的人力、物力和精力。自由选择大大增加了企业具体实施福利的种类,从而增加了统计、核算和管理的工作量,这会增加福利的管理成本;尤其在登录员工的福利数据及员工使用限额的情形时,如果没有计算机网络的辅助,那么每隔一段时间的数据调整,都会造成人力资源部门的极大工作负担。

(5)降低福利成本效能。由于允许员工自由进行选择,可能会造成福利项目实施的不统一,这样就会减少统一型模式所具有的规模效应,降低福利的成本效能。

3. 弹性福利计划未来发展预测

弹性福利制度在我国还是一个新颖的观念和制度,它的出现反映了社会结构及工作环境的改变、企业对人性化管理的重视以及控制福利成本的努力。根据美国商业公会的统计,实施弹性福利制度的企业有逐渐增加的趋势。这有力地证明了弹性福利制度是一个既被资方喜爱亦受劳方欢迎的制度。

事实上,我国近年来在人口统计因素方面也有向西方模式演变的趋势,如人口老龄化、青年人口就业比例的增加等。这些现象必然会带来员工福利项目的重新定位,因此已经或是将要对企业传统的员工福利计划形成一定压力,也必然要求从事人力资源管理工作的专业人员以全新的角度来重新思考福利问题并且提出解决之道。弹性福利计划的出现和大力发展,既是员工福利制度迎接挑战重新定位的表现,也是员工福利制度发挥优势为企业节约成本赢得利润的重要体现。因此,可以说弹性福利计划是员工福利制度的重要内容,其必然有着广阔的发展前景。

本 章 小 结

作为整体薪酬计划的一个重要组成部分,员工福利目前受到了企业越来越多的重视。为了保证员工福利实施的效果,企业需要制定员工福利计划。一般来说,一个相对完备的员工福利计划需要考虑六个方面的主要内容:(1)企业为什么要向员工提供福利;(2)企业要向员工提供多少福利;(3)企业向员工提供什么样的福利;(4)企业提供福利的横向结构是什么;(5)提供福利计划的条件是什么;(6)福利计划由谁来实施。

由于不同的企业所处的内外部环境条件和企业自身的发展状况是不同的,因此,不同的企业对员工福利计划涉及的问题所作的决策也是不同的,这些不同的决策就形成了员工福利计划的不同模式。从不同的角度出发,可以将员工福利计划划分成不同的模式:按照员工福利的水平不同,可以将员工福利计划划分为市场领先型、市场追随型、市场滞后型和混合型四种模式;按照企业给员工提供福利的形式的不同,可以将员工福利计划划分为实物型和货币型两种模式;按照福利计划制定过程中企业和员工所扮演的角色不同,可以将员工福利计划划分成企业主导型、员工主导型和共同参与型三种模式;按照企业给员工提供的福利形式的不同,员工福利计划可以划分为统一型和差异型两种模式;按照员工享受福利的条件有无和种类不同,员工福利计划可以划分为免费型、绩效型和资历型三种模式;按照员工福利实施主体的不同,可以将员工福利计划划分成自主型和外包型两种模式。

从20世纪70年代开始,西方发达国家的一些企业开始针对员工不同的需求提供不同的福利内容,弹性福利模式逐渐兴起并成为福利管理的一个趋势。在实践过程中,弹性福利计划形成了五种主要的类型:附加型弹性福利、核心加选择型弹性福利、弹性支用账户、福利"套餐"以及选择型弹性福利。为了保证弹性福利计划实施的效果,企业需要建立健全相应的机制,这些机制主要有:购买力确定机制、福利物品定价机制、配置机制和约束协调机制。弹性福利模式的优点可以概括为:有效满足员工的需求;增进员工对福利制度的了解;有效控制福利成本;减轻福利规划人员的心理负担;在经费不充裕的状况下,公司仍能提供额外或新的福利项目以及提升企业形象和竞争力等。同时它的不足表现在:员工选择不当或过当;存在一定的逆向选择;管理成本增加以及福利成本效能降低等。

案例　宝洁:"在家上班"的新福利时代①

休息,似乎是公司管理中最为敏感的一对字眼。被誉为"世界第一CEO"的杰克·韦尔奇说:"即使是最宽宏大量的老板也会认为,工作和生活的平衡是需要员工自己去解决的问题。"然而,在2007年9月,宝洁中国推出了一项新规定:员工在每周五个工作日中可任选一天在家上班。"尊重休息权"成为宝洁中国管理上的新标向。

宝洁的弹性工作模型

2006年,年过半百的会田秀和就任宝洁大中华区人力资源部总经理。此时的宝洁已有近一半的员工是"80后",会田秀和知道这一代年轻人的流动性很强,宝洁的很多员工也时常会接到猎头的电话。除了高薪和福利,还有什么特殊的公司文化能够吸引住员工呢?这个老牌跨国企业面临着人力资源管理的新挑战。但是,没有人预料到,老到的会田秀和竟把目光投向了公司的"休息"制度。

① 案例来源:中国营销传播网,www.emkt.com.cn,胡钰,2007年10月27日。

2007 年 3 月,宝洁中国的 75 名雇员加入了一项特殊的"试验工程",他们在每周五个工作日中可任选一天在家上班。五个月后,"在家上班"成为宝洁中国的一项正式福利制度。宝洁财务部的 Annie Peng 告诉记者:"在家办公的那一天我可以远离上班路上的堵车,不用在太阳底下疾走,不用穿职业装,心里真的很轻松!"一度流行的 SOHO 族的生活一下子向宝洁中国的员工近了一大步。不过,外界的质疑也随之而来,首当其冲的便是员工的自觉性和工作效率问题。会田秀和对记者说:"一开始有人担心这会变成变相的休假,我想可能会有极少数的员工会犯这样的错误,但我们不会为少数人而放弃对大多数人有意义的事情。宝洁的员工大多有繁重的工作,我相信他们不会把个人利益凌驾于公司利益之上。如果出现不好的情况,那对不起,只能让他接受公司的严格处分。目前看来,还没有人违规,生产力也没有因此而下降。"

宝洁公司对外事务部新闻媒介关系高级经理吴海蔓向记者透露,"在家工作"新政策其实只是宝洁促使员工"生活与工作"平衡系统中的一部分而已。宝洁有一套系统的弹性工作模型,结合员工的个人选择、个人能力、个人精力管理与雇主的要求,来帮助员工合理机动地安排工作。比如,在宝洁只要保证早上十点和下午四点之间的核心工作时间,其他时间员工可以弹性安排。"个人离开"假期也是宝洁的一大福利。凡在公司工作超过一年的职员,可以因个人的任何理由,每三年要求一个月,或者每七年要求三个月"个人离开"。

尊重休息权,不仅仅是一个管理技术的操作,更是一个管理者的心态问题。"我们公司的基本价值之一就是信任。"宝洁中国人力资源部副总监瞿玉燕这样对记者说。

自由时间的意义

网易曾对"加班"问题做过一次调查,结果有62%的网友表示需要经常加班,27%的网友需要偶尔加班。另一项对财富500强企业男性高级经理的调查显示:84%的人渴望拥有更多时间做工作之外的事;55%的人表示愿意牺牲自己的薪酬以换取额外的时间。无数的白领打工仔们正无奈地在工作与休息的跷跷板上考验着自己的平衡能力。

加班视为正常,休息成了一种奢侈,这不知是员工的悲哀,还是公司管理者的悲哀。其实在全球范围内,将休息权视为公司福利的重要指标已经不是新鲜事了。在荷兰,员工每年都可享受至少 24 个工作日的带薪假期;因工作压力过大而引起的抑郁、焦虑、烦躁、失眠等心理疾病都可算是工伤。生病的员工可在家休息,也可要求雇主进行内部工作调整及改善工作条件等。而荷兰的劳动生产率之高是世人皆知的。英国作家马德琳·班廷在《加班文化如何统治我们的生活》一书中这样说道：以前人们关于如何工作、如何显示自己的职业忠诚、如何取得职业发展的观念都过时了。收入越高的高级经理,越希望通过降低收入来换取自由的时间,希望自己的工作能够体现人性化特征。

宝洁广州总部信息与决策解决方案部的 Ben 告诉记者:"事实上,当我在家办公的时候我可以通过电话会议方式缩小沟通距离,完成更多的工作。"

北大纵横管理咨询有限公司高级合伙人陈江对记者说:"这种'在家上班'的做法并不适合于所有的企业。比如,一些国内企业如果也采用'在家上班',反而影响了对市场的及时反应力,那就得不偿失了。企业规模小一点、比别人走得慢一点,那就只能动得勤一点。业内应该关注的是为什么宝洁采取这种措施后还能不影响它的竞争效率,应该去想为什么人家能够行得通。这是因为它背后有一套完善的系统,是系统能力的支撑。"

有权选择是更重要的事

"在家上班"让员工拍手称快,但任何一项管理制度的收效和评价都要靠一定量的时间和事实来证明,"在家上班"也不例外。

在许多发达国家,在家办公已经是一个成熟的政策,但它要依赖于一定的技术条件。其实宝洁中国在几年前就曾考虑要推行此制度,但当时网络还不普遍,只好作罢。同时,城市环境也是个制约因素。"在家上班"在香港就遇到了实际困难。因为香港人居住条件普遍比较局促,许多员工家里没有条件设立一个理想的办公环境。

岗位特点也是"在家上班"要面对的一个现实问题。记者了解到,"在家办公"其实更适合一些国际化合作程度高的工作岗位。宝洁广州总部信息部的 Sarah Xiao 告诉记者:"我每天的主要工作就是联系不同时区的公司同事。这些电话会议,往往会在早上七点前或晚上七点后进行。把这些会议安排在家完成,就不用每次都特别早起床或者在公司待到很晚。"但对于一些外联、销售人员来说,往外跑是每天必须的,如何让他们实现在家办公就是个问题了。

宝洁公司对外事务部新闻媒介关系高级经理吴海蔓告诉记者,大多数正在申请"在家上班"政策的员工表示,通常不会选择周一在家办公。因为周一会布置整周的工作,希望能与团队保持同一节奏。

宝洁中国人力资源部副总监翟玉燕说:"我们不鼓励工作狂,但如果那是员工个人的选择,我们也不会干涉。这个'在家上班'计划只是为员工提供多一个选择。有选择是更重要的事情。"

附录　某公司弹性福利计划设计调查问卷

第一部分　弹性福利制度的需求度调查

所谓弹性福利制度,是指由公司所规划设计,允许员工在一定的福利限额或范围内,自由选择自己所想要的福利项目或福利组合的一种制度。

1. 您认为现阶段公司有无需要规划实施弹性福利制度?

☐ 非常需要

☐ 需要

☐ 可有可无

☐ 不太需要

☐ 非常不需要

在不增加公司福利金支出成本的前提下,一般企业已经实施的弹性福利制度,约可分为四种,简介如下:

A. 核心加选择型弹性福利制度:"核心福利"是指每位员工均可享有的基本福利,不能自由选择。至于可以选择的福利项目,则全部放在"弹性福利"之内。

B. 弹性支用账户制度:将每位员工每年所分配到的福利金作为自己的"支用账户",并由此账户中的金额去选择购买公司所提供的各种福利项目。

C. 套餐式弹性福利制度:由公司同时推出数种不同的"福利组合",每位员工只能选择其中一个"福利组合"。

D. 选高择低弹性福利制度:由公司规划出数种不同的福利组合,如果员工所选择之福利组合较原有福利来得高,则需自行补足差额;反之,则可退还差额。

2. 如果公司在政策上决定改采弹性福利制度,请问针对上列介绍之四种类型,您较为偏好哪一种制度?

☐A. 核心加选择型弹性福利制度(例如:将团保、子女教育补助、三节福利金等福利支出主要项目,视为核心福利不能自由选择,其余项目则视为弹性福利,可由同仁自行选择之制度。)

☐B. 弹性支用账户制度(例如:每位员工可就每年所分配到约四万元的福利金,作为自己的"支用账户",去选择购买公司所提供的各种福利项目。)

☐C. 套餐式弹性福利制度(例如:由公司规划设计出几种福利支出金额大致相同的福利组合,每位员工只能选择其中的一个组合。)

□D.选高择低弹性福利制度（类似前一项，但员工所选择的福利组合如果较原有福利来得高，则需补足差额；反之，则可退还差额。）

□E. 其他＿＿＿＿＿＿＿＿＿＿＿＿＿＿＿＿＿＿＿＿＿＿＿＿＿＿＿

＿＿＿＿＿＿＿＿＿＿＿＿＿＿＿＿＿＿＿＿＿＿＿＿（请做说明）

3. 针对下列目前本公司已实施之福利事项中，您认为最需要的核心福利前三项分别是：（请于□内，直接填入）

□（1）团体（含眷属）保险　□（2）子女教育补助金　□（3）三节福利金　□（4）自强活动补助费　□（5）国外旅游补助　□（6）便当补助金　□（7）交通车补助　□（8）婚丧补助或急难救助　□（9）餐会补助、生日礼金及年终摸奖　□（10）健身馆设施　□（11）电影欣赏　□（12）福利商品及展售活动　□（13）社团活动补助　□（14）诊疗所医疗服务的质量　□（15）消费性贷款或优惠房贷服务的提供

第二部分　个人资料

以下请填写您的个人基本资料：本问卷采取无记名方式，内容绝对保密，敬请安心填答，谢谢。

1. 性别：□男　□女

2. 年龄：□20～29岁　□30～39岁　□40～49岁　□50～59岁□60岁（含）以上

3. 教育程度：□初中（含）以下　□高中（职）　□专科　□大学　□研究生（含）以上

4. 婚姻：□未婚　□已婚

5. 家庭人数：直系尊亲属（父母、祖父母）：□1人（含）以下　□2人□3人（含）以上

直系卑亲属（子女、孙子女）：□1人（含）以下　□2人　□3人（含）以上

6. 进公司年资：□未满5年　□5年以上，未满10年　□10年以上，未满15年　□15年以上，未满20年　□20年以上，未满25年　□满25年以上

7. 职位类别：□操作性基层职位　□非操作性基层职位　□专业职位□四级主管职位　□三级（以上）主管职位

复 习 讨 论 题

1. 员工福利计划应当包括哪些主要内容？
2. 员工福利计划存在哪些模式？每一种模式主要有哪些优点和缺点？
3. 简述弹性福利计划的含义和特点。
4. 简述弹性福利计划的类型及其实施机制。
5. 评估弹性福利计划。

第六章

员工福利计划的规划与管理

【本章提要】

本章内容主要围绕着员工福利规划与员工福利管理两大部分展开。

员工福利规划确定了企业各项福利建立、发展与调整的方向与路径；员工福利管理是确保福利规划落地的必然手段，也是员工福利发挥其激励作用的关键所在。本章的学习要点在于以下几个方面：

(1) 清楚员工福利规划的含义和特点；

(2) 了解员工福利规划的流程和主体内容；

(3) 明白员工福利管理的含义和发展的三个阶段；

(4) 理解高绩效的员工福利管理的含义。

第一节　员工福利规划

一、员工福利规划简述

规划是对一项事物未来的发展作出规定和计划,指出一项事物未来的发展方向和蓝图。规划是与时间挂钩的,是静态的、具体的发展目标与动态的、时间序列的发展目标的对应与结合。一项事物的系统发展离不开一个规范、清晰、全面的规划,因为规划指明了这项事物前进的方向与发展轨迹。作为现代企业整体薪酬体系的一个组成部分,员工福利具有补偿性、均等性、集体性、刚性、动态性、复杂性等特征,这也意味着做好员工福利这项复杂、困难的工作不仅要进行规划,而且应该制定一个翔实、准确的规划。

无论从人力资源还是从风险管理角度来说,员工福利计划在任何一个机构中都处于战略性地位[1]。从人力资源角度看,福利计划是为了吸引和保留有技能的劳动者,从而使企业在竞争中更具优势;从风险管理角度看,员工福利计划设计的费用巨大,不同的管理方法都存在着潜在的危险,一个能够有效控制员工福利计划风险的企业,在产品和价格上就有竞争优势。

在这一部分,我们首先会介绍什么是员工福利规划,然后再来介绍员工福利规划的基本特点。

1. 员工福利规划的定义

员工福利规划是企业薪酬战略的一个组成部分,是企业结合自己的发展目标以及对未来各影响因素的预测和分析,基于特定的阶段对未来一定时间内员工福利的发展走向和具体路径所做的全面、规范、系统的计划。按照是否对员工福利从产生到发展的全过程进行规划来分,可以将员工福利规划分为广义上的员工福利规划和狭义上的员工福利规划。

（1）广义的员工福利规划。

广义上的员工福利规划是对员工福利从产生到发展的整个过程进行全方位的规划。广义上的员工福利规划应该包括:员工福利发展的各个阶段、从低级阶段到高级阶段、从不成熟阶段到成熟阶段;员工福利发展所涉及的所有内容,从具体目标到指导思想,到应遵循的原则都是应该被包括在内的。

---

[1]　杨燕绥、王瑞平等译,《员工福利手册》(第五版),清华大学出版社,2007年。

（2）狭义的员工福利规划。

狭义上的员工福利规划应该是立足于某个企业的实际情况,结合员工福利当时所处的阶段和具有的基础,对其未来的发展进行一个中长期的规划,规划的内容包括所提供的员工福利的种类、人财物资源的配备和相关制度的建设等。

鉴于本章旨在对员工福利进行一个全面系统的介绍,故我们在本章所讲的规划都是广义上的员工福利规划。其对企业的实践意义在于:一方面企业可以从思想上、理论上认识员工福利,对员工福利规划的意义、目标等有深入的认识,对员工福利规划的几个阶段有全面的了解;另一方面企业可以结合本企业的员工福利概况,将自己的员工福利水平归于某一阶段,根据企业未来的发展战略,制定本企业具体的员工福利规划。

2. 对员工福利规划需要考虑的几点因素

（1）员工福利规划要符合企业的薪酬战略。

员工福利是整体薪酬的组成部分,福利规划需要与企业薪酬体系中的不同因素保持平衡,以满足人力资源管理和企业发展的需要。因此,筹划与设计员工福利需要与雇主支付薪酬的心理和动机保持一致,服务于整个薪酬体系的设计理念。

雇主的薪酬策略不尽相同。有些企业一方面参照其行业或地方平均工资水平决定企业的支付标准;一方面为了吸引高水平的管理者、技术人员及能力强的员工,对少数核心员工实行高于平均工资的政策。但也有一些雇主采用市场追随型的薪酬策略,他们追求较低的劳动成本,不在乎员工的高流动性和低技能状态,采用这种薪酬战略的企业制定的员工福利规划往往比较吝啬。

行业类型和雇主的心理等因素都会影响薪酬策略选择,进而对员工福利规划产生一定的影响。表6-1所显示的是一家员工福利咨询公司所提供的组织风格与薪酬组合关系表。

表6-1　组织类型、工作环境与报酬形式的组合

组织类型	工作环境	报酬形式			
		现金		非现金	
		基本工资	短期激励	水平	特点
成熟行业	平稳	中等	中等	中等	平稳
发展中行业	成长,有创造性	中等	高	低	短期定位
保守资金	安全	低	低	高	长期安全定位
非营利组织	社会影响,个人履行	低	无	低到中等	短期安全定位
销售	成长,行动自由	低	高	低	短期定位

资料来源:杨燕绥、王瑶平等译,《员工福利手册》(第5版),清华大学出版社,2007年,第12页。

（2）员工福利规划应随着企业的发展进行动态调整。

员工福利规划确定了员工福利的发展目标，指明了员工福利的发展方向，但它也是一个动态的开放体系。伴随着企业的成长和发展，企业外部生存和竞争环境的变迁，以及内部组织的发展与各项资源的储备情况的变化，企业的目标和战略都会不断加以调整。而以企业整体的发展战略为主要设定依据、并与之相适应的员工福利规划应随着企业的发展进行动态的调整。同时，福利项目的设计要以员工的需求为基础，福利项目的设置能否满足员工的需求在很大程度上决定了员工福利的满意度。而随着企业的发展，企业的人员结构也在不断变化，不同年龄、不同性别、不同教育背景、不同层级的员工其对福利的偏好也不一样，所以，福利规划应具有动态性，及时调整以适应员工的需求。

（3）制定员工福利规划应综合考虑各种影响因素。

影响员工福利规划的因素有很多，常常是一系列因素的综合作用。我们将这些因素分为外部影响因素和内部影响因素两大类。外部影响因素有劳动力市场的福利水平、政府政策法规、社会保障水平等；内部影响因素有企业竞争战略、企业文化、雇主偏好、员工对福利的需要等。

3. 员工福利规划的特点

员工福利规划是员工福利计划实施的前提条件，是一项系统的工程，对于员工福利计划的有效实施具有重要作用，其特点主要有以下几点。

（1）战略性。

员工福利规划的战略性体现在对企业战略的支撑性上面，具体地说，就是规划所设定的福利理念与福利水平应该是与企业的战略相适应的。员工福利规划是企业战略得以实现的一个工具之一，层层分解之，即企业的战略首先反映在企业的人力资源管理系统中，然后又落在人力资源系统的薪酬板块中，最后又反映在总体薪酬的员工福利范畴内。在员工福利计划的规划中，最应该体现企业的总体战略。

（2）系统性。

员工福利规划的系统性体现在两个方面：一方面，福利是薪酬的重要组成部分，这就要求福利规划不仅要符合企业的薪酬战略，与整体薪酬理念保持一致，同时要结合人力资源管理的其他模块系统设计，使企业的人力资源管理串连成一个整体，发挥其整体功效；另一方面，企业的福利体系纷繁复杂，福利规划要根据企业自身特点及外部市场情况，对员工福利项目、福利水平、福利管理机构、福利资金筹划、成本控制等各个方面进行系统思考，使福利效用最大化。

（3）可行性。

员工福利规划要具有可行性，是指规划所设定的员工福利的未来发展目标应该是可以实现的,是企业的经济实力和支付能力所能达到的,超越企业经济承受能力的福利规划职能是为企业增加负担,无激励性可言。这主要是从经济层面来要求员工福利规划的。

（4）操作性。

员工福利规划具有操作性,是指规划所设定的目标和路径应该是可以执行和操作的,不能说无处下手或根本进行不下去,这主要是从技术角度来要求员工福利规划的。

（5）动态性。

在前面已讲过,随着企业内外部生存和竞争环境的变化,员工福利规划应进行相应的调整,以适应新的环境。故员工福利规划应具有动态性,这主要是从时间角度来要求员工福利规划的。

二、员工福利规划的步骤

员工福利规划作为企业员工福利建立、发展以及调整的指针,对员工福利能否成为企业人力资源管理的重要手段,乃至成为企业在劳动力市场上的竞争工具,具有重要意义。一项好的福利规划能使员工福利以战略为导向,在立足企业实际与外部环境的基础上,通过系统科学的规划提升员工福利项目设计的有效性与福利管理的效率,从而充分发挥员工福利的保障、激励与引导功能。

员工福利计划的规划,首先应该包括前期的准备,即明确福利规划的目的、了解福利规划的依据、认清福利规划的指导思想和设计原则;其次是福利计划内容的指定,即明确福利规划的主体流程和主要内容;最后是福利沟通、反馈和调整(如图6-1所示)。

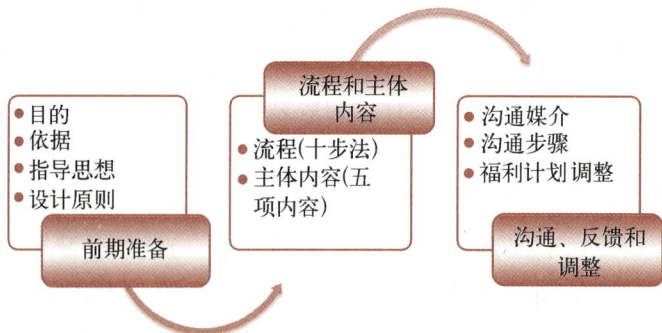

图6-1　员工福利规划的步骤

1. 前期准备

为了建立一项好的福利规划,我们首先需要明确几个基本问题,这包括员工福利规划的目的、依据、指导思想及设计原则。

（1）员工福利规划的目的。

明确员工福利规划的目的是进行福利规划的根本问题，既是员工福利规划的出发点又是落脚点。一般来说，员工福利规划的主要目的包括以下四个方面：

① 传递薪酬理念，支撑企业目标达成。

随着员工福利的不断发展，福利逐渐成为员工收入的重要组成部分，在企业劳工成本中所占的比重日益增大，成为企业的一项重要支出。而另一方面，员工对员工福利的认识却不容乐观，往往是企业花了很多钱，而员工却一无所知或是认为理所当然。对于追求效益的企业来说，这是不经济的、也是不合理的。为此，员工福利规划的目的首先要确保企业在员工福利上的花费物有所值，使得作为薪酬组成部分的员工福利能够传递在企业战略指引下的薪酬理念，支撑企业目标的达成。

② 契合员工需求，提高福利有效性。

员工的福利满意度是员工福利有效性的衡量指标，福利的满意程度很大部分源于对员工需求的满足。不同员工以及同一员工在不同阶段对福利的需求是不一样的，而目前很多企业的福利设置与管理往往采取授予式与普惠式，员工只能被动地接受，福利的效用大大降低。这种情况与员工福利规划的缺失有很大关系。系统的员工福利规划能从提高员工满意度出发，对员工福利进行合理设计与规划，使得企业的福利体系具有开放性，能随企业内外环境以及员工需求的变化不断调整，从而使企业的福利资源发挥最大化效用。

③ 控制福利成本，防止福利费用的恶性膨胀。

福利费用的攀升是困扰西方企业的一大难题。基本工资、奖金往往相对固定，企业能够很好地控制；而福利，特别是保险类福利，企业很难预测其成本，目前西方企业面临的医疗福利成本膨胀就是个很好的例子。另一方面，福利具有一定的刚性，一般来说，福利项目能增不能减，福利水平能升不能降，否则将对员工的满意度产生负面影响。在这种情况下，员工福利规划就显得尤为重要。

④ 便于福利管理，为福利的调整提供依据与路径。

员工福利是一系列福利项目的综合，较之基本工资与奖金更为繁杂。员工福利规划能明确福利管理的相关原则，为福利的调整提供依据与路径，使员工福利顺着既定的轨道发展，大大降低福利的管理成本。

（2）员工福利规划的设计依据。

① 国家政策法律。

随着社会的发展和进步，人们遇到的各种生活风险，如养老、失业、工伤、医疗风险等也日益社会化，通过国家立法和政府规章来保障人们的切身利益、增强社会成员特别是劳动者对各种社会风险的抵御能力是大势所趋。因此，了解国家相关的政策法规是企业制定员工福利规划应该考虑的一个重要因素。目前我国明确企业依法为员工缴纳社会保险费是一项法定义务,即劳动者享受社会保险是一项法定权利。这也意味着企业在制定员工福利规划时并不能完全自主,有一定的社会福利项目如社会保险是必不可少的,是不以企业的意志为转移的,了解国家的政策法律是必要的。

② 企业发展战略。

在规划员工福利的未来发展时,应该从企业发展战略的层面进行思考,既要考虑企业长期和短期的发展目标,又要分析企业所处的特定的发展阶段。如果企业的员工福利规划是一个僵化的福利机制,不能激发员工的工作热情和创造力,不能提高员工对企业的忠诚度,与动态的企业的发展战略不相符合,不能有助于企业发展目标的实现,那么员工福利对于企业而言只是数量上的概念,即一大笔开销,此外没有任何更深层次的意义。员工福利规划应是企业整体发展竞争战略的一个有机组成部分,吸引人才、激励人才,为员工提供一个自我发展、自我实现的优良环境,是员工福利系统的发展目的,更是员工福利规划的目的。

③ 员工福利现状。

企业在制定本组织具体的员工福利规划时,弄清员工福利项目设置、管理措施、员工满意度等现实状况,是制定员工福利规划的基础工作。因此,企业可以通过福利调查问卷、员工访谈等形式对目前的福利状况展开调查,并利用科学的评价方法对本企业内部员工福利的种类、效果和成本、员工满意度等相关信息进行分析,准确把握目前员工福利方面存在的问题。

④ 员工个性需求。

针对员工的福利,必须考虑员工的福利需求。只有这样,才能发挥福利的激励作用,才能增加员工对企业的忠诚度和员工之间的凝聚力。但员工的需求因性别、职业、年龄、婚姻状况等差异而各不相同(如表6-2所示)。了解员工个体的福利需求可以通过进行员工福利需求调查的方式。员工个体对福利的需要和偏好会随着员工队伍构成的不断变化以及员工自身生涯的发展阶段而处于不断变化之中。企业应做好动态跟随战略,把员工福利需求调查作为一项持续不断、经常进行的工作,以便及时了解员工的福利需求发生的变化。

表6-2　员工福利偏好表

福利计划	年龄			婚姻状况		性别	
	18~35	36~49	50~56	已婚	未婚	男	女
	N=52	N=58	N=39	N=52	N=97	N=114	N=35
特别假期	5.00	4.67	4.21	4.86	4.88	4.90	4.07
增加薪资	4.70	4.71	4.09	4.68	4.34	4.56	4.03

（续表）

福利计划	年　龄			婚姻状况		性　别	
	18～35	36～49	50～56	已婚	未婚	男	女
	N＝52	N＝58	N＝39	N＝52	N＝97	N＝114	N＝35
增加退休金	3.00	4.08	4.59	3.56	4.23	4.08	4.63
家庭医疗	4.35	3.69	1.71	2.78	3.91	3.75	2.30
提前退休	2.81	3.48	3.65	3.20	3.32	3.38	3.41
每周工作四天	3.63	2.67	2.26	3.06	2.73	2.92	2.56
缩短每天工作时数	1.23	1.42	1.47	1.54	1.19	1.28	1.74
每年十个星期五假日	3.19	2.67	3.48	3.20	3.04	3.02	3.44

资料来源：杨燕绥、王瑶平等译，《员工福利手册》（第5版），清华大学出版社，2007年。

⑤ 对外的竞争性。

员工福利是企业支付给员工的间接薪酬，是现代整体薪酬体系的一个组成部分，包括带薪休假、社会保险、福利服务、退休计划、教育津贴和房屋贷款等。员工福利具有薪酬系统共同的特征，如刚性。因此，员工福利同工资、奖金一样，水平的高低也会影响员工的流动，进而影响企业的竞争力。要想通过员工福利系统为组织创造价值，员工福利系统必须是经得起"考验"、对外具有竞争性的，这样才能激起员工更大的工作热情、增加员工对企业的忠诚度。

⑥ 企业经济实力。

员工福利作为一项间接薪酬，同直接薪酬一样，其水平受企业经济实力的影响。规划员工福利未来的发展方向和历程必须考虑企业的支付能力，而企业的支付能力又取决于企业的经济实力。员工福利规划必须考虑企业的经济实力，福利水平必须与经济实力相适应。福利水平太低，不能起到激励人才和留住人才的作用，会影响企业的人才战略，进而会影响企业整体目标的实现；如果福利水平超过企业的经济实力，不但不能帮助企业实现人力资源战略，反而降低企业的竞争力。一般来说，高福利水平需要以企业雄厚的经济实力作为支撑，通常存在于高利润率的组织、大型组织、工会化的组织和劳动力成本比较低的行业中。单就企业组织而言，高的福利成本是在企业处于发展成熟期才有能力支付的，是为了保持本组织持续、高度的竞争力而采取的吸引人才、激励人才和挽留人才的发展战略。而当企业在初创期和成长期时，企业的经济实力一般不强，员工福利的项目种类不会太丰富、水平不会太高。

（3）员工福利规划的指导思想。

① 与企业的成长规律相适应。

企业是一个生命体，有其自身的成长规律，总是从不成熟走向成熟，从弱小走向强大。当然，一个企业总有它的生命周期，一个企业在经历产生、成长、成熟期后,不可避免地会遇到倒退和衰落期,但企业不断走向成熟、管理逐渐规范是发展趋势,而员工福利的规划应反映这一趋势,使员工福利从不完善走向完善,从似有似无发展成为企业战略中不可缺少的一个部分①。与企业所处的不同阶段相适应,员工福利的规模、水平、层次可以随着企业的经济实力的变化进行增减,比如,当企业处于创建成长期时,应采取低福利策略;处于成长稳健期的企业应加大福利的比例等。但从纵向来看,唯一不能改变的趋势是员工福利规划应该能反映企业这个经济组织的特点,在管理、规范上应该越来越成熟。

② 与员工的发展变化相适应。

随着企业的发展壮大,员工也会逐渐在业务、心理、生活水平等各方面日益发展和提高。根据马斯洛需求层次论,人的需求变化是从低级需求到高级需求,从物质到精神,从为了生存到追求发展机会,从关心身体的饥饱到重视内心的感受。伴随着人的不断发展和进步,需求层次是不断提高的。人的这种正常的、普遍的、客观的需求变化规律表现在对员工福利的需求上,就是从想要获得生活相关的福利到关注文化休闲类福利,从被动接受固定安排的福利到主动参与福利的设计与管理,从强调稳定性的福利项目转向追求灵活的、针对性强的福利项目。那么,员工福利规划必须与员工的这种福利需求的发展和变化相适应,员工福利才有可能提高企业凝聚力,增强员工的工作积极性。

③ 与先进的管理理念相适应。

规划就是要做到"未雨绸缪,从容不迫"②。规划属于"大管理"概念的一部分,就像人们一般将人力资源规划作为人力资源管理的一个部分一样,这只是概念上的一种差别,重要的是道出了规划和管理之间的紧密联系,不管是"大规划"包含管理,还是"大管理"包含规划,都至少说明它们两者之间在一定程度上是"你中有我、我中有你"的关系。同样,员工福利规划与员工福利的管理也是相互影响、相互促进的。因此,做好员工福利规划,也要考虑它和管理的关系,要使员工福利规划与先进的管理理念相适应。随着社会生产和科学技术的进步,人们对客观规律的认识不断深化,管理思想也随之更新。用现代管理思想和理念为指导,考虑各种影响因素,协调企业发展各方面的关系,使规划更加科学、有效和合理。

④ 与政府的优惠政策相适应。

员工福利是关系员工切身利益和企业竞争力的一个重要手段。虽然从根本上来说,企业只有充分考虑到员工的切身利益,才能吸引和留住人才,最终获得长足的发展以增强自身的竞争力,但福利支出是一笔不小的开销而且呈刚性增长,掌握合适的"度"非常重要,如果超过企业的支付能力,反而会降低企业的竞争力。如何

① 赵颖惠,"福利管理",《人事管理》,2002 年第 9 期。
② 董志超,《企业管理的 0.618 人力资源管理与决策支持系统 HRMD》,企业管理出版社,2003 年,第 20 页。

在充分关心员工切身利益的基础上,保持和提高企业的竞争力是值得企业考虑的事情。而利用政府的优惠政策是"一举两得"的做法。比如,政府对补充保险等有税前列支政策,企业在规划员工福利时加入对补充保险的考虑,这样不但可以节约成本,而且能提升员工福利水平,进而增进员工的工作积极性和凝聚力。因此,员工福利规划要与政府的相关优惠政策相适应。

（4）员工福利规划应遵循的原则。

① 统筹规划原则。

统筹规划原则是指员工福利的规划应从长远的角度考虑,应从多角度考虑,深入分析各个影响因素,整体考虑,全盘规划。

② 目标性原则。

没有行为目标就没有行为意义,所以在规划员工福利的发展时,应该明确员工福利规划的目标。那就是服从于企业发展战略目标的需要,服从于整个人力资源规划的需要,通过对员工福利的统筹规划,有助于企业发展目标的实现。

③ 系统性原则。

要遵循系统的开放性和动态性原则。应将员工福利规划放入企业整体的发展规划中考虑,甚至放到整个国家经济和社会发展的大系统中考虑。遵循开放性原则,开放的目的是为了进行调整和变化,以适应不断变化的宏观和微观环境。另外,还应遵循系统的动态性原则。

④ 适应性原则。

适应性原则是指员工福利规划应适应国家政策的变化、适应企业发展的需要、适应员工的成长和发展等。

⑤ 协调性原则。

协调性原则主要是企业在规划员工福利未来的发展时,要注意平衡和处理好这几方面的关系:整体和局部、当前和长远、需要和可能、数量和质量、速度和效益的关系①,使影响员工福利规划的诸多因素相协调。

⑥ 科学预测原则。

企业在制定具体的员工福利规划时,应立足于现实基础,对未来进行科学的预测。预测内容主要包括:一是企业未来的发展,二是未来员工福利需求可能的变化。不以预测为基础的员工福利规划必然是低效的,必将造成企业资源的浪费。

⑦ 合理性原则。

员工福利系统的建设需要企业提取和筹集一定比例的资金。这一比例应该合理,应该在企业的支付能力以内,同时还应提高企业的竞争力。随着企业和员工的

---

① 吴之为,《公司职员管理规划考核激励》,首都经济贸易大学出版社,2000 年,第 28 页。

发展,企业还应合理地制定福利计划和方案,以最低的费用达到最好的效果。

2. 福利规划的流程与主体内容

(1) 制定员工福利规划的流程。

制定员工福利规划的流程如图 6-2 所示,主要包括下列步骤:

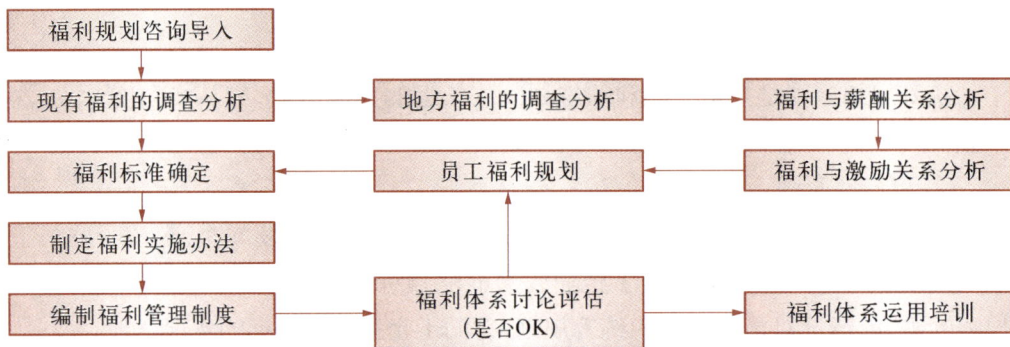

图6-2　**员工福利规划制定流程图**

① 福利规划咨询导入。主要是借助外部专业的福利管理或薪酬管理咨询公司的资源,对福利规划及其制定有一个系统的了解和安排,同时在企业内部进行动员与培训,确保福利规划制定顺利进行。企业可以根据自身的情况决定是否导入福利咨询服务。

② 现有福利的调查分析。企业现有福利调查的范围包括现有福利种类和待遇水平、筹资方式与费用成本、既定受益期限与资格要求、员工福利选择弹性等方面,通过评估和分析以期发现当前员工福利计划的缺陷或重复。

③ 地方福利的调查分析。这是对外部市场福利水平的了解与评估,为企业自身福利设置提供决策依据。

④ 福利与薪酬的关系分析。福利是整体薪酬的组成部分,福利的设计要契合企业的薪酬战略,通过基本工资、奖金和福利的科学设置,使薪酬的激励作用得到最大限度发挥。

⑤ 福利与激励的关系分析。充分考虑影响福利激励效果的各项因素,提高福利资源的使用效率。

⑥ 员工福利规划。根据前面的调查分析制定系统、可行的福利规划。

⑦ 福利标准确定。确定不同福利项目的标准。

⑧ 编制福利管理制度。主要包括各项福利的实施细则、福利组织规章与管理办法、福利资金管理办法等各项管理制度。

⑨ 福利体系讨论与评估。对福利体系的系统性、操作性、可行性进行讨论与

评估。

⑩ 福利体系运用培训。通过培训使福利管理人员对规划有全面、深入的了解，确保福利规划的顺利执行。

（2）员工福利规划的主体内容。

对于福利所要达到的目标认识模糊、对提供什么样的福利项目难以达成一致以及福利种类的增多、福利成本的迅速增长等各方面的问题，使得企业的福利决策变得越来越困难。在企业的福利规划和决策过程中，企业需要考虑福利设计的目标、提供什么样的福利、为谁提供这些福利以及在多大程度上员工个人可进行选择、福利资金的筹集等问题。

① 规划的目标是什么？

企业是一个经济体，其每个环节都应该有特定的目的。制定员工福利规划一样也应该是为实现一定的目标服务的。当然，在确定员工福利规划的目标时，不仅要考虑企业的规模、企业的支付能力、竞争对手的福利情况、与企业的经营战略是否一致、是否符合企业整个的薪酬战略等因素，还要考虑员工的即期需要和远期需要，以及能否调动员工的积极性、是否有助于吸引和留住人才等。

② 提供什么样的福利？

福利决策与基本工资及奖金的决策在一定程度上是类似的，其中最关键的都是成本问题。对企业来说，支付福利的成本和基本工资与奖金是一样的。但事实上，两者的决策还是存在很大差异的。基本工资和奖金的决策往往是单一的，而福利却不同，这是因为福利是由庞杂的福利项目组成的，企业有很多福利项目可以选择，而不同的福利组合又会产生不同的影响。员工看待福利的观点会因他们自己的需要不同而有所不同，不同组织中的员工队伍构成不同，员工对于福利的需要和期望自然也不一样。企业在决定基本工资和奖金时，主要考虑的是岗位价值、员工的能力与绩效水平，而福利决策的依据却有所不同，在决定设立什么样的福利时，企业应着重从以下四个方面考虑。

a. 国家的政策法规。

国家立法要求企业为员工的健康和安全提供保障，同时还要提供各种各样的福利以弥补员工生病、工伤、失业和退休时的收入损失。法律还规定了组织应该建立并运营某些特定的福利计划。无论企业是否愿意提供这些福利，也无论员工是否迫切需要这些福利，只要是法律规定的福利项目，企业就必须提供。然而，正因为这种强制性，使得有些员工认为法定福利不是与雇佣关系直接联系的，是企业理所当然要提供的。这种观念很容易弱化福利的激励功能，所以，如果不能让员工意识到企业的福利支出是要付出很大代价的，或者是员工认为企业并未提供有价值的福利，那么企业的福利支出就不会得到任何回报。为此，企业必须就福利的成本问题加强与员工的沟通,使他们能够意识到企业所承担的福利成本。

　　b. 内外部福利调查信息。

　　内部的福利调查信息能反映公司现存的福利项目和员工的需要以及偏好,对这些数据进行分析就可以得出现存的福利模式与员工偏好的福利模式之间的差异。未能得到满足的员工福利需求可以被作为附加福利,而企业所提供的多于员工需求的那部分福利则属于资源的浪费。

　　在进行福利决策时,还要考虑到其他企业所采取的福利措施。企业要想吸引和留住员工,保持在劳动力市场上的竞争力,就必须了解其他组织所提供的福利水平。福利调查的目的就是要获取劳动力市场信息,一般的福利调查所得到的是市场上普遍存在的福利项目的形式、内容及其覆盖范围方面的信息。福利调查往往包含在薪酬调查当中,但是关于基本工资和奖金的信息同福利的信息有所不同。这是因为,通过对基本工资和奖金的调查,企业可以了解到自己的薪酬成本达到一个怎样的水平是合理的;但是福利调查所能够提供的仅仅是其他企业所采取的福利实践的状况,能够了解到竞争对手总福利成本是多少,至于单个福利计划的成本,不同的企业之间存在很大的差异。这些差异来源于不同企业的劳动力队伍构成差异以及对福利的不同看法。因此,在进行福利决策时,企业应该计算其他公司所提供的福利在自己公司运行时可能导致的成本以及可能产生的收益,并和员工偏好结合起来作决策。

　　c. 企业的财务状况。

　　对企业的财务状况进行分析是因为它关系到企业的支付能力。企业必须从将成本与员工需要相结合的角度来对企业的基本工资、奖金和福利状况进行总体上的比较和分析。很多时候,员工们对福利范围以及福利水平的重视程度要远远超过对员工福利成本的关心。但是,从企业的角度来说,既然福利已经成为整体薪酬的一个重要组成部分,那么,它就必须要实现基本工资、奖金与福利之间的平衡。这是因为,如果三者互不干涉地各自增长,就很可能会导致企业薪酬成本的过度上升。

　　d. 工会的影响。

　　在工会化的组织中,福利问题通常要经过集体谈判协调解决。在工会主义的政治背景下,工会总是要为其成员争取最大化的利益,尤其当工资和奖金增长已经不太可能的时候,福利增长就成为工会显示政绩的重要手段之一。如果工会的需求反映了员工的偏好,企业对自己的立场和员工的需求进行了细致的分析,那么集体谈判就能很好地解决福利设置问题。但是,很多时候工会的目标并不能反映员工的偏好,工会可能会努力建立一种在整个行业中都存在的或者取悦于大多数会员的福利制度,而这种福利制度其实并不能反映某一特定企业中的员工的偏好,这样的话通过集体谈判作出的决策可能是低效的。

③ 谁来提供福利，为谁提供福利？

a. 员工福利的提供者。

员工福利是企业向员工提供的一项间接薪酬，提供者自然是企业，但提供者不单单只有企业。因为在企业的福利项目中，有一部分是政府强制实施和引导实施的。政府相关的政策制度已明确规定，这部分支出，包括企业支付的社会保险费和补充保险的费用都是在税前列支的，员工缴纳的保险费也是在缴纳个人所得税前支出的，政府承担了部分员工的福利成本，故政府也是员工福利的提供者之一。因此，在进行员工福利规划时要充分考虑政府的税收优惠政策，合理地实施纳税筹划，使福利资源配置最优化。

b. 员工福利的享受者。

员工福利不同于工资和奖金，它一般与员工个人及团队的工作绩效没有直接联系，因此，企业的所有员工都应该是福利的享受者。因为福利是一种额外的"补充"、额外的"薪酬"，与员工个人和群体的绩效没有直接关系，这也意味着所有员工享受到的福利是一样的，即包含相同的福利项目和相同的福利水平。但在实践中，很多企业并不作如此安排。原因就在于企业在竞争激烈的市场环境中，利用一切可能的手段来吸引人才、使用人才、挽留人才，这些已成为企业共同的做法，其结果自然是越来越强化员工福利的激励性，淡化员工福利的补偿性。希望所提供的员工福利既能挽留某些骨干员工，又能使大多数员工感到满意。这就意味着不同的员工应该得到不同的福利组合，一些福利项目有可能只是企业中一部分人享有，而另外一部分人则可能享有另外一部分福利，或在享受这些福利项目的基础上，又额外享受其他类型的福利项目。一般来讲，确定不同员工的福利有两种办法：一是福利项目的差别，即不同级别、不同部门或不同工作特点的员工享受各异的项目种类；二是福利水平的差别，即全体员工享受相同的福利项目种类，同一级别的员工享受相同的福利水平，级别高的员工享受更高水平的福利水平。在实践中，相对而言，第二种做法使用得更加普遍，因为操作起来比较简单、容易管理；从管理学的角度讲，这种做法更容易提高员工福利成本的有效性，因为相对于新的福利项目而言，员工更关注现有福利的层次水平。概括地讲，员工福利的享受者包括企业内的所有员工，但不同员工享受的员工福利项目种类和水平可能有所差别。

企业可以考虑以下一些情况作为区别对待、向不同人提供不同福利的标准。

以每周工作时间为标准。全日工享受的福利，半日工、临时工则不需全部享受。根据美国商会的一个调查，美国企业只有22%向半日工和临时工提供医疗保险，31%向其提供退休福利，33%允许其带薪休假。而全日工则几乎普遍享受这些福利。

以在职和不在职为标准。在职员工享受的有些福利,如托幼、业余教育、带薪休假等,退休员工或因为经济不景气而临时解雇的员工,则不必享受。

以工龄为标准。员工福利待遇与工龄挂钩,随工龄增加。可以要求员工在向企业提供一定年限的劳动之后,才能开始享受某些福利。

以员工对企业的重要性,对企业的贡献为标准。对企业贡献大的员工,享受较高的福利待遇。在现实的实施过程中,可以认为贡献大的员工,企业付给他的工资也应该相应高一些,所以只要把福利与工资挂钩就可以了。当然,在实行这项措施时,要注意福利差别和工资差别一样,会引起待遇比较低的员工的不满,影响他们的劳动积极性。在强调员工上下一心、以团队精神共同努力办好企业的地方,不宜使福利待遇差别过大。

④ 在多大程度上员工个人可进行选择?

在一般的福利方案中,员工通常没有选择福利项目的权力。然而,按照一般员工的需求来设计福利,这会导致实施的福利不能与员工的需求相吻合,会使员工不满。所以,为了提高福利的满意度,员工福利规划有必要考虑企业提供的福利员工个人可在多大程度上进行选择。

目前,企业一贯采用的那种"一视同仁"的福利政策正在被一种更为灵活的分配方式所取代,新的思路旨在适应个体的不同需要。职员的需要各有不同:有的家务较忙,希望有较多的休假;有的经常加班,有假期也只得放弃;接近退休年龄的人会经常担心自己将来的退休金不够用;刚结婚的年轻人则希望得到公司的支持,买一套自己的房子。每个人在不同的生活时期都有不同的目标,越来越多的大公司为了吸引和挽留人才,正逐渐采用更为灵活、更多选择的福利政策,让员工自己平衡协调各种权益,甚至允许人们放弃一部分薪水而获得更高的福利。公司不但可针对客户的需要来推销产品,也可以针对员工的需要来制定灵活的福利分配方案。新的福利分配方案要迎合不同"年龄和处境"的员工的不同需要,这就是我们所说的"自助餐式"福利方案。在这种情况下,员工有更大的选择空间,来选择那些他们认为对自身最有价值的福利项目。一个企业是否选择弹性福利分配方案,主要取决于其对该方案优缺点的比较和评价(有关弹性福利方案的详细介绍见本书第五章第三节)。

⑤ 需要哪些资源配备?

规划得再完善,如果没有配套的资源,那一切都是纸上谈兵。一般来讲,福利规划要系统地考虑实施福利计划所需的人力资源、财务资源、物质资源和制度资源。

a. 人力资源。

当企业实施较为复杂的福利计划时,就需要拥有专业化的福利管理人员,或聘用熟悉和精通福利分析的专家,这是因为福利分析是一项对专业知识要求比较高的工作,尤其是在实施保险计划时,养老保险方面的一系列法规和医疗成本迅速增长,都迫使企业越来越多地寻求外部的专家帮助企业处理相关福利管理问题。

b. 财务资源。

员工福利是间接薪酬,作为薪酬体系的一个组成部分,财务资源在员工福利系统中所起的决定性作用是毋庸置疑的。在福利的刚性增长规律下,随着员工福利发展阶段的递升,员工福利的支出金额是逐步增加的,占总成本的比重会逐渐加大。如果福利管理者的视野过于狭窄,将一项特定福利的成本或优点孤立起来考虑,而没有参考整个福利计划的成本和今后一段时间内成本可能上升的预期,对福利所耗费的财务资源不作系统安排,那么未来企业必然需要承受高昂的福利成本带来的效益损失。

c. 物质资源。

在员工福利系统中,物质资源的投入主要体现为福利设施的建设。与员工生活质量的不断提高相适应,企业需要逐步建立各种福利设施。当然,在企业组织日益追求高效化、精简化和专业化的今天,企业的许多应归于福利系统的传统福利项目已经采取"外包"的形式解决或用经济的方式进行补偿,但福利设施作为员工福利的标志在增加员工的福利感知度和满意度方面发挥着重要的作用。虽然,现在传统的福利设施,如住宅、宿舍、食堂、托儿所、幼儿园、浴室、理发店等生活福利设施在员工福利中出现的频率越来越少,但文化室、俱乐部、图书馆、健身房、游泳池、运动场等文化休闲福利设施已得到越来越多的青睐。

d. 制度资源。

人力资源是"第一资源",不可否认人在企业各项管理工作中所起的重要作用。但要做到管理的规范化、科学化和程序化,完全依靠个人才能是难以持续长久的,必须用一套系统的制度来进行规范约束。淡化管理者的个性差异、强调制度规范是做好员工福利这项复杂、困难工作的重要保证。因此,企业应配备相应的"制度资源"来规范员工福利的发展。制度规范应具有权威性、系统性、科学性和稳定性。制定员工福利的各项规章制度,应从企业实际出发,根据员工福利工作的具体需要制定,要合情合理,并且符合法律和社会道德规范。不同制度之间应该成为一个系统并相互配套。

3. 福利规划沟通和调整①

设计好了福利制度的内容,并不代表福利规划的完成,因为从开始福利规划到

---

① 此部分内容参考了李燕荣,《薪酬与福利管理》,天津大学出版社,2008年。

内容制定,都是企业人力资源部门的事情,企业的员工并没有参与进来,缺少与员工的有效沟通,因此与员工的有效沟通显得尤为重要。与员工进行福利沟通,主要有两个作用:一是可以使员工更加了解企业的福利制度和福利价值;另一方面可以使员工对刚刚设计的福利内容进行反馈,真正了解员工的需求,听取员工的意见,进而对福利计划的内容进行修正,使其得到完善。沟通过后,知道了员工对于福利计划的意见和建议,同时包括外部环境的变化,使得福利计划的调整也变得尤其重要。下面首先简要介绍一下主要的沟通媒介,其次介绍福利沟通的主要步骤,最后介绍福利调整的简要内容。

（1）福利沟通媒介。

员工福利沟通是指为了实现组织的战略目标,管理者与员工在互动过程中通过某种途径和方式将福利信息、思想情感相互交流传达,并获得理解的过程。常见的沟通媒介有以下几种。

① 视听展示。

视听展示是一种相对有效的方法,可以用来向新员工介绍员工福利,或者对现有员工介绍当前福利的重大变化。相对于阅读印刷材料而言,观看视听展示更为直观,并且对员工的要求也较为简单。此外,视听展示可以将企业对员工的关心传达出去,相对印刷材料而言,在揭示福利的正确使用方法方面能做得更好。

② 与员工面谈。

举行与员工进行面对面的会议,是解释员工福利计划和接受员工对于福利规划意见的一种有效方式。对于小企业而言,这种方法通常用来向新员工展示其福利计划,或者解释现有福利计划的变化;大企业通常将面对面的会议与视听展示结合起来。参加会议的员工数量可能会影响到其有效性。如果主要是提供信息,可以采用大型会议;如果需要了解员工的观点和问题,小型会议可能起到更好的效果;如果员工必须对其福利计划作出决定时,与单个员工进行会面也许是更为明智的选择。

应该定期举行团体会议,以便解释福利计划的最新变化,回答员工的问题,或者听取员工的担忧和建议。

③ 印刷材料。

基本上,每一个企业都应该向其员工提供有关员工福利计划的印刷材料。这些材料至少应该包括团体保险单以及必须披露的福利信息。福利手册通常汇总了提供给员工的所有福利计划。不仅包括企业提供的团体保险福利信息,而且包括其他相关的福利信息,如退休计划、休假计划和教育资助等其他福利。个人福利报告通常对员工福利计划,以及在这些计划中的特种员工能够享有的福利进行说明。

④ 计算机网络。

计算机网络不仅可以帮助员工自主获得个人福利信息,而且有助于改善与员工的沟通。此外,计算机网络的使用可以方便自主计划的管理。毫无疑问,计算机在商业世界中正在扮演着日益重要的角色,其在员工沟通方面的作用也在日益上升。

(2)福利沟通步骤。

福利沟通一般分为六步进行:确定沟通目标、搜集相关信息、确定福利策略、选择沟通媒介、举办沟通会议和进行沟通评价(如图6-3所示)。

图6-3　福利沟通步骤

① 确定目标。

福利沟通的目标总体可以概括为以下四点:一是确保员工完全理解有关新的福利沟通计划体系的方方面面;二是改变员工对自身在福利沟通决定方式的既有看法,吸引并留住人才;三是引导员工自觉地调整个人目标,使之与企业战略目标相一致,实现双赢;四是帮助员工找出自己在工作中的长处和不足,激励其在新的薪酬福利体系下做出最大的努力。

② 搜集相关信息。

此部分主要是搜集组织内部和外部有关福利方面的信息。组织内部信息主要是在决策层、管理层及普通员工中间,搜集他们对薪酬福利体系的看法:既包括对现有体系的评价,也包括对未来变革的设想和期望,使员工感到被尊重,获得参与感,提高对组织的承诺度。搜集内部信息可通过问卷调查法、目标群体调查法、个体访谈法、非正式组织法及绩效面谈等方式进行。组织外部信息主要是指搜集地区或行业的企业及相似性质、规格的企业的薪酬水平、薪酬结构、薪酬价值取向等信息内容,这些可以通过薪酬调查的方式获得。

③ 确定沟通策略。

不论哪个层次、部门的管理者在与员工沟通时,都应注意沟通策略,真正实现互动式沟通。管理者既要对员工绩效与薪酬福利作出正确评价、解释并予以必要的绩效指导,还要仔细聆听员工的意见和建议,了解员工真实的想法。

④ 选择沟通媒介。

常见的沟通媒介在上面已经介绍,这里不再赘述。但是值得注意的是,企业中往往是结合两种或多种的沟通媒介一起来实现有效的沟通。

⑤ 举办沟通会议。

实践中,沟通会议的主要形式有:经理或员工主题会议、部门例会、人力资源现场主体答疑会、员工意见调查会、经理与员工一对一面谈等。

组织沟通会议要注意以下内容：

- 确定会议沟通形式；
- 明确会议目的；
- 确定与会者构成；
- 确定与会者角色职责；
- 做好会议的组织准备工作；
- 科学设定会议议程；
- 做好会议记录。

⑥ 进行沟通评价。

沟通评价要求利用搜集的资料、获取的信息对福利的效果进行评估、反馈。事实上，福利沟通的评估和反馈贯穿于沟通流程的全过程，并且对全过程坚持跟踪监测，及时发现问题、解决问题，不断调整、完善福利沟通机制，使其更科学合理、更有效。

（3）福利调整。

企业进行福利调整是出于两个方面的考虑：一是经过福利沟通后，得到了员工对于福利计划的建议，因此需要调整；另一方面就是企业内外部环境的变化，也要求福利计划进行相应的调整。影响福利计划调整的有外部因素和内部因素。

外部影响因素：

① 员工工作方式的转变。随着弹性化雇佣的兴起，很多组织倾向于在特定时期内临时雇佣一些员工，当这些员工完成既定工作任务后，组织一般就会和他们解除劳动关系，而一些弹性员工也自愿成为"自由职业者"，凭借自身技术能同时在几个组织中工作并获得报酬。这种新工作方式的出现，必然会要求企业的福利结构设计进行相关的调整。

② 外部环境对员工需求变化的影响。员工对于薪酬、福利以及个人发展机会的需求是随着外界环境及个体自身条件的变化而变化的。例如，近些年来，年轻一代的职业观念普遍发生变化，一些年轻员工在从事一项工作的同时，仍在寻找下一个工作机遇，他们希望不断积累经验并增长阅历。对他们来说，增长知识与学习经验的机会可能比金钱更有诱惑力，因此企业的薪酬福利体系也应该适应员工的这种需求，并且作出相应调整。

③ 竞争对手的变化。当相关劳动力市场中的大多数组织都在进行薪酬调整和制度改革时，特别是直接竞争对手改变薪酬福利策略时，组织也应该相应作出调整决策。

内部影响因素：

① 组织在扩大规模阶段，职能和管理分工趋向精细，薪酬福利制度、体系和管

理模式都会有完善和变革的需求。

② 在组织进一步发展阶段,薪酬管理更加完善,可能出现对管理变革的需求。

③ 对于一个更加成熟的组织而言,当其在市场上具有相当高的竞争力时,员工激励可能成为薪酬管理的重点。此时,组织需要制定出有效的激励计划,突出以人为基础的薪酬福利管理。

④ 当组织面临更为激烈的竞争环境时,薪酬管理的中心又转移到提高总体效益上来,此时,应强调集中化的薪酬福利管理,关注薪酬福利体系各环节的协调、统一及对人工成本的控制等。

三、员工福利计划的未来

关于员工福利未来的预测,具有一定的挑战性,因为在这样的预测中,平常判断可能性的标准都不再适用。时间的变化、客观条件的变化,使得无数在人们预料之外的事情出现,在我们遥望员工福利计划的未来时,时间和空间的变化是我们必须要重视的。

虽然有这样的困难,但是我们依旧可以预测,由于世界经济的发展,由于人口老龄化进程的不断推进,由于技术创新的不断显现,未来的员工福利制度将更加灵活和富于变化,也将更加充满挑战。只有那些谨慎预测未来,并且根据未来的变化而灵活制定计划的企业,才能获得最为丰厚的回报。

1. 预测员工福利计划未来趋势要考虑的因素

(1)社会保障政策。

这里所说的社会保障在企业中就是指企业的法定福利,而我们所讨论的员工福利计划未来发展趋势的影响因素指的是企业的自主福利。社会保障政策与员工福利计划的发展在一定程度上是负相关的关系。当国家的社会保障政策完善,各种社会保险项目齐全时,就代表了企业的法定福利十分发达,那么这些法定福利就在很大的程度上满足了员工的需求,因此企业自主福利的发展空间不大,会限制员工自主福利计划的发展;另一方面,当社会保障制度不健全、政策不完善的时候,员工的福利需求没有得到有效满足,相应地,企业的自主福利的发挥空间变大。

(2)人口因素的变化。

不论是劳动力的构成还是退休员工的构成,都会影响到法定员工福利和自主员工福利计划。人口老龄化、退休年龄的变更、女性劳动力的大量涌入都会影响到企业具体的福利计划的设置。目前,主要的变化因素有:

① 人均预期寿命。由于人均预期寿命的提高,向现在的员工提供医疗福利和退休福利所需要资金比预期的要多,而且在不断增长。这一状况还会不断持续,因此我们必须更加重视这些长期福利计划的筹资问题。

② 家庭结构。不断变化的家庭关系依然会对福利计划的稳定和未来发展产生重大影响。女性越来越多地加入劳动力大军,并且单亲家庭的数量也在增加,由女性作为一家之主的家庭数量不断增加。社会需要更加关注照顾儿童和老人的问题,福利计划的设计中应该相应考虑员工家庭的因素,同时还要考虑如何协调那些夫妇都是员工的家庭的福利计划。

③ 人口老龄化。由于人口老龄化的到来,劳动力占总人口的比例在将来会不断地缩小,因此我们必须增加员工的收入,以使他们有足够的能力抚养家庭中的儿童、老人及体弱者。

这些变化使得员工福利计划的设计充满弹性,也具有相当的挑战性。现在,设计员工福利计划的主要挑战在于计划既要满足员工新情况下的现实需求,又要保持它提供经济保障的特点,能够帮助员工应对突发问题或经济规划不善的状况。

（3）经济因素的变化。

对于员工福利而言,未来的经济发展状况显然是最主要影响因素之一。经济发展状况良好,经济发展前景广阔,企业的富余资金较多,就会有足够的能力去发展员工福利。相反,经济环境恶劣,企业往往会为了降低成本而减少员工的工资,更不用说会发展企业的福利计划。

（4）政策变化。

政府关于社会保障及企业薪酬的政策规定,直接影响着企业的员工福利计划。正如前面章节所描述的,政府对于工时的规定、对社会保障的规定、对最低工资的规定、对劳动保护方面的政策规定,都会影响到员工福利制度的计划和设计。目前来看,政府对于社会保障的政策规划是越来越完整,对在企业中的执行也加大了监管力度。这些政策变化都使未来的员工福利计划增加了挑战性。

2. 员工福利计划的未来趋势

（1）员工福利计划的设计越来越被人们重视。

人们越来越意识到,员工福利计划极其重要,而且它应该和企业目标相联系,成为企业经营过程中的核心问题之一。因此,计划的设计问题也将在企业日程中占据更加重要的地位,同时负责员工福利的主管人员承担更重的责任。同时,技术的进步和业务外包也将使得第三方管理越来越常见。由于专业化分工的原因,还会出现以设计员工福利计划、监督计划运行为职业的新兴专业人员。

（2）员工福利计划筹资效率越来越重要。

管理成本和价值现在已经成为员工福利计划管理的核心,将来更会如此。未来影响员工福利计划的因素可能来自法律环境的变化——由于政府不断削减开支,政府会逐渐将社会保障部分的成本转移到雇主的头上。同时,在健康保险领域,政府将保证消费者更多的选择权,这也可能影响员工福利计划的筹资(未来对健康的要求还会提高)。

（3）员工福利计划的人性化趋势。

未来涉及员工福利制度时,会更加注意各计划之间的协调,使之更加人性化,以满足每个员工的特殊需求,并以此来提高员工福利设计的效率。随着劳动力结构的变化和信息技术的进步,各种富有弹性的员工补偿和福利计划将更加流行。但是,这种弹性制度是否能更好地提供经济保障,还需要时间来检验。

（4）互联网技术在福利计划中的重要作用。

互联网和交互语音系统的应用将在员工福利领域掀起一场革命。受益人能够更容易地得到大量信息,不论何时何地都可以作出决策。互联网还能帮助员工更好地理解福利计划的各种规定,促进各方的沟通,还可以帮助小规模企业"量身定做"合适的员工补偿制度。同样,互联网的发展和企业结构的不断调整,还会促进员工福利的外部采购工作(由专业机构代理员工福利系统)。

第二节　员工福利管理简述

管理就是设计和保持一种良好的环境,使员工在群体里高效率地完成既定目标[1]。如果没有有效的管理,就算规划得再好,也只能算是"纸上谈兵","美好愿景"难以成为现实。管理既是一门科学,又是一种实践艺术。管理是一切组织的根本,其根据实际情况采用各种措施和手段,如制定规章制度、让员工参与管理等,来保证员工福利成长发展的过程在预定的轨道上。因此,员工福利规划的目标需要通过有效的管理来实现,没有管理,员工福利就只存在于理论意义和形式层面上。因此,员工福利的管理也是必不可少的环节。

一、员工福利管理的定义

员工福利管理是指为了保证员工福利按照预定的轨道发展、实现预期的效果,而采用各种管理措施和手段对员工福利的发展过程和路径进行控制或调整的

---

[1]　哈罗德·孔茨、海因茨·韦里克,《管理学》,经济科学出版社,1995年,第2页。

活动。

员工福利管理可以分为广义和狭义两个部分,广义的员工福利管理是对员工福利从产生到发展的整个过程进行全方位的管理,包括:员工福利发展的各个阶段,即从低级阶段到高级阶段、从不成熟阶段到成熟阶段;员工福利管理所涉及的各种资源的配备和制度的建设,以及各种管理方式和手段的运用等。狭义的员工福利管理与狭义上的员工福利规划相对应,为了完成一个既定的中长期的发展目标而采取的各种措施和手段。

鉴于本章旨在对员工福利进行一个全面系统的介绍,故本章所讲的规划都是广义的员工福利管理。其对企业的实践意义在于:企业可以对员工福利管理的目的、主体内容等有深入的认识,掌握员工福利不同的发展阶段应该采取的核心措施和手段,以提高本企业的福利管理水平。

二、员工福利管理的三个阶段

在考虑各种影响因素的基础上,我们可将员工福利的发展分为政府强制和引导福利阶段、企业的普遍福利阶段以及员工的个性福利阶段等三个阶段①(如图6-4所示)。

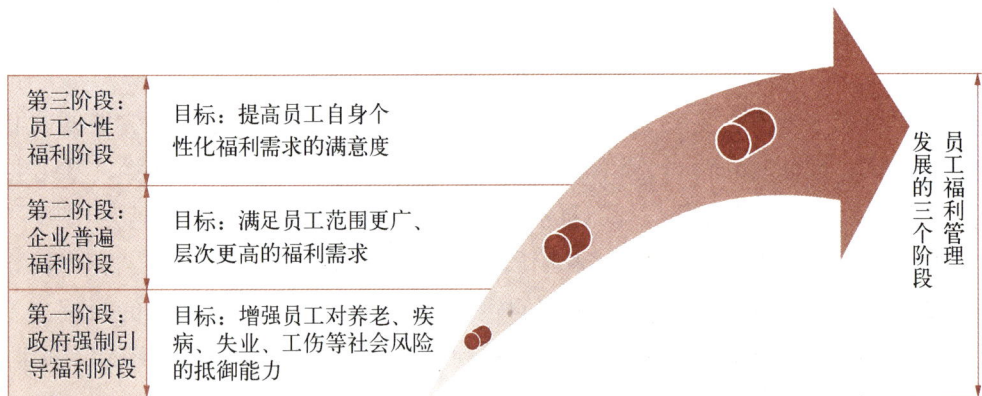

图6-4 员工福利管理发展的三个阶段

1. 政府强制和引导福利阶段

(1)阶段目标:增强员工对养老、疾病、失业、工伤等社会风险的抵御能力。

(2)介绍说明:政府的强制和引导福利阶段是员工福利规划的第一阶段。因

---

① 杨方方,"企业福利三个阶段的规划与管理",《新疆社科论坛》,2004年第2期。

为在这一阶段,政府的各项政策法规是企业制定员工福利计划和开展员工福利工作的主要依据,故称作政府的强制和引导福利阶段。企业根据政府的强制性规定和引导性的政策,为员工缴纳社会保险、补充保险项目费用,以增强员工对养老、疾病、失业和工伤等社会风险的抵御能力。

目前,我国政府已出台了相关法规政策,这些法规政策又可分为强制性政策和指导性政策。根据强制性政策的规定,企业应该为员工提供各种法定福利,包括养老保险、工伤保险、医疗保险、失业保险和生育保险五项保险项目。在为员工提供法定福利的基础上,可以响应政府出台的优惠性的、指导性的政策,给员工提供相应的补充保险以提高员工的福利水平。补充保险项目包括补充养老保险和补充医疗保险等,也就是引导性福利。引导性福利是指政府有政策引导、鼓励企业实施,但企业有权决定是否设置的福利项目。对于强制性福利,企业缴费的比例、缴费基数和手续办理程序等都有了明确的规定,政府的政策法规应成为企业在这一阶段制定员工福利规划的主要依据,企业对福利项目的设置和福利水平的确定应该遵从法律的规定。对于引导性福利,是否参加补充保险,企业有自主决定权,企业也可以根据内部员工的福利需要和偏好选择性地参加部分补充保险项目。政府对企业规划员工福利的干预和绝对影响是这一阶段的显著特点。

（3）核心管理措施:

① 熟悉政府的政策法规。

员工福利管理人员一定要熟悉国家社会保险方面的政策法规,只有熟悉相关法规制度才有可能"依法办事",才能做好法定福利的具体工作;而且了解国家的各种政策,包括一些优惠政策,也有利于企业节约成本、促进企业发展。由于社会保险方面的规范还没有上升到法律层面,都是以政府政策法规的形式出台的,故比较散乱,企业应进行全面和系统的了解。

② 保证福利管理合法性。

了解政府的政策法规,是做到员工福利合法的前提和基础,但不是员工福利合法性的保证。要保证员工福利管理合法,还要严格规范员工福利的实施过程,使其缴费基数、缴费比例和手续等都能满足各项政策规定。

③ 员工福利社会化管理。

政府的强制和引导福利阶段是每个企业都要经历的阶段,都要遵从政府的政策法规的各项规定。参加相同的保险项目、办理相同的手续,这种高度的统一性使企业采取员工福利的社会化管理成为可能。目前市场上有很多专业的人事代理机构可以帮助企业办理社会保险的缴费业务。这样,企业就不用每月亲自到社会保险经办机构填写各种表格、办理人数增减和账目核算等具体工作了。另外,对于补充保险的办理,企业一般也是要与社会上的保险机构合作才能完成,所以社会化管理是这一阶段的显著特点。

2. 企业的普遍福利阶段

（1）阶段目标：满足员工范围更广、层次更高的福利需求。

（2）介绍说明：企业的普遍福利阶段就是指企业在为员工提供法定福利的基础上，在政府的强制和引导福利阶段的各项工作实现预期目标的前提下，为了改善员工福利，以吸引、留住和激励人才，针对员工的一些具有共性的需求提供相应的福利项目。因为强调的是满足企业员工的共性福利需求，故将此阶段称作"企业的普遍福利阶段"。而且随着企业的发展、实力的增强，企业有能力也有必要改进员工的福利水平，让员工分享企业的发展成果。在实际中，企业一般都设有相应的、除法定福利以外的福利项目以满足员工的更多方面和更高层次的需求。这些具有普遍共性的福利项目一般包括住宅福利、交通福利、饮食福利、带薪休假、文体旅游性福利和教育培训福利等。当然这并不是确定的和绝对的，每个企业可以根据自己的特点设置适合的福利项目。这一阶段相比第一阶段无疑是一种进步，因为员工福利规划在考虑合法性的基础上，突出员工福利具有"福利性"这一特征，并且以员工的福利需求为规划依据，体现了企业对员工的重视、对人才的尊重。在"以人为本"管理思想为主导的现代人力资源管理中，满足人性化、个性化是企业管理追求的最高目标，因此企业的普遍福利阶段已不是员工福利发展的最高阶段，因为它没有充分考虑员工个性化的福利需求。当然，满足员工个性化的福利需求需要企业以强大的经济实力作为支撑，不是每个企业都具备这个实力的，但它仍不影响我们将满足员工个性化的福利需求作为员工福利规划的最高目标和员工福利发展的最高阶段。

（3）核心管理措施：

① 员工的福利需求调查。

企业既然已经决定建立员工自主性的福利，一定要建立一个有价值的、能满足员工需求的福利体系。因此，应该在建设企业自主性的福利系统之前开展福利调查。企业也可以参考市场上的福利调查结果，但不能过分的依赖。因为其他企业都实施的福利项目并不一定适合自己，进行企业内部的员工福利需求调查是非常必要的。只有全面地了解员工的偏好，才能建立有针对性的员工福利系统，才能将员工福利的规划和管理与吸引、留住员工更好地结合起来。要想获知员工对福利的需求偏好，可以采用问卷调查的办法①。问卷上包含一系列企业可能提供的员工福利项目，让员工按照自己的需求顺序进行排序；另外，在问卷中最好包含有员工

---

① 刘昕，《薪酬管理》，中国人民大学出版社，2002年，第280页。

的个人特征,这样企业就可以更全面地了解员工的福利需求,以便更专业地分析员工偏好什么类型的福利计划。

② 加强有效沟通。

沟通在管理中的重要性不言而喻,沟通在员工福利管理中的必要性和重要性表现在两方面:一是只有增加沟通才能增加企业与员工之间的相互了解,也才能深入了解一些问题,如员工对企业提供的现行福利项目和水平是否满意、员工的福利需求偏好是否发生变化等;二是在实践中,很多情况下员工并没有意识到组织到底为员工提供了怎样的福利,根本就没有全面地了解企业的福利系统,或者是根本没有意识到企业为此究竟付出多少成本。因此,企业有必要建立多种沟通渠道来加强企业和员工的沟通。例如,可以采用以下方法:编写员工福利手册、定期向员工发布有关福利信息、做福利报告、建立福利问题咨询机构或建立咨询电话、建立网络化的福利沟通系统等。这样一来企业不仅可以告诉员工能享受到哪些福利待遇,还可以让员工知道他们付出了多高的福利成本。另外,企业也可以获知员工对福利安排和福利管理的反馈。

③ 前期财务预算和后期效果评估。

员工福利支出的刚性和企业追求利润最大化的根本特征决定了员工福利成本的控制是员工福利管理工作的一项重要内容,而做好财务预算就是成本控制的重要步骤。另外,企业提供给员工更高层次、更多方面的福利项目,但是这些福利是否满足了员工的实际需要、是否起到了激励员工的作用,是关系到员工福利制度的有效性、关系到员工福利规划目标的实现与否、关系到员工福利支出的受益与否的问题,因此是很重要的问题,而这些都要经过调查评估才能知道,企业必须重视。因为针对的是员工的共性需求,福利支出很大,且企业对实施效果也抱有很高的期望,因此,注重前期财务预算和后期效果评估是做好这一阶段管理工作的一个重点。

④ 管理人员专业化。

员工福利数额巨大,种类繁多,管理相当困难、复杂,即使是受过正规训练、有过多年工作经验的人事经理,对此也望而生畏。常常有企业因员工福利管理上的差错,陷入财务困境。发展阶段越高,越需要专业化的管理队伍。吸引专业的福利管理人员是做好员工福利管理的关键因素。

企业的员工福利进入第二阶段即企业的普遍福利阶段,相对于第一阶段即政府的强制和引导福利阶段固然是一种进步,但并不是员工福利发展的最高阶段。因为它虽是建立在企业内部的员工福利调查的基础上,满足的也是大多数员工的福利需求,但难以满足员工个性化的福利需求,而且福利水平很有限。因此,企业还有更高级的发展阶段。

3. 员工的个性福利阶段

（1）阶段目标：提高员工自身个性化福利需求的满意度。

（2）介绍说明：员工的个性福利阶段是员工福利发展的最高阶段,满足的是员工个性化的福利需求。马斯洛需求层次论告诉我们,人的需求是有一定的层次的,其需求变化是遵循由低级到高级的规律的,因此,企业在为员工提供各种社会保险、增强员工对各种社会化风险的抵御能力的基础上,关注员工更高层次、更多方面的福利需求是适应企业的成长发展规律和员工需求变化规律的必然结果,无疑是进步和值得肯定的。但个体之间的差异性决定了员工对福利的需求不尽相同,统一的福利项目设定难以使全体员工都满意,而且由于缺乏主动参与的机会,员工对福利的感受力和满意度都会大打折扣。总之,提供个性化的、灵活性的、自主性的员工福利应该成为员工福利发展的最高目标。

（3）核心管理措施：

① 员工的主动参与。

员工的个性福利阶段,强调的是对每个员工个体的尊重和重视,满足他们个人的福利需求是这一阶段的主要目标,其具有的一个重要特点就是使员工尽可能地参与到员工福利管理中来,提高员工的主动参与性,一方面增加他们对员工福利的感知度;另一方面可以增加员工福利管理的人性化特征,体现企业对员工的尊重,增加员工对企业的忠诚度。

② 项目的个性特色。

福利项目的设定可能会超脱传统集体福利、经济福利和实物福利等范畴,针对员工个性化的需要设置一些具有特色的福利项目。如针对单身员工的"红娘"服务、针对音乐发烧友的"卡拉OK"大赛等。

③ 自助餐式的选择。

完全的、绝对的自由不可能存在。自助餐式的选择当然不可能是员工对选择的福利种类和福利数量没有丝毫的限制。"自助餐"式的福利计划,也是在遵循一定的制度规则下,赋予员工更多的自主选择权。员工在了解企业所提供的所有福利项目种类的基础上进行选择。具体方式是员工根据企业的员工福利政策和制度向企业提出申请,提交方式可以通过上网、发邮件等渠道,选择自己希望得到的福利种类。福利管理者受理福利申请,根据企业的福利规定,来决定是接受还是拒绝员工的福利申请。从这层意义上看,福利管理者能否恰当地处理员工的福利申请,很大程度上决定了员工福利的实施效果。

④ 管理机构的虚置。

管理机构的虚置就是员工福利管理人员配置的虚拟化。发展到员工福利的个性化阶段,企业的福利制度体系应该相当完备,凡事都应该"有法可依",这一阶段的一个显著特点是制度的规范作用要大过管理者的个人影响;另一个特点是现代化的管理手段和方法应该得到最充分的应用,足以使每个员工都能便捷地了解员工福利、顺畅地进行员工福利的自主选择和自我管理。再加上这一阶段强调员工的主动参与,所以,每个员工都应该实现自身福利的自我管理,企业的工会组织和人力资源部门主要担任咨询者的角色。而现代企业的工会组织一般是员工申请加入的,具有一定的流动性,这就说明了在员工福利的个性化阶段,在制度完备和技术先进的前提下,员工福利的管理应该最大限度的分散,采取虚拟化的管理机制,最大限度地调动员工的管理参与性和积极性,增加其对员工福利的满意度。

　　企业可以根据自己的管理方式和能力,结合福利现在所处的特定阶段,把握每个阶段的管理重点和可以采取的核心措施,以提高企业的员工福利管理水平。

三、员工福利管理的未来趋势

　　员工福利制度在产生不到一百年的时间里,其形式随着社会经济的发展而不断发生变化。进入 21 世纪以来,随着企业员工结构的变化,如何对企业核心人才进行有效管理已成为人力资源管理的重心。因此,员工福利管理又产生了新的变化。归纳起来,福利管理有以下发展趋势。

1. 从普惠制到重点针对核心人才的趋势

　　过去的福利制度常常是面向公司中的所有或大多数员工,与员工对企业的贡献和工作业绩并不进行挂钩,从而具有普惠性质,因而使它往往成为薪酬中的保健因素,有它不多,无它则不行,久而久之,员工渐渐将福利看成是企业必备和常规的薪酬部分,不再因为福利而感受到企业对员工的关怀,福利设立最初的目的也就难以实现,并造成企业成本的攀升。因此,现代企业在设计其福利计划时,越来越倾向于将福利也作为对核心人才和优秀员工的一种奖励来进行发放,要求员工通过努力工作来挣得福利报酬。

　　但是,这种对不同员工群体的福利项目差别对待的做法也有一些弊端。第一,管理困难。对不同员工群体实施不同福利计划就要考虑哪些岗位上或管理层级上的员工应该享受什么样的福利、他们的福利计划的种类分别应该是多少等问题,这无疑增加了员工福利管理的难度。第二,企业内部实行差别福利计划,可能会导致部分员工的不满,从而不利于组织团结,导致组织的凝聚力下降。第三,某些福利计划只适用于企业中的一部分员工的做法可能会触犯某些法律规定,同样,如果组织想通过福利计划达到减免税收的目的,在某些情况下,这种对员工队伍采取区别对待的做法也可能会引起麻烦。尽管如此,大多数企业至少区分了经理层和普通员工的福利组合,或区分了不同类别员工的福利组合,如对销售人员、技术人员、职能管理人员的福利待遇区别对待等①。

2. 员工福利的弹性化趋势

福利是企业提供给员工的一种额外的工作报酬,其目的是体现企业对员工的关怀,塑造一种大家庭式的工作氛围,但是在传统的企业实践中,很多企业在向员工提供福利的过程中,却发现不同群体的员工(如不同的年龄层次、不同性别、已婚与未婚的员工)往往对福利项目的偏好不同,众口难调,企业很难用统一的福利计划去满足员工多样性的需求;相反,企业却付出了大量的成本。当公司提供的福利与部分员工的需求之间出现脱节时,这种福利就难以提高员工的满意度。在这种情况下,企业为了减轻负担,更好地满足员工个性化的需要,于是开始设计弹性化的福利制度。这不仅仅是一个如何满足员工偏好的问题,从长远来看,这种满足员工不同需要的战略价值在于最大限度地减少使公司功能紊乱、破坏公司经营的行为——缺勤和人员调整。

弹性福利制就是由员工自行选择福利项目的福利管理模式。弹性福利在美国还有几种不同的名称,如"弹性报酬计划"、"自助餐式计划"等。它强调让员工依照自己的需求从企业所提供的福利项目中来选择、组合属于自己的一套福利"套餐"。每一个员工都有自己"专属的"福利组合。另外,弹性福利制也非常强调"员工参与"的过程。例如,美国某公司在1992年采用弹性福利制之前,还特地成立了员工福利设计小组,这个小组有15名成员,除了两位是福利部门的代表外,其他13位都是自愿参加的员工(来自不同部门)。为了了解大家的需求,这个小组还实施了角色扮演,希望从别人的角度来知道他人的需要,企图规划出大家认为最需要的福利②。

事实上,实施弹性福利制的企业,并不会让员工毫无限制地挑选福利措施,通常公司都会根据员工的薪水、年资或家眷等因素来设定每一个员工所拥有的福利限额;而在福利清单中所列出的福利项目都会附上一个金额,员工只能在自己的限额内购买喜欢的福利。

3. 员工福利外包趋势

员工福利外包趋势是指企业通过签合同把自己的福利计划完全外包给其他专业性公司来做,由他们负责员工福利制度的设计,以及员工福利的购买、发放和管

---

① 刘昕,《薪酬管理》,中国人民大学出版社,2002年,第280页。
② 梁晓梅,"企业福利制度弹性化趋向",《中国人才》,1996年第8期,第48页。

理。这种福利外包的优点是可以为企业省去许多设计和管理方面的麻烦,使企业能够集中精力专注于核心业务,而且由专业公司做出来的方案一般来讲专业化程度较高。但是其缺点也很明显,作为"外脑"的专业公司对企业的了解程度一定不如企业自己的人力资源部门的人员深刻,对企业员工的需求了解也不是很清楚,所以必须要经过深入的调查和沟通才可能设计出适合企业的福利制度。

4. 货币化趋势

目前,有些企业为了简化员工福利的管理,免去设计福利项目和迎合员工偏好差异的麻烦,提出干脆直接向员工发放与原来福利项目等值现金的想法,这样既省去了大量的行政作业,又避免了员工的多样化需求。但是福利货币化有两个很大的缺点:一是货币化改变了员工福利原有的性质,变成了企业为员工发放的"第二奖金",失去了设立福利的意义;二是采取发放现金的形式发放福利就不能够享受国家的税收优惠和政策支持,也不能够体现规模采购的好处,将来可能会使企业的人工成本大大增加。

第三节　高绩效的员工福利管理

高绩效的员工福利管理是个较新的概念。高绩效的员工福利管理是指通过一系列的福利管理的方法和技巧,最大化地节约企业资源,最大化地满足员工的福利需求,支撑组织达到高绩效。高绩效的员工福利管理系统,通过明确员工福利管理的目的、确定员工福利管理的原则,在此指导原则的基础上确定员工福利管理的主体内容,并且操作福利管理的各个流程,使整个员工福利管理系统运行高效,并且最终得出一个支撑组织发展的、高绩效的员工福利管理系统框架(如图6-5所示)。

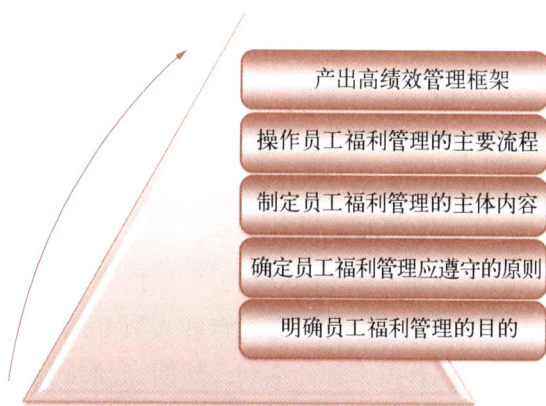

图6-5　高绩效员工福利管理框架图

一、员工福利管理的目的

任何一项管理活动都要明确其目的,这样才能达到预期的效果,不致偏离方向。员工福利管理作为人力资源管理的一个重要组成部分,提高福利的满意度、实现福利资源的效用最大化是其目的所在。

1. 确保福利决策公平,提高员工福利的满意度

员工对福利的满意度会直接影响员工福利制度的效果,福利决策公平是影响员工福利满意度的重要因素。福利管理的重要目的就是确保福利的结果公平、程序公平和交往公平。

(1) 福利管理的结果公平。

员工从企业享受的福利水平通常是影响他们福利满意度的重要因素。员工会对自己与他人的得失之比进行比较,以此判断分配结果的公平性。"得"指企业为员工提供的各种福利,包括医疗保险、养老保险、失业保险和假期等;"失"指员工在工作中投入的各种资源,包括自己的工作经历、受教育水平和技能等。员工会对自己和参照对象享受的福利进行比较。参照对象包括同事或其他企业同类员工的福利、自己过去的福利、自己需要或希望得到的福利等。员工比较的结果会直接影响他们对福利水平的满意度。如果员工认为自己的得失之比低于参照对象,就会感到不满;反之,他们就更可能会对企业的福利分配结果感到满意。员工的个人特征、工作环境、享受的福利水平不同,他们判断结果公平的标准也可能不同。

(2) 福利管理的程序公平。

福利管理工作中的程序公平主要指员工福利决策过程是否公平。员工参与企业决策过程,可增强他们的公平感与满意度。如果员工有机会表达自己对员工福利制度的看法,参与员工福利制度的制定与实施过程,就会显著提高他们对福利水平和福利制度的满意度。加拿大学者车布雷等人对加拿大企业员工的福利满意度进行了两次实证研究。他们发现,与结果公平相比,程序公平对员工的福利满意度会产生更大的影响。

(3) 福利管理的交往公平。

福利管理工作中的交往公平是指管理人员在福利管理工作中与一般员工交往的公平性。员工通常不必经管理人员审批,就可按照他们的工种、工龄、级别,或根据聘任合同获得大部分福利。然而,他们必须得到管理人员的同意,才可享受另一些福利。例如,管理人员对员工的休假时间、病假、事假、补休等福利拥有直接的决定权。因此,在福利管理工作中,管理人员对待员工的态度和方式也会影响员工对福利的满意度。这里的交往公平一般包括:① 人际交往公平,指管理人员在制定与实施福利制度的过程中尊重员工、关心员工的利益;② 信息公平,指管理人员向员工传递有关福利制度的信息、解释福利分配的过程与结果。管理人员与员工之间的沟通是影响员工福利满意度的重要因素。员工认为管理人员与自己的交往比

较公平,就会对企业的福利水平和福利制度感到比较满意。

2. 降低管理成本,实现福利资源的效用最大化

利润最大化是每一个企业追求的目标。福利资源的有限性,要求企业理顺员工福利各项目之间的关系,对福利进行有效地规划和管理,减少无端的浪费,实现福利资源效用的最大化。此外,由于福利成本呈刚性增长规律,使得企业如果不对福利进行合理地监控,其巨大的支付压力定会影响企业的竞争力;而且通过提高员工福利的管理效率,本身就减少了管理成本,从而对总成本的控制有所贡献。

二、员工福利管理应遵循的原则

1. 公平性

员工福利管理的公平性,一是强调所有员工都应享有员工福利,这是实现福利保障功能的必然要求;二是福利的管理工作要确保程序公平、结果公平和交往公平,以提高员工满意度为目标,增强员工对企业的忠诚度和归属感。

2. 激励性

在员工福利管理过程中,要重视和强化管理的激励功能。这种激励性主要是指通过设置符合员工需要的福利项目、调节员工福利的分配方案、改进员工福利管理的方式方法以改善员工福利的效果,从而达到激励和引导员工的目的。

3. 经济性

企业作为一个经济组织,追求利润是其根本目标,所以企业的每分钱都应花在"刀刃"上,企业在强调竞争力和激励性的同时也要重视经济性,尽量降低员工福利的管理成本、提高管理效率则是经济性原则在员工福利管理中的具体体现。

4. 透明性

员工福利具有福利性和普遍性的特点,它同工资奖金一样虽同属薪酬系统,但又有所区别。区别之一就是它们的机密程度不同,许多企业将工资奖金列为商业秘密范畴,而对员工福利都一致采取透明化的原则。这样设置,一是为了让员工全面了解福利体系,以便从中获益;二是为了更大范围地听取员工的意见,以改进员工福利的管埋工作。

5. 先进性

先进性是对员工福利管理的方法和手段的技术要求,是指员工福利管理的方法和手段应当应用科学技术的最新成果,体现时代特征,及时更新管理方法和手段,尽可能提高员工福利的管理效率。

6. 动态性

为了更好地实现福利目标,以适应现实社会经济环境的变化,必须实施员工福利的动态管理。员工福利管理的动态性体现在三个方面:(1)员工对福利的需求随其年龄与性别等人口因素的变化而变化,为了使福利项目的设置更加科学,福利的管理要具有动态性。反过来,福利项目及组合也对员工队伍的构成产生重要影响。如果某企业实现了非常有利的医疗保健福利,那么就会吸引和保留一些本身具有较高保健成本的人。因此,企业需要考虑福利组合所放送出去的信号是什么,以及这种信号对于劳动力队伍的构成会产生一种怎样的潜在影响,来实施福利的动态管理①。(2)员工福利管理的动态性还体现在管理理念、方法和手段的创新性、时代性和现代化方面,要在了解最新管理理念的基础上,结合具体情况灵活使用,并最大限度地享受科学技术进步带来的成果,提高管理效率。(3)员工福利方案的设计和实施与国家的相关法律结合紧密,为了确保福利的合法性以及充分利用国家对福利的税收优惠政策,福利的管理者应对国家的相关法律法规进行动态跟踪,并随之进行调整。

三、员工福利管理的主体内容

员工福利管理主要包括方案制定、财务管理、机构管理、人员管理、成本管理、信息管理和外部环境管理等内容。

1. 方案制定

方案制定结合了计划职能和实施职能,是这两项职能的具体体现。员工福利管理的一个重要功能就是如何进行初步设计并不断改进计划,以满足不断变化的市场条件、新的法律法规要求或者变革中的企业人力资源管理目标。福利方案设计的成本、企业文化、员工的需求和方案制定以前的发展状况都对福利方案的设计产生影响。方案的制定要注意以下几个问题:(1)要从宏观和微观两个层面来考

---

① 李燕萍,《人力资源管理》,武汉大学出版社,2002 年,第 326 页。

虑福利管理的各个方案,既要照顾到员工的个人需求,还要兼顾到企业的长期发展战略;（2）成功的方案设计要有良好的上行沟通和下行沟通,上行沟通是指要与企业的管理层保持良好的沟通,使得方案得到管理层的认可和支持,下行沟通是指要与员工保持良好的沟通,方案制定要充分尊重员工的意见;（3）要注意方案的制定和设计是一个不断持续的过程,它不能一劳永逸。企业必须经常对其福利方案的内容作出评估,并随着企业、市场以及技术的变化而作出相应的变化。一个好的福利管理方案必须兼顾企业短期、中期和长期的目标以及劳动力市场变化等因素。

2. 财务管理

财务预算既是员工福利计划的一个组成部分,又是执行员工福利控制职能必须考虑和依据的因素,财务预算数额的高低一般能反映企业的支付能力,鉴于其对员工福利管理所起的重要作用,故特别阐述。财务预算是决定员工福利水平的最重要因素,直接决定了员工福利的水平,在很大程度上决定了员工对福利的满意度和员工福利对员工的激励作用的发挥。财务预算有按照企业的业绩、销售额进行预算和按照人力资源成本进行预算等。其中,按照员工成本进行预算又可分为按照工资总额（人工成本）的一定比例确定和直接确定一个既定数额的办法等。财务预算应该考虑未来市场的变化、经营环境的变化、劳动成本占总成本的比率等因素。

3. 管理机构

管理机构是组织职能的一个重要体现,主要解决是否确定一个专门的管理机构和成立一个什么样的机构的问题,管理机构决定了管理人员的工作职责的分工框架。管理机构的设置是与企业规模,企业所处的发展阶段,企业发展员工福利的指导思想、具体目标等因素相适应的。

4. 人员配备

人员配备是组织职能的一个重要内容。人员配备是运用和推动组织管理体系的必要环节。制定和实施员工福利计划、控制员工福利管理过程离不开人,制度规范也需要人去推行,整个员工福利系统的正常运转都需要人来实现。因此,作为一个针对人的系统,员工福利系统本身的运行需要人的参与,提升员工的管理水平是必要的。人员配备,即有关管理人员的安排、配置、选拔、培养和考核的管理工作,可以看出,员工福利管理本身就包括一个内部人力资源的管理。只有做好相关人员的管理,才有可能做好员工福利的管理工作。

5. 成本控制

随着员工福利计划费用的增加,成本管理成了员工福利管理中的重点。成本管理长期以来一直被认为是由企业的财务部门处理的纯财务问题,但现在,人们更多地认识到它是财务部门与福利计划管理部门的共同职责。例如,为了有效地管理健康计划成本,不仅企业的财务部门,而且人力资源部门的福利管理者也必须清楚企业的人口统计特征,并且应该形成比较全面的概念。如果管理者不考虑年龄等与保健计划密切相关的特征,孤立地看待不同计划提供的福利价格,他所制定的价格肯定不合实际,并且可能带来严重的财务成本问题。

6. 信息管理

福利计划的管理活动的一项主要内容是向参加计划的员工传达有关计划程序、计划规定以及参加资格条件的信息。这一管理活动十分艰巨,因为它面临着诸多因素的挑战。第一,许多企业内劳动力构成不同,他们的教育水平、理财经验和对福利条款的兴趣不同;第二,除了在使用或获取福利时,大多数员工在其他时候对福利计划都漠不关心,例如,很少有员工对具体的病残福利计划感兴趣,除非当他们患有可能会导致病残的疾病时,他们才会真正关注该计划会给他们带来怎样的利益;第三,诸多的规章制度影响着福利计划的特征,进而容易造成人们对这些计划认知的混淆。

新的通讯技术使得雇主的沟通选择发生了翻天覆地的变化。除了书面材料外雇主或其他管理人员还可以通过电话、自动语音应答系统和互联网公布信息。员工也可以通过这些通信媒体了解其个人的福利状况。

7. 运营环境管理

员工福利的管理受到这些计划所处的运营环境的影响,近些年来,福利计划的运行环境发生了很大的变化,这些环境因素已经成为制定和管理福利计划的重要因素。影响福利计划运营的环境有政府政策、劳动力构成的转变和新的企业组织结构等因素。

(1)政府政策。

企业的员工福利的管理活动一个最基本的原则就是要遵守政府的相关政策。由于许多福利计划在设计时都要考虑到与社会保险、劳工补偿制度等社会保障制度安排相协调,所以它们不仅直接受到法律法规的影响,任何政府社会保障政策等的变化都会对员工福利的管理造成影响。

(2)劳动力构成的转变。

企业劳动人口组成结构的变化是影响员工福利管理活动的重要因素。如果企业主要劳动力由配偶没有工作的男性组成,转为以有子女的年轻女性和非传统意义上的家庭组成,这将改变福利计划的内容和补偿性质。劳动力人口分布的变化、信息记录技术的提高以及不断推出的各种福利项目,促使弹性福利计划允许员工组合自己的福利计划,改变了原始的福利管理内容。

(3)新的企业组织结构。

现今多变的经济环境会导致企业的战略重组,优化组织结构。企业组织结构变动的目的是改变企业的管理现状,消除不必要的冗员结构,优化企业资源配置,以最大限度地提高企业赢利的能力。这样的组织结构的变动会影响到企业的福利管理。因此,福利计划的管理者必须根据企业组织的新特点来设计相应的计划。如今的福利计划必须对应企业组织的战略方向、为企业确立最低的保障线以及达到挽留员工、提高企业业绩的目标。例如,员工福利计划中的由工龄决定的退休计划,就能起到挽留员工的目的,而利润分享计划则是为奖励员工完成企业设定的目标而设立的。

四、员工福利管理的框架和流程

1. 员工福利管理框架

员工福利管理的整体框架如图6-6所示。

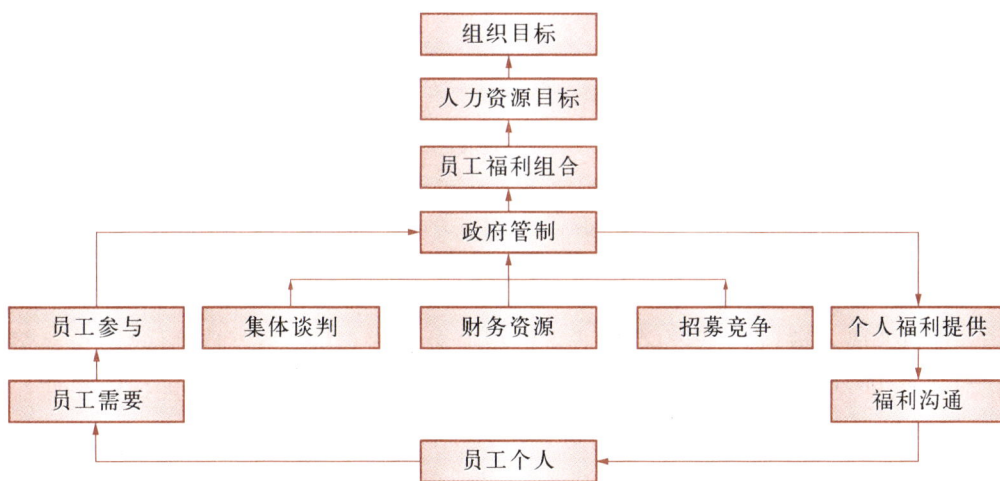

图6-6 员工福利管理的整体框架图

2. 员工福利管理流程

按员工福利管理的各项职能来安排,应该遵循以下程序,如图6-7所示。

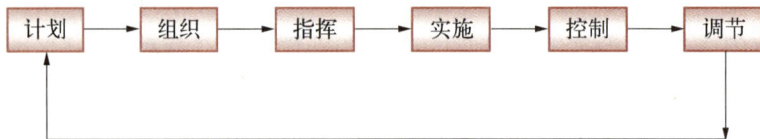

图6-7　员工福利管理流程

由于管理是由一个个具体的工作内容组成的,而管理职能是对管理内容的抽象化。用管理内容来安排员工福利管理的流程更为合理。

按员工福利管理内容来安排,对一个具体的福利项目管理应遵循以下程序①:

(1)明确具体的福利目标。

每设计一个具体的福利制度都应建立特定的目标。该目标不仅要考虑企业的规模、企业的支付能力、竞争对手的情况、与企业经营战略是否一致、企业的薪酬策略等因素,还要考虑员工的即期需要和远期需要、是否能调动员工的积极性、是否有助于吸引人才等。

(2)福利调查与基准确定。

与工资和奖金新酬制度一样,企业要设计出具有竞争性的福利制度,一个重要的工作就是要了解企业竞争对手的情况。通过各种有利的途径与方法对竞争对手的福利计划组合、福利标准等情况进行调查,以确定企业的福利制度。

(3)福利基金的筹集。

它是员工福利管理的重要内容。员工的福利基金是企业依法筹集的、专门用于员工福利支出的资金。管理者在进行福利管理时,必须确定基金的来源渠道。不同的国家与地区的企业有不同的资金来源,一般有三种筹集渠道:按规定从企业财产和收入中提取;企业自筹;向员工个人征收等。我国企业也必须按照法令的规定来提取或筹集员工福利基金。

(4)员工福利成本控制②。

企业在福利投资时,应进行成本核算,必须考虑以下几个主要因素:首先,一种福利项目的成本越高,则节约福利成本的机会就越大;其次,福利项目的增长趋势非常重要,即某些福利项目成本在当前是可以接受的,但其增长率可能导致企业在未来承受巨大的成本;最后,只有当企业在选择将多少钱投入某种福利项目会有非常大的自由度时,遏制福利成本才会有作用。企业可以通过其销量或利润估算出最高的、可能支出的总福利费用以及年福利成本占工资总额的百分比,确定主要福利项目的成本,确定每一年的福利项目成本,制定相应的福利项目成本计划。

---

① 李燕萍,《人力资源管理》,武汉大学出版社,2002年,第324页。
② 雷蒙德·A·诺伊等,《人力资源管理:赢得竞争优势》,中国人民大学出版社,2001年,第591页。

（5）福利的组织与实施。

员工福利在组织与实施过程中，应做好以下几方面的工作：一是利用各种有效的渠道宣传各项福利，做好福利沟通工作，了解员工的福利需要；二是进行员工的福利调查，搜集员工对企业各项福利项目的态度与看法、要求；三是组织实施福利计划，这是最关键的一步，也是企业人力资源管理的重要组成部分，所以，要落实每项福利计划与预算，定期检查实施、反馈、改进情况，以增强员工对企业的认同感、增强企业的凝聚力。

本 章 小 结

员工福利规划是企业薪酬战略的一个组成部分，是企业结合自己的发展目标以及对未来各影响因素的预测和分析，基于特定的阶段，对未来一定时间内员工福利的发展走向和具体路径所作的全面、规范、系统的计划。其作用体现在四个方面：（1）传递薪酬理念，支撑企业目标达成；（2）契合员工需求，提高福利有效性；（3）控制福利成本，防止福利费用的恶性膨胀；（4）便于福利管理，为福利的调整提供依据与路径。员工福利规划的制定需要综合考虑内外部的各项因素，遵循一定的原则与指导思想，有计划、有步骤地进行，确保规划的科学性、系统性和可行性。

员工福利管理是指为了保证员工福利按照预定的轨道发展、实现预期的效果而采用各种管理措施和手段对员工福利的发展过程和路径进行的控制或调整活动。首先对员工福利管理的定义作了简要介绍；其次对福利发展的三个阶段作了深入分析，提炼出每个阶段的特点、管理目标与管理的核心措施，并对未来福利管理的发展进行了预测，总结出福利弹性化、社会化、货币化及向核心人才倾斜的发展趋势；最后介绍了支撑组织发展的高绩效福利管理系统，其中包括了对福利管理原则、主体内容与管理流程、福利的制度化等的详细介绍。

案例 美国某农业局员工个人福利清单[①]

作为员工，因为可以定期收到薪水单，我们可以了解自己的薪水。薪水单可

---

① 案例来源：美国寿险管理协会，《绩效管理与薪酬福利实用表格》，机械工业出版社，2004年。

以让我们知道自己对公司做了多少贡献。

作为公司的一名员工,我们享有一些福利。因为这些福利不是通过薪水形式体现的,所以我们可能意识不到这些福利的价值。

设计这个表,目的是突出作为农业局全职员工的福利,而且能够帮助我们更多地了解这些福利。

记住：总薪水等于薪水加上福利

一、我们可以享受的福利

1．集体保险

(1) 健康保险。

① 可以从下面作选择：Acordia PPN(公共促进集团)、Anthem HMO(健康维护组织)、Healthsource Plus。

② 基础率由效用最大化的计划花费决定,建立在对每个HMO服务的区域大小上。在员工所在的区县公司给员工100%的补贴金,可以给配偶或有抚养关系的家属70%的补贴金。

③ 对于Acordia PPN,只能支出250美元;对于HMO没有任何扣减。当然,在两个计划之下,没有重叠的支出。

④ 在上述三个计划里都能体现开药处方的福利。Acordia——20%的比例用于零售药物的处方;Healthsource——50美元支出,对于一般/品牌名字的零售处方再多加五美元/十美元;Anthem——每个处方七美元(药物规定的使用)。

(2) 牙医/视力保险。

① 对于牙医/视觉的费用,只用于员工一个人或者员工和他的家庭;额外付费由员工自己支付。

② 视觉服务福利计划包括每12个月一次的视力检查(五美元),同VSP局域网提供者,每年提供一次准确的配镜检查(十美元)。在局域网外则有限地提供。

(3) 人身保险。

① 无偿给予员工年收入的1.5倍。

② 额外的可用的年收入的1.5倍,由员工支付(最多为150 000美元)。

③ 对于配偶的保险费最少要缴纳10 000美元;对于家属最少要缴5 000美元,这笔费用由员工承担。

(4) 意外事故保险。

① 保险范围包括因公司事情造成伤害的、非免除缴保险费的公司人员。保险的最大限额为75 000美元。

② 对于豁免缴保险费的公司员工,保险一直有效。最大限额为75 000美元。

③ 所有的保险费由公司支付。

（5）长期伤残保险。

① 由于疾病或伤害造成完全残疾，而失去收入的员工可受到保护，受保护的员工必须是工作满六个月以上的。

② 保险费是建立在"平均月收入"基础上的。保险费全部由公司支付的员工，必须是在公司工作十年以上的。

2. 灵活的支付制度

我们可以支配/使用税前收入来支付以下收入：集体健康/牙齿/视力保险费、长期伤残保险、医疗花销和赡养费。

灵活支付制度由保险公司来执行。我们会收到一张支出平衡表，上面记录着每笔报销费用和来自保险公司的例行说明。

3. 退休制度

（1）明确的退休金计划——所有支出由公司承担。

（2）在工作五年后才可以获得这项权利。

（3）工作十年后，年龄达到 55 岁后才可以享有早退的权利。

4. 员工激励计划

（1）目的在于激励员工提高绩效，还有可以与员工共同分享财政收入的增加。

（2）达到 5 个固定的团体目标 + 利益率决定激励性工资的数目：

——5～9 年的服务年限：每年目标完成后，用合乎条件的年收益的 1% 作为年终奖金。

——10 年以上的服务年限：当每年目标完成后，用合乎条件的年收益的 2% 作为年终奖金。

5. 休假计划

节日：

（1）新年；

（2）纪念日；

（3）独立日；

（4）劳动日；

（5）感恩日；

（6）感恩节之后的星期五；

（7）圣诞节；

（8）生日；

（9）在日历表中的个人节日；

（10）十天假期，每年由管理部门安排。

6. 符合法律要求的薪金支付

按照法律要求公司支付给 FICA 的税金，相当于付给员工薪金的总数。此外，公司还要向州和联邦失业补偿处缴纳税金，还要支付工人的补偿保险金。

7. 请假规定

（1）在每个付薪周期内，全职员工未被批准的请假次数累计不能超过两周时间的 5%。有奖金的天数可以按缺勤凭证确定。

（2）全职员工被批准的请假，符合下列要求：

——服务时间少于 1 年：65 天工作日；

——1～5 年服务时间：130 天工作日；

——超过 5 年服务时间：260 天工作日。

8. 教育资助

（1）员工工作的第一年：在合格完成课程后补偿学费。

（2）工作一年之后：员工学费支付后，首先偿还 1/2 的学费，剩下的在合格完成课程后支付。

（3）每年偿还学费的最大额不超过 3 000 美元，每学期的课程不得超过 30 小时。

（4）员工和他的一位家庭成员参加关于 CLU、CPCU、FMLI 选派的国家商讨会，公司可以承担所需的一切费用。

9. 停车问题

农业局为所有员工提供停车服务。车库和停车场所，有专人看管。每位员工都会得到一块指定的停车位。

10. 餐厅

我们的餐厅设施，由一个与我们签有协议的食品服务机构操作。公司对于一些服务提供补贴，包括早餐、午餐、晚餐和休息。

11. 可灵活支配的时间

公司提供灵活的工作时间安排，从早 7：00～下午 5：00。时间由各部门自行安排。

12. 信用凭证汇集

提供给员工的服务有：

（1）存款账目；

（2）享有银行汇票的核对；

（3）差旅现金核对和金钱清单；

（4）贷款；

（5）信用卡；

（6）圣诞/假期俱乐部；

（7）薪水册中一些必要的扣除和直接存款；

（8）ATM；

（9）自动反应系统；

（10）使用自动价格信息。

13. 其他福利

（1）直接存款。

（2）个人退休金的计算——从工资中扣除适当的费用。

（3）住房保险代理,从工资中扣除适当的部分作为个人保险支出。

（4）在自动保险业务上增加企业比率。

（5）服务年限认可计划。

（6）因疾病、个人和军事原因所造成的缺勤。

（7）因陪审和作证义务而花费的时间。

（8）与死亡相关的事情造成的缺勤。

（9）在有缺勤证明情况下,因看医生或牙医而花费的时间。

（10）举荐形式的奖金计划。

（11）工作安置计划。

（12）一年一次的绩效考核。

（13）"允许抽烟"的工作环境。

（14）小礼拜堂/礼品店/图书馆。

（15）医疗设施/职业健康护理中心。

（16）艺术中心。

（17）每周五可以穿休闲服上班。

二、涉及金钱时我们的福利意味着什么

表1　公司 1993 年各项福利支出　　　　　（单位：美元）

福 利 项 目	公司 1993 年花费	福 利 项 目	公司 1993 年的花费
集体健康保险	3 736 200	意外死亡或残疾	23 538
团体人寿保险	185 928	假期	2 970 246
个人疾病	1 234 581	家庭疾病	643 308

（续表）

福 利 项 目	公司 1993 年花费	福 利 项 目	公司 1993 年的花费
度假	38 503	有原因缺勤	1 582 019
发奖金日	268 893	工作年限奖金	109 257
工作年限的作用	475 533	退休礼品寄存处	53 957
津贴	20 170	停车津贴	83 675
教育补贴	360 000	灵活的付薪计划	85 341
401（K）	25 650	举荐形式的奖金	27 996
法律规定的费用	5 850	国家失业税	19 705
联邦政府失业税	78 754	医疗税	2 041 537
社会保障税	2 041 537	员工补偿抚恤金	
总计		14 789 161	

公司每年为每位全职员工提供这些福利,平均要花费将近 11 509 美元。1993 年我们的支付安排如表 2 所示。

表2　1993 年公司员工福利支出安排

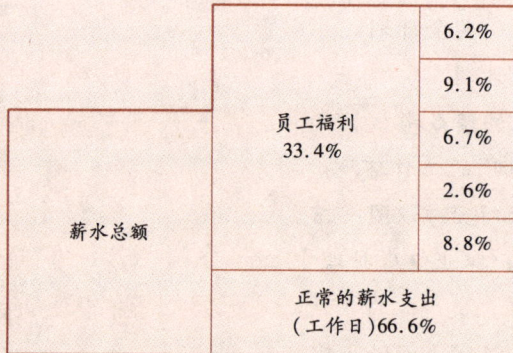

	6.2%
	9.1%
员工福利 33.4%	6.7%
	2.6%
	8.8%
薪水总额	
	正常的薪水支出 （工作日）66.6%

1993 年,员工福利计划支出占整个公司总支出的 33.4%。正常的薪水支出在总支出中占 66.6%。对于占总支出 33.4% 的福利花费,本表可以帮助我们了解它们的价值。

三、对福利的解释

有很多可行的途径可以帮助我们理解和意识到福利的存在。付款的存根可以提醒我们注意到每份工资减少和每年总额的减少。我们要保留一些有用的资源,如员工手册、退休计划手册、员工储蓄计划手册、每年公开登记的健康/牙医/

视力保险费用,以及平时灵活支付的费用、集体存档管理以及我们的总结计划描述或者成员手册,把它们作为常规基础标准。

这个小册子对于公司员工的福利进行了一个整体的描述。它并没有包含全部的内容,没有包含员工对公司及员工目前雇佣关系或前景的认同。

附录　企业薪酬制度设计表[①]

第一章　目的
建立合理而公正的薪资制度,以利于调动员工的工作积极性。

第二章　政策与程序

第一条　薪资构成

员工的薪资由月薪及年终双薪(年终分红)构成。

$$月薪 = 标准工资 + 奖金$$

$$标准工资 = 基本工资 + 福利津贴 + 岗位工资$$

标准工资为员工的合同工资,根据每位员工的任职岗位、资历、能力等确定。

基本工资占标准工资的40%,为员工的最低生活保障工资,应不低于当地的最低工资标准。

福利津贴占标准工资的30%,含国家规定的所有生活津贴及政策性补贴。不在职工作的员工不享受福利津贴。

岗位工资占标准工资的30%,不同岗位的员工,岗位工资不同。不在职工作的员工不享受福利津贴。

年终双薪(年终红利)是为体现企业对员工的关心而设立。于每年的二月份(春节前)根据企业上年度的营业情况给予额外发放一个月的工资。计算公式如下:

$$年终双薪 = 员工上月平均标准工资 \times \frac{员工上年度实际工作月数}{12(个月)} \times 1(个月)$$

年终双薪只限于对企业的正式员工发放。

---

① 资料来源:中华薪酬网 http://www.xinchou.com.cn。

第二条 奖金

奖金即月奖金,是为体现企业整体效益与员工个人利益相结合的原则,更好地调动员工的工作积极性而设立。根据企业每月经营状况,由董事会决定提取月营业额作为奖金发放。奖金实行"奖金分数制",即结合职级、部门及工作岗位设定不同的奖金分数差别,计发奖金。

第三条 职级与工资

根据企业实际情况,所有员工共分为 13 个职级。

一、行政级:1~2 级。

二、经理级:3~5 级。

三、督导级:6~9 级。

四、员工级:10~13 级。

第四条 特殊津贴

经批准的特殊津贴(如工种津贴、外语津贴等),按企业有关规定办理。由人力资源部负责核准,总经理批准后由财务部具体发放。

第五条 工资及级别确定

所有入职员工,其工资及级别由人力资源主管确定。其中五级及以上级别员工由总经理确定。入职时,人力资源部根据员工的实际情况确定员工的职级、填发《人事变动表》通知员工到职。

第六条 工作时间

工作时间指员工的实际工作时间,不包括就餐、休息等时间。员工平均每周工作时间为 40 小时。实行特殊工时制的员工将在入职时,在劳动合同中有特殊说明。

第七条 超时工作

一、企业不鼓励员工超时工作。

二、如果确属工作需要及临时性质的工作安排,导致员工超时工作,部门主管应详细填写《加班申请表》报人力资源部备案,并于超时工作发生一个月内安排员工以时间补休。

(一)未能及时安排的补休,如果没有部门主管及时的说明,将被视为员工自动放弃。员工本人亦有责任提醒直属上司或部门主管及时为其安排补休。

(二)补休时需填写《假期申请书》完成请假程序。

(三)任何时间的超时工作如予以时间行使补偿,只能以等于超时工作时间长度的时间予以补休。

三、如超时工作无法以时间补偿、需发放超时工作薪资时,应于加班发生次日前填写《加班申请书》,注明超时工作的详细理由,报请总经理审批。

经总经理批准的超时工作,可予以发放超时工作薪资。超时工作薪资按如下标准执行。

(一)于正常工作日超时工作,超时工作薪资为平均日工资的1.5倍。

(二)于公休日超时工作,超时工作薪资为平均日工资的2倍。

(三)于法定假日超时工作,超时工作薪资为平均日工资的3倍。

四、员工如属工作效率及个人原因没有按时完成上司交付的工作而导致超时工作的,企业不予考虑以时间或薪水补偿。

第八条 计算办法

一、标准工资

(一)员工的制度工作日为21.5天,即每月计算为21.5天。不足满勤者以实际出勤工作日计发工资。每月应发工资=当月实际出勤工作日×当月日工资数额。

(二)日工资计算:

$$日工资数额=当月标准工资数额÷21.5$$

二、月奖金

第九条 发放办法

一、标准工资

标准工资于每月的10日发放,遇节假日或公休日则提前至最近的工作日发放。

二、月奖金

月奖金于每月的20日由人力资源部及财务部核算后发放。

三、年终双薪

年终双薪于每年的终了、春节前发放。

四、发放形式

所有薪资均通过授权银行,以银行转账的形式发放。

第十条 试用期薪资

一、所有新进入职的员工均需经过三个月的试用期。试用期员工只享受基本工资及福利津贴,薪资按批准职位的标准工资换算。试用期满,正式合格的员工,予以增加发放岗位工资。

二、员工如遇晋升、调职等人事变动,均需经过一个月试用期。试用期薪资同上。

三、员工如遇降职、工资调低等人事变动,如果调整职位对应薪资低于员工薪资的,直接享受所调整的薪资。

第十一条　假期薪资

一、病假

员工每年享有 12 天有薪病假为全薪病假。超出 12 天部分的病假视为医疗期,享受医疗期待遇(参见表 1)。

表1　医疗期工资待遇表

参加工作年限	企业服务年限	医　疗　期	医疗期工资
10 年以下	5 年以下	3 个月(6 个月内累计)	70%
	5 年以上	6 个月(12 个月内累计)	70%
10 年以上	5 年以下	6 个月(12 个月内累计)	70%
	5～10 年	9 个月(15 个月内累计)	60%
	10～15 年	12 个月(18 个月内累计)	60%
	15～20 年	18 个月(24 个月内累计)	60%
	20 年以上	24 个月(30 个月累计)	60%

注:医疗期期间工资的含义仅指基本工资。

二、工伤假

按国家有关规定执行。

三、其他有薪假

(一)仅适用于签订劳动合同的正式员工。

(二)分娩假、计划生育假、护理假:只享受基本工资。

(三)年假、婚假、慰悼假、探亲假享受基本工资和生活津贴。

四、其他经管理当局批准的特殊假期,如外出培训等,只享受基本工资。

第十二条　事假

一、事假为无薪假,扣除请假当天的全部工资(按日工资核算)。

二、当月事假超过三天,将影响月奖金的分派数额。

第十三条　代扣款项

一、义务教育费

(一)当月实发薪资在 300～500 元之间的,为三元。

(二)当月实发薪资在 500 元以上的,为六元。

二、个人所得税

根据有关规定执行。

三、社会保险费

企业为员工缴纳的社会保险费(养老、医疗、失业、工伤及生育等),其中有员工个人缴纳的部分,由企业代扣代缴。

四、其他符合政府明文规定的应代扣款项。

第十四条 其他

一、实习生及临时工执行统一的标准工资,即全额工资。不执行试用期及岗位工资,但可享受月奖金。

二、外聘员工执行统一的标准工资,即全额工资,不享受福利津贴及奖金。

第三章 附注

一、本规定自发布之日起生效。

二、本规定的解释权及修改权在人力资源部。

复 习 讨 论 题

1. 什么是员工福利规划?

2. 员工福利规划有什么意义?

3. 员工福利规划的主体内容是什么?

4. 什么是员工福利管理?

5. 论述员工福利发展三阶段的管理特点?

6. 如何理解高绩效的员工福利管理系统?

第三部分
几种典型的员工福利计划

Employee Benefits

Management

第七章

企业年金计划

【本章提要】

在企业员工福利的各种方案中,企业年金占有重要的地位,也是比较普遍的福利计划之一。它是员工现期工资收入的延期支付,对保障和提高员工年老退休后的收入有重要的影响作用。本章的学习要点在于以下几个方面:

(1) 了解企业年金的功能、分类与分配方式;

(2) 弄清企业年金的治理结构、市场经营主体及投资运营方式;

(3) 清楚对企业年金进行内部管理所要做的工作,以及怎样设计合理的企业年金方案;

(4) 明白政府在企业年金计划中的作用。

第一节　企业年金概述

企业年金,又叫补充养老保险、职业养老金、私人退休金等,是企业为员工提供的养老金福利,是员工退休后获得的收入。在员工工作期间,通过缴纳一定的保险费和投资运营进行资金积累,直到老年时才可以享用,因此它是一笔延期支付的工资收入。我国对企业年金的界定是"企业及其职工在依法参加基本养老保险的基础上,自愿建立的补充养老保险制度"[1]。

一、企业年金的性质和特点

对于企业年金的性质,可以从三个方面来认识:从宏观角度看,企业年金是整个社会养老保险体系的"第二支柱",是对国家建立的基本养老保险制度的一个补充;从微观角度来看,企业年金是市场经济体制下企业薪酬福利结构的一部分,是企业用于吸引人才、稳定高素质员工,以提高自己在市场上竞争力的重要手段。但它不像工资那样即期支付,而是必须在退休后方可领取。因此,工作时间越长、积累资金越多,对员工越有利。而对企业年金的所有者——员工来说,企业年金属于私人经济范畴,是私人产品。年金基金在经营中一般独立于公司本身的资金和业务,即使公司破产,员工仍然可以领到企业年金。因此,企业年金还是以民间储蓄为基础的私人养老金。

与基本养老保险制度相比,企业年金具有以下五个特点。

(1)基本养老保险制度一般是政府强制实施的、统一的养老金计划,管理机构的经费纳入财政预算由政府统一安排,政府机构进行管理。企业年金计划在大多数国家一般由企业自愿决定是否建立,并自主选择管理和运作方式。

(2)养老金是公共产品,而企业年金属于私人产品。因此,政府对企业年金一般不直接承担责任。政府对企业年金的作用主要表现在立法、税收政策和监管三个方面。

(3)基本养老保险筹资模式一般采取现收现付制,通过代际赡养来提供养老保障;而企业年金则大多采用积累制,实行个人保障。

(4)基本养老保险基金由政府机构管理和营运,保值增值的手段通常是银行储蓄和购买国债;企业年金主要是通过资本市场,如各种金融机构来运作,投资手

---

[1]　参见劳动和社会保障部20号令《企业年金试行办法》。

段更多样化。

（5）基本养老保险注重公平原则,收入再分配的色彩突出;而企业年金更注重效率原则,在企业内部人力资源战略中是具有激励机制的福利手段。

二、企业年金的功能和外部条件

企业年金具有四个方面的功能,即保障功能、分配功能、激励功能和理财功能。

1. 企业年金是公共年金计划的重要补充和扩大,提高了老年人的收入水平

企业年金计划的建立,分散了老年收入的风险,提高了保障的功能。公共年金计划的目的是向所有老年人提供收入补偿,因此是低水平的收入保障。企业年金是对基本养老金的补充,是第二份老年收入。在工业化国家,企业年金的目标替代率(相当于退休前工资的比例)一般为 20%~30%,与公共年金合起来可达到 60%~70% 的总替代率水平。

2. 企业年金是在工资、奖金、津贴、股权和期权之外,雇主对员工分配的另一个重要手段

工资、股权和期权等属于现期分配范畴,企业年金则属于延期分配范畴。员工不仅关心自己眼前的利益,而且还关心自己未来的长远利益,特别是中老年员工,更加看重退休后的收入分配。因此,企业年金为企业提供了满足不同需求的分配方式。

3. 企业年金是提高劳动生产率和增强企业凝聚力的重要手段

企业年金是企业自主创立的,企业多缴一分钱,员工就多享受一份福利。福利越好的企业,越具有吸引力和凝聚力。同时企业年金一般是按照效率原则建立的,工资收入高、工作年限长的员工可以积累更多的养老金,所以有激励员工努力工作的作用。

4. 企业年金的投资经营还会带给雇员丰厚的经济回报

企业年金基金在个人账户的积累和储蓄过程中,一般会对退休基金进行投资经营,以获得高的收益,使基金保值增值。与雇员相比,雇主在金融方面更具有优势。因为投资本身是一项专业化相当高的复杂活动,对于普通员工来说他们不具备这方面的经验。因此,由雇主进行的投资(通过市场运作)将为雇员的养老基金提供一定的保护,减少基金的投资风险,扩大投资的收益。

一个企业年金计划至少需要四个要素的支持或者外部条件:一是建立运行规

则;二是制定税收优惠政策;三是设立经办机构;四是建立风险预防和担保机制①。这四个要素基本上都是政府的职能,或者说是政府间接管理企业年金的方式。尽管政府不直接参与企业年金的经营活动,但从宏观上看,企业年金是整个社会保险体系的一个组成部分,因此政府对企业年金计划一直持鼓励和支持的态度,通过一系列的相关政策推动企业年金计划的发展。

三、企业年金的分类

企业年金可以依不同的标准划分为不同的种类。

1. 根据创立主体不同,可分为由单个企业创立的和由多个企业(行业)创立的企业年金

单个企业创立的企业年金计划在英美国家比较多见,如美国的通用汽车公司就是由本企业创办和管理雇员的企业年金。行业的企业年金计划在欧洲大陆国家较常见,如丹麦、荷兰和法国,它通常是由同一行业的多家企业联合建立的,许多企业年金计划都是建立在全行业或企业协会的基础上的,其目的是减少单个企业经济效益对保险待遇水平的影响,便于劳动力在本行业内流动。

2. 根据供款来源不同,企业年金可分为个人缴费企业年金计划和个人不缴费企业年金计划

无论哪种情况,雇主或企业都要负担缴费(雇主一般负担一半以上),所不同的只是个人是否缴费。多数国家实行的是个人缴费的企业年金计划(个人一般负担1/3 到1/2)。个人参与缴费,雇员就会更加关注这项计划,对基金运营和管理进行监督;个人不参与缴费,基金管理成本较低,雇员在流动时基金的转移比较容易。

3. 根据决定因素不同,企业年金计划可分为强制性、自愿性和集体谈判决定的三种

在强制性的企业年金计划安排下,政府通过立法,要求每一个企业都必须举办企业补充养老保险,职工个人也不得退出。法国、瑞士、丹麦、荷兰和澳大利亚等国家属于此类。自愿性的企业年金计划是由企业自主决定是否举办企业补充养老保险。实行企业年金的大多数国家都采用自愿性的制度安排。还有一些国家通过劳

---

① 孙建勇,"政府在企业年金领域的角色",在"清华—平安'中国企业年金市场论坛'"上的报告,2002 年12 月7 日。

资双方集体谈判的方式决定是否举办补充养老保险制度,如瑞典。

4. 根据筹资方式不同,可分为积累制的和现收现付制的企业年金计划

企业年金计划一般都采取积累制,法国是唯一的例外,它实行全国统筹、现收现付的强制性企业年金计划。

5. 根据缴费和受益的关系不同,可分为待遇确定制(Defined Benefit,DB)和缴费确定制(Defined Contribution,DC)企业年金计划

前者年金的给付水平是事先规定好的,取决于退休前员工的收入水平和就业年限。它既可以是建立在现收现付(多数情况下如此)基础上的,也可以是建立在积累制基础上的,这一点类似于公共年金计划。后者缴费比例是预先确定的,雇员退休后根据个人账户上历年的缴费及资金的积累情况领取养老金。这种模式都是完全积累式的,其年金给付水平受制于积累基金的规模和投资收益,雇员要承担基金的投资风险。两者的区别详见表7-1。从工业化国家的情况看,一般国家公务员及军队军官的企业年金采取现收现付待遇确定制的办法;私营部门则多数实行完全积累的缴费确定制的办法。

表7-1　DB计划与DC计划的比较①

	DB　计　划	DC　计　划
收益的确定性	较早就能够计算出退休后可以得到的养老金收入	直到退休时,才知道个人账户的资产积累
账户管理	不建立个人账户	建立个人账户
是否具有现金平衡特点	否	是
是否具有交叉补助的特点	有(青年人对老年人、男性对女性、短期服务者对长期服务者、职业收入稳定者对退休前收入飙升者)	无
对精算的要求	高	低,在退休收入转化为年金方式领取时需要
对服务时间的依赖	大	小
投资决策	雇员不参与投资管理和投资选择,投资决策主要由雇主负责	由雇员选择资产管理人或选择投资方向
投资风险	雇主承担投资风险,投资收入的降低由雇主来补偿	雇员承担投资风险,投资收入的任何降低都由雇员自己负责

---

① 刘云龙、傅安平,《企业年金——模式探索与国际比较》,中国金融出版社,2004年,第23页。

(续表)

	DB 计 划	DC 计 划
长寿风险	雇员寿命高于平均预期寿命,长寿风险由雇主承担	雇员寿命高于平均预期寿命,长寿风险由雇员自己承担
收益风险	企业的赢利能力、雇主破产的可能性等;雇员离职、收入的非线性增长	受雇主或雇员自己财务能力的影响,供款减少; 投资收益水平低,影响资产积累
成本管理	主要取决于投资收益率、达到退休年龄的员工人数、工资增长比率、涉及养老金计划的政策变动	雇主主要负责缴费的收取和登记管理,容易控制开支,对中小企业和新企业特别有吸引力
与企业规模的关系	大企业,特别是雇员众多的特大型企业,有积极性建立此种计划	建立 DC 计划与企业规模和雇员人数的关系不大
可携带性	低	高
雇员的认可程度	收益计算公式复杂,雇员不参与投资决策,收益实现久远。目前,雇员的认可程度降低	建立个人账户,雇员直接参与投资决策,管理的透明度高。目前,雇员的认可程度提高

在 DC 计划模式中,又可以按照具体的年金项目(以美国为例)将企业年金计划分为员工持股计划(Employee Stock Ownership Plan)、利润分享退休金计划(Profit Sharing Plan)、401(K)计划、股票红利计划(Stock Bonus Plan)、货币购买年金计划(Money Purchase Pension Plan)、简易雇员退休金(Simplified Employee Pension)、基奥(Keogh)计划等(参见图 7 - 1)。

(1) 员工持股计划,是以雇主公司股票的形式分配养老金的计划。在一般雇员持股方案中,公司把免税的股份或现金交给信托公司,信托公司将公司股票或用现金缴款购买的股票记在参加此项福利的雇员个人账户下。作为一种养老金计划,雇员退休时得到的养老金收入取决于那时的股票价值。

(2) 利润分享计划的规则与员工持股计划很相似,所不同的是对于投资到养老金个人账户的资金来说,前者的资金是已经赚到的利润;而后者的资金是公司的股票。两者的投资风险也不同,利润分享计划风险要小一些,因为雇主通常使用不止一种投资工具(各种股票、基金和政府债券等);而员工持股计划的风险相对大一些,因为它只使用一种投资工具——本公司的股票[①]。

需要说明的是,员工持股计划和利润分享计划不光仅仅用于企业养老金计划之中,尽管事实上多数企业主要用做企业年金计划。它们还常常用在企业的其他即期分配的福利计划当中,作为将企业与员工利益紧密联系的纽带和激励员工的手段。

---

① 约瑟夫·J·马尔托其奥,《战略薪酬》,社会科学出版社,2002 年,第 279 页。

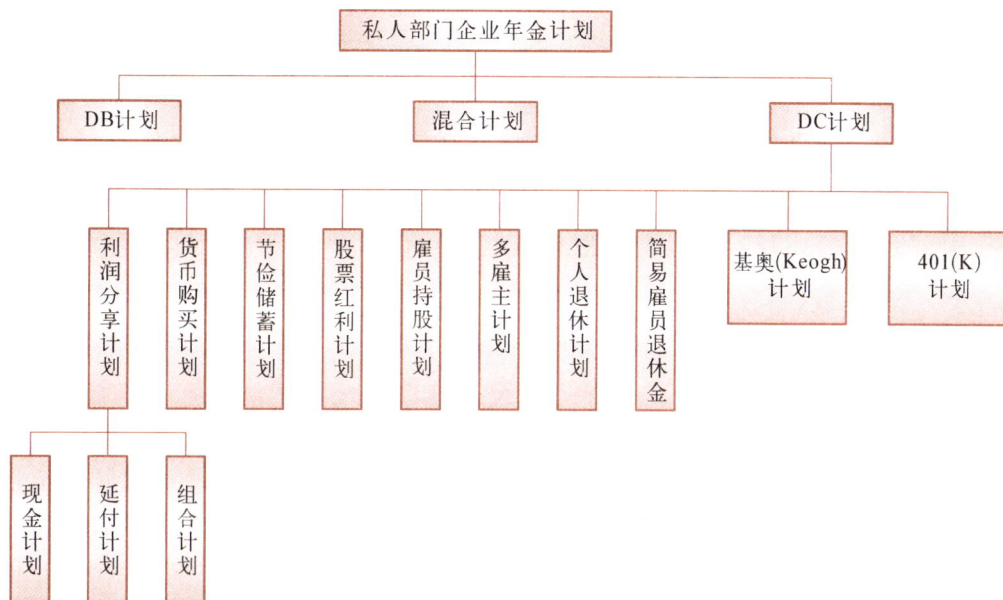

图 7-1 美国私人部门企业年金计划①

比如英国,在实行利润分享计划的企业中,将企业员工 20% 的工资收入同其服务的企业利润挂钩,随着企业赢利状况进行浮动,与利润相联系的收入的 1/2 可免缴所得税②。

(3)股票红利计划类似于员工持股计划,它所提供的养老基金一般是以雇主股票的形式进行分配的,其运作的方式、方法等要求与上面两个年金计划相同。

(4)货币购买年金计划与前面介绍的几种年金计划有很大的不同,即资助该计划的雇主不是根据公司营业或利润情况来决定缴费的,而是按照一个确定的公式所计算的结果缴费,然后计入员工的个人账户,员工的退休金取决于个人账户的积累。通常缴费额度与雇员的收入相关,是一个固定的值。因货币购买年金计划缺乏灵活性,故不少雇主不愿意参加。但另一方面,选择此计划的雇主每年得到的减税要比资助利润分享计划或股票红利计划的高 10%,因此具有税收优惠的优势。这种计划多用于小企业,雇主想为雇员缴纳保险费,但又不愿意担保退休金的水平。

(5)简易雇员退休金,是一种管理起来十分方便、简单的年金计划,主要是针对中小企业或个体经济单位的需要来安排的。雇主根据计划书为所有参加该计划的雇员进行缴费,存入每个雇员的个人账户。雇主的缴费额不超过所有参加该计

---

① 李秀芳,"美国企业养老金计划研究",中国首届企业年金与保险发展论坛专题报告,2003 年 4 月 15 日。
② "如何激励知识型员工",见"金企新闻中心":www.yhbb.com.cn,2003 年 9 月 18 日。

划的雇员年薪的 15% 的部分,可以从公司的当期应税收入中扣除。根据美国《税收法》,一个雇主为每一个雇员每年所缴纳的年金基金最多不超过三万美元①。

(6)基奥计划是由美国国会议员基奥提出,经过国会通过的企业年金计划,主要是用于美国独资或合伙企业。在此计划中,企业可以享受减免税收的优惠,并且每年可以提存 25% 的收益额,最高限额为三万美元。如果一位自营职业者为它的雇员向基奥退休金计划缴纳年金保险费,可以免除自营职业税②。

四、企业年金的分配

如前所述,企业年金根据给付方式可以分为待遇确定制(DB)和缴费确定制(DC)。前者通常是雇主向雇员允诺其退休后能拿到多少退休金,由精算师依据这一待遇水平计算出每年应储存(缴费)金额。这一点非常类似于公共年金计划。退休金计发办法大致有四种形式。

1. 统一福利计划

即向每一个参加年金计划的退休雇员提供一个固定数额的退休金(如每月 500 美元)。退休金与参加者的工资收入和工龄没有任何直接的关系。

2. 根据雇员工作年限及退休前几年的工资水平确定

如美国此类计划的一个典型例子是,给付标准建立在雇员最后三年或五年平均年薪基础上,所需资金由雇主负担。雇员退休时,根据其工作年限长短,按不同比例计发退休金(参见表 7 - 2)。

表 7 - 2   按"待遇确定制"计发的退休金比例③

工 作 年 限	计 发 基 数	计发比例(%)
满 5 年		20
6 ~ 10 年	最后 3 或 5 年的工资	40
11 ~ 15 年		50
16 年以上		60

---

① 林弈,《美国的私有退休金体制》,北京大学出版社,2002 年,第 192 页。
② 同上书,第 92 页。
③ 董克用、王燕,《养老保险》,中国人民大学出版社,2000 年,第 56 页。

3. 将参加者的工龄与工资收入相乘,再乘以一个百分比(系数)来确定退休金

如某公司企业年金计算公式规定,公司退休金的系数为1%。如果一个雇员在30岁时参加了该计划,在到45岁时的这15年中每年工资收入15 000美元;而在从46岁到65岁退休的这20年中,每年挣20 000美元。那么他的年退休金为:

$$1\% \times 15\,000 \times 15 = 2\,250(美元)$$

$$1\% \times 20\,000 \times 20 = 4\,000(美元)$$

$$2\,250 + 4\,000 = 6\,250(美元)$$

即该退休员工每年可从其退休前工作的企业得退休年金6 250美元。公司年金系数是一个比较灵活的变量,有些企业随工龄的增长加大系数值,比如,50岁以下的职工的系数是1%,50岁到65岁年金系数为1.5%。依美国《税收法》第415款的规定,DB年金的给付不能超过13 500美元/年,或是享受者三个最高年薪的平均数。

4. 按养老金收益和服务年限计发

如雇员在本企业每服务一年,可享受240美元养老金收益。一个员工在这家企业服务满20年,则可享受4 800美元/年的养老金。

待遇确定制(DB)的企业年金计划一般由雇主单方缴费,但有时雇员也需向企业年金计划缴纳其工资的一定百分比,由雇主弥补剩余的部分。实行待遇确定制的优点是收益额明确,雇员,特别是制度实行初期的几批雇员,晚年生活有保障。因为如果根据公式计算,雇员在退休后每年可获得1 000美元的退休金,那么直到该雇员去世都可以按时收到。但是,在通货膨胀的情况下,由于企业年金很少与物价挂钩,这种保障并不是十分可靠的。在制度初建时期往往对问题估计不足,给予退休人员较丰厚的待遇。但随着制度的成熟,退休人员越来越多,而待遇水平又有着较强的刚性,资金需求就会膨胀,企业将不堪重负,甚至导致制度的破产。

缴费确定制(DC)一般是先确定缴费比例,由雇员和雇主或只由雇主缴费,计入雇员的个人账户。到雇员退休时,根据个人账户中缴费的积累额(包括本金、利息和投资利润等)一次性或定期支取年金。这种计划是完全积累式的,基金通常由寿险公司或其他金融机构运营。雇员退休时,可从以下三种办法中选择一种领取退休金:(1)一次全部支出,但要纳税,税率较高;(2)按月支取,按月纳税,税率稍低;(3)转存入银行,不需纳税。

实行缴费确定制的优点是投资风险分散,由原来完全由雇主承担,变为雇员和

雇主分担;雇员流动障碍更小(因实行个人账户积累制,账户可随个人进行转移);管理成本较低;投资更具多样性,故而雇员也能有机会更多地得到投资收益。其缺点是基金保值增值的压力很大,雇员需要承担基金投资失败的风险。

目前,大多数工业化国家的企业年金计划还是待遇确定制的,但从近年来的发展情况看,待遇确定制有向缴费确定制转变的趋势。如在美国,据有关部门统计,截止到 2001 年,美国全部养老金计划的资产为 10.89 万亿美元,其中,联邦和州政府雇员养老金 22 240 亿美元,联邦政府 DB 计划 7 660 亿美元,私营养老金 DC 计划 24 520 亿美元,私营 DB 计划 18 650 亿美元,个人退休金账户(IRA)24 060 亿美元,养老金年金 11 800 亿美元。以 401(K)计划为代表的 DC 型计划增长最快,占养老金市场的份额从 1990 年的 19% 增长到 2001 年的 22.5%。而 DB 计划所占份额从 1990 年的 32% 下降到 2001 年的 24%。截至 2001 年底,401(K)计划资产累计接近 1.7 万亿美元,覆盖 4 200 万人①。

DC 计划近几年发展势头强劲的原因主要有以下三个方面:

(1) 雇主认为 DC 比 DB 节省开支,管理也更简便。在 DB 计划中,雇主一般要完全承担缴费责任,而且缴费方式、管理要求、费率精算、提款办法等都有复杂而严格的规定,管理十分烦琐。在 DC 计划中,雇员也要参与缴费,而且雇主还可以根据公司的赢利状况进行缴费,这样就节约了雇主的成本开销。在管理上,将个人账户交由市场(保险公司、基金公司等)运作,也大大简化了雇主的管理程序。

(2) 雇员也欢迎 DC 计划。每一个雇员都有一个年金账户,雇主和本人的供款都记录在上面。制度规定企业主有责任定期向雇员告知其个人账户的资金积累情况,这种信息公开和透明的做法很受雇员的拥护。而在 DB 计划中,因为不是通过个人账户积累资金,实际上是一种年金权益的积累,所以雇员在退休前对自己退休金的多少并不清楚。

(3) 两者的投资手段不同。DC 计划可以进行更加广泛的、风险和收益都比较大的投资,如资本市场(主要是股票市场)。适逢美国过去十年中股票市场经历了前所未有的强势增长,使许多参加 DC 计划的人得到了可观的收益。DB 计划只选择稳健的投资项目,如有固定收益的投资工具(银行存款和国债等),相比较而言,投资收益比较低。

一般说来,企业年金(DB)的水平,相当于退休前工资收入的 20%～30%,视工龄不同而有所差异(见表 7-3)。

---

① 参见信安养老金专栏(之七):"成功设计缴费确定型退休金计划的要素",《中国劳动保障报》,2004 年 11 月 18 日。

表7-3 企业年金的替代率①

退休前的最后年收入(万美元)	20 年的工龄(%)	30 年的工龄(%)
1.5	21.6	31.5
2	19.5	28.5
2.5	18.9	27.6
3	18.9	27.4
3.5	19.1	27.4
4	19.2	27.5

五、企业年金与人力资源管理

根据有关调查,雇主决定是否建立企业年金计划,所关注和考虑的重要问题有七个方面:(1)相对于员工的需要而言,现在向员工提供的福利是否充足;(2)相对于同业公司和同地区的企业而言,本企业的薪酬计划是否具有竞争力;(3)相对于已经提供的福利计划而言,建立企业年金计划是否重复并产生浪费;(4)建立企业年金计划对雇员的激励作用究竟有多大(通过敏感性分析报告来判断);(5)建立企业年金计划对实现人事和招聘目标有多大的帮助(通过相关性研究报告来判断);(6)建立企业年金计划对企业成本控制有多大的影响(通过财务分析报告来判断);(7)建立企业年金计划是否满足法律、监督、税收等方面的要求。

由上可见,企业年金计划与人力资源管理的关系是十分密切的。具体表现在:

(1)企业年金计划是提升企业在同行业中竞争力的重要手段。现代企业的竞争主要是人才的竞争。随着我国市场经济的发展,人才的流动性越来越强,尤其是同行业不同企业员工之间的流动。拥有企业年金的企业,员工可以获得补充养老金。养老保险待遇的提高,填补了基本养老保险替代率下调留下的空间,为员工免除了后顾之忧。因此,企业年金有利于企业留住核心员工,稳定员工队伍并吸引急需人才,促进企业经济效益的增长和长远发展战略的实现。

(2)企业年金计划有助于企业实现国际化人才战略。随着中国的改革开放,三资企业源源不断地涌入中国,一方面带来了先进的生产技术和经验,另一方面也带来了国际化的人才战略。以信托基金模式运作的企业年金制度本身就是一个舶来品,它吸收了众多发达国家的先进经验,成为这些国家雇员福利的一个重要组成

① 林弈,《美国的私有退休金体制》,北京大学出版社,2002 年,第 31 页。

部分。企业年金已经成为国际化人才战略的重要组成部分,它势必会对中资企业留用人才的制度带来冲击。因此,按照国际惯例建立企业年金计划,也是防止人才流失到外资企业、提升企业人才战略的重要手段。

(3)建立企业年金计划能够实现企业的远期激励目标。一个科学的薪酬福利方案,不仅应该包括企业的当期激励手段,如现金形式的工资和奖金,也应该包括企业的远期激励手段,如养老金、医疗保险和员工持股计划等。企业年金的福利安排,使企业的薪酬福利体系更加科学化,有利于提高员工的忠诚度。如果在员工的福利方案中没有任何延期分配,那么企业的人力资源规划就是不完整的。

(4)建立企业年金,能够实现对企业内部不同贡献程度员工的激励。企业可以自主决定年金的缴费水平,特别是企业方面或雇主的缴费水平。对于贡献较大的员工,企业可以提高为员工缴费的配套资金,使企业的经济效益和个人的劳动贡献直接挂钩。有利于企业建立长期有效的人员激励机制,增强市场竞争力和企业对员工的凝聚力,拉开行业、企业、员工之间的养老金收入差距,发挥企业年金的效率功能。

六、企业年金的理论依据

可以用于解释企业年金合理性的相关理论论述很多,著名的有"雇主父爱主义"理论、"持久收入假说"、"生命周期假说"、"人力资本折旧"理论、"延期支付"理论和"权益积累后置性"理论等。本章主要介绍后三个理论。

1. 人力资本折旧理论

1912 年美国学者史格尔(Lee Welling Sguier)指出,"从整个经济社会制度的角度来说,雇主并无权力约束雇员,在任何一个工作职位上耗尽其个人劳动生涯达 10 年、20 年或 40 年之久,使得年迈体衰的雇员,恰如在茫茫大海中没有主人的弃船一样,被遗弃于广大社会中浮沉"①。这段话已经隐含了人力资本折旧的问题,并表达了雇主对雇员人力资本折旧负有责任的思想。

人力资本折旧理论,实际上就是将雇员的人力资本价值比喻为同厂房或机器的生产成本一样,将生产成本与劳动力成本等同看待。在生产中,厂房和机器等物质资料因为长期使用而发生损耗,所以要进行厂房和机器的折旧。而人力资本在生产的过程中,也要发生消耗,表现为劳动力随着年龄的增长,劳动力的体质下降,甚至到老年时会完全丧失赚取收入的能力。所以,为雇员支付退休金,就如同雇主

---

① 邓大松、刘昌平,《中国企业年金制度研究》,人民出版社,2004 年,第 8 页。

对厂房、机器进行成本分摊——折旧一样,是雇主对劳动力支付的修复或补偿费用。雇主有义务承担劳动力资本折旧的补偿,提供退休金是雇主对年迈的退休雇员不可推卸的社会责任。

1946 年,美国矿工联合会在争取建立一个福利基金时就采用了这一理论作为支持。该会认为,在煤矿行业中,对人力资本的照料成本与采矿机械的重置成本、赋税成本、支付债务利息的费用以及其他为生产一吨煤所发生的成本一样,都是真实的。产业资方对其雇员负有义务,不能到煤矿工人不能再消耗,或伤残到无法修复的程度时,将其生死交给社会上的慈善组织或国家的最低帮助。

美国总统委员会在 1949 年对钢铁工人劳资纠纷的报告中也采用了人力资本折旧的理论,将人力与机器进行了类比,目的是支持其管理方有责任为工人提供保障的结论。报告指出:"我们认为,在政府计划不够的情况下,所有产业部门都有义务为工人提供医疗等福利以及老年退休的折旧——就像为目前厂房和机器所做的那样——以维持人力。"报告还说:"这对钢铁工人意味着什么? 它意味着必须以企业年金或退休生活补贴等形式的收入来为人力的完全折旧(如到 65 岁)提供保障。"①

但是有不少专家对企业年金的人力资本折旧理论并不认同。其理由是:人体老化的过程是生理性的,并非雇佣关系造成的。虽然某些职业损害的确缩短了职工的寿命,在这种情况下,雇主理应对由于职业损害造成的加速衰老负责,但这并不能成为雇主为所有退休雇员支付养老金的理由。这种理论的错误还在于,将人力和机器简单类比存在着内在的谬误。机器是雇主拥有的私人资产,折旧只是将设备成本分摊到不同的会计年度的一种会计方法。而雇员则是以某一特定的工资向雇主出售其服务的自由人。他可以从一个雇主转到另一个雇主那里工作,这一点与机器不同。人与机器的区别太大,将这一理论作为企业年金的合理性的基础是值得怀疑的。

2. 延期支付理论

由于人力资本折旧理论在解释企业年金上的不足,近些年延期支付理论被学术界普遍接受,并在退休金理论中占有重要地位。延期支付的概念最早来自美国学者如德(Albert de Roode),他在 1913 年提出:"要充分了解老年退休金概念,则须将退休金给付视为其一部分。虽然退休金费用可由劳资双方共同分担,但目前的趋势应全部由雇主负担。由于雇主往往取消现金工资的增加,以建立退休金制度,使得退休金费用由雇主负担的观念混淆不清。这种行为无疑使雇员以放弃其货币

① 杨燕绥,《企业年金理论与实务》,中国劳动社会保障出版社,2003 年,第37—38 页。

工资增加为代价来换取退休金,使雇主将退休金费用转嫁给雇员承担。"①

以上论述实际上揭示了退休金和货币工资的关系,即退休金就是延期支付的工资。雇主支付给雇员的工资报酬可以分为现期的货币工资和延期的货币工资(退休金)两部分,都是雇主雇佣劳动力的要素成本。不过雇主有时可能选择将原打算增加雇员现期货币工资的资金挪至未来的退休金上,以现期货币工资减少为代价来换取退休后的收入。其结果是工资总量并没有变化,变化的是获得这笔报酬的时间。因此,退休金作为延期支付的工资是对劳动所得进行时间上的再分配,这种福利安排比较符合雇主经营管理的需要,同时也显示出比较合理的退休金理论构架。

3. 权益积累的后置性理论

企业年金具有激励和稳定员工的功能,"权益积累的后置性"理论对此进行了解释。权益积累的后置性是指,在员工的整个就业生涯中,就业后期对其养老金收入的影响最大。即雇员在临近退休时每年积累的养老金权益要大于年轻时每年积累的养老金权益,也就是说,雇员的养老金权益主要是在该公司工作的后期积累起来的。这意味着,在其他条件不变的情况下,如果频繁地变更工作,该雇员所积累的养老金权益要远远低于只为一家公司服务时积累的养老金权益。据美国国家会计署的分析,一个雇员在五个有相同 DB 型企业年金制度的公司工作后积累的养老金为每年 9 800 美元,在实行相同的 DC 计划的公司工作积累的养老金为 12 100 美元;而在同样 DB 型计划下只为一家公司工作积累的养老金为 19 100 美元。这说明在离开公司的雇员和一直留在公司的雇员之间存在着养老金收入再分配。经济学家对后置性现象提供了经济学解释。布娄(Bulow)和斯克尔斯(Scholes)认为,这主要是由于老职工在公司工作的时间较长而积累了专属于该企业的人力资本的缘故,养老金权益积累具有后置性实际上也是因为其中包含了对这一部分人力资本投资的回报②。

七、企业年金的发展历程

企业年金制度的建立早于社会养老保险制度。1889 年德国在人类历史上首先推出了由国家创建的养老保险制度,保险基金主要来源于雇主和雇员的缴费。当雇员 70 岁退休时,每月得到的养老金为 15 马克,相当于当时月平均工资的 21%。

---

① 邓大松、刘昌平,《中国企业年金制度研究》,人民出版社,2004 年,第 9 页。
② 崔少敏,《补充养老保险——原理、运营与管理》,中国劳动社会保障出版社,2003 年,第 4 页。

正规的企业年金计划是从 19 世纪 70 年代开始出现的。为了鼓励熟练雇员继续为企业效力,为了解除将要退休的老职工的后顾之忧,企业年金计划在许多工业化国家开始盛行,并被纳入企业人力资源管理策略,作为员工福利的一部分正式确定下来。二战前,企业年金计划的覆盖范围还比较小,主要是向熟练雇员及高级管理人员倾斜;企业年金计划也不够稳定,雇员在退休前离开企业,将失去这种津贴。现在学术界一般将 1875 年美国运通公司(American Express Company)为其雇员建立的退休金计划看作是世界上第一个正式的私人退休金计划(企业年金)①。当时的年金计划的对象只限于"永久残疾"的雇员,退休金实际上是伤残抚恤金。一个伤残雇员必须为公司工作 20 年,并已经达到 60 岁时才有资格获得该项福利。退休年金收入是该雇员在退休前十年内平均年工资的一半,最多不超过 500 美元。

企业年金大规模发展的历程从二战以后开始,大致可以分为两个时期:二战后 20 年和 20 世纪 70 年代以后②。二战后,随着公共年金计划的逐渐成熟(被确定为低水平、广覆盖的社会政策)和税收政策的变化(多数国家对企业年金基金的缴费减免税收,或对其投资收入延迟征税),企业年金在工业化国家不断扩大。

尽管战后工业化国家普遍建立了社会养老保险制度,但养老金水平一般都比较低,比如,英国的基本养老金(SBP)只相当于在职时平均工资的 18%,加上收入关联养老金(SERPS),也只是原工资的 41%;美国的公共养老金的替代率也不过 40% 左右。这说明,退休雇员的收入仅仅靠公共养老金是不够的,客观上需要再获得一份补充养老金。而附加的养老金收入只能由企业或职工自己来提供,因为政府只负担基本养老金的责任。另外,二战后,由于当时政府对工资进行管制,停止增加工资,而福利并不在管制范围内,因此员工福利计划受到了雇员和雇主的青睐。同时,政府给予企业年金缴费和养老金待遇等方面的税收减免的优惠政策,这些因素都促进了企业年金的蓬勃发展。企业年金的覆盖范围逐渐扩大到各类雇员,年金的种类也更加多样化。

1950 年美国通用汽车公司建立了第一个现代意义上的企业年金计划。它采用"投资信托"的方式,将年金基金投资于资本市场,如股票市场。这是企业年金计划的一个创新,因为过去的养老基金都是投资于政府债券和其他固定收益的金融产品,如保险公司的寿险产品等。通用汽车公司开创了企业年金的新模式,即将养老基金交给专业的"投资经理"进行投资管理,投放到经济中最具有生产力的资产——股票市场进行运营。通用公司的投资基金在实践中得到了高额的回报,很快在美国扩展开来。该公司的年金计划刚刚推出不到一年时间里,就有 8 000 多个

① 林弈,《美国的私有退休金体制》,北京大学出版社,2002 年,第 6 页。
② 崔少敏,《补充养老保险——原理、运营与管理》,中国劳动社会保障出版社,2003 年,第 15 页。

新的年金计划建立起来,比此前 100 年内美国企业年金计划的总和还要多出四倍。

随着企业年金的普及,它在保障雇员老年收入上的功能日益显著,特别是越来越多的基金投资于风险和收益都比较突出的资本市场的现实,使政府对企业年金的重视程度加强,通过建立一系列的法律法规,来规范和监督企业年金的行为。如加拿大于 1965 年第一个颁布了养老金待遇标准法(Pension Benefit Standards),原联邦德国于 1974 年通过了提高退休金法案,美国于 1974 年颁布了雇员退休收入保障法(Employee Retirement Income Security Act,ERISA)等。这些法律对雇员享有企业年金的权利、资格,企业年金的筹资方式、公平性、信息披露,年金可转移性以及对年金的担保等方面进行了详细的规定,其目的是为了确保员工能够最终真正获得企业年金。

企业年金的进一步大规模发展是在 20 世纪 70 年代以后至今。由于石油危机带来的低经济增长率、高失业率和通货膨胀率,以及日益加快的人口老龄化,导致许多工业化国家社会保障制度面临危机,特别是养老保险制度出现了入不敷出的局面。政府用于社会保障体系的资金越来越大,财政赤字逐年增加。面对困境,各国政府开始重新审视传统的社会保障制度模式,并提出调整和改革的设想。在这个过程中,企业年金计划被普遍看好,它被人们当作完善养老保障体系、缓解政府财政危机和对付人口老龄化的一个重要手段。在此基础上,"三个支柱"(即养老保险体系由国家建立的基本养老保险、企业建立的补充养老保险和个人自己建立的个人储蓄养老保险三个层次构成)的理论被广泛传播,企业年金计划的发展也受到进一步的鼓励,在整个老年收入中的作用更加重要。目前在经合组织(OECD)国家中,每四位老人中的一位以及 1/3 以上的劳动年龄人口参加了企业年金计划,40%以上的企业为员工提供这项福利计划。企业年金计划的资产迅速增加,例如,在 1950 年,美国企业年金退休计划的资产只占整个金融资产的 3% ,到 1984 年则增加到 16.7% 。截止到 1998 年底,美国退休金资产拥有美国整个股票市场的 27.3% ,拥有美国所有公司和其他非营利组织的债券的 11.9%[①]。英国的企业年金资产在规模上从 1987 年的 2 700 亿英镑增加到 1995 年的 5 750 亿英镑。一些国家甚至还通过立法将企业年金变成强制性的计划,要求所有雇主必须向雇员提供企业年金。比如,瑞典于 1972 年颁布法律,于 1985 年开始将企业年金强制实行;澳大利亚也于 1992 年采取了类似的措施。另外还有一些国家通过集体谈判等使企业年金具有半强制性。这些举措都进一步促进了企业年金的发展[②]。

企业年金从产生到现在,已经有 100 多年的历史了。在这漫长的历史过程中,

---

① 林弈,《美国的私有退休金体制》,北京大学出版社,2002 年,第 19 页。
② 崔少敏,《补充养老保险——原理、运营与管理》,中国劳动社会保障出版社,2003 年,第 18 页。

特别是近 50 年来,经济、政治、人口、社会政策等状况都发生了巨大的变化,企业年金计划也受到了直接或间接的影响。20 世纪 80 年代以来,企业年金大致有以下三种发展趋势。

1. 逐渐从自愿转变为强制

在 OECD 国家,为了降低公共年金支柱的财政压力,一些国家的政府改变了过去对企业年金不干预的策略,而是对企业年金的权益、可转移性及基金筹集规定了最低标准,企业年金计划缓慢地转向强制性计划。比如澳大利亚长期以来一直实行由一般税收筹资、对收入和财产进行调查的公共年金制度;1991 年进行了改革(1992 年开始实施),又增加了第二个年金支柱,即以雇主为基础的强制性积累制退休计划;1986 年,企业年金计划仅覆盖澳大利亚雇员的 40% ,1992 年后政府将该计划的属性从自愿性变成强制性,所有企业和雇员都必须参加。瑞典也在 1985 年实施的一项宪法修正案中规定,所有雇主均有义务为其雇员提供年金津贴。丹麦和瑞士近年来也确立了企业年金的强制性地位。这一趋势可能在其他 OECD 国家蔓延。

2. 企业年金计划进一步得到政府鼓励

在英国,政府提供的公共年金有两个层次:一是国家基本年金(SBP),二是国家收入关联年金(SERPS)。关于年金计划,英国政府提出了以下三条道路。

第一条是"保留在合约内"(Contract-in),雇主和雇员要承担缴纳全额国家保险费的义务,有权享受 1975 年开始实行的国家收入关联年金。

第二条道路是"雇主提供年金计划"。根据 1975 年的立法,一个"被批准"的雇主提供的企业年金可以获得"退出合约"(Contract-out)的权利,即不再享受国家收入关联年金。在这种情况下,雇主必须保证他所提供的"最低保障年金"至少与国家收入关联年金相同。对此,政府将给出一些税收优惠政策,如在缴费、积累基金的增值和退休金的给付等方面享有一定的减税政策。

第三条道路是 1985 年提出的。为了在人口结构转型中减轻国家基本年金和国家收入关联年金计划的财政压力,政府试图取消国家收入关联年金计划,同时建立合法性的缴费确定制(DC)的企业年金计划。为配合这一方案的实施,政府放宽了"退出合约"的限制条件,允许实行缴费确定制的企业也有权选择"退出合约",但必须保证达到最低限度的投资回报率[1]。

在日本,政府也允许雇员选择退出与收入关联的那部分公共年金计划,但是政

---

① 参见:"英国社会保障项目",波士顿联邦储备银行"社会保障改革研讨会",1997 年。

府限定的条件比较严格,只有大公司的雇主才能获准。这些雇主必须保证提供比国家年金更优惠的条件,才能使其社会保障缴费有所减少,而且他们的基金必须交由政府认可的银行或保险公司运营。退出后的年金与物价指数挂钩,且由政府担保①。

3. 从待遇确定制变为缴费确定制

工业化国家企业年金计划长期以来大多是待遇确定制(DB)的,但近十年来,企业年金计划采取缴费确定制(DC)的数量和基金规模都在增长。雇主更倾向于选择缴费确定制,因为这将分散雇主单方面的风险,最终的收益水平取决于基金的积累和运营,雇员也承担资本市场的经营风险。雇员也欢迎这种计划,因为从理论上讲,这种计划是完全积累式的和可转移的,因此,雇员面临的雇主拖欠风险和流动风险也会较低。政府也支持缴费确定制,因为它具有保险和储蓄的双重功能,能促进资本积累和金融市场的发展,由此带来的经济增长将使公共年金支柱的筹资更容易。此外,养老金的第二个支柱如果运作成功的话,也会减少人们对第一个支柱的依赖,减轻政府的负担。

第二节　企业年金的市场管理与运营

一、企业年金的治理结构

治理结构指在一个机构中,由谁来决策,又由谁来对决策负责。

对于企业年金资产的管理,可分为公司自我管理和委托外部专业机构管理两种形式。除了一些大规模企业养老基金有自己的专门投资机构外,大部分养老基金的投资业务都是委托给专门的投资机构,即托管,这类机构如养老金管理公司、银行、保险公司等。

自我管理的年金方式也叫"内部型"管理,即公司不将企业年金资产交给独立的外部机构管理,而是直接为自己的雇员提供养老金。内部型企业年金中一般没有独立的、用于支付雇员养老金的资产,对雇员的养老金承诺是由公司本身的资产支持的。如美国通用汽车公司拥有 80 多万雇员,公司内部设有自己的养老保险管理公司,雇主和雇员按雇员收入的 4.5% 缴费,基金由公司雇佣的投资经理进行经营。

---

①　劳动部社会保险研究所,《防止老龄危机》,中国财政出版社,1996 年,第65 页。

企业年金的外部管理,一般是通过市场进行投资运营,这种管理模式更为多见。根据我国《企业年金试行办法》和《企业年金基金管理试行办法》,我国企业年金管理的制度安排是按照信托法原理,以受托人为核心,并通过企业年金基金管理机构的专业化分工及职责的相互独立性,达到分散受益人风险的目的。如此,企业年金涉及的相关主体有:委托人、受托人、账户管理人、托管人、投资管理人、中介服务机构。根据《企业年金基金管理试行办法》,几个相关角色的含义如下。

(1)委托人:设立企业年金的企业及其职工为委托人。

(2)受托人:受托管理企业年金基金的企业年金理事会或符合国家规定的养老金管理公司等法人受托机构。企业年金理事会由企业代表和职工代表等人员组成,法人受托机构应该具备一定的条件(见《企业年金基金管理试行办法》)。

在基金的委托管理方式中,"受托人"是一个重要的角色。根据美国《雇员退休收入保障法》,凡是针对企业年金计划资产的投资管理和行政管理有决定权的个人或机构被视为该计划的"受托人"。对于企业年金资产来说,最高的管理机构就是受托人委员会。传统上受托人大多是由不具有专业技能的公司管理层人员或职工代表组成的,但为了保证受托人能够真正行使对基金的管理权,监管部门可以要求受托人接受一定的专业培训,或将精算、投资等专业技术委托给外部机构操作。

受托人委员会具有一定的独立性,其独立的程度与国家的法律制度有关:有些情况下,受托人本身可以是独立的法人,与年金公司完全独立;有些情况下,雇主对养老基金的控制程度较大,受托人的独立性就相对较小。

受托人的职责包括:一切决定必须完全以年金计划参加者和受益人的利益为出发点;谨慎和妥善地进行决策和行动;不能利用计划的资产谋取私利;有义务向参保人披露养老金的有关信息。信息披露的内容有:年金资产的年度报告、经审计的主要财务报表或摘要、精算评估报告等。

澳大利亚是实行受托人制度的典型。其公司的养老基金由雇主和雇员代表组成的受托人理事会负责。受托人对雇主和雇员具有同等的代表权,对基金进行的安全谨慎投资、投资计划的恰当管理以及全体雇员的利益负完全责任,有义务保全、保存、保护信托财产,并有义务按照受益人的要求支付年金。在基金出现重大亏损的情况下,基金成员有权对受托人提起诉讼。因此,受托人须投保职业责任保险,以确保在履行受托责任时由于过失导致的受益人损失而对其进行赔偿。

受托人可以是由若干个人组成的群体,也可以是一个公司。想成为基金的受托人,必须向澳大利亚税收局提出申请,税收局将文件转交审慎监管局(Australian Prudential Regulation Authority, APRA),得到认可后,其养老金资产就处于监管之下了。政府对受托人数量、任职资格等有严格的规定。通常受托人不实际进行经营管理,而是将养老金的日常管理和投资业务分包(Outsourcing)出去,但是受托人必须保证养老基金对其资产拥有所有权,并在法律上继续对养老金所有者的利益负责①。

受托人对其保管的养老金基金主要是通过市场进行运作,具体方式为团体年金(保险)、基金管理和自选经纪账户等。

(3)账户管理人:受托人委托管理企业年金基金账户的专业机构。账户管理人的具体职能包括:负责企业年金账户登记、费用征集、费用记录处理、受益人的待遇审核、受益人待遇支付,以及企业年金基金核算和财务管理。

(4)托管人:受托人委托保管企业年金基金财产的商业银行或专业机构。职能包括:安全保管企业年金计划的全部资产;执行投资管理人的投资指令,并负责办理企业年金基金名下的资产往来;监督企业年金投资管理人的投资运作,发现投资管理人的投资指令有违法、违规行为,将不予执行,并向计划受托人及监管机构报告;复核、审查投资管理人计算的企业年金基金净值及企业年金基金价格;长期保存企业年金基金的会计账册、记录;出具企业年金基金业绩报告,提供企业年金基金保管情况,并向计划受托人及监管机构报告;履行企业年金基金契约、保管协议规定的其他职责。

(5)投资管理人:受托人委托投资管理企业年金基金财产的专业机构。账户管理人和托管人的职能侧重于企业年金计划基金资产的安全性、资产的保值,投资管理人的职能侧重于企业年金计划基金资产的收益性、资产增值。主要职能包括:按照受托人指令,运作管理年金计划基金资产;坚持审慎投资人原则;运用资产负债匹配管理等管理技术控制投资风险;通过从基金管理费中提取一定比例,建立基金风险准备金;及时、足额支付投资收益;计算基金资产净值并公告;保存基金的会计账册、记录;定期向受托人及政府监督机构提交投资运作报告。

(6)中介服务机构:为企业年金管理提供服务的投资顾问公司、信用评估公司、精算咨询公司、律师事务所、会计师事务所等专业机构。

二、企业年金的市场经营主体

企业年金是企业员工未来的收入,在长时期的积累过程中,通过资产的投资实现保值增值,所以企业年金的发展离不开金融市场。从国外实践来看,企业年金并不是任何一家经营机构的特有产品。各金融机构都希望分割企业年金这块"蛋糕",逐渐形成了专业化分工和混合型管理相结合的企业年金基金市场管理模式。参与经营企业年金资产的主要金融机构有:保险公司、银行、证券公司、基金管理公

---

① 于小东,"澳大利亚的职业养老保险制度",系"中国首届企业年金与保险发展论坛"论文,2003年4月15日。

司、信托公司等。

从国际经验看,最早涉足年金业管理的是银行机构,因为早期企业年金是单纯的雇主行为,因此银行可以满足雇主只是要求对年金基金进行托管的需要。

保险业是较早介入企业年金市场领域的,是企业年金最初的提供者或企业年金市场的主要供应商。但随着金融市场的发展,银行、证券公司、基金管理公司、信托公司等由于具有多种业务能力,承担了企业年金计划管理的部分职能,成为企业年金市场的重要供应商,也成为保险公司在这个市场最大的竞争者。

1921 年美国大都会寿险公司签发了第一份年金合同,从此,保险公司开始经营年金产品业务。1927 年美国公平寿险协会宣布,要为企业年金计划设计产品,从而成为第二个进入该领域的公司①。保险业通过长期经营养老金业务和其他寿险业务积累了丰富的经验,它具有长期资产负债管理的经验、扎实的精算技术以及良好的账户管理与服务水平。其资金运用以稳健为原则,并受到严格监管,与企业年金投资理念相符。企业年金是通过雇主和雇员的缴费建立基金,长期积累,最终用于雇员的养老。其缴费率的厘定应当与退休年龄和预期寿命相关,这点与人寿保险公司的年金产品特点相似,即都是通过精算师综合考虑雇员在职期间的收入以及退休后的各种因素,并在此基础上确定缴费率的。保险公司管理企业年金计划时,将受益人缴费阶段与退休后的领取年金阶段统筹安排,为参保人设计和管理终身养老金计划。这就决定了保险公司在管理企业年金上的优势,使其成为企业年金市场的积极参加者。

在 20 世纪的前半叶,人寿保险公司在雇员退休金计划中起着举足轻重的作用,二战后随着基金公司和信托公司等金融机构的发展,人寿保险公司在年金投资管理中的作用已经在很大程度上被削弱了。但是从整体上看,保险公司仍然在年金市场占有一席之地。

企业将年金资产委托基金公司运作是当前比较流行的方式。基金公司一般以股份制形式建立,经营养老基金投资业务,但这类公司要受到养老基金监管部门的监管。企业年金的所有者与养老基金管理公司之间是一种契约关系,基金管理公司负责对养老保险基金积累的资产进行投资。这些年金资产与基金公司自身的资产是相互独立的,基金公司的职责是对委托给它的养老基金进行投资和经营,养老基金计划的成员则是这些资产的受益人。基金管理公司通过收取佣金作为管理养老基金的回报,佣金在协议中有明确的规定,一般是养老基金总额的一个比例。例如,我国《企业年金基金管理试行办法》规定,投资管理人提取的管理费不高于投资管理企业年金基金资产净值的 1.2%。

---

① Kenneth Black, Group Annuities, Philadelphia: University of Penn-sylvania Press, pp. 9 - 11.

　　信托公司主要提供企业年金基金连接货币市场、资本市场和产品市场的信托管理服务。

　　证券公司主要提供证券类的金融服务。在自选经纪人账户管理方式中,企业年金计划的参加者可通过自选经纪账户将自己年金账户中的资产投资于任何证券市场上的、公开交易的证券,如股票和政府或公司债券等。提供这种投资工具服务的金融机构主要是证券公司。

　　无论是保险公司、基金公司、信托公司,还是证券公司,除了代理公司企业年金的投资管理业务外,还同时向企业养老金计划提供投资咨询服务、计划行政管理服务等。为了方便顾客,美国许多金融机构为企业养老金计划提供了"一站购齐"的服务,包括起草计划书和总结书,提供任何法律所要求的政府和计划参加者的报表和披露信息,提供受托管理和资产保管的服务,以及投资管理、投资咨询和其他所有计划行政管理所需的服务①。

　　企业年金与金融市场可以形成互动互促关系,同时金融机构之间通过经营企业年金也可形成协同合作关系和新的发展趋势。从企业年金角度看,其一,通过建立协同发展机制,培育市场竞争主体,可以鼓励银行、保险、基金、证券等金融机构共同参与企业年金的管理和服务,促进金融业的整体发展。其二,按照惯例,企业年金计划受托人将基金托管人职责委托给外部机构;而信托、证券和保险公司等也都必须将基金托管人职责委托给商业银行,形成各金融机构之间的互动。其三,变过去由多个机构分别承担计划受托人、投资管理人和账户管理人职责的分业经营为由单一机构承担计划受托人、投资管理人和账户管理人职责,实行混合型管理是当前国际企业年金研究的热点和发展趋势。在现行法律框架下,可以通过独资、控股或参股等形式建立企业年金计划受托管理机构——养老金管理公司,汇集各金融管理机构的职能,实行计划受托人、投资管理人和账户管理人的混合管理。其四,保险公司可以通过向企业年金受益人提供商业人寿保险的形式,进行企业年金退休资产的管理;也可以通过成立金融控股集团,实现对计划受托人、基金托管人、投资管理人和账户管理人的全捆绑管理。总之,通过上述金融资源的融合,在共同做大企业年金的基础上,会对我国金融业产生良好的互动效应;将有利于支持各行业形成自身的产业链,推动中国金融业从分业经营走向混业经营。

三、企业年金的投资运营

　　企业年金的最显著的特征之一就是年金基金的投资运营,无论是 DB 计划的年

---

① 林弈,《美国的私有退休金体制》,北京大学出版社,2002 年,第 277 页。

金,还是 DC 计划的年金,都有一个相当长时期(30～40 年)的缴费和基金积累过程,直到退休时才可以享受退休金收入。因此,如何通过投资来实现基金的保值增值就成为年金管理的关键问题。

1. 投资原则

在企业年金的投资中,要遵守三个基本原则,即安全性原则、流动性原则和收益性原则。所谓安全性是指保证投资本金能够全部收回,并能够得到预期的收益。由于年金是未来的收入,所以养老基金是负债资金。这一性质决定了年金的投资中安全性是最重要的条件,否则,如果连本金都收不回来的话,雇员日后的养老金就没有保证了。流动性原则,即投资由一种资产转移到另一种资产,尤其是转变成现金的容易程度和速度。养老金是到期必须支付的债务,因此保证一部分资产的流动性是十分必要的。同时,流动性还可以方便进行资产的投资组合,从而分散和规避风险。收益性是任何投资的根本目的,也是企业年金投资的原则。养老金是退休老人的主要生活来源,但因其通常是在雇员在职时进行积累,到退休时才使用,中间间隔数十年,其间受到利率、工资增长率和通货膨胀率的影响,都会造成资产的贬值和缩水。因此,养老基金投资必须追求收益的最大化,确保基金的保值增值,并以此来抵御市场的负面影响。

上述三个原则彼此有相互矛盾的成分,比如,安全性高的投资,虽然风险小,但收益率相对较低;流动性高的资产,尽管容易变现,但同样收益比较低;而收益率高的资产,如股票,其安全性和流动性都比较差。所以,在现实中,只能是统筹考虑三个原则,合理地确定可接受的风险程度,尽量使三个原则能够统一和协调起来。

2. 投资工具

从世界范围来看,企业年金投资几乎涉及了所有的投资工具。比较常见的有:银行存款、债券、股票、房地产、风险投资和金融衍生产品等。

(1)银行存款。这是最简单的一种投资方式,是不可交易金融资产中最重要的一种形式。主要特点是具有还本付息的高度安全性和绝对的流动性,故养老基金都会将一定比例的资产存入银行。但银行存款的收益率比较低,碰到通货膨胀或利率下调时还会遭遇贬值,所以银行存款只能维护养老基金的流动和周转,不是追求收益的理想的投资手段。

(2)债券。发行人为筹集资金向投资者发行的一种有价证券,它承诺在约定期内还本付息。发行人与投资人是债权债务关系。由于债券,特别是国债收益比较稳定,收益率也比较高,风险相对比较低,几乎在所有国家的养老基金投资中,债券都占有较大的比重。不少国家甚至还规定了债券投资的最低比例,如丹麦规定养老基金至少60%投资于国内债券,法国规定投资于欧盟政府的债券的养老基金的比例不少于50%①。

(3)股票。是股份公司为筹集资金向社会发行的、表明持有人股东权益的资产凭证,它反映的是公司与股东之间的股权关系。股东是公司所有人,通过股票分红或转让股票的方式来收回投资。股票的收益与公司的经营业绩、资本市场的成熟程度,特别是股票市场运作规范程度以及信息披露是否充分、公正等因素关系很大,其投资的风险也比较大。但由于股票代表了国民经济中最具生产力的部分,故而投资股票往往比投资其他领域能够产生更高和长期的回报率。目前各国在养老基金的投资中,股票所占的份额在增长。

股票与债券作为两个重要的证券类金融产品,它们的区别是,债券代表着投资者对融入资金企业的债权,而股票则代表投资者对融入资金企业的所有权。发行股票的企业实现的利润归股东所有。企业经营效益越好,投资者的回报率就越高。但如果企业亏损或破产,由于股票具有不还本的特点,股东也收不回自己的投资,所以股票投资的风险更大。为了规避或减少风险,在股票市场上,往往要进行分散投资,不将资金集中投到一个企业的股票上面。在这种分散投资的情况下,只要经济总体上是增长的,那么尽管有的企业会破产,但还会有不少的企业取得很好的效益,所以最终可能取得投资收益。由于股票投资可以通过这种分散投资的方式规避风险,所以它在一些国家的养老基金投资中占有重要的地位。

(4)抵押贷款。将养老基金用于发放抵押贷款在有些国家曾经很普遍。一些国家将养老基金用于住房贷款,即为企业和个人购买房屋进行贷款,以其房屋作为抵押。由于养老基金在贷出的同时投资人可以取得抵押品,所以这种贷款的违约风险较小。同时贷款还可以按照市场利率取得收益,可以抵御通货膨胀的风险。在德国、加拿大和瑞士等国,住房抵押贷款在养老金基金的资产组合中曾占有过相当的比例。只是最近十几年来,由于人们对住宅建设的需求开始下降,在住房市场渐趋饱和以后,这一比例才开始下降,但目前瑞典和丹麦的养老基金资产中抵押贷款的比重仍然较大。

(5)不动产(房地产)。通过建设或购买方式获得房地产产权(如购买办公楼、厂房、商店等地产),从而取得长期稳定的租金收入的投资。该项投资的优点是,由于租金可随通货膨胀进行调整,能够在一定程度上消除资金贬值的影响。其缺点是投资规模大、周期长、流动性差。在20世纪80年代前,房地产投资曾经是OECD国家的养老金投资中的重要工具,但20世纪80年代以来,它在养老金投资组合中的比重有所下降。比如,日本在20世纪70年代房地产投资在养老基金投资中的比重为39%,到

①　崔少敏,《补充养老保险——原理、运营与管理》,中国劳动社会保障出版社,2003年,第66页。

90 年代则下降为 2%；英国的这一比例也从 1980 年的 18% 降至 1990 年的 9%①。虽然传统的房地产投资不再受重视，但与高新技术相关的房地产投资正在逐渐兴起。

（6）共同基金。在中国，共同基金又被称为证券投资基金或投资基金。共同基金是一种利益共享、风险共担的"集合投资制度"。通过向社会公开（或定向）发行一种募集资金凭证，并由专业管理人员将筹集到的资金用于股票、债券和短期融资工具（如国库券、银行的定期存单、商业票据）等证券投资业务而形成的投资方式及资产组合②。共同基金可以在交易所交易或随时申购、赎回，很容易变现，具有很好的流动性。共同基金有开放式基金和封闭式基金之分。养老金通过购买封闭式基金或开放式基金，由专家进行投资运作，可以更大程度地规避风险，取得较好收益。特别是开放式基金，由于其规模、存续时间不受限制，交易价格依据基金净值计算，以及对投资管理人有更好的激励、约束和监督机制，更加适合养老金投资。

（7）风险投资。这是一种高风险和高回报的投资项目，投资对象一般是有发展潜力的、处于起步或成长阶段的私营企业，如计算机、互联网、生物化学、基因工程等高新技术产业，也包括一些具有可观的发展前景的基础设施和公益事业，如老年公寓和社会福利院等。风险投资也是通过股权转让（交易）来收回投资，并取得投资收益的，其可以直接投资，也可以合伙投资或通过基金公司进行间接投资。作为具有高收益的新型投资方式，风险投资从 20 世纪 90 年代以来发展十分迅猛。据统计，在美国风险投资以年平均 53% 的速度增长，1992 年风险投资是 30 亿美元，到 2000 年就猛增到 1 040 亿美元③。尽管风险投资在整个养老基金投资中还不是主流，但它已经开始吸引养老基金投资者的参与。

（8）金融衍生产品。这也是一种风险管理工具，如金融期货、期权等。前者包括利率期货、股票指数期货、外汇期货等；后者包括股票期权、股票指数期权、利率期权、货币期权、金融期货期权等。养老基金投资于金融衍生工具的目的是通过套期保值来规避市场风险。

（9）国际投资。养老基金资产投资于海外证券市场的做法在 20 世纪 90 年代后得到了迅速发展。国际化投资的手段有购买外国证券、投资于跨国公司以及委托国际投资公司投资。国际化投资所面临的除了与国内投资相同的风险之外，还有其他一些国际资本所独有的风险，如国际市场风险、汇率风险、国际政治风险、法律风险以及不良信息风险等。国际资本市场上的风险一旦发生，就比国内市场上的风险更加难以规避和控制，因此，各国政府在这方面对养老金基金通常都要有较严格的管制。除了像爱尔兰规定了较高的比例（33%）外，大部分国家对此都有限

---

① 崔少敏，《补充养老保险——原理、运营与管理》，中国劳动社会保障出版社，2003 年，第 70 页。
② 朱青，《养老金制度的经济分析与运作分析》，中国人民大学出版社，2002 年，第 150 页。
③ 崔少敏，《补充养老保险——原理、运营与管理》，中国劳动社会保障出版社，2003 年，第 71 页。

制。例如,加拿大规定海外投资的比例不得超过 20%。近十几年来在养老金制度的私人化管理方面开改革之先河的智利,也是最后一步才准许其养老金基金可以有限度地在国际资本市场上进行一定的投资。智利的对外投资主要参与赢利颇丰的工业部门和不动产开发的业务等经济活动。据圣地亚哥商会公布的统计数据,2002 年第一季度,智利在国外的投资额达到 4.23 亿美元,比去年同期增长 137%①。

3. 风险管理与投资组合

（1）风险管理。

投资者在任何一种资产投资中所可能承担的风险主要可以分为以下几种:坏债风险、利率风险、市场风险、购买力风险、流动性风险、政治风险以及管理风险等。任何一种风险又可以进一步按照是否可分散分为非系统性风险和系统性风险:前者是可以分散的风险,后者是不可分散的风险。非系统性风险是就个别资产而言的,即由于某一种资产的个别因素变动而带来的风险,与整个资本市场不相关。这就是说,一种资产的非系统性风险并不会连带地给其他资产也带来风险。所以,它就可以通过资产组合的多样化加以消除。相反,系统性风险则是由于一般经济环境或整个资本市场的变动而产生的风险。因此,它就不可能通过资产组合的多样化而消除,因而其是不可分散的风险②。

（2）投资组合。

按照"将鸡蛋放在不同的篮子里"的投资理念,养老基金的投资事实上是不同金融产品的结合,即投资组合。因为投资者的总风险是通过持有多样化的资产组合来加以分散的,所以所谓投资就是如何选择一个多样化的资产组合以使风险最小化。组合投资是以风险分散性和资产流动性的战略和技术要求,来追求风险和收益的最佳匹配,以达到减少投资风险和损失、实现利润最大化的目标。

养老基金在资本市场中可以选择的资产组合,总的来说同时取决于养老基金本身和资本市场两个方面。在养老基金方面,首先要看它准备承受多大的风险(收益损失),或是期望接受多大的预期回报,以此确定待选的投资工具;然后要根据基金的成熟度来决定在相应的时期持有多大比例的流动性资产。在资本市场方面,则要根据每一个投资工具的信用等级和风险程度而决定对它的取舍,并根据资本市场的整体状况决定基金资产组合中可以接纳的投资工具的种类。在资本市场上

---

① 刘琳,"国外企业年金的运营方式研究",辽宁大学硕士学位论文,2003 年。
② 李绍光,《养老金制度与资本市场》,中国发展出版社,1998 年,第 120 页。

进行投资,收益与风险共存,而且收益率越高,风险也越大,因此,养老基金投资管理的一项重要任务就是在收益与风险之间找到一个最佳的平衡点。为了达到这个目的,就必须进行分散投资,使养老基金的资产呈多样化配置。从各国养老基金的投资经验看,由于各国资本市场的差异,虽然各种投资工具具有一般的风险—收益特征,但同种投资工具在不同国家之间的风险—收益特征会有所区别,因此,投资选择和组合也不同。从发达国家养老基金资产的投资组合分布来看,债券都占有较大的比重。而英国和美国因为资本市场体系完善、市场化程度高、运作规范,所以养老基金投资于股市的比例明显较高。除了债券和股票外,各国还有其他金融产品的投资(参见表7-4)。

表7-4　发达国家企业年金基金资产分布(1998)　　　　单位:%

国家＼资产类型	短期资产	贷款	国内股票	国内债券	不动产	外国资产
英　国	4	0	52	14	3	18
美　国	4	1	53	21	0	11
德　国	0	33	10	43	7	7
日　本	5	14	23	34	0	18
加拿大	5	3	27	38	3	15
法　国	0	18	10	65	2	5
意大利	0	1	16	35	48	0
荷　兰	2	10	20	21	7	42
瑞　典	0	0	20	64	8	8
芬　兰	13	0	9	69	7	2

资料来源:Mercer (1999), *National Flow of Funds Balance Sheets*, OECD。

第三节　企业年金的内部管理与方案设计

一、企业年金的组织管理

企业年金除了要对其资产进行妥善的投资管理和运营之外,还必须对整个计划进行合理的组织管理或行政管理。这种管理属于年金的微观管理,由企业的人力资源部门和财务部门负责。具体工作包括以下九个方面①。

1. 年金费用的收缴及向养老基金的转移

代扣养老保险供款是企业的一项主要职责,企业要计算出应扣保费的数额,也可以通过精算师计算。在缴费享受免税政策的情况下,先扣除保费再发给员工工资,并以此作为个人所得税的税基。这是国家通过税收政策对养老金支持的一个表现。从个人工资中代扣的个人保费,企业还要连同雇主的缴费一起计入个人账户,并转给养老金管理机构。

2. 养老基金的投资管理

养老基金的投资管理是受托人的责任,但由于企业年金理事会作为受托人一般不是投资专家,所以大多数向外部专家咨询或委托专业投资机构操作。投资过程可以分为以下步骤:(1)制定资产分配策略;(2)选择投资管理公司;(3)向选定的投资公司分配资金;(4)确定主要资产的投资限额;(5)根据有关标准监控投资业绩;(6)评估投资业绩;(7)管理资产凭证;(8)对投资收益及变化进行说明等。

3. 数据资料的管理

对参加企业年金计划的雇员的一些基本情况,如参加人数、雇员年龄、进入公司时间、参加该计划时间等进行详细记录,作为日后享受年金的基本依据。

4. 待遇的支付

管理部门要核实待遇享受者的资格条件,特别是那些转移过工作岗位的员工。对合格的员工,利用银行系统或邮寄系统发放养老金。

5. 参加者的登记注册和退出计划管理

对新参加计划的员工进行登记,建立个人账户;同时对于离开公司的员工要终止计划。对于 DC 计划,如果离开的员工所要去的公司也有年金计划,那么本公司应该负责将该员工的企业年金转移到员工要去的那个公司;如果对方公司没有年金计划,一般可以领回个人缴费部分的资金。DB 计划相对比较复杂,因为这类计划一般没有个人账户和个人积累资金的记录,实际上只是参加计划者养老金权益的积累。通常的做法是,根据缴费年限和缴费数额,将积累的权益折算成资金现

---

① 崔少敏,《补充养老保险——原理、运营与管理》,中国劳动社会保障出版社,2003 年,第110页。

值,支付给要调离的员工。

6. 年金的财务会计管理

年金的财务会计管理,包括养老基金本身的财务会计管理和主办计划的公司的财务会计管理。对于前者,养老保险受托人有责任管理基金的会计账簿,编写包括资产负债表、损益表、权益变动表在内的年度财务报告。收支记录等具体会计事务可由企业财务部门代办,还可委托外部专业管理机构办理。财务核算过程及各种账簿要接受外部独立审计和监管部门的监查,同时这些信息也要向企业年金的参加者公告。至于后者,即养老基金在企业内部的财务会计管理是一个复杂的问题。对不提供任何担保的 DC 计划,管理相对简单:只需将缴费作为开支记在会计报表上即可;养老金以后的支出是养老保险基金本身的事,与企业财务不再有关。而对于 DB 计划或提供担保的 DC 计划(如保证最低投资回报率或最低养老金水平),这个问题就要复杂得多。这时企业的债务不仅包括缴费,还应包括养老金保证提供的各项待遇。根据国际会计标准委员会颁布的关于雇员福利的会计标准,企业必须将 DB 计划中雇员已积累的权益作为开支计入企业财务。

7. 精算评估

对于 DB 计划,一般要求精算师定期进行财务评估,评估的主要项目为:是否有足够的资产支持累积的负债;是否需要调整缴费以保持资产与负债的长期平衡;当资产不足以支持计划时,是否需要补足资产等。

8. 定期向税务和监管部门提交报告

企业年金管理机构需要向这两个部门定期(一般一年一次)报告基金管理的情况。为确保企业报告的养老保险财务会计、资产负债等方面的信息准确无误,监管部门还要求提供的报告附有精算师的签字或另附一份精算报告。同时,企业还要提供自身缴费和代扣雇员缴费的税务处理情况。需要指出的是,这两个部门的监管目标不完全一致,甚至在监管当中会出现冲突。从监管机构的角度看,养老基金的资产超过负债越多越好,可以保证年金的支出;但从税务角度看,资产不能超过负债太多,否则雇主会利用这个机会逃税,通常会有一个上限的限制。如在英国,税务局规定,养老基金的总资产不能超过负债的 105%。

9. 披露信息

企业年金的管理者有义务或责任向参加者公开有关年金的信息。信息披露的日的:一是公开养老基金的运行状况,以便接受员工的监督;二是使参加者及时了解自己的养老金积累情况,以便安排好退休后的生活。在雇员首次参加年金计划时,管理者就应该向他们讲清有关年金的全部内容,如缴费方式、比例、待遇、管理、责任人、投诉和纠纷的处理程序等。将这些内容编成文字材料发给员工。对于已经参加计划的员工,要发布年度报告,包括养老金计划的综合财务报表;主要投资策略;投资管理的负责人;主要投资业绩;养老基金财务状况的精算评估、参保人的统计资料;计划管理人员,如精算师、审计师、托管人、投诉处理人的相关信息和联系方式等。除了养老基金运行的整体信息外,参加者还有权了解个人的信息,如本人的缴费积累数额、已积累的养老金权益、个人账户余额、投资回报计入账户的资金的情况等。

以上是从雇主的角度介绍企业年金的组织管理,当养老金由企业自行管理时,雇主的管理责任比较大;但当养老基金由独立的外部机构管理时,雇主的干预程度会相对较小。

二、企业年金的方案设计[①]

企业年金计划实施方案是企业年金管理流程的第一步,一个切实可行的计划方案能够充分保障计划参与者的合法权益,并为企业年金的运作管理提供便利。

1. 设计企业年金方案的宗旨与原则

(1)宗旨:在政府建立基本养老保险、保障退休人员基本生活的同时,提高职工的养老待遇,以激发职工的劳动积极性和创造性,提高职工劳动生产率,增强企业凝聚力和竞争力。

(2)原则:自愿参与原则、效率与公平兼顾原则、职工利益保护原则、市场化管理原则。

2. 设计企业年金的基本条件

设计企业年金的基本条件包括:内部条件(企业经营状况、企业资金状况、劳动关系机制、企业组织形式等)、外部条件(法律法规、基金市场、监督机制、中介机构等)。

(1)法律法规。要使企业年金方案得到有效实施,就必须有支持企业年金制度运行的法律法规,包括信托法、证券法、保险法、银行法、社会保险法、企业年金管理办法、税收政策和会计规则等。

(2)投资市场、中介机构和监管机构。经办企业年金的相关机构,如保险公司、

---

① 张美中等,《企业年金——中国养老保险的第二支柱》,企业管理出版社,2004 年,第17—20 页。

证券公司、基金公司、商业银行以及中介和监管机构等是企业年金运行中不可或缺的载体。

（3）企业的经济承受能力。必须考虑企业的基本经济状况和企业年金进入成本的供款消化能力，如企业通过前三年工资总额占税后利润的比重情况评估一下目前的赢利水平、企业年金对现金流量的影响，同时还要看企业是否具有相对稳定的发展状态和及时的筹资能力。

（4）现代企业制度管理体系和劳动关系协调机制。企业内部职工代表大会和工会组织的集体谈判制度比较健全、民主管理基础好是企业年金制度建立和顺利实施的有利条件。

（5）企业薪酬福利现状评估。评估项目主要包括：本企业工资、奖金在当地的水平、社保负担对赢利能力的影响等。在评估过程中，要把企业年金放在整个薪酬福利体系的框架内来考虑，比较同类企业、同地区企业的薪酬水平。本着人才竞争战略，充分考虑奖金与福利、短期福利与长期福利的替代关系。

（6）职工的养老需求和意愿。企业要测算职工未来的基本养老金对工资的替代率，了解职工安排退休养老的意愿，以此评估企业建立企业年金的紧迫程度。

（7）企业按时足额缴纳基本养老保险费，依法履行纳税义务。企业依法纳税体现着国家与企业之间的分配关系，代表着国家的整体利益。企业年金主要体现企业与职工之间的分配关系，企业只有在按时、足额缴纳基本养老保险费，依法履行了纳税义务，确保国家整体利益的前提下，才能为职工建立企业年金，进行内部分配。

3. 设计企业年金方案必须解决的问题

在设计企业年金方案时，通常要考虑以下几个问题：

（1）如何确定合理的待遇目标，保护员工的合法利益。待遇水平的确定关系到员工退休后的养老金收入，在 DB 计划中，员工的退休金是由雇主事先承诺的，通常与雇员的工作年限、职位和收入挂钩；DC 计划的养老金待遇水平，除了与缴费相关外，更主要取决于个人账户的投资收益。

（2）如何根据企业自身的经济承受能力合理确定企业年金的缴费水平。经济承受能力是指企业对于为员工缴保险费而造成成本增加的自我消化的能力，不要因为成本增加影响企业的产品竞争力。在西方国家，企业年金的缴费水平一般有一个上限规定，其目的：一是为了防止企业利用某些优惠政策避税，造成税收流失；二是要防止分配差距过大，影响工资收入分配的主渠道作用。

（3）如何预防企业年金风险。建立企业年金制度必须面对如何克服通货膨胀对养老金的侵蚀、如何解决企业年金的投资风险等问题。企业年金的风险来自外部风险，如制度风险、信用风险、流动风险、市场风险、政府风险等；内部风险，如企业风险、管理风险、基金被挪用风险等。

(4) 如何将企业年金制度与企业工资收入分配和人力资源管理相结合,以提高企业的凝聚力和竞争力。一方面,建立企业年金制度不应该影响企业其他薪酬和福利制度的实施;另一方面,企业年金制度应与其他薪酬和福利制度相互配合、协调发展。

4. 建立企业年金的必备流程

建立企业年金计划的必备流程如下:

(1) 召开职工代表大会确定企业年金基金的受托模式。由于企业年金计划管理的专业性、复杂性和长期性,可以考虑选择外部法人受托机构,如合格的专业性的养老金管理公司、信托投资公司等;部分大型企业集团也可以采取内部理事会受托模式,但由于责任主体不明确,一旦发生风险,企业和员工可能遭受较大损失。

(2) 设计企业年金实施方案。企业年金方案要以"效率优先,兼顾公平"为原则,在缴费和分配收益上,要充分考虑职务、工龄(司龄)、贡献等指标的差异,向企业核心员工倾斜。

(3) 权益归属比例的设置。设置权益归属比例的目的是人为提高员工的离职成本,其设置以工作时间为主要参考指标,如工作多少年以上个人养老金账户上的资产完全可以归个人所有。

(4) 将企业年金写进企业内部章程或明确企业年金条款。在企业内部章程中要明确企业和职工在企业年金方面的权利、义务,以法规的形式保护员工的利益。另外,企业要在职工的劳动合同中列明企业年金条款,以免出现不必要的纠纷。

5. 企业年金计划方案的基本内容

企业年金计划方案主要涉及五个方面的管理①:

(1) 基金筹集管理。企业年金计划一般采取企业和职工个人共同缴费的方式筹集基金,缴费资金划入个人账户。企业年金计划可设立缴费上限和下限,企业年金基金投资收益扣除各种费用和佣金后纳入企业年金计划基金。

(2) 个人账户管理。在 DC 计划中,企业年金计划实行个人账户制。个人缴费部分是个人财产,对于企业缴费部分,职工在企业工作一定年限后,应可享有账户的全部权益。员工工作调动时,企业年金个人账户可转入新单位的企业年金计划。员工死亡的,个人账户既得受益权应可以继承。

(3) 基金投资管理。企业年金基金投资涉及企业年金计划的账户管理人、投

---

① 邓大松、刘昌平,《中国企业年金制度研究》,人民出版社,2004 年,第 216—217 页。

资管理人和基金托管人等,作为对企业年金全权负责的受托人,必须行使对相关主体的监管职能,看其是否履行了有关企业年金计划管理规则和投资管理规则。

（4）待遇给付管理。企业年金待遇就是个人账户积累额,在计划参与者达到法定退休年龄之后才可领取,提前支取者必须缴纳惩罚性税收。在企业年金计划的方案中应该规定企业年金的受益资格和给付形式。根据国际惯例,给付的基本形式有采取一次性给付、定期给付、代购商业年金以及混合方式等。

（5）计划管理。企业或行业对企业年金设立内部管理机构,可以成立专门的企业年金理事会,其成员由管理人员代表和职工代表共同组成,负责企业年金方案的组织实施、企业年金运作的监督管理等;也可以直接将企业年金计划委托给具备企业年金计划受托资格的外部专门法人机构管理。

计划方案的具体项目①:

① 总则。

说明制定本方案所依据的法律法规和有关政策文件,建立企业年金的基本宗旨和企业年金的基本原则,如参保人员的资格和条件、覆盖范围、缴费基数、缴费率、基金分配原则、企业年金方案的决策机制、管理与监督机制等。

② 资金来源。

③ 待遇规则:

- 企业年金的计算方法与支付方式;
- 法定继承人;
- 所有权和可流动性,职业残疾、死亡及其他;
- 缴费、待遇及投资回报的税收政策;
- 管理费用。

④ 缴费基数和企业与个人的分担比例。

⑤ 账户管理模式和基金管理模式。

⑥ 数据管理与信息交流。

⑦ 变更处理。

⑧ 纠纷处理。

第四节　政府对企业年金的监管

近20年来,世界许多国家都面临着公共养老保险制度的压力。他们纷纷采取

---

① 张美中等,《企业年金——中国养老保险的第二支柱》,企业管理出版社,2004年,第22页。

不同的措施来应对困难,其中一个共同的趋势就是政府希望减少在社会保障方面的责任和开支,提倡和鼓励企业年金和个人养老金制度的发展。为此,政府对企业年金的监管也比以前有所加强。由于企业年金计划是劳动合同的一部分,是企业的自愿行为,因此政府过多的干预是不合适的;但同时,企业年金的性质又决定了它是一种长期积累和延期支付的产品,个人预先缴费来换取未来的待遇。为了确保参保人未来待遇的实现,政府有责任施加适当的监督和管理。由此可见,政府对企业年金的监管是必要的,但要有一定的限度。政府的监管属于对企业年金宏观管理的范畴,主要体现在立法、监督和税收政策三个方面。

一、立法

立法的目的在于对雇员平等权利的保护和确保企业年金的合法性。由于在企业年金体系中,雇主和雇员的信息不对称,即雇主掌握着基金积累的程度和解雇雇员的权力,而雇员却不能完全了解这一计划的有关情况,所以雇员可能作出对自己不利的选择。为了避免雇员由于信息缺乏而丧失享受企业年金的权利,政府需要通过一系列的法律和规章制度来确保雇员拥有企业年金的权利,以使信息公开化,并对年金计划的投资活动予以限制。立法的内容通常包括机会均等(无论收入或职位高低,每个雇员都有权享有企业年金)、既得受益权(超过这一规定时期雇员才有权享有企业年金待遇)、信息公开、公共担保和投资等方面的限定。

美国是企业年金计划比较发达的国家,这与美国政府对企业年金计划建立了一整套健全的、行之有效的法律法规是分不开的。1974年美国国会通过了《雇员退休收入保障法》(简称《保障法》),这是美国企业年金制度中最重要的一部法律。美国的另一部监管法律是《税收法》。这两部法律主要是对举办企业年金计划的雇主或企业、为计划提供服务的管理机构或管理者、政府的责任(如提供担保)三方面行为作出相应的规定,有如下具体内容:

(1)一个企业年金计划对雇员参加该计划的合格标准中年龄的要求不能高于21岁。

(2)筹集基金办法须由精算师经过精算后确定,以提取足够的退休基金。

(3)既得受益权(Vested Right),即参加养老金计划的员工在什么条件下具有享受退休金的权利。《保障法》在1974年刚刚通过时,允许美国退休金计划的既得受益权为十年。1986年将一次性完全获得既得受益权的时间期限从十年缩短为五年。

(4)企业年金计划的资产必须要同主办计划的雇主的资产分隔开,计划资产必须置于一个独立的信托之中。

（5）雇主必须每年向政府和计划参加者提供年度报表,就计划的支出和收入、投资等作出详细的报告,以保持计划管理和运作的信息公开化和透明度。

（6）联邦政府设立退休金津贴保障公司或养老金待遇担保公司(PBGC),对DB计划退休金进行保险。雇主可以单独或联合投保,在雇主由于经济困难或破产而无力支付退休金时,可由该机构建立的保险基金进行资助①。

美国联邦政府中主管企业年金的部门共有三个:税务局、劳动部和退休津贴保障公司。税务局的主要职责是对企业年金计划是否符合《税收法》中对企业年金计划获得优税或延税的优待所满足的要求进行监控;劳动部负责对企业年金计划是否符合《保障法》中提出的各项要求和规定进行监控;退休金津贴保障公司的任务是为企业年金提供再保险。

1975年德国联邦政府国会通过的《企业补充养老金法》规定,企业雇员除了必须参加法定社会养老保险外,还可以参加企业雇主开办的企业内部保险。开办补充养老保险的企业雇主对雇员承担义务。以前只有雇员在企业干到退休时,才可以享受补充养老金,如果雇员在达到退休年龄之前离开原企业,就无权享受补充养老金。自1975年联邦德国《企业退休金法》生效后对此有了新的规定②:

（1）一旦雇主和雇员签订企业附加养老保险合同,雇主就有义务在雇员退休后付给其补充养老保险金。

（2）雇员中途转厂,须符合以下条件方可领取补充养老保险金:年满35岁并与原雇主签订过十年以上企业补充养老金合同,或者至少是他在以前的三年里签订过补充养老金合同并在该企业中至少有12年的工龄。如符合上述条件,则雇员转厂后原企业雇主还应在其退休后按其在该企业工作年限照付其应得的部分企业补充养老金。

（3）企业有义务每三年按照经营情况审查企业补充养老金发放标准,以确定能否提高以抵消企业补充养老金受通货膨胀的影响。如企业拒绝对补充养老金随物价上涨作相应调整的能力进行自查,雇员有权提请劳动法院进行审查。

（4）为避免因企业破产无力支付雇员补充养老金而使雇员蒙受损失,规定开办企业补充养老保险的雇主有义务向雇主组成的养老保险基金会投保。如果企业破产,无法支付本企业补充养老金,则由该基金会支付。

由于多数工业化国家的企业年金计划都是给付确定制的,因而既得受益权和可转移性就显得十分重要。为了使雇主更难以在雇员获得企业年金权利之前解雇

① 屈祖萌,《市场经济国家社会保险概论》,改革出版社,1995年,第22页。
② 同上书,第52页。

他们,国家限制既得受益权的资格期限,比如,德国、加拿大是十年,美国是五年,英国是两年,荷兰是一年;法国、西班牙、丹麦和瑞典都是既得受益权期限为零,即"立即拥有年金权利"①。

与之密切相关的年金可转移权利也逐步规范化。比如,丹麦和英国要求企业计算被调离雇员拥有未来养老金(DB)享有权的现值,将它们转移到新雇主的私人养老金计划中;在荷兰,这种转移是通过全行业票据交换所生效的;在日本,是通过全国性的票据交换所,政府还要求信息公开化,以便于雇员了解企业年金的运行情况和进行监督。

二、监督与管理

政府监督的目的是保证有关立法的执行和基金投资的安全性。政府对企业年金的监管是通过制定一系列的具体规则来进行的,这些规则包括投资规则和投资组合规则、准入规则(建立企业年金的条件)、公司自有资产与年金资产分开规则、分散化投资规则、企业年金资产外部保管规则、信息披露规则和安全保障规则等。所以,监管主要是针对基金投资、养老金安全性、财务运行和税收方面进行的。

1. 对企业年金基金投资的监管

企业年金基金的投资运营在较大程度上遵循市场化管理的原则,投资的范围、领域及投资组合规定要比一般社会保险基金投资更为宽泛和灵活。通常政府对投资的限定有三种形式:

(1)对养老基金的投资运作原则进行规定。例如,美国、英国、荷兰等国规定私人养老基金的投资要遵循"谨慎者投资规则",这一规定要求实行切实可行的投资组合多样化,但对投资组合的配置没有限制,对企业养老基金的资产结构不作具体规定。

(2)对投资进行严格的数量和结构限制。如日本、瑞士、瑞典、德国、丹麦等国对私人养老保险基金的投资结构有严格限定。这种限定有两种形式:其一是规定养老基金投资于无风险或风险小的金融资产的比例。如比利时政府规定,企业养老基金投资于政府债券的部分不得低于15%;丹麦政府规定,私人养老基金投资于政府债券、金融机构债券、银行存款等安全资产的比重不得低于60%。其二是规定养老基金投资于风险资产的上限。如瑞士对养老基金资产结构规定的上限是:国

---

① 王东岩,《劳动科学研究论文选编》,地震出版社,1997年,第182页。

内股票 30% ,外国股票 10% ,外国货币资产 20%①。

（3）对自我投资进行限定。各国政府对养老基金投资实施的最为普遍的一个管理就是限制它的自我投资。所谓自我投资,是指养老基金在金融市场上购买基金的缴费人(如缴费的雇主)发行的债券或股票。限制自我投资主要是为了防止雇主破产所带来的对基金的风险。限制自我投资在其资产组合中所占的比例对养老金基金来说尤为重要。在丹麦,自我投资是完全不允许的;在美国,只对出资雇主的证券投资规定了 10% 的限制;在英国,养老基金受信托法和谨慎者投资规则的管理,对出资的公司予以 5% 的限制②;在意大利,法规限制自我投资的幅度在总资产的 5%～20% 之间;在澳大利亚和德国,自我投资在养老金基金资产组合中的比例都被规定不得超过 10%③。

2. 对企业年金基金安全性的监管

企业年金始终面临着因雇主破产而致养老基金无力支付债务的风险,所以基金的安全性问题主要就是一个如何保证适时兑现养老金收益承诺的问题。对此,有些国家的政府设立养老金担保机构,以避免企业年金出现的亏空。除了上面介绍过的美国养老金担保公司和德国的雇主组织的养老保险基金外,荷兰、日本、瑞典也有类似的担保公司。美国的《雇员退休收入保障法》(ERISA)对于举办养老保险的企业提出了明确的基金积累要求。该法律要求成立一个养老金担保公司(PBGC),以便在一定限度内确保在养老基金不能履行支付责任时向退休人员支付最低养老金。养老金担保公司的资金来源于参加该担保公司企业的缴费。同时根据美国 1987 年的一项法案,没有基金对应的养老金负债必须在四年内逐渐建立起相应的基金积累。为了减少养老保险基金积累不足的企业出现道德风险,美国法律规定对于那些养老保险基金积累不足的养老金计划,养老金担保公司要向它们收取较高的保险费。拉美和一些中欧国家通常是采用相对值的形式,即对达到所有养老基金投资收益的均值或某个收益基准的一定比例来对养老金的投资收益进行担保。当养老基金储备不足,即达不到上述标准时,由财政资金予以支持。

指数化(Indexation)也是保证养老金基金安全性管制机制的一个有效手段。指数化主要是为了弥补由于通货膨胀的原因而使原先作出的养老金收益承诺的实际价值发生贬值。对养老金进行指数化调整开始于 20 世纪 70 年代,由于当时严重的通货膨胀直接导致了指数化管制的出现。从那时开始,许多国家的企业养老金计划开始按雇员退休前的最后工资来计算养老金,不再按一生的平均工资来计算养

① 林义,《社会保险基金管理》,中国劳动社会保障出版社,2002 年,第 122 页。
② 劳动部社会保险研究所,《防止老龄危机》,中国财政出版社,1996 年,第 123 页。
③ 李曜,《养老保险基金——形成机制、管理模式、投资运用》,中国金融出版社,2000 年,第 106 页。

老金数额。由于雇员的工资一般会随通货膨胀逐年提高,因此,按退休前最后工资计算养老金的做法实际上已经是在按通货膨胀对养老金进行调整。在一些国家,企业虽不一定要将养老金与通货膨胀率完全挂钩,但法律也要求企业要采取一些灵活性的措施保护退休雇员的利益。比如,瑞士法律要求雇主在养老保险计划财务状况可能的情况下,对养老金进行生活费用的调整;德国在1974年颁布法律要求企业对补充养老金至少每三年要按通货膨胀率调整一次;英国和加拿大也在20世纪90年代中期立法要求企业的补充养老保险计划在5%的幅度内实行养老金与物价指数挂钩①。

3. 对企业年金财务运行的监管

国家通过对企业年金的资产负债、资金投资运营以及信息公开化等方面制定规则来实施监督管理。

4. 对企业年金税收的监管

国家对企业年金计划都实行税收优惠政策,实际上是政府某种程度上财政收入的减少,这也表明政府在企业年金计划中承担了一定的责任。因此,美国的税务局就对企业年金计划获得优税或延税优待所满足的要求进行监控。

三、税收政策

税收政策体现了国家对企业年金的引导和扶持。工业化国家对企业年金计划往往给予税收优惠政策,如对企业年金的缴费减免税收,即雇主在扣除企业年金缴费后再计征所得税或企业税,也叫"税前列支",而未缴给国家的所得税部分可看作是国家对企业年金的支持;雇员的缴费也可免缴所得税;对缴费形成的基金、利息和投资收入也可免税或延迟纳税。例如,美国对参加公司退休金计划的人给予自动享受长期延期付税的优惠:一是允许雇主和雇员从他们的税前收入中扣除养老金缴费;二是减免年金资产投资收益所得税;三是在领取养老金收益时征收个人所得税。但退休时可以选择不同的退休金给付方式,若不是一次提取而是选择终生按月支付时,还可享受减税的优惠。

各国对企业年金的税收政策与企业年金在养老金体系中的地位有很大关系。如果公共年金水平较低,而更多地依赖自愿性的企业年金,则对企业年金的税收政策较为宽松。如在英国、爱尔兰、美国、加拿大、荷兰、瑞士、意大利、法国等国家,企

---

① 李绍光,《养老金制度与资本市场》,中国发展出版社,1998年,第179页。

业年金的缴费和投资收入都是免税的,只有在支付待遇时才进行征税。而瑞典、比利时和丹麦等国的公共养老金待遇已经比较慷慨,企业年金计划显得不太重要,故对企业年金和投资收入不予免税,但缴费免税。新西兰也是如此。

第五节　中国企业年金的发展

一、我国企业年金制度的政策法规

国务院在 1991 年《国务院关于企业职工养老保险制度改革的决定》中,第一次提出了建立企业补充养老保险的问题。文件规定:国家提倡、鼓励企业实行补充养老保险,企业补充养老保险由企业根据自身经济能力,为本企业职工建立;企业补充养老保险所需的费用从企业自有资金中的奖励、福利基金内提取;劳动部门所属的社会保险管理机构,是非营利性的事业单位,经办基本养老保险和企业补充养老保险的具体业务。

1995 年《国务院关于深化企业职工养老保险制度改革的通知》中规定:国家在建立基本养老保险、保障退休职工基本生活的同时,鼓励建立企业补充养老保险;企业在按规定缴纳基本养老保险费后,可以在国家指导下,根据本单位经济效益情况,为本企业职工建立补充养老保险,由企业自主选择经办机构。同年劳动部发布的《关于建立企业补充养老保险制度的意见》中,提出了建立规范的企业补充养老保险的若干政策意见,包括实施条件、决策程序、资金来源、计发办法和经办机构等,明确提出企业补充养老保险采用"个人账户"方式管理,将我国的企业补充养老保险定位为 DC 模式,从而奠定了建立和发展企业补充养老保险制度的基本框架。

2000 年,国务院颁布的《关于完善城镇社会保障体系的试点方案》中,将企业补充养老保险更名为"企业年金",并提出有条件的企业可为职工建立企业年金计划,实行市场化运营和管理;企业年金实行基金完全积累,采用个人账户方式进行管理,费用由企业和个人缴纳;同时还有一个重大突破,明确了企业缴费在工资总额 4% 以内的部分可在成本中列支,这是一个非常重要的政策,也是作为国家鼓励企业年金发展的一种政策手段。

2004 年 1 月 6 日劳动和社会保障部颁布《企业年金试行办法》,同年 2 月 23 日劳动和社会保障部联合中国银监会、证监会和保监会颁布《企业年金基金管理试行办法》,两个办法均从 2004 年 5 月 1 日起执行。文中明确规定了受托人、账户管理人、投资管理人和托管人的职责;规定了企业年金基金投资管理应当遵循谨慎、分散风险的原则,充分考虑企业年金基金财产的安全性和流动性,实行专业化管理;同时还规定了企业年金基金财产的投资范围,对收益分配及费用、信息披露、监督检查等方面也作了相应的规定。上述《企业年金试行办法》和《企业年金基金管理试行办法》的出台,标志着我国企业年金发展进入了法制化、规范化和国际化发展轨道。

2004 年 9 月 29 日,劳动和社会保障部、中国证监会联合签发《关于企业年金基金证券投资有关问题的通知》,2004 年 12 月 31 日劳动和社会保障部又颁布了《企业年金基金管理机构资格认定暂行办法》,同时还出台了《企业年金基金管理运作流程》、《企业年金基金账户管理信息系统规范》和《企业年金基金管理机构资格认定专家评审规则》等配套办法,使我国企业年金在基本建立的法律制度框架内进入具体实施阶段。

劳动和社会保障部从 2005 年 5 月开始受理企业年金基金管理机构资格申请工作,2005 年 8 月 1 日劳动保障部发布通告,公布了 37 家取得资格的第一批企业年金基金管理机构。其中,法人受托机构五家,账户管理人 11 家,托管人六家,投资管理人 15 家。这表明中国企业年金进入资本市场正式启动。

随后,国有资产管理委员会、财政部等多家部委分别从中央企业、国有金融企业施行企业年金、会计准则、纳税扣除等角度,颁布了《关于中央企业实行企业年金制度的指导意见》(国资发分配【2005】135 号)、《财政部关于国有金融企业试行企业年金制度有关问题的通知》(财金【2006】18 号)、《企业会计准则第 9 号——职工薪酬》、《企业会计准则第 10 号——企业年金基金》,劳动和社会保障部颁布了《关于企业年金基金银行账户管理有关问题的通知》(劳社部发【2006】40 号)等制度,对不同行业建立企业年金进行了具体规范。

2007 年以来,劳动和社会保障部先是和中国人民银行共同颁布了《关于企业年金基金进入全国银行间债券市场有关事项的通知》(银发【2007】56 号),接着又下发了《关于规范移交原有企业年金的指导意见》(劳社部发【2007】12 号),明确了在 2007 年年底之前完成存量企业年金管理主体的变更、各项业务的移交,实现市场化管理运营。

2007 年 11 月 19 日,劳动和社会保障部再次发出通告,公布了 24 家第二批企业年金基金管理机构。其中,法人受托机构七家,账户管理人七家,托管人四家,投资管理人六家。

二、我国企业年金的发展状况

经过十多年的发展,我国企业年金已经基本确立了国家政策支持、企业自主建立、市场运营管理、政府行政监管的制度框架和运行规则。截至 2008 年年底,全国有 3.3 万户企业建立了企业年金计划,缴费职工人数达到 1 038 万人,企业年金基金累计结余 1 911 亿元①。建立企业年金的企业主要分布在经济发展水平相对比较高的大城市和东南沿海地区,集中在一些大企业、大集团,如电力、电信、石油、石化、民航等经济效益好的垄断性行业。资金主要用于银行存款、债券,以及购买商业养老保险及股票投资等。

　　尽管近年来企业年金在我国取得了稳步发展,但总体来看,我国的企业年金制度还处在起步和探索阶段。目前,企业年金参加者仅相当于城镇基本养老保险参加人数(21 891 万人)的 4.7%,企业年金基金总量相当于城镇基本养老保险基金累计结存量(9 931 亿元)的 19.2%。这说明,当前企业年金的发展规模还相当小。从统计数据上看,2008 年我国企业年金占 GDP(300 670 亿元)的比例仅为 0.64%,而美国 2005 年企业年金占 GDP 的比重达到了 66%。这说明我国的企业年金远远不能发挥养老保障制度中第二支柱的重要作用。我国的企业年金制度有待于在政府、企业、资本市场和企业员工的共同努力下得到更快、更健康的发展。

本 章 小 结

　　企业年金是目前员工福利中非常重要的一个储蓄计划,它具有延期支付和长期享受的特点,还可以得到政府税收优惠政策的支持,因此,近些年在发达国家发展迅速。本章系统地介绍了企业年金的相关知识和实践,包括企业年金的性质、特点、功能、外部条件;企业年金的分类与分配方式;企业年金与人力资源管理;企业年金的治理结构、投资运营、内部管理;政府对企业年金的监管以及中国企业年金的发展状况。

案例一 T集团的企业年金计划②

　　T 有色金属集团(以下简称 T 集团)2006 年 8 月正式启动企业年金计划,具体实施方案如下。

实施范围和对象

　　确定企业年金参加人员的范围是企业年金设计和实施的首要任务。参加 T

---

① 参见"2008 年度人力资源和社会保障事业发展统计公报",国家统计局网站。
② 案例来源:郑树荣、中若茜,"企业年金的实施例证和建议",《经营与管理》,2008 年第 10 期。

集团基本养老保险统筹的所属单位,均为实施企业年金的范围,对象为参加 T 集团基本养老保险统筹的在职员工。

资金筹集方式

T 集团采取完全积累的缴费确定型(简称 DC)企业年金计划,企业年金所需费用由企业和员工个人共同缴纳。企业缴纳的费用在本企业上年度员工工资总额 5% 以内的部分,可从成本中列支,税前提取;员工个人缴费标准为按其本人当年月基本养老保险缴费工资基数的 5% 缴纳。采取工资比例法为企业年金缴费方式,以基本养老保险缴费工资基数作为员工缴费工资基数,并对企业年金额度有所限制:缴费工资基数高于全省上年度职工月平均工资 300% 的,按月平均工资 300% 执行;低于月平均工资 60% 的,按月平均工资 60% 执行。实行员工企业年金个人账户统一管理,最终基金投资收益将按净收益率计入个人账户。

基金管理方式

T 集团按国家规定设立企业年金理事会,作为受托人受托管理企业年金。企业年金理事会由集团公司领导、有关业务部门和员工代表组成,其中员工代表不少于 1/3。企业年金理事会作为企业年金受托人,由专门的评估小组讨论并慎重考虑,选择和委托中国工商银行省分行作为账户管理人和托管人;采用公开投标的形式选择海富通、嘉实和华夏三家基金管理有限公司为投资管理人,按照国家规定投资运营,企业年金基金投资运营收益并入企业年金基金。T 集团规定,企业年金基金必须与企业、受托人、账户管理人、投资管理人、托管人的自有财产和其他资产分开管理,不得挪作他用。

计发办法和支付方式

T 集团企业年金计发办法原则上是,不到退休年龄不得计发,员工个人账户积累余额全部归属领取人或指定受益人(员工在职期间因故死亡则发给指定受益人),普遍实行现金计发,但如有以下情况,则根据具体情况而定:(1) 员工调出,其企业年金个人账户可以转移;不具备转移条件的,可将个人账户中的全部储存额发还给本人。(2) 员工参军、上学,企业年金个人账户保留在企业,退出现役或毕业后回到集团公司工作的,其前后缴存的企业年金个人账户储存额合并计算;退出现役或毕业后不回到集团公司工作的,其个人账户中的全部储存额发还给本人。(3) 员工因个人原因离开集团公司,如辞职、除名、开除、判刑、劳教等解除劳动合同的,个人账户中的个人缴费部分可退还给本人,其个人账户予以注销,企业缴纳部分并入企业年金基金。

　　企业年金支付方式为：员工达到法定退休年龄退休或出境定居,可依据企业年金具体实施方案一次性领取企业年金,原则上不得提前领取。员工退休后企业年金个人账户储存额不足2 000元的,按2 000元给付。

组织管理和监督方式

　　T集团规定,企业年金理事会要依法管理企业年金,在管理过程中不得以任何形式为自身谋取不正当利益。在企业年金理事会下设立企业年金办公室。从性质上说,企业年金办公室小到代表企业年金理事会行使管理事务的主体,大到代表企业行使有关企业年金管理事务的主体。该办公室由集团公司社会保险管理中心负责管理。

案例二　×××公司企业年金计划方案[①]

一、计划宗旨

　　为了补充社会养老保险的不足,使本公司员工退休后能够维持比较满意的生活水平,特建立"×××公司企业年金计划方案"。

二、本计划构架

　　对于计划实施前已在本公司工作的年长员工,采用按年龄递增的确定供款计划作为过渡计划;对现在年轻的员工采取确定供款和利润分享计划以激励员工为公司服务。当年长员工全部退休后,过渡计划终止,确定供款加利润分享计划作为本公司共同的企业年金计划。

　　1. 第一批年长员工的企业年金计划：计划类型为公司单方供款的既定供款计划。

　　(1) 受益范围：1962年12月31日以前出生的公司在职人员。

　　(2) 供款方式：公司为在职员工设立企业年金个人账户,按月将企业年金供款存入员工个人账户。供款数额等于员工当月工资乘以员工个人账户供款的百分比。员工个人账户百分比为以下两部分之和：

　　第一部分随年龄递增。各年龄对应的百分比如表1所示。

　　第二部分随司龄增加。各司龄对应的百分比如表2所示。

[①] 案例来源：杨玲、吴湘玲,"企业年金面面观",《企业管理》,2006年第3期。

表1　各年龄对应的员工个人账户供款百分比

出生年份	百分比
1962	15%
1961	16%
1960	17%
1959	18%
1958	19%
1957	20%
1956	21%
1955	22%
1954	23%
1953	24%
1952	25%
1951	26%
1950	27%
1949	28%
1948	29%
1947	30%

表2　司龄对应的员工个人账户供款百分比

司　龄	百分比
1 年	1%
2 年	2%
3 年	3%
4 年	4%
5 年	5%
6 年	6%
7 年	7%
8 年	8%
9 年	9%
10 年	10%

第一个百分比在于解决年长员工过去无积累的问题,第二个百分比在于追溯员工过去对公司所作的贡献。员工个人账户供款百分比在建立企业年金计划时确定,以后不再因员工的年龄和司龄的增加而调整。员工符合提前退休条件并经公司许可,属正常退休年龄之前退休者,公司按其退休前工资水平乘上其个人账户供款百分比继续为其个人供款到正常退休年龄。

因公司需要在正常退休年龄后仍在职者,其个人账户可持续获得公司供款直至其退休(鼓励优秀员工留职)。

(3) 企业年金的领取:正常退休年龄为男60岁,女55岁。员工到正常退休年龄时,可以选择一次性领取个人账户积累额,也可以约定数额按月领取,直至个人账户积累额为零。员工在退休前死亡,受益人可领取其个人账户积累额;员工在退休前丧失工作能力,可领取其个人账户积累额;员工在退休前离职,可领取其个人账户积累额已归属的部分,或将个人账户积累额已归属的部分转入其在新就业单位的企业年金个人账户。员工符合提前退休条件者,在提前退休时可一次性或按月领取其个人账户积累额。如属下述情况之一者,员工可推迟领取:因公司需要在正常退休年龄以后仍在职者,可以等到退休时领取;员工符合提前退休条件者,可自愿推迟到正常退休年龄领取。

（4）企业年金账户中公司供款的归属权。

公司给员工个人账户的供款及相应的投资收入按如下规则归属员工(如表3所示)。

表3　司龄对应的员工个人账户归属比例

司　龄	归属比例
不满 2 年	0%
满 2 年不满 3 年	20%
满 3 年不满 4 年	40%
满 4 年不满 5 年	60%
满 5 年不满 6 年	80%
满 6 年	100%

员工离职后,其个人账户非归属部分归公司所有,可用来充抵未来供款。

（5）年金计划建立后进入公司的员工,本公司为其开立企业年金个人账户并按规定为其供款。可归入本计划受益范围内的新员工,若在原单位有企业年金个人账户,积累额可转入其在本企业年金计划的个人账户。

（6）投资选择权。本企业年金基金资产由公司统一进行投资选择和管理,员工对其个人账户资产不具有投资选择权。

2. 长远企业年金计划:公司单方供款的确定供款加利润分享计划。

（1）受益范围:1963 年 1 月 1 日以后出生的公司在职员工。

（2）供款方式:公司为在职员工设立企业年金个人账户,按月将企业年金确定供款部分存入员工个人账户,按年将企业年金利润分享部分存入员工个人账户。

企业年金确定供款部分等于员工当月工资乘以员工个人账户供款百分比。员工个人账户供款百分比为以下两部分之和:

第一部分为基本供款率,各员工相同,均为 5%。

第二部分随司龄递增,各司龄对应的百分比如表4所示。

表4　司龄对应的员工个人账户供款百分比

司 龄	百分比
1 年	0.5%
2 年	1.0%
3 年	1.5%
4 年	2.0%
5 年	2.5%
6 年	3.0%
7 年	3.5%
8 年	4.0%
9 年	4.5%
10 年	5.0%

　　第一部分在于为员工提供一个基本保障,第二部分在于追溯员工过去为公司所作的贡献(每一年轻司龄给予的百分比比年长职工低是因为年轻员工可以获得较长年限的供款)。员工个人账户供款百分比在建立企业年金计划时确定,以后不再因员工的年龄和司龄增加而调整。

　　利润分享部分按如下公式计算:

$$员工个人账户的利润分享部分 = 税后利润 \times 3\% \times 员工当年工资$$
$$\div 公司全体员工工资总额$$

　　符合员工提前退休条件并经公司许可,属正常退休年龄之前退休者,公司按其临退休前工资水平乘以其个人账户供款百分比,继续为其个人账户供款到正常退休年龄。

　　(3) 企业年金的领取及企业年金账户中公司供款的归属权比照第一批年长企业员工年金计划相关规定执行。

　　(4) 新员工加入:在本企业年金计划建立之后进入本公司的员工,可归入本计划受益范围之内的,本公司为其开立企业年金个人账户并按规定为其供款。可归入本计划受益范围之内的新员工,若在原单位有企业年金个人账户,积累额可转入其在本企业年金计划的个人账户。

　　(5) 本企业年金基金资产由公司统一进行投资选择和管理,员工对其个人账户资产不具有投资选择权。

复习讨论题

1. 怎样理解企业年金在企业人力资源管理中的地位？

2. DB 计划与 DC 计划的区别有哪些？为什么 DC 计划近些年发展得更快？

3. 政府在企业年金计划中的作用如何体现？

4. 我国企业年金市场涉及的相关主体有哪些？它们各自的分工和职能是什么？

第八章

企业健康保险计划

【本章提要】

企业健康保险计划是企业重要的福利项目之一。随着社会的发展，医学科技的进步，人们健康知识的增强，医疗费用呈现不断增长的趋势，且由个人负担的比例越来越大，对人们生活产生了重要的影响。在这种情况下，企业员工迫切需要通过健康保险计划来分担医疗费用的压力，企业的健康保险计划应运而生。本章的学习要点在于以下几个方面：

（1）了解企业健康保险计划的含义及其产生背景；

（2）清楚企业健康保险计划的典型形式；

（3）理解心理健康管理对企业与员工的积极意义；

（4）了解我国企业健康保险计划的发展情况。

第一节　企业健康保险计划概述

在今天的社会,健康已经成为人们的基本权利。联合国大会 1948 年 12 月 10 日通过的《世界人权宣言》中的第 25 条规定:"人人有权享受为维持他本人和家庭的健康和福利所需的生活水准,包括食物、衣着、住房、医疗和必要的社会服务。"联合国 1978 年的《阿拉木图宣言》提出,每个国家都要实现"人人享有卫生保健"的目标。我国的《宪法》也明文规定:"中华人民共和国公民在年老、疾病或者丧失劳动能力的情况下,有从国家和社会得到物质帮助的权利。国家发展为公民享受这些权利所需要的社会保险、社会救济和医疗卫生事业。"

既然健康是一项基本人权,那么其实现和维护就理应成为国家和社会的责任。然而,在现实中,国家的保障是有限的,大多数个人和家庭也无力承担全部的医疗负担,因此客观上要求企业提供一定的健康保障。

一、什么是企业健康保险计划

企业健康保险计划,也叫企业补充医疗保险计划或企业医疗保障计划,是企业为员工建立的、用于提供医疗服务和补偿医疗费用开支的福利计划。

企业健康保险计划的发达程度与社会医疗保险制度息息相关,当社会医疗保险制度比较健全和完善时,企业的健康保险计划就不那么重要了。如在实行全民医疗保障制度的福利国家——英国、加拿大以及北欧国家等,公民的基本医疗保障由国家举办的社会医疗保障体系来提供,实行免费或基本免费的医疗服务,因此,企业提供健康保障的责任的需求并不迫切。相反,在美国,由于它是唯一一个发达国家中没有建立全民医疗保险制度的国家——它只有为 65 岁以上老年人服务的医疗照顾制度(Medicare)、为低收入者(包括年幼者、残疾人等)服务的医疗救助制度(Medicaid)、"联邦公务员医疗福利计划"(FEHBP)、退伍军人以及土著人的联邦医疗保障计划;除了这些特殊群体有政府的医疗保障计划外,大多数人都要靠自己来进行保障——这就为雇主建立员工的医疗保险计划留出了空间,使其成为雇员健康保险计划最多和最成熟的国家。在美国人口中,只有 10% 的人享受国家的医疗保险,有 74% 的人由私营公司提供医疗保险,其中 64% 的人由雇主提供医疗保险。美国也是世界上私营医疗保险机构和保险市场最发达的国家,为雇主和雇员选择医疗保险方式提供了多样化的可能。

二、为什么要有企业健康保险计划

企业健康保险计划的建立有其深刻和广泛的社会背景,涉及医学科技的进步、人们健康意识和知识的增强、社会保险制度的现状、政府对公民卫生保健事业的资金投入、企业福利事业发展等各个方面。

1. 医疗费用开支呈现快速增长态势,且私人开支增长速度明显大于公共开支

无论在中国,还是在其他国家,特别是发达国家,人们的健康水平都在逐年改善,期望寿命在不断提高。如我国人口的平均期望寿命已经达到73岁,人口结构已经老龄化。与此相伴而生的是整个社会用于维护健康和治疗疾病的费用开支在扩大,医疗费用开支快速地增长(参见表8-1)。

表8-1　1980—2006年中国卫生总费用　　　　　　　单位:亿元

年　份	1980	1990	1991	1992	1993	1994
卫生总费用	132	743	888.6	1 090.7	1 370.4	1 768.6
年增长率(%)			12.0	13.69	9.41	7.92
政府支出(%)	36.4	25.0	22.8	20.8	19.7	19.2
社会支出(%)	40.4	37.9	38.4	38.1	36.9	35.2
居民支出(%)	23.2	37.1	38.8	41.1	43.4	45.6
卫生总费用占 GDP%	2.92	4.01	4.11	4.09	3.96	3.78
年　份	1995	1996	1997	1998	1999	2000
卫生总费用	2 257.8	2 857.2	3 384.9	3 776.5	4 178.6	4 764.0
年增长率(%)	12.74	18.03	17.82	13.05	10.6	14.0
政府支出(%)	17.0	16.1	15.4	15.6	15.3	14.9
社会支出(%)	32.8	29.6	27.7	26.6	25.5	24.5
居民支出(%)	50.3	54.3	56.9	57.8	59.2	60.6
卫生总费用占 GDP%	3.68	4.21	4.53	4.75	5.18	5.33
年　份	2001	2002	2003	2004	2005	2006
卫生总费用	5 150.3	5 790	6 584.1	7 590.3	8 659.9	9 843.3
年增长率(%)	8.1	12.42	13.72	15.28	14.09	13.67
政府支出(%)	15.5	15.7	17.0	17.0	17.9	18.1
社会支出(%)	24.0	26.6	27.2	29.3	29.9	32.6
居民支出(%)	60.5	57.7	55.8	53.6	52.2	49.3
卫生总费用占 GDP%	5.37	5.5	5.6	5.55	4.7	4.67

资料来源: 国际统计局编《中国统计年鉴》(2002),中国统计出版社;国家统计局社会和科技统计局编《2008中国社会统计年鉴》,中国统计出版社。

美国的情况也与中国类似,近 40 年来用于健康医疗的支出逐年上升(参见表 8 - 2)。

表 8 - 2　1960 ~2003 年美国健康医疗支出

年份	总体开支情况		开支的分配情况	
	总金额(十亿美元)	人均(美元)	私人(十亿美元)	公共(十亿美元)
1960	26.9	141	20.2	6.6
1965	41.6	204	29.9	8.3
1970	73.2	340	45.5	27.7
1975	132.6	591	74.1	50.2
1980	247.3	1 052	142.5	104.8
1985	428.7	1 734	254.5	174.2
1990	699.4	2 689	416.2	283.2
1995	993.3	3 637	537.3	456.0
1996	1 039.4	3 772	559.0	480.4
1997	1 088.2	3 912	586.0	502.2
1998	1 149.1	4 094	626.4	522.7
1999	1 228.5	—	—	—
2000	—	4 560	—	—
2001	—	4 914	—	—
2002	—	5 317	—	—
2003	—	5 670	—	—

资料来源:J·V·纳克利,《员工补偿入门》,1999 年第二版,华盛顿特区:美国国家事务局 Office of the Actuary,Centers for Medicare and Medicaid Service,2005。

从上述资料可以发现,在总体医疗费用增长的同时,医疗费用的分配结构也在发生变化,即政府在总开支中的比例在缩小,而个人开支比例在扩大。这个结果说明,个人收入中花在医疗保健方面的支出比以前增加。对于收入不高的员工来说,看病就医已经成为生活中的一个主要负担。因此,客观上需要有其他力量来分担医疗风险。这就为企业建立员工的补充医疗保险提供了恰当的理由。

2. 社会保险保障的有限性,使个人要承受一定的医疗费费用负担

即使是实施了社会医疗保险制度的国家,甚至是建立了全民医疗保障制度的国家,政府所提供的医疗保险待遇都是有限的,即政府只负责公民的基本医疗保险,是"广覆盖,低水平"的保障,患者本人还要承担一定的医疗费用。特别是 20 世纪 90 年代以来,随着发达国家政府对社会保障体系进行改革,政府逐渐缩减了用于社会保障项目上的开支,个人在各项社会保障项目上的支出比例都有所增加。如 1997 年,"共同付费"(Co-payment)比利时是 10 8%,加拿大是 16.5%,芬兰是

19.9%,新西兰是23.5%,奥地利是25.1%,瑞士是29.8%(OECD:1999d,1999c,*Table* 7)。这种现象反映了在医疗保险财政机制上公共和私人机制的结合。同时,个人在看病时,自付费用的比例也提高了。如日本从1999年开始,政府管理的健康保健制度中被保险者自己负担的医疗费用部分从10%提高到20%。德国从2000年起,为患者住院康复措施所支付的费用,在德国西部由每天25马克减为17马克;在东部由20马克减为14马克。

中国的医疗体制改革始于20世纪80年代初期,国务院于1998年颁布的《关于建立城镇职工基本医疗保险制度的决定》标志着我国医疗保险制度改革进入了一个崭新的阶段。在计划经济体制下实行了将近半个世纪的劳保医疗和公费医疗制度,将被新的职工基本医疗保险制度所代替。新制度中涉及医疗费用方面的主要规定有:(1)医疗保险缴费由用人单位和个人共同承担。缴费比例的分配为:用人单位缴费率为职工工资总额的6%左右,职工缴费率为本人工资收入的2%。(2)基本医疗保险统筹基金和个人账户基金有各自来源和使用范围。基本医疗保险基金由统筹基金和个人账户构成。职工个人缴纳的保险费全部计入个人账户;用人单位缴纳的保险费一部分用于建立统筹基金,一部分划入个人账户。同时《决定》还规定了统筹基金的起付标准和最高支付限额:起付标准原则上控制在当地职工年平均工资的10%左右,最高支付限额原则上控制在当地职工平均工资的四倍左右。起付标准以下的医疗费用,从个人账户支付或个人自付。在统筹基金支付的范围内(起付标准以上,最高支付限额以下),个人也还要负担一定的费用比例。2006年城镇单位在岗职工年平均工资为21 001元,按这个标准计算,平均最高支付额为84 004万元。而目前重大疾病的医疗费用高达二三十万元,甚至上百万元。因此,基本医疗保险的保障水平是不充分的。

综上所述,社会保险的保障程度是有限的和不足的,对于患重病和慢性病的员工来说,还需要有其他来源的经济支持。因此,企业提供的健康保险将提高员工的健康保障水平。

3. 员工福利多样化的发展趋势,使企业健康保险成为企业的主要福利计划之一

员工福利是一种吸引和保留员工的有效工具,这一认识被人们广泛接受。有吸引力的员工福利计划既能帮助企业招聘到高素质的员工,同时又能保证被雇佣来的员工继续留在企业中工作。自20世纪60年代以来,企业福利计划开始流行,主要原因就是二战期间和以后的一段时间政府所实行的工资和物价管制,以及劳动力市场上的供给不足,导致企业不得不考虑采用直接薪酬以外的方式来提高员工的报酬水平,从而吸引并留住自己需要的员工。当这些福利计划建立起来之后,因其本身具有的刚性特征,就作为一种企业惯例被沿袭下来了。随着企业福利计

划发展的日臻成熟,福利计划越来越呈现多样化的发展态势。员工健康保险计划因其能够帮助员工分散看病就医的经济风险,满足员工生活中的迫切需求,受到员工,特别是中老年员工的欢迎。不少有条件的企业都建立了这样的福利计划,通过购买团体医疗(健康)保险为员工提供一份保障。一般而言,团体保险的保费(价格)要比个人投保保费低,因此以企业为单位为员工建立健康保险计划对企业和个人都是十分经济实惠的。

第二节　企业健康保险计划的几种典型形式

在实行全民医疗保险制度的福利国家,公民的基本医疗保障由国家举办的社会医疗保险体系来提供,如英国、加拿大、北欧国家等,公民基本可以得到免费或基本免费的医疗服务。因此,对企业提供健康保险的需求相对较小。而美国是唯一没有建立全民医疗保险制度的工业化国家,大部分美国人要靠商业健康保险为自己及其家庭提供医疗保障,因此,健康保险成为美国员工最重要的福利之一,并发展出形式多样的保险模式,是企业健康保险计划的代表国家。美国典型的健康保险计划形式主要包括:企业医疗基金(自我保险)、商业团体健康保险,以及健康储蓄保险计划。

一、企业医疗基金(自我保险)

企业用自己的资金来承担法律规定范围之内的健康风险,直接用自己的资金支付福利。当发生医疗费用时,公司用现金或事先储备好的专门资金来支付赔偿。例如,有的企业将这项资金用于大病的保障。即使参加的医疗保险中有对大病的报销额度,但企业的医疗基金对于员工面临大病困境时的帮助还是很大的。对于一家员工整体上比较年轻的公司来说,发生大病的几率其实是很低的,有公司算过一笔账,根据历史数据,如果把当年投入到补充大病医疗保险的费用自己累积起来,其实足够用于全额报销当年实际发生大病的员工的医疗费用,并且还会有所盈余。因此,决定是否使用内部保险是出于成本考虑:如果公司为雇员支付医疗费用所造成的资金负担小于与商业保险公司签订合同的成本,就会考虑使用自我保险的方式,这样可以为公司节约开支。但事实上,采用企业内部自我保险的公司还是少数,毕竟健康风险是不可预知的风险,交给专门经营健康风险的保险公司来管理是比较明智的。

二、商业团体健康保险

一些企业会选择为员工集体性地投保商业健康保险,即团体保险。团体保险是使用一份合同向一个团体的许多成员提供保险,通常不要求体格检查,发给每个成员一份保险证。在进行团体保险时,保险费是根据保险精算师的分析决定的,而不是根据对每个雇员的健康评估来决定的。雇主可以承担全部保费,也可以和雇员分担保费。它与个人保险的主要区别:一是保险公司与投保团体(企业)签订一份包括所有成员的保单(大多数团体保单的所有人是企业或雇主);二是由于大批量销售的方法减少了营销费用和管理成本,因此团体保险的费率低于个人保险的费率(一般个人保险费比团体贵 15% ~ 40% ,且住院部分很少保险超过 90 ~ 180天);三是保险公司在承保团体保险时,只关心整个团体的可保性,而不计较团体中单个人是否可保①。所以,团体保险对雇主和雇员都有利。

1. 团体健康保险产品

健康保障主要处理两类经济损失:一是医疗费用,二是由于疾病和伤残引起不能工作的收入损失。医疗费用保险可以按保险费用的给付标准分为基本医疗费用保险、大额医疗费用保险、特殊疾病费用保险和长期护理保险等。

(1)基本医疗费用保险。

基本医疗费用保险主要包括三个方面的医疗费用,即住院费用、外科手术费用和门诊费用。住院费用保险和外科费用保险分别设有专门的险种,可以单独购买,也可以合并一起购买。住院费用保险金的给付一般分为:住院费(床位费)、医药费和医院杂项费。保险公司通常都规定每年住院最长天数(45 天、90 天、120 天等)和每项费用支付的最高限额。

外科费用保险可作为住院保险的一项附加险,或者包括在住院保险中与其合二为一,统称住院保险。保险金的给付可根据一份外科手术费用表来计算,该表列出每种手术的一般价格和最高限价。保险公司在保险单中也会对住院手术费规定给付的最高限价。

门诊费用一般与其他费用一起成为共同的承保范围, 如在综合医疗费用保险中,对因疾病或意外伤害所支出的门诊医疗费用(药品费、治疗费、检查费和材料费),保险公司按一定比例(50% ~ 100%)给付,与住院费用(药品费、治疗费、检查费、材料费和住院床位费)的给付(比例与门诊费用相同)共同构成医疗费用保险的

---

① 许谨良、魏巧琴,《人身保险原理和实务》,上海财经大学出版社,1997 年,第213 页。

保险责任。门诊费用给付也有报销金额的限制。

（2）大额医疗费用保险。

大额医疗费用保险承保由于严重疾病和伤害事故引起的高额医疗费用的支出。在美国此类保险的保额一般在 25 万美元至 100 万美元之间[①]。在大额保险中一般都有共同保险条款,即规定被保险人自己承担一定比例的、属于保险责任范围内的医疗费用(20% 或 25%)。大额医疗费用保险包含两种形式:一是补充大额医疗费用保险,二是综合大额医疗费用保险。

补充大额医疗费用保险用于基本医疗保险不予支付的部分。由于社会基本医疗保险有支付限额的规定,某些属于保险责任范围内的医疗费用得不到报销,就可以由补充大额医疗费用保险承担。补充大额医疗费用保险都有免赔额的规定,免赔额为被保险人社会基本医疗保险统筹基金的最高支付限额。所以,它是在基本医疗保险支付限额之上才发生效力,在限额以下的费用部分不负担。同时,按照共同保险条款,被保险人还要对在保险公司承保的免赔额以上的医疗费用自付一定的比例(5% ~ 15%)。

综合大额医疗费用保险是把几种基本费用的医疗保险与大额医疗费用保险结合在一起。它是在被保险人自付一定数额的医疗费用后,为其支付自付额以上的大额医疗费用。例如,被保险人投保了综合大额医疗费用保险,其保单的自付额为 500 美元,在保险期间,被保险人要负担初期发生的 500 美元费用,只有在超过此金额时,综合大额医疗费用保单才可给付(按共同保险的条款,个人仍承担一定比例)。

（3）特殊疾病保险。

特殊疾病保险是对保险单中指定的疾病治疗给付医疗保险金。特殊疾病保险所保疾病一般属于重大疾病,如心肌梗塞、恶性肿瘤、慢性肾衰竭、重要器官移植、四肢瘫痪、脑中风等,因此特殊疾病保险在有些保险单中也叫重大疾病保险。这种保险一般保险期限为一年,期满可续保。设有定额保险金(如每份 10 000 元),并按性别和年龄确定每份保险单的年缴费额。保险金也按照指定项目实行金额给付,如住院、化疗等,设有最高给付限额。

（4）（丧失工作能力的）收入保险。

当人们谈论健康保险时,看重的主要是医疗费用保险。以美国为例,健康保险给付中的 82% 是用于医疗费用支付的。相对于医疗费用保险来说,收入保险居于次要地位。收入保险是对由于疾病和伤害导致不能工作的收入损失所进行的保险,它也是健康保险中的一种形式。在美国,各家保险公司对丧失工作能力收入保险合同中"丧失工作能力"、"伤残"和"疾病"有不同的定义,但大多数保单对这三

---

① 周国良、工明初,《新编保险学》,上海外语教育出版社,1998 年,第 290 页。

个概念的表述是："丧失工作能力"指被保险人在最初两年不能从事自己的职业和两年后不能从事任何他能胜任的或合适的职业；"伤残"是指由于意外事故造成身体的伤残；"疾病"被限定在保单生效后 30 天才患的病①。收入保险的保险金给付与被保险人伤残或患病前的收入水平相关。在短期丧失工作能力的收入保险中，保险金限制在被保险人周工资的 60%；在长期丧失工作能力的收入保险中，保险金相当于被保险人月工资的 75%~80%。保险金给付期限根据丧失工作能力的时间长短而不同，少则数周，多则十几年。收入保险一般还有一个等待期，从 3 天到 365 天不等。与费用保险一样，收入保险也有除外责任②的条款，内容也与医疗费用保险的除外责任差不多。

2. 团体健康保险的基本规则③

团体健康保险计划对参保人和参保企业有一系列的要求和规范，目的是保障参保人的权益，同时确保团体健康保险计划有效运行。

（1）参保人的资格要求。

参保员工的资格要求：① 雇员只能拥有一份保险计划；② 只有试用期已满且全职工作的员工可以参加，兼职员工通常得不到保险。

员工家属的资格要求。通常雇员福利也适用于该雇员的家属。家属指雇员的配偶以及未结婚的 19 岁以下的子女（包括继子、继女和领养的子女）。如果子女是全职学生，年龄可放宽到 23 岁。如果子女因为身体或智力残障而不能经济独立，在超过这个年龄后仍可以享受医疗保险。

（2）多重福利协调。

如果拥有一份以上团体医疗保险则需要进行协调。随着企业健康福利计划的发展，这种情况会逐渐增多。例如，① 丈夫和妻子都工作，同时在各自雇主的医疗健康保险计划中拥有附带配偶的健康保险计划；② 一个雇员有双份工作；③ 子女同时是父母或继父母的健康福利计划的受益人。为了防止个人得到超出实际费用的福利给付，医疗保险计划需要制定协调条款，包括确定赔付顺序和确定赔付比例，以避免员工享有过多的福利。

（3）与医疗照顾计划（Medicare）的协调。

在美国，按照规定，拥有 20 名以上雇员的雇主，对于 65 岁以上正在工作的员工或其配偶，即便他们享有国家医疗保险计划的待遇，雇主也必须为其提供团体医疗

---

① 许谨良、魏巧琴，《人身保险原理和实务》，上海财经大学出版社，1997 年，第 215 页。

② 除外责任，又称责任免除，指保险人依照法律规定或合同约定，不承担保险责任的范围，是对保险责任的限制。

③ 肇越、杨燕绥、于小东，《员工福利与退休计划》，中信出版社，2004 年，第 186—188 页。

保险;并且以雇主团体医疗保险为首要计划,国家医疗保险计划为次要计划。

（4）团体健康保险的终止。

团体健康保险在以下日期中的最早的那个日期终止：雇佣关系终止的日期、雇员失去团体医疗保险资格的日期和劳动合同终止日期。家属的保险在以下日期中最早一个日期终止：丧失家属资格的日期,以及因其他原因导致的员工团体医疗保险终止日期。

（5）保险转移。

保险转移指当一个人的某一份保险终止时可以购买另外一份保险,即单独制定费率的独立保险,如住院费用保险、手术费用保险等。团体医疗保险合同通常都包含转换条款,以便团体保险计划的被保险人在保险转换时可以直接购买个人医疗保险,而不必提供可保证明。通常在团体保险终止日后31天内都有权行使保险转换权利。

（6）索赔（赔偿方式）。

团体医疗保险的保障方式有两种,其赔偿方式也因此不同：① 提供医疗服务。如HMO和蓝色组织以提供医疗服务为保险支付方式,通常不要求被保险人提供索赔文件,而由服务提供者准备文件即可以直接报销费用。② 提供现金赔付。适用于一般商业保险公司的索赔。保险公司向被保险人要求一份索赔证明,以说明损失的发生、性质和程度;在索赔书上,雇员、雇主代表和医疗服务提供者三方都必须填写相关内容和签名。提交索赔书的时间由保险公司和有关法律决定。医疗费用发生后,雇员必须在30天时间内（或其他合理时间）提出索赔。

（7）税收政策。

团体健康保险可以享受税收优惠待遇。对于雇主来说,只要团体健康保险计划符合非歧视性要求,其为员工团体健康保险缴费所支付的款项享有免税待遇,员工缴费也享有免税待遇,不仅可以将员工医疗保险缴费从应税收入中扣除,并且还可以把不能报销的医疗护理费用（包括牙科治疗费用）从应税收入中扣除。

（8）非歧视性要求。

员工福利计划必须符合非歧视的法律要求才可以成为合格计划。在歧视性团体医疗保险计划中,企业特殊员工,如高管和高级专业人员所得到的超额福利必须计入应纳税收入。例如,如果一个计划为这些员工支付的保险费高于普通员工的20%,那么这额外的20%的福利费就必须计入这些员工的应税收入。

3. 团体健康保险组织（经办模式）

（1）蓝色组织。

在美国,商业医疗保险公司一般分为营利性和非营利性公司两种,后者可以享受税收优惠待遇,前者则不能享受。目前,美国在职员工的医疗保险主要是由商业保险公司经办的,其中一半是由各州的蓝十字(Blue Cross)和蓝盾(Blue Shield)组织经办的,另一半则是由其他私人保险公司经办的。

蓝十字(Blue Cross)和蓝盾(Blue Shield)是美国目前最大的非营利商业健康保险公司,实行企业健康保险计划的企业往往与这两家保险公司签订保险合同。它们创立于20世纪30年代。蓝盾由医生组织(美国医疗协会)发起,成立了全美蓝盾计划协会,开展医疗保险服务,承保范围主要为医生出诊费用保险和手术费用保险;蓝十字由医院组织(全美医院协会)发起组织,成立了全国性的蓝十字协会,其承保范围主要为住院医疗服务。蓝盾计划成员经常同时也是蓝十字计划的成员,这种重叠使两个组织业务紧密联系。1982年,蓝盾和蓝十字协会进行了彻底的整合,合并为"蓝色组织"。下面我们对"蓝色组织"的运行模式作一简单介绍。

① 医疗保险基金筹集。医疗保险基金主要来源于参加者缴纳的保险费,但保险基金可免缴2%的保险税,通常是雇主与雇员共同分担,有些企业则完全由雇主负担。

② 保险合同。蓝色组织计划包括两种契约关系:一是与参保人订立的提供特定服务的合同关系;二是与医疗服务商(医生和医院)签订的约定受益人医疗费用的合同关系。这种安排通常要求参保人接受蓝色组织计划指定的医疗服务商的服务。

③ 服务或赔付方式[1]。一直以来,蓝色组织以服务方式提供赔付,即参保人获得的是参与计划的医院和医生所提供的医疗服务,而不是保险公司提供的现金赔偿。例如,一个蓝十字计划向参保人每年提供最多可达90天的双人病房住院治疗福利;而保险公司在符合费用限额和时间限制(如每天400美金,总共90天)的情况下,允许参保人报销住院费用。相反,保险公司与医疗服务商之间并没有合同关系,保险公司只在保险合同规定的限额内报销参保人的医疗费用。因此,参保人必须递交相关的索赔单据,保险公司将报销费用直接赔付给参保人,而不向医疗服务商付费。

由于来自保险公司的竞争压力,使得蓝色组织现在也开展与保险公司一样的保险业务,他们也使用了起付线(免赔额)和共付制的保险条款。对于参保人一方,参保人自己必须先负担一定限额的费用,然后再承担一定比例的费用,剩余医疗费由保险方支付。如得克萨斯州的蓝十字和蓝盾医疗保险费用的支付方式是:就诊的费用,蓝盾负担80%,个人负担20%,但个人全年最多负担额有一个极限,超过的部分由蓝盾支付;住院的费用,第一天个人负担一个固定数额,以后的开支全部由

---

① 程晓明,《医疗保险学》,复旦大学出版社,2003年,第38页。

蓝十字负担。对于医院和医生一方,蓝盾按常规将医疗费用支付给医生,但有一个上限;蓝十字根据投保者的医疗情况向医院支付住院费用,但享有平均14%的折扣待遇。

④ 费率定价方法。在早期,蓝色组织在测算保险费时,是将全社会的医疗费用成本除以社会总人口来求得的,不考虑参保人过去或潜在的风险情况,也不考虑这些保险计划是签发给个人还是团体的,对于所有参保人收取相同数额的保费。只是当保险对象不同时(如被保险人是个人、或是无子女夫妇、或是一个家庭),保险费才会变化。这种计算投保费的方法使蓝色计划处于不利的竞争位置,商业保险公司乘虚而入,它们采用经验费率定价法,利用年轻人患病概率低、医疗费用低的特点,向职业人群兜售投保费更低、受益面更广的商业健康保险;同时,保险公司向某些团体收取的保险费率比向其他团体收取的费率要低很多。保险公司使用经验费率经营健康保险,慢慢抢占了蓝色组织的市场。到20世纪50年代中期,保险公司在承保人数上超过了蓝色组织。这迫使蓝色组织放弃了原有的保险费测算方法,转而使用按不同年龄、不同性别、不同疾病危害程度和不同团体来制定保险费的经验费率定价法。如今,在团体业务领域中,保险公司和蓝色组织在定价方法上已没有多大区别①。

⑤ 税收与监管。在税收方面,蓝色组织享受优惠政策,可免缴保费所得税。这给蓝色组织带来了成本优势,然而蓝色组织受到的监管比保险公司更严格。

经过70多年的发展,蓝色组织已经成为拥有78个分支机构,12.5万雇员,投保者有1.07亿人的非营利保险组织。

(2)管理型医疗组织。

① 健康维持组织(HMO)。

健康维持组织(Health Maintenance Organization,HMO)是20世纪70年代出现的美国管理式医疗保险的主要模式之一。近几年,由于医疗费用急剧上升,雇主和个人都倾向于参加管理式的医疗保险计划,它可以大大降低医疗费用。管理式医疗保险组织,就是一个同时接受客户投保和提供医疗服务的团体或组织,即保险与医疗的混合体。HMO多半是由一大群医生自己组织而成,有些是由医院、保险公司或私人公司建立,目的是把整个保险制度与医疗系统结合起来,集中管理,以便杜绝医疗资源的滥用和浪费,节省开支。HMO的主要特点是:a. 通过与经过挑选的医疗服务提供者组织(医院)签订合同向参加者提供一系列的医疗保健服务;b. 制定选择医院的标准;c. 通过正式的计划来进行医疗服务质量的改善和药品使用的审核;d. 强调保持参加者的身体健康是HMO的宗旨,以避免因为节约成本而降低

① 肇越、杨燕绥、于小东,《员工福利与退休计划》,中信出版社,2004年,第212—214页。

治疗和服务的质量；e. 建立经济奖励机制,鼓励参加者使用 HMO 的服务①。

　　参加者按会员制的办法定期缴纳一定的会费,患者就诊只能到指定的医院,不能随便选择医生和医院(急诊除外)。在 HMO 工作的医生是其雇员,只拿薪水,不从病人服务中提酬。HMO 的医生较少像个体医生那样诱导病人多开药或多向病人提供服务,而是把工作重点放在健康教育上和强化预防措施方面,目的是节约医疗费用开支,如加强预防性出诊、加强健康检查、开办戒烟和减肥等服务,做好入院前的准备,尽量缩短平均住院日等。据调查,实行 HMO 的地区,医疗费用下降10%~40%。

　　在欧美,HMO 组织是与政府医疗保障体系相并行的一种主流医保体系,如英国的 BUPA,它是二战结束后几乎与英国政府建立全民医保同时诞生的。60 年来,由于其医院相对公立医疗体系有更高的医护水平、更优的环境和相对合理的价格,所以吸引了大量的中产家庭、个人与企事业团体将它作为首选的医保计划。BUPA 目前拥有 800 万会员,年销售额达 39 亿英镑。另外,如美国的凯泽,目前拥有 870 万会员,年销售额达 310 亿美元;Wellpoint 拥有 2 700 万会员,年销售额达 569 亿美元。

　　② 选择服务提供者组织(PPO)。

　　选择服务提供者组织(Preferred Provider Organization,PPO)是管理医疗计划的另一种形式,20 世纪 80 年代出现,在管理上比 HMO 更加灵活,它给予参加者更多的选择医疗服务提供者的自由。PPO 代表投保人的利益,就服务收费与医院或医生进行谈判和讨价还价,最终选择与同意降低收费价格,并愿意接受监督的医院或医生签订合同。PPO 同医院和合同医生按服务项目付费,一般压低价格 15% 左右。PPO 一般提供三家医院供员工选择,当员工去这三家中的任何一家就诊时,服务通常是免费的,员工也可选择 PPO 之外的医院,但 PPO 只能减免 80% 的费用,差额由本人支付。由于 PPO 保险费较低,并且可以自由选择医院和医生,因此比较受欢迎。

　　③ 指定服务计划(POS)。

　　指定服务计划(Point-of-Service,POS)是管理医疗的第三种模式,有时也被认为是 HMO 和 PPO 的混合模式。它建立了一个医疗服务提供者的网络,要求投保人从中选择一位初级保健医生作为医疗服务的提供者,由这位医生来控制有关专科服务。如果从网络中指定的保健医生那里接受服务,则支付很少或不支付费用,且不限制投保人的服务需求。如果从非指定的医生那里获得服务,也可以得到补偿,但要自付较高比例的费用②。

① 水吉,"美国管理式医疗保险举足轻重",《中国劳动保障报》,2002 年 11 月 6 日。
② 胡苏云,《医疗保险和服务制度》,四川人民出版社,2001 年,第 235 页。

管理式医疗保险反映了大多数雇主和保险人的共识,即在投保人能够获得充分和适当的医疗服务的前提下,降低费用开支。管理式医疗保险近些年发展十分迅速,在整个健康保险计划中的比例已从 1993 年的 52% 猛增到 2002 年的 95%①。其在美国医疗保险中占有举足轻重的地位,已成为企业健康保险计划的首选方式。

三、健康储蓄保险计划(HSA)

健康储蓄保险计划(Health Savings Accounts,HSA)是在雇主保险费支出预算逐年增加的背景下,为雇主和雇员减少保险费成本,从而达到保费支出与健康服务平衡而设计的,一经推出,受到许多中低收入人士欢迎。有了这一账户,不需要把所有的健康基金都交给保险公司,只是支付一个适当的部分来支付灾难性保险,余下的部分就会存入退休者或工人的个人账户。员工可以运用这一账户来支付他所需要的任何医疗服务或者是治疗,同时账户资金中没有用于医疗保险部分的基金会在年底时退回。这样保证了专款专用和灵活处理。

一般来说,每年个人只需把 65% 的自付款额存入银行,家庭只需把 75% 的自付款额放入银行,只有就医时才从这一账户扣除,不看病时这些钱就如同活期存款存于银行产生利息,而且无需纳税,即使缴纳薪金税,这些储蓄款项也是要被事先扣除的。建立这一专门账户每月个人仅存入 138 美元,可设 2 250 美元以下自付金计划,家庭投保费为 431 美元,全年全家的医疗总费用如超出 4 500 美元就由保险公司负担。此险种看普通牙医、视力矫正、心理医师咨询的费用均可报销。而其他一般医疗保险个人每月至少缴纳 200 美元,而且保险费交了后即使不就医也不能取回②。健康储蓄账户属于个人所有,当雇员更换雇主时,也能顺利转移至新雇主管理范围内。

第三节　企业健康计划新发展
——心理健康管理

随着经济与科技的高速发展,人们的工作、生活节奏越来越快。数字时代海量信息的冲击、人口爆炸带来的激烈的岗位竞争、生态环境的恶化、对职业发展和企业前景的疑惑,以及婚姻与家庭关系中的不快,使企业员工的心理健康问题越来越突出。在企业中,

①　水吉,"美国管理式医疗保险举足轻重",《中国劳动保障报》,2002 年 11 月 6 日。
②　Paul Menzel and Donald W. Light, A Conservative Case For Universal Access To Health Care, *Hastings Center Report*, July-August 2006.

压抑、焦虑、烦躁、苦闷、不满、失眠、恐惧、无助、痛苦等不良的心理因素像幽灵一样时时困扰着上至管理层,下至普通员工。这些问题的合力会造成员工缺勤率与离职率上升、工作效率低下、工作事故增多等后果,使得企业停滞不前,在严重的"内耗"中走向灭亡。

　　1989年联合国世界卫生组织(WHO)对健康作了新的定义,即"健康不仅是没有疾病,而且包括躯体健康、心理健康、社会适应良好和道德健康"。由此可知,健康不仅仅是指躯体健康,还包括心理等方面的良好状态。因此,企业的健康计划不再局限于保障员工的生理健康,员工心理健康保健受到越来越多企业的重视。为了舒缓员工的压力,改进员工的生产效率和生活质量,从而提高组织的整体效益和推进组织目标的实现,员工援助计划(EAP)是国际上广为流行的解决方法。作为一项新兴的心理保健计划,EAP的推广范围已经从美国扩展到欧洲、日本、中国台湾和香港等很多国家和地区。在实践中,已经被证明是一种有效解决员工问题和提高组织绩效的理论和工具。

一、EAP 的起源

　　EAP全称为Employee Assistance Program,即员工援助计划,它是一项帮助员工及其家属解决职业心理健康问题,由企业出资为员工设置的一套系统的、福利性的心理健康服务项目。员工援助计划最早起源于20世纪初的美国。1917年,美国的R. M. Macy公司和北洲电力公司最早意识到员工心理健康管理的重要性,开始建立EAP服务体系。当时,美国酗酒、吸毒、滥用药物等社会问题较为严重。一些企业发现员工的这些不良嗜好极大地影响着企业的绩效,于是开始和有关专家一起探讨解决这些问题的途径。另外,酗酒在当时不再仅仅是一种缺乏道德与精神堕落的表现,而被正式认为是一种疾病,针对这一严重问题,职业酒精依赖项目(Occupational Alcoholism Program,OAP)应运而生,成为EAP的雏形。20世纪40年代,OAP开始在许多美国企业中实施并逐渐普及。但随着美国社会的剧烈变化,法律纠纷、家庭暴力、离婚、亲人伤亡等问题对员工情绪及工作表现的影响越来越大,这一切都使企业不得不考虑更为广泛的员工援助计划,开始增加职业酒精依赖项目的服务内容。

　　到了20世纪六七十年代,人们一致认为各种社会问题和压力是引发酗酒的主要原因。于是越来越多的企业开始运用一些系统干预的方法来了解、诊断问题员工(Trouble Employee)的行为并探讨产生的原因,积极主动地提供家庭、法律、医疗、财务方面的援助,帮助员工解决由社会、家庭压力带来的心理问题。常见的干预方法主要包括评估、咨询、辅导、治疗等。从这一时期起,EAP在全美甚至全世界推广开来。据统计,在世界500强企业中,有80%以上的企业都建立了EAP服务体系,而美国本土有近 1/4 企业的员工享受到 EAP 服务。

二、EAP 的服务内容

几十年来，EAP 的服务范围得到了极大的扩展，从最初的酗酒问题到现在的压力管理、人际关系管理、婚姻与财务咨询、对儿童及老人的看护等，这些都成为 EAP 的服务内容。现代 EAP 与传统意义上的 EAP 有着很大的差异。Lewis 曾就两者进行过比较，如表 8-3 所示。

表 8-3　传统 EAP 与现代 EAP 的比较

序号	传　统　EAP	现　代　EAP
1	主要强调酗酒问题	广义的方法，任何问题均适合该服务
2	强调主管向专业机构转介问题员工的重要性	以主管转介为主，员工自我寻求协助以及他人转介相结合
3	问题在晚期才被发现	在问题发生之初即提供服务
4	由医疗或酗酒专家提供服务	由各方面专业咨询机构提供服务
5	注重问题员工的工作表现	强调员工工作问题及员工或其家属在非工作表现方面的问题
6	为转介的员工保密	为转介的员工保密，也为自我寻求协助的员工或其家属保密

资料来源：《员工协助方案手册》，台湾文化出版社，1995 年。

由表 8-3 可以看出传统 EAP 与现代 EAP 最大的区别在于服务的广度与时间，即现代 EAP 强调为所有员工及家属提供所有问题的协助，并强调预防胜于治疗。

EAP 的服务内容十分广泛，且在企业的实践应用中不断得到深化和发展，因此很难作十分细致的划分，但总的来说可以粗分为以下四个大的类别。

1. 教育成长类

企业为员工提供业余学习的机会，帮助他们更好地了解个人人格的成长以及一般的生活常识。这类服务使员工通过认识性的学习，增加个人处理问题与面对问题的能力，达到预防问题或及早发现问题的效果，同时也能够促进员工终身学习，从而获得个人的成长。在这类服务中，一些团体活动，如新员工学习会、心理卫生推广活动、第二专长训练、学业团体或读书会等，可以让员工从中学习到更多的能力与技巧，实现个人素质的提升。

2. 休闲娱乐类

休闲娱乐是平时每个人都必需的，因此休闲辅导是很重要的。这类服务的目的在于使员工及其家属能在业余时间,通过适当的休闲活动,释放精神压力、恢复体力,充实业余生活内容,增加生活意义与价值。因此,这部分服务是以举办休闲、体育性活动为主,具体项目除了可以开展一般文艺性、学术性等社团活动外,还可举办家属联谊、员工旅游与体育竞赛等,甚至可将活动内容扩大至社区服务、公益活动等项目。

3. 危机干预类

危机干预类服务是整个 EAP 服务中最重要的内容,包括:压力管理(如裁员心理服务、新员工心态调整、绩效沟通等)、酗酒戒毒、忧郁焦虑及骚扰问题的缓解。这类服务主要是运用社会工作与咨询辅导等技巧,再依据问题的类型与轻重来开展服务,如推介评估、个人询问、团体咨询、转介服务、追踪服务等方式,使员工在遭遇重大问题而影响工作表现时,能通过上述方式得到帮助与处理。

4. 福利服务类

这类服务的内容包括急难救助、照顾老人和小孩、救济补助、法律咨询、税务咨询、投资理财等。企业提供这类服务的主要目的是为了解决员工在家庭、生活方面的后顾之忧,避免员工因上述问题陷入经济或生活困境而产生的心理压力,从而使员工能够轻松地全心投入工作,提高他们的工作绩效。

三、EAP 的实施模式

由于不同的企业对 EAP 有不同的需求,企业内部不同部门对 EAP 的偏好也不一致,再加上在不同国家文化的情境下,EAP 的发展也呈现出不同的形式,因此,就 EAP 的外部形式而言,很难有一个标准的通用模式。但根据不同的标准,EAP 可以划分为不同的模式类型。

1. 长期模式与短期模式

根据服务项目实施时间长短,可分为长期模式和短期模式。EAP 作为企业的一个系统心理健康服务项目,应该是随着企业的成长而长期实施,并不断扩展和完善。但短期的 EAP 也是存在的,某些企业只在某种特定状况下才实施员工帮助。比如,并购过程中由于业务再造、角色变换、企业文化冲突等导致压力和情绪问题;裁员期间的沟通压力、心理恐慌和被裁员工的应激状态;又如空难等灾难性事件,部分员工的不幸会导致企业内悲伤和恐惧情绪的蔓延,这种时间相对较短的心理援助项目能帮助企业顺利渡过一些特殊阶段。

2. 内部模式、外部模式、联合模式与混合模式

根据服务提供者不同,可分为以管理为基础的内部模式、以契约为基础的外部模式、以资源共享为基础的联合模式、以专业化和灵活性相结合的混合模式四种。

（1）内部模式。

内部 EAP 是建立在企业内部,配置专门机构或人员,为员工提供服务。比较大型和成熟的企业会建立内部 EAP,而且由企业内部机构和人员实施。这种模式的优点是现场的 EAP 专职人员对企业的独特文化、潜在问题和员工特性有着更深的理解和把握,拟订方案更加有针对性,因而能更及时有效地发现和解决问题。但其存在的最大缺点就是员工的信任问题,因为 EAP 机构设立在组织内部,很难做到相关记录的严格保密,因此,有些员工认为,无论 EAP 如何提供服务,只要它是和组织联系在一起的,信息就将被泄露。

（2）外部模式。

外部模式也称外包模式或契约模式,是企业将 EAP 项目外包,由外部具有社会工作、心理咨询辅导等知识经验的专业人员或机构提供心理帮助服务。企业需要与服务机构签订合同,并安排 1~2 名 EAP 专员负责联络和配合。这一模式的优点在于节省了设置内部经常性 EAP 机构的成本,同时获得了质量更高的专业性服务,而且,由于工作人员是组织之外的第三方,因此保密性较强。但缺点在于 EAP 服务机构对企业员工的工作环境不够了解,难以取得其他部门的配合,因此对员工的心理辅导效果有时不太理想。

（3）联合模式。

联合模式是指若干组织联合成立一个专门为其员工提供援助的服务机构,专门配备专职人员。这种服务可以最大限度地节省经费,但是目前在中国很难实施。一方面是由于中国对 EAP 有明确需求的组织比较少,很难形成规模;另外,在人员配置、人员权限、薪酬福利待遇支付方面,多个组织也有引发争端的可能[1]。

（4）混合模式。

一般而言,内部模式比外部模式更节省成本,但是员工由于心理敏感和保密需求,对 EAP 的信任程度上可能不如外部 EAP。专业 EAP 服务机构往往有广泛的服务网络,能够在全国甚至全世界提供服务,这是内部 EAP 难以企及的。所以在实践中,内部和外部的 EAP 往往结合使用,即企业部门与外部的专业机构联合,共同为企业员工提供心理帮助的混合模式。在四种模式中,这种是最理想的,因为它既能保证工作人员的专业性、员工的信任度,同时也有来自企业内部的配合与监督,可

---

[1]　张西超,《员工帮助计划——中国 EAP 的理论与实践》,中国社会科学出版社,2006 年,第 36 页。

以保证整体项目的有序推进。

四、EAP 在中国的发展

EAP 在西方国家迅猛发展的同时,也随着全球经济一体化的步伐,开始拓展到发展中国家和地区。中国作为世界经济增长最引人注目的地区,近十年来,在员工的"精神福利"方面也取得了长足的进步。

1. 中国大陆地区 EAP 的发展

中国大陆地区的企业,很早就开始关注员工身心健康,尤其是在最近的 20 年来,开始强调用行为科学方法解决员工管理问题。有的企业还邀请了一些心理咨询专家为员工的心理健康问题提供帮助,然而,这些帮助只是集中在个体辅导的水平上。从组织行为的角度,采用 EAP 服务模式还是近十年才开始的,而且主要是从进入中国市场的外资企业开始的。外资企业在带来资金的同时,也将先进的员工心理健康管理方式——EAP 带到了中国。

在此背景下,惠普、摩托罗拉、思科、阿尔卡特、诺基亚、爱立信、北电网络、可口可乐、杜邦、宝洁和亨斯曼等一大批外商投资企业,尤其是 IT 行业纷纷启动在中国境内的 EAP 项目。为了保障员工的个人隐私性,大多数企业采用的是外部专业咨询机构提供 EAP 服务的模式。国外的 EAP 服务机构也因此开始进入中国市场。澳大利亚国际心理服务有限公司(IPS)是亚太地区最大的 EAP 企业,1999年来到中国,是最早进入中国的国外 EAP 服务公司。同年,香港亚太天力人力资源发展有限公司也在广州设立分公司,在杜邦、宝洁等多家外资企业中开展 EAP 项目。

这些公司提供的 EAP 服务基本上沿袭的都是国外的模式,而在中国大陆接受EAP 服务的对象,除了少数的外籍员工外,绝大多数是本地员工。由于文化背景、员工观念等方面的差异以及国内心理相关服务发展状况的限制,这样的服务模式及内容很难得到国内管理者或员工的接受或认可,无法在本地企业中广泛推广。近年来,国内的心理学专家们逐渐意识到 EAP 对企业的深刻意义,他们开始努力从原来单一的企业员工个体咨询转向探索一条 EAP 服务本地化的道路。2001 年 3月,北京师范大学心理学院在联想集团有限公司客户服务部开展了国内第一个完整的 EAP 项目。这一项目完全打破了国外 EAP 的固定套路,创立了适合于中国企业的独特心理帮助模式①。继这次成功的实践之后,中国本土的 EAP 服务机构如

---

① 张西超,《员工帮助计划——中国 EAP 的理论与实践》,中国社会科学出版社,2006 年,第 36 页。

雨后春笋般出现,如上海德慧企业管理咨询公司、北京易普斯咨询公司等,他们的咨询服务对象也逐渐由外资企业转向国内企业,如联想集团、国家开发银行和上海大众集团等。与此同时,国内的高等院校、研究单位也逐渐关注相关的学术研究支持,相关的 EAP 行业协会、研究组织也成立起来。

为了普及 EAP 服务模式,一些国际组织把重要的 EAP 学术研讨会安排在北京、上海举行,以扩大影响。从 2003 年 10 月 23 日在上海举行首届中国 EAP 年会开始,至 2008 年中国已经举办了六届 EAP 年会,并正式成立了中国健康型组织协会。原国家劳动和社会保障部职业技能鉴定中心审定通过了 EAP 员工援助师这一新职业,以此推进我国企事业的 EAP 服务模式。但与国外 EAP 相比,中国大陆地区还处于起步阶段。首先,由于相关法律制度的缺失,在项目实施过程中常常会遇到法律或道德上的难题。比如,哪些信息是员工的隐私必须给予保密,哪些信息可以告知管理者,诸如此类的问题在目前还没有明确的法律标准来界定,使得 EAP 工作者无所适从。其次,EAP 的服务内容还需要与时俱进,不断进行更新与完善。此外,根据国外经验,EAP 的进一步发展与工会的参与、工作人员的极度热情,以及企业管理者的了解和支持甚至政府的支持是分不开的。因此,只有多方的参与和支持,中国企业在 EAP 发展之路上才能顺利地走下去。

2. 港台地区的 EAP

港台地区 EAP 的发展要领先于内地。在香港,20 世纪 90 年代初,一些非营利机构以"社会工作"(Social Work)的形式开始了 EAP 服务。而台湾最早从事劳工辅导工作(亦即 EAP)的是由天主教会的"天主教职工青年会"开始的,以促进青年劳工人格发展为目的,来引发社会对青年职工的关爱。其初期的服务内容包括休闲娱乐、工作技能与生活知识的普及,主要通过座谈会、演讲及联谊等活动方式来进行,帮助青年劳工了解人生、婚姻真谛和生活适应等。

而在企业实施 EAP 的台湾企业则是从台湾松下电器公司 1972 年成立的大姐姐组织(Big Sister,BS)开始的。该组织成员是由主管与组织代表推荐的资深且服务热忱的女性人员组成,经培训后,她们在员工与主管之间担任沟通桥梁的角色,并办理社团活动、座谈会,与新员工或离职员工进行面谈,为离职员工提供就业协助等。该组织后来与公司的大哥组织(Senior Companion,SC)合并为大哥大姐组织(Big Senior Companion,BSC)。20 世纪 80 年代初,台湾当局为谋求解决劳工人口急剧增加所产生的许多问题,在 1981 年颁布了"加强工厂青年服务要点",以加强对农工青年的联系与辅导,并制定了"厂矿劳工辅导人员设置要点"以推动企事业单位内部设置"劳工辅导人员",办理各项劳工服务工作,并协助解决劳工生活与工作的问题。随后,越来越多的 EAP 项目在台湾涌现，EAP 也由最初期的以福利服务及员工辅导为重点，演变为后来全面完整的 EAP 方案。

第四节   企业健康保险计划在中国

在计划经济时期，企业实行"劳保医疗"制度，类似于企业为员工建立了健康保险计划。但"劳保医疗"是国家强制企业实施的基本医疗保险计划，原本是应由政府来提供的，只是在特定的历史时期，社会保险退化为企业保险了。所以，劳保医疗还不是真正意义上的企业健康保险。

1998 年国务院颁布《关于建立城镇职工基本医疗保险制度的决定》，将企业"劳保医疗"逐渐改革为社会基本医疗保险制度。但基本医疗保险的保障水平是有限的，因此，国家鼓励用人单位为职工建立补充医疗保险制度。我国《劳动法》第75条指出"国家鼓励用人单位根据本单位实际情况为劳动者建立补充保险"，国务院《关于建立城镇职工基本医疗保险制度的决定》提出"超过（基本医疗保险）最高支付限额的医疗保险费用，可以通过商业医疗保险等途径解决"。

在实践中，除了国家公务员补充医疗保险外，各地还摸索出多种形式的企业补充医疗保险模式。按经营方式分类，补充医疗保险运作模式有三种形式：（1）社会保险模式，即社会保险管理机构除了管理基本医疗保险外，还将基本医疗保险之外的医疗保障也纳入自己的管理范围，以社会保险的方式运作补充医疗保险；（2）社会保险与商业保险合作模式，即社会保险管理部门利用商业保险的资源和经验为社会保险提供服务，同时商业保险组织利用社会保险所拥有的社会信用发展自己的保险业务；（3）互助保险模式，即由工会组织经营职工互助保险，主要利用原有的工会组织系统开展互助保险业务。

一、社会保险机构经办的职工补充医疗保险

这种方式是由社会医疗保险机构在强制参保的基本医疗保险基础上开办自愿参保的补充医疗保险，其起付线可与基本医疗保险的"封顶线"紧密衔接，对部分遭遇高额医疗费用的职工给予较高比例的保险补偿，可真正起到保障风险、减轻企业和患病职工负担的作用。由于社会医疗保险机构在补充医疗保险基金的收缴、管理和医疗费用控制方面具有优势，这种方式不失为解决职工补充医疗保险问题的一个好办法。

例如，北京市在出台《北京市基本医疗保险规定》的同时，就制定了"大额医

疗互助制度"①。通过建立大额医疗互助资金,解决门诊、急诊和封顶线以上的大额医疗费用问题。大额医疗互助资金的来源渠道由国家、单位和个人三方组成,用人单位在参加基本医疗保险的基础上,再缴纳工资总额的1%,职工和退休人员每人每月交三元钱,用来解决门诊、急诊和住院的大额费用问题。大额医疗费用互助资金不足支付时,财政给予适当补贴。根据筹集到资金的承受能力,按以下标准报销:对门诊、急诊医疗中当年费用超过2 000元以上部分,在职职工报销50%;为照顾退休人员,将报销的起付标准降低为1 500元,同时把报销比例提高到60%,其中70周岁以上的,报销比例为70%,一个年度内累计最多可以报销两万元。对封顶线以上的医疗费用由大额医疗互助资金报销70%,一个年度内累计最高报销数额为十万元。大额医疗费用互助资金由社会保险经办机构负责统一筹集、管理和使用。

社会保险机构经办职工补充医疗保险时应注意的是,补充医疗保险基金和基本医疗保险的各项基金间应相互独立,不得互相透支,同时应积极扩大投保规模以提高补充医疗保险基金的抗风险能力。

二、商业保险公司经办的职工补充医疗保险

这种方式是由已投保基本医疗保险的单位和个人向商业保险公司投保补偿高额医疗费用的补充医疗保险。基本医疗保险的支付限额即为商业性补充医疗保险的起付线,起付线以上的高额医疗费用由商业保险公司承担,但商业保险公司一般仍规定有一个给付上限(如每年的补偿金额不超过15万或20万)。目前国内部分商业保险公司早已积极地介入了补充医疗保险市场,比如,中国太平洋保险公司在厦门;中国平安保险公司在深圳、成都;中保人寿保险公司在深圳;泰康人寿保险公司在北京、上海、成都等地都相继推出了高额医疗费用保险产品。厦门市是全国首个推出由商业保险公司经营的职工补充医疗保险计划的城市。1997年7月,厦门市职工医疗保险管理中心作为投保人,为参加厦门市基本医疗保险的职工集体向商业保险公司——太平洋保险公司厦门分公司——投保,参保职工是被保险人,其发生的超过社会统筹医疗保险基金支付最高限额以上的医疗费用由保险公司负责赔偿。补充医疗保费为每人每年24元(2001年起调整为28.8元),其中从个人账户中支付18元(2001年起调整为22.8元),从社会统筹基金中提取6元/人年。投保人按月为被投保人向太平洋保险公司厦门分公司缴纳保费。当参保职工发生超过社会统筹医疗基金支付最高限额(前一年全市人

---

① 《北京市基本医疗保险规定》,参见北京市劳动保障网:www.bjld.gov.cn。

均收入的四倍)以上的医疗费用时,由保险公司赔付90%,个人自付10%。每人每年由保险公司赔付的补充医疗保险费用最高限额为15万元。据有关部门统计,到1999年,厦门市已有29.6万职工享受了基本医疗保险和商业医疗保险的双重医疗保障,参加商业补充医疗保险的职工比率为79%。截至2002年底,这三年来共支付补充医疗保险费1 744.86万元,实际赔付金额1 727.35万元①。

但是,由于高额医疗保险(即商业性补充医疗保险)的风险较大,管理难度高,加之我国商业保险公司目前缺乏经验和相关数据,因而一般产品的定价均较高。因此,商业保险公司大规模地承保此类业务还有一个过程,政府应予以积极支持,充分发挥商业医疗保险在建立健全职工医疗保障体系方面的重要作用。

三、工会经营的职工医疗互助补充保险

由中华全国总工会主办的"中国职工保险(保障)互助会"是以职工互助的形式从事保险业务的组织。该组织推出的"职工互助补充保险"是由工会组织主办,职工自愿参加,资金以职工个人筹集为主,单位资助为辅,职工内部互助互济性质的一种保险。在国家法定社会保险之外,开展与职工生、老、病、死、伤、残或发生意外灾害、伤害等特殊困难有关的保险活动。职工保险互助会不是一个金融机构,不以营利为目的,它依靠各级工会组织的力量办理业务。所有企事业、机关单位的工会会员均可以团体形式加入保险互助会,参加保险互助计划。

成都市总工会在2003年推出了"职工医疗互助保险计划"。该计划主要针对已经参加了基本医疗保险的单位职工,参加者每人每年只需缴50元,每人限保一份,无需体检。医疗费用一年可报两次,第一次可以报销住院门槛费(统筹基金起付线)和个人承担部分的60%;第二次可以报销个人承担部分的30%。报销范围有三种:住院治疗、特殊疾病门诊和长期生病需要连续治疗的家庭病床。特殊疾病门诊包括:恶性肿瘤门诊放疗、化疗;慢性肾功能衰竭的门诊透析;肾移植后的抗排斥药物治疗;慢性白血病;再生障碍性贫血;帕金森氏症;红斑狼疮;肝硬化;精神分裂症;其他必须长期不断进行门诊治疗,并且每季度门诊药费超过本市上一年度职工平均工资15%以上的病种②。

从严格的意义上说,中国上述企业补充医疗保险还不是企业的健康保险计划。首先,它们不是企业自主建立的,而是由其他机构建立的;其次,它们不是当作员工

---

① 王国军,"补充医疗保险制度的演变与创新——厦门市补充医疗保险调查分析","变革中的就业环境与社会保障"研讨会论文,2003年1月。
② 成功,"成都实施医疗互助保险计划",《中国劳动保障报》,2003年8月24日。

福利计划建立的,而是作为基本医疗保险的补充。但在客观上这些补充医疗保险确实起到了分担医疗费用风险的作用,从这一点看,与国外的企业健康保险却有相同之处。

中国目前企业健康保险计划还没有得到充分的发展,一方面是因为企业还没有认识到健康险在员工福利计划中的重要地位,以及基本医疗保险的存在弱化了企业健康保险的紧迫性;另一方面,从保险市场看,健康保险发展尚不成熟,具体表现在:风险控制能力薄弱,经营效益不善,产品开发技术落后,有效供给严重不足,组织和培训体系欠缺,市场推动受到抑制等①。这些因素直接影响了健康保险市场的发展,同时也限制了企业对健康保险产品的选择。因此,我国必须进一步培育和推动健康保险市场的发展,为企业建立健康保险提供有益的条件。

本 章 小 结

企业健康保险计划的发达程度与社会医疗保险制度存在着紧密的联系,当社会医疗保险制度比较健全和完善时,企业的健康保险计划的发展空间就十分狭窄。反之,则可以得到充分发展。美国是唯一一个发达国家中没有建立全民医疗保险制度的国家,大多数人都要靠自己来进行保障。因此,健康保险成为美国员工最重要的福利之一,并发展出形式多样的保险模式,是企业健康保险计划的代表国家,其典型的健康保险计划形式主要包括:内部资金(自我保险)、商业团体健康保险以及健康储蓄保险计划。其中,商业团体健康保险是企业最常采用也是最重要的健康计划形式,它的组织形式主要有蓝色组织和管理型医疗组织两种模式。随着企业健康计划的深入发展,其保障内容不再局限于员工的生理健康,员工的心理健康保健也受到越来越多企业的重视。作为一项新兴的心理保健计划,员工援助计划(EAP)能够有效舒缓员工的压力,改进员工的生产效率和生活质量,从而提高组织的整体效益和推进组织目标的实现,其推广范围已经从美国扩展到欧洲、日本、中国台湾和香港等很多国家和地区。虽然中国的社会医疗保险制度并不完善,企业健康保险计划也还没有得到充分的发展,目前三种主要的计划模式是社会保险机构经办的职工补充医疗保险、商业保险公司经办的职工补充医疗保险、工会经营的职工医疗互助补充保险。但由于我国商业保险市场发育尚不成熟,企业健康保险计划缺乏运行的承载平台。

---

① 张洁,"健康险:专业化道路有多远",《中国劳动保障报》,2003年11月6日。

案例一　爱康国宾：搭建中国式的 HMO 组织①

　　2007 年 12 月 5 日中午，爱康国宾董事长兼首席执行官张黎刚和他的"非常
6+1"组合（六家国际知名的投资机构代表）出现在新闻发布会现场。在这次发
布会上，爱康国宾宣布，该公司已经获得全球知名的投资银行美林证券（Merrill
Lynch）以及风险投资机构 ePlanet、华登国际、美国中经合集团（WI Harper）、上海
创投和清科集团的战略投资，共计 2 500 万美元，这是健康医疗界迄今为止最大
的一笔风险投资。这笔资金将帮助爱康国宾在未来一年内将其目前体系内的近
十家体检与医疗服务中心扩展到 20 家以上，同时建立一个更为完善的客户服务
平台，从而达到与几百家合作医疗机构客户服务的无缝对接。爱康国宾的成立，
标志着在欧美盛行的管理式医疗服务模式 HMO 在中国的诞生。

　　与一般的 C2C（Copy to China）不同，爱康国宾从一开始便没有照搬国外 HMO
模式。张黎刚认为，由于公立三甲医院在中国的资源垄断性，它们基本上不愁客
源，在缺乏竞争的情况下，没有内在动力建立旨在控制医疗开支的 HMO 机构。
而保险公司要想参股国有医院以参与医院管理，在现有政策体制下又难以取得突
破。在这种情况下，拥有私立体检机构的爱康国宾找到了以健康体检和健康管理
作为切入点。目前，爱康国宾已发展成为国内最大的健康管理、健康体检连锁机
构，在北京、上海、广州、深圳拥有近十家大型中高端体检医疗中心，并成为中国
"健康体检"领域服务人数最多、单店规模最大的企业集团。在此基础上，爱康国
宾进一步构建了自有全科和特色专科医疗门诊系统，并且与国内 400 多家三甲或
知名专科医院建立合作网络；通过其 IT 平台、客服中心和营销网络整合健康产业
的上下游资源，为企事业团体和个人提供一站式健康管理方案，从而实现了从体
检到医疗的一站式无障碍健康维护医疗体系。"爱康国宾的体系符合 HMO 组织
所倡导的理念，'预防医学'与'临床医学'相结合。与'十一五规划'倡导的医改
方向——社区医院首诊制、三甲医院担负疑难重症的治疗、实行社区医院—三甲
医院双向转诊——相并行。"张黎刚说。

　　按照张黎刚的设想，在今后几年里，爱康国宾将通过自建、并购等多种方式，
在中国的大中城市建立起一个广阔的服务网络，在此基础上建立起以健康管理为

---

　　①　案例来源：段庆文，"张黎刚：搭建中国式 HMO 组织"，《金融界》，2008 年 1 月 4 日，参见：http://money1.jrj.com.cn/news/20080104/000000184179.htlm。

核心的管理式医疗服务模式,在政府医保、商业保险之外为中国企业和家庭提供另外一种医疗选择。

案例二　富士康的企业健康保险计划①

日前,富士康集团将400万元的员工亲属重病医药救济基金打入商丘、菏泽、怀化和襄樊民政部门的专项账户。这四个城市是富士康生产基地,每处有富士康员工上万名。今后,这四个城市员工的重病亲属可到民政部门报销医药费,每年每户最多可获救助3 000元。救助范围包括员工祖父母、父母、配偶、子女和没有独立的兄弟姐妹。

据介绍,此项特别的救助,是因患白血病故去的富士康特别助理郭台成,生前在病床上提出的。他感到一人重病会给员工及全家带来重大悲痛和损失,希望力所能及予以救助。重病亲属能得到如此救助,那么富士康员工看病就医情况该又如何? 富士康卫生部部长炳新明介绍,在医疗费用方面,集团给在深圳的37万名员工都购买了社会医疗保险,30多万名外来工加入政府制定的劳务工医疗保险。另外,集团还从利润中拨出资金设立自保基金,包括车间作业员在内的所有人员,一般疾病就医,先按社会医疗保险报销,不能报销的则全部由自保基金报销。据不完全统计,集团每年自保基金报销额都会超过1 000万元。

为了方便员工就医,集团还与深圳市第二人民医院合作在龙华和观澜园区建立三个社康中心,员工小病就医不用出园区。另外,集团与当地医院合作在员工居住地分别确立了22个定点社康中心,员工看病走特别绿色通道。大病、重病根据情况也有定点医院治疗。

"就算得了重大疾病会获得到救助,基本不会花自己的钱",富士康工会人员陈宏方讲了一件事:2007年1月10日,员工傅瑞君突然感觉身体不适,"急性非淋巴细胞白血病"的诊断书如一枚炸弹将他击倒。集团立即动用13 000元医疗救助基金预交住院费送他住院,随后MPMG产品事业群展开募捐活动,事业处经理严国忠一人捐款一万元,很快工友捐助的227 730元送到了傅瑞君母亲的手中。有难必救,是富士康多年坚持的原则。员工重大疾病、亲属重病家庭困难,集团了解后,各事业群体就会写申请救助,救助资金为5 000元到两万元。富士康

---

① 案例来源:中国人力资源开发网案例频道:http://www.chinahrd.net/case/。

一年救助资金到底能花多少钱? 陈宏方说:"上不封顶。每天经集团工会上报批准发放的救助金都会有几笔,少则十几万元,多则几十万元。只要理由明确,手续齐全,都会酌情考虑。"

复习讨论题

1. 企业为什么要建立健康保险计划?

2. 企业健康保险计划的主要功能有哪些?

3. 企业健康保险计划为什么要交给保险公司运作?

4. 如何理解心理健康管理对企业与员工的积极意义?

5. 如何推动中国企业健康保险计划的发展?

第九章

住房福利计划

【本章提要】

本章首先介绍了法定住房福利计划和补充住房福利计划两种主要的员工住房福利计划形式,并通过对各种计划形式的比较分析提出选择和实施住房福利应注意的主要问题。本章还重点介绍了中国的住房公积金计划及补充住房福利的实施现状,并通过对住房福利计划特殊历史发展背景的分析,解释了住房福利计划对于中国企业的特殊意义及重要作用。本章的学习要点在于以下几个方面:

(1) 了解住房福利计划的意义和主要形式;

(2) 明白选择和实施不同住房福利计划时应注意的问题;

(3) 了解住房福利计划在中国的发展情况。

第一节　住房福利计划概述

在马斯洛的需求层次图中,"住"的需要处于最底层,是人类最基本的需求。住房是人类生存、发展和享受所必需的基本要素之一。住房问题,对世界上所有的国家来说都是一个重大的社会经济问题,因而,无论是在发展中国家,还是发达国家,均出台了相关的居民住房保障政策,这是国家从宏观层面上解决全社会人民的住房问题。而企业的住房福利计划则是在微观层面上,为本企业职工提供住房援助的一项福利制度。从19世纪末出现的工厂主为其雇佣工人所建造的"雇主住宅"起,经过100多年的发展,住房福利计划已经具有多样化的形式,并已经成为企业普遍采用的福利形式。

一、住房福利计划的重要意义

企业设立任何一项员工福利制度,最终目的都是为了给企业带来效率,即在成本预算已定的情况下使利润最大化。虽然以赫茨伯格的双因素理论来讲,作为保健因素的住房是不能产生激励作用的,但是如果保健因素得不到满足,就会使员工产生不满意的情绪,从而产生一些不利于生产的消极行为。因此,从企业管理激励的角度来讲,企业对于自身的薪酬福利体系进行规划设计时,需要面对本企业员工在住房方面所存在的现实需求,为员工提供住房福利计划,作为对国家住房保障政策的一种补充。企业住房福利计划的重要意义主要表现在以下几个方面。

1. 住房福利计划可以吸引和留住优秀员工,降低离职率,稳定员工队伍

住房福利计划可以吸引和留住优秀员工,降低离职率,从而减少由员工离职带来的离职补偿成本、离职低效成本、空职成本,以及招聘和培训新员工所需的成本等。

2. 住房福利计划可以缓和劳资关系,降低摩擦成本

工资传递的是企业对员工工作的能力和贡献的认可,福利则传达了企业的关爱,让员工感到企业真心实意地关心他们,平息了员工的不满,拉近了与员工的距离,避免劳资摩擦损失。

3. 住房福利计划可以提高员工的士气和工作满意度

由于住房福利计划解决了员工在住房方面的后顾之忧,因此,可以促使员工

全心全意地投入工作,提高工作效率,降低员工因焦虑、烦躁而造成的工作损失。事实上,住房是员工面临的一个较大的生活问题,因此,住房福利计划可以在很大程度缓解员工的心理压力,在国外许多企业中,这一计划是员工心理健康管理的重要配套措施。

4. 住房福利计划可以提高员工对企业的忠诚度

从员工忠诚管理博弈情况看,双方在博弈之始为自身利益的最大化形成了一个占优战略均衡(不忠诚,不忠诚)。但是博弈双方在知道对方策略的情况下,为了自身利益最大化很可能形成(忠诚,忠诚)的局面。因此,员工对组织忠诚必然有一个前提条件,就是组织首先要对员工忠诚。如前所述,住房是人类维持生存的基本要素之一,因此,企业必须首先满足员工基本的生活需要,才能对员工进行激励,提高员工对企业的忠诚度。

二、住房福利计划的主要形式

住房福利一般包括法定计划与补充计划两种形式。法定计划是指国家强制实行,由雇主和雇员共同负担住房账户缴费,形成住房基金,为雇员购买住房提供资金保障的制度。补充性住房计划是指企业根据自身的经营发展情况,除国家法定的住房福利计划之外,自愿建立的用于解决员工住房问题的计划。

1. 法定住房福利计划

新加坡的公积金制度是这种法定计划的典型代表。新加坡政府自1955年开始实行住房商品化和公积金制度,政府规定每个雇员每月缴纳月薪的21.5%,雇主(不论是私人机构还是国家机关)缴纳相当于雇员月薪的18.5%,合起来相当于雇员月薪的40%,这笔钱以雇员的名义存入中央公积金局,购房、医疗、保险和养老之用,不得挪作他用。

此外,一些发展中国家,如马来西亚、巴西、墨西哥等国也实施了这种强制性的住房储蓄制度。马来西亚政府或企业均设有个人住房公积金账户,每月从个人工资中提取8%、从用人单位提取12%放入该账户。买房时,可凭购房证明提取使用公积金;如不购房,到55岁时可全部取出。

巴西政府于1966年通过改革社会保障制度,创建了"就业保障基金会",把社会福利计划与筹措住房发展基金有机地结合起来。政府规定,雇主必须按工资总额8%的税款交给基金会,存入每个雇员账户,作为个人就业保障基金。就业保障基金由全国住房建设银行经营和保管,基金存款按年利3%由银行付息,为使存款保值,银行对存款进行指数化调整。就业保障基金可以用作职业保险、住房建设贷款、住房信贷基金。个人参加基金会五年后,购买住房可提取账户上存款,直接从基金会个人账户转到银行账户上支付房款。

墨西哥宪法规定,雇主必须在全国劳动者住房基金机构为雇员设立住房基金账户,并每月缴纳相当于雇员工资 5% 的住房补贴。考虑到通胀因素,墨西哥政府计划把这一比例提高到 6%。

2. 补充住房福利计划

补充住房福利计划包括现金住房津贴、低息或无息住房贷款、房租补贴以及由企业提供公寓或宿舍等多种形式。为便于分析,这里将这些计划划分为四大类:现金补助、实物资助、购房贷款以及非经济支持。

(1)现金津贴。

现金津贴的主要形式包括由雇主提供的一次性住房补贴以及企业为员工提供的购房配套储蓄。一次性住房补贴用于帮助员工支付购房款或者房屋租金,但是员工如果在合同期满之前离职,必须归还雇主发放的住房补贴。所谓购房配套储蓄是指,国外有的企业为了鼓励员工为购房进行储蓄,于是根据员工的购房储蓄额提供配套资金。一般来说,配套资金的提供方式有两种:一是企业直接将配套的现金存入员工账户;二是在员工购房时根据员工的储蓄额发放配套的津贴。

(2)实物资助。

实物资助主要指的是企业为员工提供宿舍或为员工集资建房。企业提供的宿舍一般租金较为低廉,在所有员工特别是新员工的支付能力之内,而且距员工的工作地点较近,方便员工上下班。此外,有的企业直接与房地产开发商进行谈判集体购房,之后以十分经济的价格出售给员工,满足员工的购房需求。

(3)购房贷款。

在购房贷款方面,企业主要以三种形式为员工提供帮助:一是由企业在员工向银行贷款的同时为其提供低息或无息的再贷款,银行十分鼓励企业向员工提供贷款,并为企业融资提供便利条件;二是企业将需要购房贷款的员工组织起来,向银行申请团体抵押贷款,从而获得较优惠的贷款利息;三是由企业为员工进行抵押担保,帮助员工从银行获得贷款①。

(4)非经济支持。

在国外,除了对员工购房提供的经济类资助外,许多企业还通过以非营利组织

---

① Anna Afshar, *New Arguments for Employer-Assisted Housing*, Federal Reserve Bank of Boston, 2006 Issue 1.

为主的第三方机构向员工提供购房培训与咨询服务。这类服务帮助员工准确地评估自身经济状况，了解购房程序以及贷款知识等，解决员工在购房的整个过程中可能会遇到的主要问题①。

第二节　企业住房计划方案的选择与实施

诚如前一节所述，住房关系到员工的基本生存问题，极大地影响着企业员工的工作状态及效率，因此住房福利计划迅速成为企业留住员工、提高工作绩效的一个重要的策略；而且这种趋势随着住房市场化的不断深入，还将继续持续下去。只有一个适合本企业员工的住房福利计划才会具有吸引力，从而充分发挥对员工的激励作用。那么，如何正确选择和实施住房福利计划？在围绕这一问题展开论述之前，我们需要先了解一下住房以及住房消费本身所具有的特点。

一、住房与住房消费

1. 住房与住房消费的特点

对于住房可以有不同层次的理解：第一，住房是人们得以栖身和居住的场所，是人们基本生存与发展的物质保障，与衣服、食物几乎处于同等重要的地位，缺乏基本的居住空间，人类生存就会受到威胁；第二，住房是一种长期的耐用消费品，坚固的住宅可以保持上百年的历史，供几代人居住，成为一代人购置多代人享福的财产；第三，自己的住房在闲置不用的情况下，还可以进行出租，这使住房本身又可以成为一种投资品；第四，住房随着社会的发展与进步，已不仅仅是遮风挡雨、吃饭睡觉的地方，还成为人们避开外界干扰和自我恢复、消遣、接受服务、进行社交活动以及工作的场所。因此，不同的地段、外围的环境、交通的便利条件、内部的装修设计等都成为人们对住房进行评估的要素。住房之间明显的差异性使其不仅仅是作为一种普通的消费品，还成为人们身份与社会地位的象征。

基于对住房的理解，住房消费具有以下几个特点：

（1）住房消费是人们基本消费的重要项目之一，是劳动力成本的一个必要组成部分。

（2）由于住房必须建造于土地之上，而土地本身存在有限性与差异性，因此，

———————
① Fannie Mae, *Employer-Assisted Housing*, 2003.

不同地域住房的供给会受到其地域可建造空间的制约,处于不同地域、具有不同外界环境的同等质量的住房价格也会存在很大的不同。

（3）住房消费可以是通过租赁的形式获得一定时期的使用权,也可以通过购买的方式获得所有权。而后一种消费方式,不仅仅可以作为消费,还是一种长久可回收的投资。

（4）住房消费具有较大收入弹性,一般收入提高,住房消费的需求会随之升高,不同层次收入水平的人,住房消费存在较大的差距。

（5）由于房屋属于长期耐用消费品,建造时间比较长,同时供给本身又受到空间地域的限制,因此,在正常条件下房屋的价格一般比较高,房款总价很难一次性付清,通常需要通过贷款方式购买。

（6）住房消费支出不仅仅是购房所支付的房屋的价格、租房所支付的房租,还包括居住期间按国家规定需要缴纳的各种管理费、土地税,以及房屋维修、翻新(再装修)等费用。

2. 住房取得的方式

（1）租用。

从住房的特点上我们可以了解,住房首先是为人们提供遮风避雨和必要生存条件的一个生活空间,因此人们的住房需求问题的解决,首先就是要获得一个满足个人生存需求的居住空间的使用权,当然租用是获得住房使用权的方式之一。这种方式相对而言,花费较低,一般在个人经济条件不允许的情况下,通常是首选。不过,这种方式通常都被人们看作是一种过渡性的措施,最终绝大多数人还是希望获得真正属于自己的房子——获得房屋的产权,这与前面所讲的房屋的特点也有关系,房屋与其他生活必需品不一样,它不仅仅被看作是消费品,它还被看作是能够代代相传的财产。

（2）购买。

由于现代型房屋的特点,自建房逐渐减少,基本上是由房地产开发商建房,个人通过购买获得房屋的所有权——房屋的产权。从上面对于住房和住房消费的特点分析中,我们可以了解到房屋本身由于可建房的土地的稀缺性以及建造房屋本身所需要的成本因素,导致房价一般较高,即使在发达国家房价也通常是工薪阶层年度收入的 7～8 倍,因此获得房屋的使用权很少是通过一次性付现的方式,通常会通过金融机构的贷款购房。以中国为例,目前存在的贷款形式主要有以下三种:

① 住房公积金贷款。这一贷款形式是与住房公积金计划相联系的,只有拥有住房公积金的人才能申请这类贷款,属于政策性贷款,贷款利率要低于商业贷款利率。

　　住房公积金贷款额度并不以申请人的主观要求来确定,而是有严格的政策界限的。例如,贷款申请人所购住房不同,住房公积金贷款额度的确定也不相同。同时,贷款期限由住房资金管理中心与借款人商定,最长不超过30年,且借款人最高贷款年龄不超过65周岁。每一笔住房公积金贷款,贷款金额都有具体的限额标准。

　　② 商业贷款。这类贷款是纯粹商业性质的贷款,由商业银行提供,采取商业化的运作方式,对于贷款人的身份没有特殊的要求。与住房公积金贷款相比主要有以下几个差别:

　　第一,贷款利率不同。相比较而言,商业贷款的利率要高于像住房公积金贷款这样的政策性贷款,但贷款的利率在中国也并非完全由金融机构自行确定,而是必须在国家政策的指导下制定;同时为限制房地产过热所引起的泡沫经济,2005年国家又对二次购房贷款者的贷款利率进行了进一步的调整。

　　第二,首付款存在差别。商业贷款的首付款通常会略高于住房公积金贷款,一般最低为总房款的20%~30%。

　　此外,在办理贷款的手续费、相配套的保险等方面也存在一些差别,这里就不一一详述了。

　　③ 组合贷款。组合贷款是住房公积金管理中心运用政策性住房资金、银行运用商业信贷资金银行账号向同一借款人发放的购房贷款,是政策性、商业性贷款组合的总和,即在住房公积金额度之外的贷款需求,由银行资金解决。银行资金部分利率高于住房公积金贷款利率,组合贷款综合利率在住房公积金贷款与银行贷款利率两者之间。

二、住房福利计划的选择——多种住房福利计划的相对优势比较

　　在第一节我们已经就现存的几种住房福利计划的提供方式有过简要的介绍,这几种住房福利方式目前在各企业均有使用,提供住房福利计划的企业,其内部通常也是多种住房福利方式共存的。企业如何在多种住房福利方式中进行选择呢?下面我们首先从影响企业选择住房福利的因素对现有的多种住房福利计划进行优势比较。

　　为了便于分析,在这里我们将现有的多种住房福利计划划分为两大类:一类是由企业提供住房的实物型住房福利计划,如企业为员工集体建房或提供公寓出租;另一类是由企业提供资金,员工自行购买或租赁房屋来解决住房问题的现金型住房福利计划,如住房补助。

　　我们在前面已经讲过,福利计划实际上被看作是公司为吸引和留住员工所使

用的一种激励手段，因此，任何类型或者说任何内容的福利计划，如何选择的首要之点是看福利计划提供方式本身是否对员工具有吸引力或者是说看哪种福利计划的吸引力比较强。

两种类型的住房福利计划，本身均是为了解决员工的住房问题，改善居住条件，但实物型的住房福利计划相对于无房并且迫切需要解决基本住房问题的员工，尤其是新参加工作的员工而言，吸引力更强。因为此种方式的住房计划，使员工无需再花费精力寻找房源，而且也不需要花费相对较高的费用就可以满足基本的住房需求。然而，对于已经有住房的员工或是对于住房条件、环境、房屋架构等所有与住房消费相关的因素要求较高的员工而言，现金型的住房福利计划可能吸引力会更强一些，因为实物型的住房虽然具有无需个人投入较多精力和较多费用的优点，但是其对个人而言可选择性更弱。在这一类型的住房计划中，住房本身的位置、结构、面积、外部环境等通常均是由公司决定的，所以很难满足追求生活品质、追求个性化的较高住房消费需求；而现金型的住房福利计划，短期而言虽然可能在获得经济收益的额度上相对较低，但却使员工拥有了更多的选择权利，可以根据自身的喜好，在自己的全部经济能力可承受范围内，选择最优水平的居住条件。从上述的比较而言，两种类型的住房福利计划，在面对的需求群体不同时，优势各有不同。

其次，企业作为"经济人"，无论选择做出何种行为，必然会在成本—产出分析的基础之上做出，因此我们在比较两类福利计划时，必然要对其所需的成本投入和所产生的影响进行分析。从经济投入的角度而言，实物型的住房福利计划首先需要一次性较大资金额的投入，在此之后，还需要企业支付相应修缮和管理费用；而如果要达到同样的福利保障效果，现金型的住房福利计划则是一笔需要长期均匀投入的费用。两种形式的福利计划经济投入额度从长期而言，剔除一些意外性的因素，可能基本上不会有太大差异；从实现的效果而言，差异却较为明显。实物型的住房福利计划所提供的住房，通常会较为集中，因此所有享有此福利计划的员工通常生活在同一生活区，员工在工作之外可以有更多的接触机会，有利于增进员工之间的沟通和相互了解；对于企业而言，可以为日常组织的员工活动提供便利的条件；另外，也可以在社会上形成较大的影响力，提高企业的"良好雇主"形象。但现金型的计划通常不具备此方面的特征，不过现金型的住房计划中，某些方式具有比实物型住房计划相对更强的对员工的"牵制"作用，例如，低息或无息购房贷款计划，在实施中一般会作出这样的规定，即要求员工将其所购住房作为贷款抵押，规定明确的贷款期限，通常是 3～5 年，在这一年限当中，如果员工离职，则须将剩余款项一次性还清，并按照商业贷款的利率支付剩余年份的利息。显然，如果员工选择离职的话，就必然需要将这部分作为附加的离职成本考虑进去,在成本与收益的相互权衡当中,相对增加了员工的离职成本,因而会有助于降低离职率。

再次,住房福利计划与其他福利计划一样,是企业的一种管理举措,是为了满足员工的生活需求,提高员工的生活质量而提供的保障措施,因此企业在选择福利计划时,也会考虑在计划中所需要投入的管理精力,以及是否能够对计划的实施效果进行控制。

从上面对于住房消费的分析中我们可以了解到,住房本身的效用具有多重性,其首要的效用是为人们提供遮风避雨的生存空间;其次,住房在某种意义上还是个人身份的象征,因此,企业提供住房福利计划,尤其是作为基本的国家要求的法定基础保障之外的补充,也已经不是简单意义上的解决人们的生存之忧,还有通过员工形象所反映的企业形象问题。实物型的住房福利计划,对其所要达到的效果,企业的“掌控”能力相对而言更强一些,因为企业对实物型的住房企业一般握有主动权。首先,它所解决的肯定是住房的问题,而不会使此方面的资金用于解决其他方面的问题;其次,它所提供的住房条件一般也是按照企业的意愿所决定的,员工通常处于“被动的”接受者位置,对于住房本身的特征因素——地理位置、布局等——可选择性较低。而现金型的住房福利计划,除购房贷款外,住房公积金和住房补助企业虽然在使用用途上有所规定,但员工实际上将此笔资金用于何处,企业却难以控制;不过这类计划相对而言,管理起来会简单一些,不需要企业投入较多的管理精力,而不像补充性的住房福利计划,需要涉及和考虑多方面的因素,并且在一次性投入之后,后期的管理和修缮仍需投入较多的人力进行管理。

综上所述,实际上各类方式从不同角度而言,在不同情况下均存在着优势和劣势。总体而言,由公司提供住房的实物型住房福利计划,吸引力比较强,对员工的控制程度较高,但管理比较复杂,同时公司的前期投入也相对较高;由公司提供资金员工自行购买或租赁房屋来解决住房问题的方式,管理起来比较方便,对员工而言也有一定的选择性,但是吸引力不强,对员工的控制力较差。企业在多种住房福利方式中进行选择时,应综合多方面的因素,企业所处的发展阶段不同、员工的需求不同、所需达到的目的等均会影响到福利计划的选择。

三、选择和实施激励性住房福利计划应注意的几个问题

从前面的阐述中,我们已经了解到由于住房本身和住房消费的特点,使得住房无论是从生存的角度还是从生活的角度而言,均受到了比其他生活必需品更高程度的关注。也正因为如此,住房福利计划成了企业吸引和留住员工所使用的多种

激励性管理举措之一。下面我们着重讨论一下企业应如何在实际的工作中设计和实施住房福利,使之发挥激励作用。

1. 了解员工的需求,有针对性地提供住房福利计划

前面已经提到,住房消费可以分为租房和购房两种形式,下面就从这两方面分别简要地进行阐述。

以租房来讲,住房消费主要集中在房租支出上,消费的人群主要集中在单身者,尤其是刚刚参加工作的单身者,而且这些人通常是一些外来人口,如刚刚毕业的外地大学生。由于各地情况不同,因此房租价格也存在较大差异。以北京为例,在北京的房屋租赁市场上,40平方米的单元楼房的月租金高达800~1 000元,60平方米为2 000元,如此之高的住房租金显然对于租房者来讲是一笔不小的负担,尤其是刚刚参加工作的大学生。据统计,这些初次就业大学生的平均工资水平基本在1 500~2 000元;另外,由于住房租赁市场不完善,寻找适合的房源需要支付一定的时间成本和牵涉较多的精力,对于外来人口尤其如此。因此对于租房,特别是初次步入社会的租房的人不仅在租金支付上有压力,需要一定的资助,在房源信息与房源的获取上亦需要帮助。

以购房来讲,从上面的分析中可以看到,低息贷款可以通过住房公积金贷款来解决,但是由于可贷款额度的限制,使得首付房款成为最大的困难。虽然可以通过组合贷款解决部分问题,但组合贷款又面临着高贷款利率的问题,显然也是一个两难的抉择,因此首付房款的解决是此方面的迫切需求。另外,购房之后的装修、搬迁方面则存在时间上的需求。

以上主要是针对还未拥有自己房子的人而言的。对于已拥有房屋者而言,是不是对于住房就不再存在需求了呢? 显然不是,前面已经讲过,住房现在不再仅仅是用来满足人们的基本居住需要,从更高的层次上来讲,住房还是人们身份和地位的象征,人们的身份地位发生变化,对于住房的需求层次、住房档次的要求会存在很大的差别,因此已有住房的人,对于住房亦存在需要,但更多的是一种精神上的追求,以获得精神上的满足感。在涉及具体的住房福利方案设计时,上述人们对于住房的不同层次的需求无疑应成为其计划设计的切入点。

2. 提供多样性的住房福利计划,满足不同层次人员对于住房的需求

由于住房之于个人具有多重意义,它不仅是满足人们基本生存需求的长期耐用消费品、投资品,而且还是人们生活品质、社会地位、个人身份的象征,因此,处于不同社会层次的员工对于住房会存在不同的需求,在进行方案的设计时,必须要考虑到这个问题,有层次的、区别性的住房方案是十分有必要的。下面是从"海城人"

的互联网网站上，一篇名为"高级人才究竟需要什么"①的文章中所截取的一个片断，可作为这一设计要点的事实佐证：

> ……
>
> **一般住房正失去吸引力**
>
> 外企在中国十多年的发展经验使很多人都了解住房对中国雇员的重要性，甚至许多外企已经深信住房计划是吸引人才、保留人才的重要手段。但是，由于中国人消费意识的逐步转变、居住条件的不断改善以及近年来已在主要城市推出了住房按揭贷款等原因，使得一般的住房已不再吸引大批高级的人才。
>
> 例如，某外资公司虽然搞雇员的住房计划，但并没有得到很好的效果。公司将一般的雇员全部留住了，而高级雇员或有市场竞争能力的人才却不大愿意享受公司的住房计划。一位该企业的高级经理非常坦白地说："如果我申请了住房，就会失去很多机会，现在我不向公司申请住房，同样有能力通过银行推出的各种贷款计划解决住房问题，而不需要有'卖身契'。"从最近广州某管理顾问有限公司对上海、北京、广州、成都等主要城市在外企工作的高级人才的调查数据表明，被调查者中有 35.08% 的高级人才已经拥有属于自己的商品房，平均建筑面积已达到 76.75 平方米，现在无房的仅为 7.02%。在未来的三年内外企高级人才期望企业资助解决住房的需求是较好的公寓房，平均建筑面积为 134 平方米。由此可见，外企高级人才在未来三年内所追求的住房福利需求不仅仅是传统概念上一般住房解决的问题，而是追求品位较高的住房以改善居住条件。
>
> ……

我们在对薪酬进行设计时，经常会提到"二八法则"，其含义是 80% 的财富是由 20% 的核心人员所创造的，因此也应将企业 80% 的人工投入用于 20% 的核心人员。从这样一个原则中我们可以看到，首先企业中不存在"贫富均等"的问题，或者说为了能够使企业有更长远的发展，需要存在"贫富差距"，而贫富差距的存在必然使得员工对于住房的需求存在着差异，而且"贫富差距"越大，对于住房的需求差异越大，这在前面对于住房消费的特点进行分析时，已经提到过。随着人们收入水平的提高，对于住房的要求也在相应地发生变化，收入水平越高的人对于住房的要求越高；其次，我们在设计住房福利计划时，对于一般员工、中层管理人员以及高层管理人员，没有必要搞一刀切，有必要引入"二八法则"，提供具有明显层次性的住房福

---

① 资料来源："高级人才究竟需要什么"，摘自互联网：海城人，2003 年 5 月 12 日。

利计划,这一层次性还可以在一定程度上起到激励员工的作用。

3. 在进行住房计划方案的设计时,考虑引入弹性化的福利方式,赋予员工在住房福利方面更多的选择权

在住房方面,员工之间存在的需求差异相对于养老、医疗方面而言,差异性更强。因此,将弹性化引入到住房福利项目之中,让员工根据自身的需要进行选择,比统一性的固定化的福利方式更能充分满足员工的需求。例如,在设计时,可以将不同种类的住房福利计划组合成一套福利备选方案:(1)由企业提供宿舍或公寓,员工按市场价支付租金,公司予以一定标准的租房补贴。(2)购房补贴。员工在购买房屋时,享受一定标准的购房补贴,一次性支付。(3)购房低息贷款。员工购房按不同资历享受不同额度的低息贷款,低息享受日期随员工离开公司而终止,其余未还款部分按商业贷款支付利息和本金。(4)补充住房公积金。按一定比例为员工缴存补充住房公积金。在这套方案中的四项计划员工可以任选一项。

虽然这样的方案设计起来存在一定的难度,因为企业不仅需要提供有所区分的备选项,而且还需要使各个备选项之间保持一定的平衡;另外,方案的管理与实施也更为复杂,但是这样做也会相对提高员工的满意度,因此,企业有必要进行此方面的尝试。

4. 住房福利方案的设计与实施,不应仅仅局限在这一个项目之中进行考虑,还应将其放到整个薪酬福利体系,甚至是整个企业的管理体系中进行全面的规划,同时引入必要的控制手段,以避免企业承担不必要的经济损失

首先,就企业的薪酬福利体系而言,住房福利一方面属于员工所获得的整体薪酬的一部分,而另一方面其对于员工的激励和牵引作用也在很大程度上取决于员工的薪酬水平。诚如前面所述,对于新参加工作的员工或者低薪员工而言,住房是其最迫切满足的需求之一,因此住房福利计划无疑具有较强的吸引力;而对于那些完全可以靠自己的经济实力满足住房需求的高薪员工而言,住房不再是其所迫切需要满足的一种需求,为这样的员工再提供住房福利,无疑是一种无谓的资金投入。

其次,就企业整体的管理体系而言,其目的是为了全面调动各方面的资源,来达到其既定的发展目标。住房福利计划的实施无疑也是为了这一目标服务的,因此,应从整个管理的角度来看待住房福利的问题,要将这一计划的设计与实施与企业的其他管理手段,如绩效管理、奖惩管理等相配合,使企业所有的制度体系、管理手段能够相互促进,协调统一,全面、系统地发挥作用。

最后,在具体的实施过程中,除了要充分发挥住房福利对员工的吸引、激励和牵引作用外,还要充分考虑各种可能存在的问题或风险,并引入必要的控制手段,以避免企业遭受不必要的经济损失。诸如在实施实物型的住房福利计划时,可以与员工签订相应的协议或通过相应的制度来规范员工的行为以降低房屋修葺和管理的成本等;在实施现金型的住房福利计划时,尤其是低息或无息贷款的情况下,可以在劳动合同或者企业的劳动合同实施细则中制定附加条款,诸如服务期限的约定以及违约赔偿责任的限定等,以降低员工在未偿清贷款前离职使企业遭受的经济损失。

第三节　住房福利计划在中国

在我国,住房福利一直是员工所关注的一项重要福利,一方面是由于在人类生存的基本需求消费中,"住",即住房消费,是继衣着、食品消费之后的第三件要事,而且在总体的基本生活消费中住房消费占有较大的比重;另一方面则在于特殊的社会、经济背景,在"高福利、低工资"的计划经济时代,住房曾经是国有企业的一项最为重要的员工福利项目,国有企业的福利分房是使其优越于集体、民营等其他企业的优势之一,企业分房也是大多数员工获得住房的主要来源。虽然经过了由福利分房到住房商品化的住房保障制度改革,但长期历史传统的沉积、中国房地产市场的不成熟以及住房保障体系的不完善等种种因素的存在,使得住房计划目前仍是各企业吸引和留住员工的重要福利项目之一。下面是一个中国职业经理人的福利需求调查①。

世界经理人文摘网站最近就此问题进行了一次网上调查,提供了七项福利供中国经理人进行选择:

(1)退休保障;(2)医疗保险;(3)住房或补贴;(4)有薪休假;(5)提供用车;(6)进修培训项目;(7)子女教育津贴。

在这七项福利中,保障型的福利有三种,包括退休保障、医疗保险和住房或津贴;培训教育方面的有两种,即进修培训费用和子女教育津贴;其他两种为有薪假期及提供用车,调查结果如图9-1所示。

在调查问卷中,有43.2%的人选择了进修和培训项目,一方面可能是因为市场竞争的激烈,令许多中国经理人日益关心自身素质的提高;另一方面,知识经济时代本身对人的素质要求越来越高,所以大多数中国经理人都表明需要不断更新自

---

① 华茂通咨询,《现代企业人力资源解决方案——第五篇薪酬体系设计》,中国物资出版社,2003年,第370—372页。

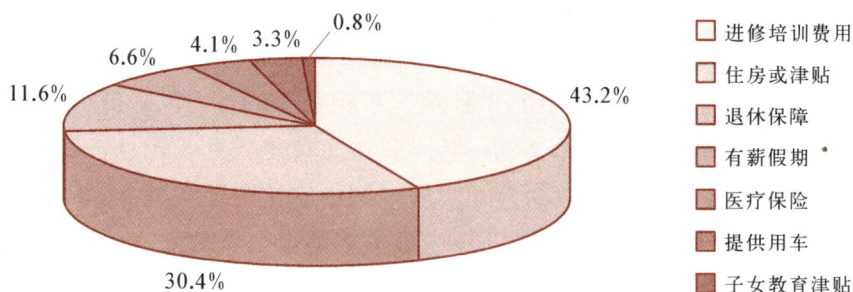

图 9-1 中国职业经理人福利需求调查结果

已的知识,保持与时代同步。

在调查问卷中,中国经理人对于保障性福利最感兴趣的是住房或津贴(30.4%),其次是退休保障(11.6%)。这可能是因为中国社会的变革尚在进行之中,很多的社会保障系统还没有很好地建立起来。

针对这种情况,企业应该适当地强调"铁饭碗",给员工更多的保证,使员工对未来有更多的预见性。如果一味用劳动合同给员工施加压力,可能得到的效果是人才流失,而留下的都是些唯唯诺诺的雇员。

本节我们将就计划经济体制下的企业住房分配制度、近年来的住房商品化改革情况等对目前企业住房福利计划产生影响的历史背景进行简要回顾和分析,并着重介绍我国企业住房福利计划的实施现状。

一、住房福利计划在中国的发展历程回顾

1. 计划经济体制下的住房体制

在计划经济体制下,住房长期以来都是作为劳动者所应享有的一项社会福利来看待的,住房被作为用人单位所提供的实物消费的一部分,形成了国家和企业统包统配的住房体制。国家财政和企业大规模进行住宅的投资兴建,并根据职工的工作年限、职务级别、家庭人口及原有住宅情况等指标,进行统一分配。据统计,1978 年之前,住宅投资的 90% 以上来自中央和地方政府的财政拨款,进入 20 世纪 80 年代,财政拨款建房下降到 20% 以下,70% 左右的住宅投资来自企、事业单位的自有资金①。

在这种体制下,国家财政和企业几乎承担了职工住宅的全部责任,从住宅的投资兴建、维修管理到分配与使用全部由企业全权负责,而有资格分到住房的职工则仅需象征性的缴纳少量租金就可换取几乎是永久性的住房使用权,由此而使住房消费在城镇职工家庭支出中占到极小的比例。据统计,1981—1984 年,城镇职工的

---

① 侯淅珉等,《为有广厦千万间——中国城镇住房制度的重大突破》,广西师范大学出版社,1999 年,第 13 页。

住房消费支出仅占家庭消费支出的 0.87%，比国际上相同恩格尔系数国家居民家庭消费支出中住房消费的比重低 11 个百分点左右①。具体而言，计划经济下，企业所提供的职工住宅有以下三种形式：

（1）单身集体宿舍。一般是为未婚的职工和家住外地的职工准备的，以较低的房租供职工使用，并且企业有专人进行管理。

（2）倒班宿舍。主要是为帮助那些在家里得不到正常休息和睡眠或离工作单位较远的职工而准备的。一般不归职工固定使用，而是根据实际需要免费提供临时休息和睡眠的场所。

（3）职工家属住宅。一般以较低房租提供给已婚职工使用，而且家属住宅通常是兴建在单位附近的生活区，方便职工就近上班。

从总体来看，计划经济体制下的住房分配制度，带有浓厚的福利性色彩，在一定时期内解决了职工的住房情况，并使职工在住房问题上对单位形成了较强的依赖心理。但由于不同单位所拥有的住房资金和房源不同，从而使不同单位职工之间的住房情况存在较大的差别，导致了严重的分配不公。另外，随着人口的增长和低租金所导致的职工对于住房需求的无限扩大而出现了住房需求高速增长与住房供给严重不足之间的矛盾，并使得住房条件、人均住房面积以及住房质量都处于较低的水平，同时住房难的问题再度出现。

2. 新的住房体制的建立

1980 年，邓小平就尽快解决当时全国普遍存在的住房难问题，对住房制度改革提出了总体设想，1980 年 6 月，国务院正式宣布，我国将实行住房商品化。

这一住房商品化的改革过程是分阶段进行的，在最初阶段开展了公有住房出售、居民自建住房、使居民拥有住房所有权的试点，以及在职工租用公有住房情况下，提高房租的同时适当给予补贴的试点。在试点基础上，1988 年 1 月国务院召开了第一次全国住房制度改革工作会议，印发了《关于全国城镇分期分批推行住房制度改革实施方案》，确定了提高房租，同时增加工资为重点的改革方针。虽然，这一方案能够抑制职工对于住房的无限需求，但是却不能从根本上改变企业的住房投资压力，解决住房困难的问题，因此，住房改革从单纯对住房需求的关注转变为对住房供给与住房需求双方面进行协调。1990—1991 年，北京、上海等市在实施改革方案中，基本上采取了小步提租不补贴的办法，同时，通过优惠出售公有住房以及建立住房公积金制度扩大住房资金的来源，以增加住房供给。由此，我国城镇住房

---

① 侯淅珉等，《为有广厦千万间——中国城镇住房制度的重大突破》，广西师范大学出版社，1999 年，第 23 页。

制度改革采取了以新筹资金为主、转换资金为辅,增加住房供给为主、抑制住房需求为辅的改革策略。之后,随着党的十四大,特别是十四届三中全会提出的建立社会主义市场经济体制的要求,提出了房改理论和房改实践的深化,解决了住房市场机制和住房保障的关系问题,并深化了公有住房出售意义和产权属性的认识。其中,阐明了要通过改革逐渐发挥市场机制在住房资源配置中的基础作用,由住房的供求关系决定住房资源配置。

在住房理论的研究与住房改革不断实践的推动下,1994 年 7 月国务院发布了《国务院关于深化城镇住房制度改革的决定》,提出了与社会主义市场经济体制相适应的城镇住房新制度的基本框架:建立国家、单位、个人三者合理负担的住宅建设投资体制;建立社会化、专业化运作的住宅建设、分配、维修、管理体制;建立新的城镇住房制度中的两个供应体系和两个信贷体系:经济实用住房供应体系和商品住房供应体系、政策性住房信贷体系和商业性住房信贷体系(其中,前者面向城镇中低收入居民家庭,后者面向高收入居民家庭)。在《决定》中还提出了通过建立住房公积金制度、出售工房、调整租金等筹集和建立稳定的住房发展基金的改革措施,同时将出售公有住房作为改革的重要内容。之后,在 1998 年,国务院发出了《关于进一步深化社会城镇住房制度改革加快住房建设的通知》,提出了具体的措施:(1)1998 年下半年开始停止住房实物分配,逐步实行住房分配货币化;(2)停止住房实物分配后,新建经济适用住房原则上只售不租;(3)职工购房资金来源主要有:职工工资、住房公积金、个人住房贷款,以及有的地方由财政、单位原有住房建设资金转化而来的住房补贴等。这一通知下发之后,各地分别制定了具体的实施方案,落实了上述改革措施,新的住房体制逐步在中国形成。

在新的住房体制下,国家和单位从统包住宅投资的职能中逐步退出,个人成了住宅投资的主体,形成了一种以个人融资为中心的住宅投资体制。企业除了需要依照国家规定为员工建立住房公积金外,从法律上不再负有为员工提供住房的其他责任,住房成了主要由企业根据自身情况自主提供的一项福利制度。

二、住房福利计划在中国发展的成因分析

从国外的一些统计数据来看,住房福利计划并非像带薪休假、健康保险、企业年金一样是国际上主流的员工福利计划,而这样的计划之所以能在中国成为关注的焦点,我们认为更多是由中国特殊的历史、社会、经济条件等综合性因素所导致的,下面我们就具体对其发展缘由进行分析。

1. 住房福利计划在中国的发展是由特殊的历史环境造成的

从第一部分对于住房福利计划的发展历程中我们可以看到,早在新中国建立初期,住房福利就和其他退休金、公费医疗一样都是在计划经济体制下,国家(企业)向职工所提供的一揽子"社会主义福利"中的一部分;而且,长期以来,住房均被看作国家的财产,而并非个人的私有财产,直至现在,我们的住房虽然已经有个人产权,但此产权也并非像国外一样是真正意义上的私人产权,而仅仅是房屋所有权和70年土地的使用权而已。同时,长期的计划经济体制下,职工一直享受的是"低工资、高福利"的国家主导的报酬机制,虽然从计划经济到市场经济的转型过程中,这样的报酬机制已经发生了根本性的转变,但是像住房这样必需的"高消费"物品,在中国这样一个人口密度较高的国家,是日渐具有"稀缺性"的物品。人们在当前有相对较高的工资、以往基本无积蓄的情况下仅仅依赖于市场本身的供需平衡能力是很难保证满足自身住房——这一最基本的生存需求的,在这种情况下住房福利计划的需求也就应运而生了。

2. 企业住房福利计划的产生,尤其是补充性福利计划的产生是由目前的市场经济条件所决定的

从上述住房改革的推行情况,以及对于新的住房体制的介绍,可以看到由于个人在新的体制下由原来的单纯的福利享用者变成了名副其实的消费者,即按照市场价格支付货币来获得住房的使用权或所有权,因此住房消费的绝对值和在总的消费支出中所占的比例与原来相比必然会有大幅度的增加。但由于住房体制的改革是与工资体制改革相挂钩的,取消企业福利分房的同时,员工的工资水平也有相应的提高,因此从收入角度来看,住房消费是否在员工的承受范围之内还需进一步进行分析。

目前,我国实际上正处于住房商品化的正式起步与发展阶段,房地产市场的发展并不成熟,尤其是对旧房二级买卖市场和房屋租赁市场仅进行了初步规范。从住房供给来看,在很大程度上除了原有公房的折价出售外,主要是新盖的商品房。下面以北京为例,通过住房公积金贷款购房的情况就员工个人对于住房市场价格的承受能力进行简要分析。

据2008年北京市房地产市场调查,北京的房价从每平方米6 000元左右升到两万以上不等,而多数处于每平方米14 000元左右,房屋面积也是从60平方米左右到200平方米以上不等,现以总房价84万元(14 000元/平方米×60平方米=840 000元)为例进行计算。按照北京市住房公积金的管理规定,最高的贷款额为80万元,若贷款20年的话,每月需偿付6 000多元;按照住房公积金贷款规定,申请这样一个贷款额度月收入至少需要达到15 000元(6 000÷40%),而北京市统计局

公布的 2007 年北京市的月平均工资仅为 3 322 元,以此为基数,每月住房公积金的总缴存额约为 532 元(3 322×8%×2≈532 元)。

从这两个数字对比来看,可以得出以下结论:

第一,目前的商品房房价大大高于一般工薪阶层的承受能力,按每月 3 322 元的工资水平计算,84 万元的房款,无疑是天文数字,即使是按夫妻两人的共同收入来算,上述房屋价格也是其家庭无法承受的。国际经验表明:当商品住宅价格与居民家庭收入之比在 2~7 的范围内时,或者,如果把居民购买商品住宅的消费控制在占其总支出的 15%~30% 的范围内时,可以认为居民对住宅的价格是有承受能力的。

第二,依靠企业和员工缴存的住房公积金难以支付月还款,更不要说居住期间的其他住房费用支出。以每月 532 元的住房公积金储存额,夫妻两人也仅仅是 1 064 元,远远低于 6 000 元的月付金。

第三,依赖现在任何一种贷款买房,首付款都存在一定的压力,尤其是对于初次就业的人员来说更是如此,即使是对每月 1 064 元的夫妻两人总住房公积金储蓄额而言,也需要十几年的时间才能积累到近 17 万元的首付款。

3. 国家在住房方面的政策导向性作用也对企业住房福利计划的发展起到了推动作用

第一部分在介绍住房福利的发展历程时,已经提到中国住房体制的改革一方面是为了解决房源不足、人们居住条件较差的问题;另一方面也是为了促进中国经济的发展,因此在中国的房屋政策上,国家采取了一些鼓励建房和购房的政策,如强制性住房公积金政策的建立、经济适用房政策、出售公房以及减少房屋转让的税收政策等。这样的政策导向使得原本就对土地和住房有着特殊情节——早在太平天国起义时,就有"耕者有其田,居者有其屋"这样的起义纲领,表达其对于房屋、土地的强烈向往——的中国民众更加热衷于购买属于自己的住房,在拥有自己住房方面的需求更加强烈;而对于企业而言,最能激励员工的莫过于满足员工最迫切的需求了。因此,企业的住房福利计划就成了一个重要的激励性手段;同时,国家对于企业的住房福利计划也提供了一定的政策优惠,使企业住房福利计划的发展受到了进一步地推动。

三、住房福利计划在中国企业的实施现状

目前,许多企业确实都已经建立住房福利计划,为其员工在住房消费方面提供不同程度的资助。大多数国有企业基本上都在停止实物型分房以后,采取发放购房补贴的方式为员工提供购房资助,而其他的民营、外资企业为了能够保证其在人

才市场上的竞争优势,也将住房计划作为本企业的重要福利项目之一。以下是翰威特公司 2001 年对上海 138 家企业进行住房福利计划调研所统计的数据(参见表 9－1)①。

表9－1　企业住房福利调查

住 房 福 利 计 划	提供住房福利计划的企业数目	提供住房福利计划的企业所占比例
购房贷款		
——为部分员工提供	28	21%
——为所有员工提供	10	7%
企业补充性住房公积金		
——公司缴费	24	18%
——员工缴费	8	6%
公司帮助租房或提供公司宿舍、公寓	10	7%
公司建房或集体购房	6	4%
储蓄计划	3	2%

　　总的来说,目前企业为员工所提供的住房福利计划基本上可分为两部分:一部分是属于国家政策强制性的福利计划——住房公积金计划;另一部分是属于企业根据自身的承受能力和经营战略需求而自主建立的内部补充性住房福利计划——这类计划由于完全属于企业行为,因此在形式上呈多样化的发展趋势。下面我们就对这两种计划的具体内容和性质特征作一个简要的介绍,以使大家对住房福利计划目前的实施现状有一个全方位的了解。

1. 住房公积金计划

　　为推动我国住房体制改革的进一步深化与发展,减轻改革中所遇到的种种困难,1999 年 4 月 3 日,国务院颁布了《住房公积金管理条例》(以下简称《条例》),制定了住房公积金建立、运作与实施的各项具体规定。此后,又于 2002 年 3 月 24 日,根据在《条例》的具体实施过程中所出现的问题对其进行了进一步的修订。《条例》规定:"住房公积金是指国家机关、国有企业、城镇集体企业、外商投资企业、城镇私营企业及其他城镇企业、事业单位、民办非企业单位、社会团体(以下统称单位)及其在职职工缴存的长期住房储金。"

① 资料来源:《住房改革及其影响》,翰威特公司,2001 年。

（1）住房公积金的建立与构成。

住房公积金计划在某种程度上可看作国家为将多数人群住房的经济责任向企业和员工方进行转移而建立的。在这一计划中，企业要承担为其员工在住房公积金管理中心办理公积金缴存和支取手续、建立员工个人的住房公积金账户、缴纳住房公积金费用以及每月为员工代扣代缴员工个人住房公积金费用等的责任。按《条例》规定，目前企业和个人每月住房公积金的缴存额为员工本人上一年度月平均工资的5%，经济状况相对较好的地区可以适当将比例提高，但比例的提高必须报当地的政府审批，而且住房公积金的比例提高是企业和员工双方一同进行的，即不论按照核定了的何种缴费比例，企业和员工的缴费比例一直都是相同的。

因此，我们可以看到，住房公积金是由企业和员工的共同缴费构成的，而且双方的缴费金额相同，缴费的具体额度取决于员工的工资水平和由国家相关政府部门核定的缴费基数。

（2）住房公积金的支取和使用。

住房公积金实行专款专用，"住房公积金应当用于职工购买、建造、翻建、大修自住住房，任何单位和个人不得挪作他用"。其具体的支取要求，在《条例》第24条进行了规定："员工在有下列情形之一的，方可以提取住房公积金账户内的存储余额：① 购买、建造、翻建、大修自住住房的；② 离休、退休的；③ 完全丧失劳动能力，并与单位终止劳动关系的；④ 出境定居的；⑤ 偿还购房贷款本息的；⑥ 房租超出家庭工资收入的规定比例的。"

（3）住房公积金的管理与监督。

在住房公积金的管理上，按照《条例》要求，各省、市、自治区要成立专门的住房公积金管理委员会，作为住房公积金管理的决策机构，依据有关法律、法规和政策，制定和调整住房公积金的具体管理措施，并监督实施；拟订住房公积金的具体缴存比例；确定住房公积金的最高贷款额度；审批住房公积金归集、使用计划以及住房公积金增值收益分配方案等。而住房公积金的具体管理运作则由住房公积金管理中心负责，住房公积金管理中心是直属于当地人民政府的、不以营利为目的的、独立的事业单位。

（4）住房公积金与一般存款相比所享受的政策优惠。

对于员工，住房公积金计划则是一种具有"特殊性"的长期储蓄存款计划，在其存储、支取以及使用等方面都要受到国家政策法规的强制约束，但同时员工也可以通过这一计划获得来自企业的资金资助。和一般性存款不同，它具有国家政策上的优惠，这种优惠主要体现在以下三个方面：

① 税收优惠。按《条例》规定，企业和员工的共同缴费所形成的住房公积金完全归个人所有，企业所缴纳的住房公积金在其成本中列支，而员工个人部分直接从

工资中扣除,并且免缴个人所得税。

② 较高的存款利率。根据中国人民银行所颁布的《人民币利率管理规定》,银行对职工的"上年结转户"的个人住房公积金存款(每年的结息、结转日为 6 月30日),按三个月定期整存整取存款的利率计息。

③ 低息住房公积金贷款。《条例》的第 26 条规定:"缴存住房公积金的职工,在购买、建造、翻建、大修自住住房时,可以向住房公积金管理中心申请住房公积金贷款。"而由于公积金管理机构发放这一贷款时,实行的是保本微利的经济方针,因此,职工申请获取的住房公积金贷款利率要低于一般的市场贷款利率。

2. 补充性住房福利计划

(1) 补充性住房公积金。

相对于前面所提到的住房公积金而言,补充性住房公积金是指企业向员工住房公积金账户所缴存的超过员工个人公积金缴存额的部分。这种补充性住房公积金与住房公积金基本是相同的,同样归于地方政府的住房公积金管理机构进行管理。虽然补充性住房公积金的缴存额由企业根据自身的效益状况决定,但对其缴存幅度、支取以及资金的使用同样要受到政府政策上的约束。这种形式的住房计划由上海率先推出并且已经有了初步的发展。据统计,上海 1998 年补充住房公积金的归集量达到了 682 亿元,占同时期公积金归集总额的 12.3%。

(2) 住房补助。

住房补助指企业直接以现金形式发放给员工的用于住房消费的福利工资。这种福利计划的提供方式,对于企业尤其是国有企业而言,在一定程度上起到了规范性与引导性的作用。

1998 年,在国务院所发布的《关于进一步深化城镇住房制度改革　加快住房建设的通知》以及 2000 年 5 月 8 日,建设部、财政部、国家经济贸易委员会、全国总工会所发布的《关于进一步深化国有企业住房制度改革　加快解决职工住房问题的通知》中均提到了要求有关国家机关、行政事业单位、国有企业对无房、住房标准未达到规定的职工发放住房补贴的问题。例如,在 1998 年的国务院发文中第六条规定:"停止住房实物分配后,房价收入比(即本地区一套建筑面积为 60 平方米的经济适用房的平均价格与双职工家庭平均工资之比)在四倍以上,且财政、单位住房建设资金可转化为住房补贴的地区,可以对无房和住房面积未达到规定标准的职工实行住房补贴。"在 2000 年的发文中第八条规定:"凡符合(通知)和当地人民政府规定的发放住房补贴条件,且原有住房建设资金可转化为住房补贴的企业,可以建立职工住房补贴制度,对无房和住房未达到规定的购房补贴建筑面积标准的职工发放住房补贴。住房补贴水平,应根据企业所在地区(或地段)经济适用住房基准价格、本企业职工工资水平、不同职级购房补贴建筑面积标准,以及有房职工按房改成本价购房负担水平等因素具体确定。"虽然,上述规定主要是针对国家机关、行政事业单位和国有企业而言的,但是实际上,在许多合资,甚至是外资企业中,这一类的住房计划基本上也是参照这一规定执行的,补贴水平通常是按照员工的职务级别、在本企业服务年限来确定,同时对无房和已有住房的员工进行了区分。

(3)企业直接为无房员工提供宿舍或公寓。

这类计划与计划经济体制下国有企业所提供的实物型住房福利有相似之处,都是由企业以实物的方式帮助员工解决住房的问题,但同时又存在着本质上的区别。计划经济下的实物型住房福利,是与低工资相联系的,是由国家出资通过企业实施,原则上为所有员工解决住房问题的一种福利,带有"普惠"的性质,而且员工基本上不支付或仅仅是象征性地支付极少的费用;而目前所实施的这类计划则是由企业出资自主举办的,通常有特定的受益群体。

一般来讲,宿舍或公寓基本上是为初次参加工作的单身员工或被外派到非家庭所在地任职的员工提供的,而且通常具有一定的过渡性质,例如,宝洁公司的住房福利中有一项"住宿安排"就是针对于其新员工的,在宝洁上岗培训结束之后,公司会为新员工安排暂时住所,限期为 3~6 个月,员工可选择入住并且不需要支付房租。当然,也有些公司为其单身员工提供长期的宿舍或公寓,但通常都会收取一定数量的房租。

(4)公司直接与房地产开发商进行谈判集体购房或公司集资建房,之后以相对较低的价格出售给员工。

这种帮助员工集体购房的方式,在很大程度上取决于企业自身的经营管理理念以及企业中员工自身对于住房的需求情况和购房意愿。例如,摩托罗拉公司在 20 世纪 90 年代初进驻中国时,发现员工对于住房问题极为关注,但当时的商品房供应相对有限,国家提供的住房贷款又较少,因此为了提高公司对于中国优秀员工的吸引力,1995 年,摩托罗拉(中国)电子有限公司在天津市的黄金地段为员工兴建高质量的"摩托罗拉村",然后通过为员工提供住房基金和低于银行贷款两个百分点的长期贷款,帮助员工购买住房,在累计为公司服务满十年后就能获得该住房的产权。

(5)提供购房贷款。

企业通过其所建立的员工福利基金或专门的住房基金为购房的员工提供低息或无息的借款,或帮助员工偿还住房贷款,通常包括低息或无息购房贷款计划、利息补助计划以及折扣购房计划等。对于企业而言,这类计划通常是针对贷款购房的员工提供的,而且在实施中通常将这类计划与企业的奖励制度结合起来使用。

3. 住房公积金计划与补充性住房福利计划的比较

住房公积金计划与补充性住房福利计划相比较而言,前者由于是国家强制性的,原则上所有的企业都必须参加,包括民营和外资企业,但是由于各企业的经营状况和承受能力不同,缴费比例存在一定差别;另外,由于国家目前对此方面的监管力度并不像对其他强制性险种那么强,因此也有一小部分企业尚未建立。后者主要是集中在经济效益比较好的大型企业,不过在近一两年建立住房福利计划的企业逐渐呈上升趋势,虽然企业间仍存在着较大的差距。在 2005 年 1 月,上海交大正源调研部提供的一份《企业薪资福利调研报告》中表明,接受调研的欧美和日资企业均为员工设置了住房公积金,另外有 17.6% 的日企和 7.9% 的欧美企业分别为员工设立了补充住房公积金;有 35.3% 的日企和 31.6% 的欧美企业为员工提供住房津贴;同时,还有 17.6% 的日企和 15.8% 的欧美企业为员工提供公司内部住房贷款;此外,还约有23.5%的日企和13.2%的欧美企业为员工提供宿舍。

具体来讲,与住房公积金计划相比,补充性住房计划具有以下几个显著特点:

(1) 补充性住房计划对于员工和企业均具有自愿性的特点,补充性住房计划由企业根据自身的发展情况自愿举办,而其中有些计划员工可以根据自己的实际需求自愿选择是否参加,如低息或无息的住房贷款、低价格的集体购房计划等。

(2) 补充性住房计划具有多样性,企业可以根据本企业员工的需求特点举办方式多种多样的补充性住房福利计划,而且不同企业之间存在较大的差异性。

(3) 企业在补充性住房计划的管理上具有较强的自主性,补充性住房计划由企业进行管理,虽然在某些方面也要受到国家政策上的约束,但其设计与管理更多地是建立在企业自身意愿基础之上的,是企业自身价值观念、经营理念等的具体体现。

(4) 补充性住房计划的受益群体具有针对性,不同计划种类具有不同的受益群体,如"低息或无息住房贷款"、"利息补助计划"通常是针对贷款购房员工的;而"低价格的集体购房计划"通常是针对希望购房的无房者的。

(5) 补充性住房计划中,企业要承担除供款外其他更多的设计与管理责任,但同时具有企业特色的补充性住房计划往往能够使其在劳动力市场获得更大的竞争优势,吸引到更多优秀的应聘者,而且可以通过精心设计的住房计划留住企业的核心员工,降低员工的流动率。例如,雅芳公司在 1998 年由直销转型时,曾一度陷入危机,为留住人才,在寻求解决问题的方案的同时,引入住房福利并为关键员工提供优厚薪酬,这使它在最艰难的 1998 年人才流动率只有 14.9%,保持了在人才市场上的竞争力①。

---

① 李丽,"雅芳:与跨国公司匹配的人才——访雅芳(中国)公司副总裁赵国简",中国广州人事信息网,转载自《21 世纪经济报道》,2004 年 4 月 15 日。

本 章 小 结

　　在"高福利,低工资"的计划经济时代,住房曾经是国有企业的一项最为重要的员工福利项目,国有企业的福利分房是使其优越于集体、民营等其他企业的优势之一,企业分房也是大多数员工获得住房的主要来源。但20世纪80年代初期开始的住房体制改革,打破了由企业作为员工住房的主要责任承担者的局面,逐渐建立了通过市场来解决住房问题的新的住房体制,在这一新的体制下,从国家政策上来讲,员工个人成了其住房消费的主要责任承担者。但是,从事实来看,企业仍在住房方面为员工提供了相当大的支持,种种调查数据显示,在中国,住房福利仍是企业所提供的、用以吸引和留住人才的一项重要福利项目之一。

　　此外,本章还对住房福利计划的一般形式进行了介绍和比较,并针对住房消费特点,提出企业住房计划方案的设计与实施应从企业的内部管理层面上,考虑将弹性化引入住房福利项目之中,设计出满足不同员工需求的具有多层次性的住房方案,同时还应考虑到住房计划与整体薪酬方案,以及企业的其他管理计划的相互融合问题,以使企业能够在住房福利的推行上以最小的成本获得最大的产出。

案例　苏州工业园独特的社会公积金计划①

　　苏州工业园是中国和新加坡两国合作开发建设的,园区实行新加坡模式的公积金制度,是一个独特的"社保特区"。园区内所有的员工和雇主均参加社会公积金(SPF),员工可通过这项计划购买或租借园区的住房。雇主和员工均向社会公积金缴纳22%的薪资,然后将其分成两部分计入统一的公共账户和个人账户。失业以及大病或生育保险由公共账户提供,而员工通过更大的个人账户参加住房保险,并支付可自行选择的退休或医疗保险。另外,雇主还须向社会公积金缴纳与工作有关的小额伤害与疾病保险金。实际上苏州工业园已经成为有效建立自身的福利园区,政府除了通过苏州工业园权力机构管理基金之外,其他很少过问。

---

　　① 案例来源:安德鲁·罗斯,《世界不平坦——来自上海的教训》,九州出版社,2008年,第160—182页。

社会公积金沿用新加坡模式——该国公民和永久居民强制参加的社会保险储蓄基金,该基金提供从退休金到孩子教育和购房等所有保障,推崇个人自力更生的原则……寻求出租的苏州工业园管理层认为,这项计划将直接鼓励员工购买那些园区能从中获取巨额利润的房产。根据社会公积金条款,员工不能用他们的账户购买园区外的公寓。因此,这种基金对雇主也有明显优势。首先,他们的缴费比园区外其他城市少得多。比如在上海,雇主典型的社会福利负担包括22%的养老金成本、2%的失业保险、12%的医疗保险、7%的住房保险和1.6%的伤残保险。他们44.6%的总比例是社会公积金22%缴费比例的两倍。其次,苏州工业园雇主也免除为全体苏州市或县公民缴纳社会保险的责任。而且,通常还会安排特殊折扣,比如对于非技术操作员,有些雇主可选择向基金缴纳14%的最低额。另外,社会公积金也被视为创造稳定劳动力队伍的一种途径。如果工人离开苏州工业园,他将丧失基金个人账户的一部分。员工留在原岗位有实实在在的经济上的动机,因此这一系统有助于缓解经理对留住员工的担心。

从19世纪中期开始,许多美国公司确信提供住房和个人福利能维持人才储备,符合公司自身的利益。这是支撑公司城镇的观念,并且它已演变成公司对员工生活方方面面的控制,包括道德和个人行为。限制性的环境不可避免地在整个美国造成劳动骚乱和暴动。当进一步的压制证明不可能长久解决问题时,许多雇主推断安抚工人的最佳途径是允许他们购买自己的住房。大规模的市郊化很快使公司城镇变得荒芜,但通过所有权来安慰工人的原则却留传了下来。苏州工业园并不完全是一个公司城镇,但它多少也有这方面的特点。为了维持拥有大量准独立员工的储备系统,满足它们的共同利益,许多公司都参与了进来。社会公积金是将系统结合成一种慈善社会的社会凝聚力。

复习讨论题

1. 目前在中国,住房福利为什么会成为企业吸引和留住员工的重要的福利项目之一?

2. 什么是强制性住房公积金计划?

3. 补充性住房计划有哪些类型? 有哪些实施特点?

4. 企业在设计和实施住房计划时应该注意哪些问题?

第十章

利润分享计划

【本章提要】

自 1971 年沃尔玛创建第一个利润分享计划以来,利润分享计划在美国、英国等发达国家得到了广泛推广。利润分享计划有广义和狭义之分:广义的利润分享计划指的是与员工分享公司利润的所有形式的计划,它包括现金计划、延期支付计划及混合计划;狭义的利润分享计划指的是延期利润分享计划。本章我们将以延期利润分享计划为重点,从理论与实践操作两个层面对利润分享计划进行系统介绍。本章的学习要点在于以下几个方面:

(1) 理解利润分享计划的概念与特征;

(2) 了解利润分享计划的历史发展与理论基础;

(3) 掌握利润分享计划的制度设计及其在我国的实践应用。

第一节　利润分享计划概述

一、利润分享计划的概念与特征

1. 利润分享计划的概念①

利润分享计划有广义和狭义之分。广义的利润分享计划指的是与员工分享公司利润的所有形式的计划,它包括现金计划、延期支付计划及混合计划。在现金计划中,利润分享账户的资金通常以津贴或者薪资补充的形式分配给员工。因此,分享的利润包含在员工每年的总收入当中,作为应纳税所得额,不享受税收优惠。这类计划的管理架构很简单,不需要建立信托基金,没有保值增值的压力,不需要进行投资运营等。延期支付计划则只是将分配的利润记入员工个人账户,资金由信托机构管理,并为未来的支付作积累。积累的资金在一定的年限以后,或者雇员达到一定的年龄,或者在特定的情况下,如解聘、生病、伤残、退休、死亡以及劳动关系终止时才支付给员工。混合计划是现金计划与延期支付计划的综合。这种计划要求公司的现金计划和延期支付计划包含相同的员工群体。其分享的利润一部分以现金的形式现期支付给员工,余下部分则延期支付。混合计划有两种实现形式:一是在公司分别建立现金计划和延期计划;二是建立一个计划,但此计划要包含现期与延期的两个方面的特点。狭义的利润分享计划指的是延期利润分享计划,不包括现金利润分享计划及混合计划。除非有特别说明,本书采用的是狭义的利润分享计划概念。

本质上,利润分享计划与缴费确定型养老计划非常类似,都属于根据缴费来确定最终待遇的延期支付计划,只是前者的条件比后者要宽松。第一,企业实施利润分享计划不仅仅针对超长期员工,延期支付的实现也未必要以员工退休为前提,完全可以约定一个更短的时间;第二,雇主向计划供款的数额是由企业盈亏状况决定的,如果某一年没有利润,雇主就可以不缴费,因而缴费弹性较大,管理更为灵活;第三,缴费计划可以自由决策,也可以采取固定公式,只不过固定公式的存在影响着对税收优惠的享有,例如,在美国,《联邦所得税法》的税收优惠条件规定利润分享计划必须预先向参与人确定分配公式;第四,即便有缴费公式,公式的设计也可以不受参加计划的雇员数量和年龄等因素的影响。

---

① 杰尔·S·罗森布鲁姆编著,杨燕绥、王瑶平等译,《员工福利手册》(第5版),清华大学出版社,2007年。

2. 利润分享计划的特征

（1）长期激励性。首先,作为企业全面薪酬的一部分,利润分享计划必然符合企业总的战略目标,且对员工有一定的激励性。利润分享使员工收入与企业的业绩结合起来,从而鼓舞士气,并提高劳动生产率。其次,作为一种延期支付手段,利润分享计划具有延期支付计划的共同特点,即激励性是长期的。与弹性绩效工资、临时加薪以及奖金不同,利润分享计划对利润的分配是长期的、延迟的,员工不能在提高业绩之后马上得到奖励,而是在公司逐年取得效益之后分享其成果,如果选择中途辞职就得不到分享机会,因此该计划有助于降低员工流动率和提高员工对企业的忠诚度与归属感。

（2）管理灵活性。利润分享计划为雇主提供的缴费和筹资弹性可谓达到了极点。每年的缴款由当年利润决定,可以多缴、少缴甚至不缴;选择根据固定公式计算缴费与待遇还是选择不设公式由企业自主决定;采取公式的情况下,公式的设计由企业自主决定;雇员获得收益的条件具有很大的灵活性,美国《国家税收法》规定允许利润分享计划在积累不少于两年后进行分配,因此只要雇主替员工缴费两年以上,就可以允许员工在职取款而不必等到退休,与此同时可以享受国家税收优惠。上述的灵活性都是普通的现金购买养老金计划所不具有的①。

（3）税收优惠性。在收入避税方面,利润分享计划与养老金计划基本相同。对于符合税收优惠规定的计划,雇主向计划的供款有免除额,雇员在分配到利润之前都是享受免税政策的。为了得到这些税收优惠,利润分享计划需要满足的必要条件有:计划必须是雇主与雇员协商交流后制定各项规定;计划要对所有的雇员公平对待,不能使某些规定仅仅是对企业中高收入的雇员有利;计划必须有书面形式,必须有确定缴费与待遇之间关系的固定公式。

（4）风险转移性。利润分享计划的待遇实质是员工总体薪酬的一部分,这种极其具有弹性和延迟性的薪酬同固定的工资相比,使雇员承担了更大风险。具体来说,将收入与企业利润挂钩,企业业绩和利润下降则员工收入受损,这使得雇员承担了原来所有者应该承担的一部分风险。

二、利润分享计划的产生与发展

最早的利润分享计划从 1971 年的美国沃尔玛公司开始。1971 年,沃尔玛公司开始在全公司内推行利润分享计划,不仅是对高层人员,而且包括大部分员工。具

---

① 肇越、杨燕绥、于小东,《员工福利与退休计划》,中信出版社,2004 年。

体规定为：凡加入公司一年以上，每年工作时数不低于 1 000 小时的所有员工，都有权分享公司的一部分利润。公司根据利润情况和员工工资数的一定百分比提留。当员工离开公司或退休时，可以提取这些提留。提取方式，可选择现金，也可选择公司股票。公司每年提留的金额大约是工薪总额的 6%。据统计，在 1972 年，用于该计划的金额是 17.2 万元，共 128 人获益。利润分享计划将员工的收益与公司的效益联系起来，员工为公司发展努力，推动公司销售额和利润的增长，所有员工的红利也在增长，员工也因此获益①。

　　利润分享计划在沃尔玛公司的巨大成功，使其凸显在员工激励上的巨大作用，再加上政府税收政策的支持，使得很多美国公司纷纷效仿。1974 年，美国《员工退休收入保障法》和《税收法》规定，"利润分享计划属于缴费确定型计划或个人账户计划"②，从而进一步明确了可享受税收优惠的利润分享计划的法律定位。到 1984 年，实行利润分享计划的企业达到 37.5 万家。而目前，美国总共有 50 多万个利润分享计划，涉及约 2 000 万名雇员。其中，每四个制造业企业中就有一家实行分享计划，每三个零售和批发企业就有一家实行，而银行业中，实行利润分享计划的银行大约占到总数的 40%。利润分享计划作为利润分享制的一种实现形式，经过多年的发展，已经发展成一套相对完善和成熟的制度体系，成为西方国家众多员工福利计划的主要形式，20 世纪其在部分国家的发展情况见表 10-1。

表10-1　20 世纪利润分享计划在部分国家发展情况

国家	60 年代	70 年代	80 年代	90 年代
法国	1967 年政府规定 100 个人以上的企业必须实行利润分享制	1975 年有 1 万个利润分享计划,475 万人参加	500 万人参加利润分享计划	1 400 万人参加利润分享计划
美国	1967 年有 1.5 万个利润分享计划	1974 年有 18.6 万个利润分享计划	43 万个利润分享计划	5 500 万人参加 401(K) 计划

资料来源：陈炳才，《当代资本主义收入分配制度》，福建人民出版社，1994 年，第58—59 页。

　　此外，作为一种灵活的养老金计划设计形式，利润分享计划受到越来越多的重视，主要也是受到通货膨胀和其他一些经济风险因素的影响。在缺乏正式团体储蓄或完善的社会保障计划的情况下，个人无力解决退休收入安全问题，而待遇确定型的养老金计划会给雇主增加过大的风险和负担，小企业是不愿意采用的，于是更为灵活的利润分享计划也就成了私营部门尤其中小企业养老金计划的重要组成部分。

---

① 肇越、杨燕绥、于小东，《员工福利与退休计划》，中信出版社，2004 年。
② 杰尔·S·罗森布鲁姆编著，杨燕绥、王瑶平等译，《员工福利手册》（第 5 版），清华大学出版社，2007 年。

三、利润分享计划的理论基础

1. 分享经济理论

20世纪70年代之前,西方国家的物价变动是和经济发展同方向进行的,随着经济扩张与收缩而涨落,从未有过物价上涨与经济停滞长期并存的现象。物价上涨和经济停滞只是时间上的继起性,而没有空间上的同一性。但是到了20世纪70年代,尤其是从1974—1975年经济危机开始,物价上涨与经济停滞相互交织、长期并存,高失业与通货膨胀日益紧密地缠绕在一起,出现了经济周期交替出现和同时发生的特点,形成难以摆脱的"停滞膨胀"局面,人们将这种现象简称为"滞胀"。1973—1983年,发达资本主义国家的国内生产总值的年均增长率仅为2.4%,只占高速增长阶段的44%,而各国消费物价的年均上涨率却达到9.9%,其中,英国、意大利两国的上涨率超过15%,上涨率最低的德国、瑞士也分别达到4.9%、4.3%。

滞胀现象发生后,西方国家原有的、政府习惯采用的凯恩斯主义理论,即运用扩张性的财政政策和货币政策来克服经济萧条已不再奏效。现实经济生活的严峻事实说明,滞胀是一种极难医治的经济病,因为医治这种疾病的宏观措施在减轻它的一种症状时会加重它的另一种症状:采用扩张性的财政政策和货币政策来刺激经济,是降低失业率和加快经济增长的基本方法,但这种政策却会使通货膨胀势头发展到难以控制的地步;而对付通货膨胀的紧缩性政策又会抑制经济发展,导致失业增加、增长缓慢、生产率降低、预算赤字、债务危机和外贸入超。在这种情况下,政府在宏观经济调节中处于两难的境地,通常是前后摇摆或左右摇摆。怎样摆脱资本主义经济风雨飘摇的被动局面? 怎样战胜"滞胀"? 这给经济学家提出了一系列的挑战。

在这种宏观经济背景下,美国麻省理工学院经济学教授马丁·韦茨曼(Martin Weitzman)提出了以利润分享的薪酬制度为核心的分享经济理论,为医治资本主义经济中出现的滞胀病开出了药方。他在其一系列雄辩有力的论著中提出,政府应当在整个国民经济中推行利润分享制(Profit-sharing),传统的固定薪酬制度应当废除。韦茨曼的建议引起了人们的极大兴趣,它是促使英国政府在1987年度财政法规中对"利润挂钩薪酬体制"提供补贴的一个重要因素。

在韦茨曼看来,现在西方经济运行中所产生的停滞膨胀的本质不是宏观的问题,而恰恰是微观的行为,是制度和政策问题。韦茨曼把雇员的报酬制度分为传统薪酬制和分享利润制。分享利润制是把工人的薪酬与某种能够恰当反映厂商经营的指数相联系,这里的厂商经营指数主要是指厂商的收入或利润。这样,工人与厂商在劳动市场上达成的不再是具体规定每一工作小时的固定薪酬合同,而是确定工人与资本家在厂商收入中各占多少分享率的协议。资本主义滞胀的根源在于传统薪酬制度,这种制度是深植于充分就业条件下的均衡思想之中。当经济衰退时,由于传统薪酬是固定的,厂商基于利润最大化原则,必然裁减工人,而普遍失业又会导致新一轮有效需求不足和生活水平恶化。分享利润制度则不同,由于它与厂商的经营收入或利润相联系,因此具有自动抵制失业和通货膨胀的作用。一方面,分享制度意味着新增每一单位劳动的收入都由资本家与工人按比例分享,所以劳动的边际成本总是低于劳动的平均成本,这使得厂商不断扩大产量和就业量。另一方面,在分享制度下,薪酬和产品价格成正比,任何价格变动都能自动地反馈给劳动成本,即产品价格越高,需支付的薪酬也越高,由于企业的劳动成本(薪酬)与产品价格直接挂钩,因此具有内在的反通货膨胀的倾向。利润分享理论正是从微观经济着眼,寻找一种稳定宏观经济的手段,从而扩大了薪酬理论的视野,这是其在宏观层面的效能体现。

尽管利润分享制的初衷是解决资本主义滞胀这个宏观问题,但解决宏观问题的手段却是改造微观主体,从而产生一系列微观效能,一定程度上提高了企业的绩效[①]。其对企业绩效的影响,主要体现在三个方面:增加劳动力供给、提高劳动力生产技能和强化员工与管理者之间的认同。

劳动力供给的增加是供求两方面共同作用的结果。就厂商而言,由于劳动者为其创造的边际价值超过了边际成本,因此施行利润分享制的企业会增加劳动需求量,这种没有通货膨胀的劳动的过度需求是劳动力供给增加的基础。从劳动者来看,由于劳动者的薪酬和工作的努力程度相联系,使员工有了企业归属感和社会责任感,因此,劳动者就会更加努力地工作。

利润分享制的受益对象是全体员工,其核定的基础是企业的生产经营绩效,因此它是一项特殊的群体激励计划。由于这是一种群体激励计划,一个人的劳动报酬便与群体中每个成员的工作勤奋程度建立起了一种直接的相互依赖的关系,于是,每个成员都有监督其他成员勤奋工作的动力。同时,利润分享制具有延长劳动者供职期限的作用,劳动力平均供职年限的拉长对形成企业特殊的人力资本,对人工积累必要的专业知识和技能以适应本企业的发展,都具有良好的促进作用。因而,它有助于劳动生产率的提高。

利润分享制也改善了劳资合作关系:员工士气提高,旷工率下降,彼此合作的意向有所加强,从而能提高劳动者在不同岗位上的适应程度。员工与管理者沟通渠道的改善从微观层面上看,可以提高组织的运作效率。

---

① 李严峰,"利润分享理论与交易——效率模型",《经济问题探索》,2002 年第 9 期。

2. 人力资本产权理论

产权是人们(主体)围绕或通过财产(客体)而形成的权、责、利关系。一般而言,产权包括所有权、占有权、使用权、支配权、收益权、经营权、继承权等一系列权利。产权反映在公司制企业中,应包括三个层次:第一层次是财产所有权,这是企业各主体签订公司制企业合约的必备条件,是公司制企业得以成立的基础,它分属不同的所有者;第二层次是法人财产权,这是财产所有权在公司制企业中交易的结果,是公司制企业正常运营的物质基础,从法律意义上说,它属于公司制企业;第三层次是企业所有权,是企业契约支付之外和没有特别规定的企业剩余的要求权和控制权,是契约合同不完全的结果,是各财产所有权主体凭借着财产所有权而应得的权利,是财产所有权的逻辑延伸。在这三权中,企业所有权是核心,从一定意义上说,企业的产权本质上就是企业所有权。

之所以认为人力资本所有者可以拥有企业产权,原因如下:第一,现代企业理论认为,企业作为一系列契约的组合,是人力资本所有者和物力资本所有者的特别合约。契约的当事人都是独立、平等的产权主体,因此都有权利从未来收益中获取自己的产权收益,片面地强调任何一方产权权益是不公平的。第二,在企业的创立、发展过程中,人力资本所有者将自己的知识、技能、体力作为资本投入企业,不断地追加积累,而且同物力资本所有者一起承担企业特有风险和系统风险,因此在获得相当于要素价格的固定收入之外,理应获得对投资风险的补偿及对自己产权权益的保护。第三,人力资本的产权特性决定了人力资本所有者应获得企业剩余收益索取权。人力资本的产权特性在于人力资本与其所有者不可分离,所有者完全控制着人力资本的开发和利用,一旦产权权益受损,其人力资本可以立即贬值或荡然无存,因此在企业契约中应体现对人力资本所有者的激励,保证其合法的剩余索取权。第四,人力资本产权主体对企业剩余索取权的要求,克服了传统意义上的"资本"对"劳动"的剥削。马克思对剩余价值理论的揭示,暴露了"资本"对"劳动"剥削的秘密,带有资本色彩的分配体制日益成为经济发展的阻碍。如何进一步发挥人力资本的内涵潜能,提高人力资本的运作效率,已成为企业治理结构研究的共同取向。把经济增长方式转移到依靠人力开发和科技进步的正确轨道上来,是社会发展、经济建设的有效路径,而要做好人才开发,就应当承认人力资本产权主体对企业剩余收益的索取权[①]。

随着企业性质的变迁和人力资本成为企业的关键核心资源,企业产权理论的研究开始将人力资本提到与财务资本并驾齐驱的高度,认为人力资本已成为比物质资本更加重要的资源,并逐渐承认了人力资本对于企业剩余收益的索取权,即承

---

① 赵康,"企业人力资本产权问题的研究",贵州大学硕士论文,2006年。

认了人力资本产权的存在。而利润分享本质上是企业员工凭借其人力资本产权与企业所有者共同分享企业利润的收益分配制度,是人力资本产权的一种实现形式,因为不管是狭义的延期支付,还是广义的包含现金支付的利润分享计划,都是人力资本直接参与利润分配,因此是人力资本所有者对企业剩余索取权的实现,也是企业人力资本价值的体现;此外,带有税收优惠的利润分享计划要求雇主和雇员共同参与制定,雇员参与是人力资本对企业剩余控制权的体现。这样,人力资本所有者参与企业利润分享,就实现了剩余索取权;人力资本所有者参与企业管理,就实现了剩余控制权,从而保证人力资本产权实现的充分性。

3. 团队激励理论

在信息经济学看来,"团队是指一组代理人,他们独立地选择努力水平,但创造一个共同的产出,每个代理人对产出的边际贡献依赖于其他代理人的努力,不可独立观测"[1]。个人边际贡献依赖于他人的努力,即个人的努力工作水平的高低会影响到他人的边际产出,而单位劳动的边际产出决定了在一定劳动量下的个人总产出。那么换句话说,即个人的努力水平的高低能够影响他人的产出。在现实管理中,因为在大多数团队中强调的依靠相互协作来实现某一种需要多种技能和经验才能够完成的工作任务,团队成员之间呈现的大多是互助合作的工作关系。而且,正因为最终的工作努力结果是共同产出,个人努力的价值不可独立观测,对团队整体的激励成为提高绩效的关键。利润分享计划正是这样一种有团队激励功能的计划,它通过让员工分享企业的利润、分担企业的风险,通过对共同产出的奖励使得员工拥有共同利益,激励企业员工团队更加和谐地合作,并为了团体的绩效而努力工作。利润分享对团队成员合作与团队绩效提升的作用如图 10-1 所示。

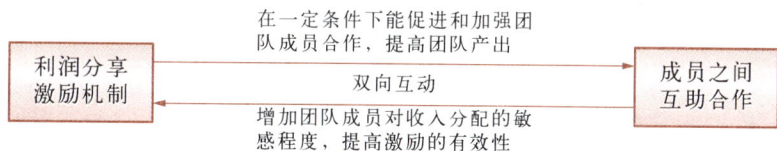

图 10-1　利润分享、团队合作与工作绩效关系图

第二节　利润分享计划的制度设计

西方发达国家的利润分享计划发展相对成熟,形成了一套完整有效的制度体

---

[1]　张维迎,《博弈论与信息经济学》,上海三联书店、上海人民出版社,2002 年,第 506 页。

系,具有较浓的企业行为方式和市场运作气息。本节将以美国为例,详细分析利润分享计划的操作程序,以借鉴其先进的制度设计方法。

一、覆盖范围

为了符合条件而取得税收优惠,利润分享计划必须是为雇员及其受益人建立的专项退休金。同时,计划必须满足401(K)条款的覆盖要求,即计划要对所有的雇员公平对待,不能使某些规定仅仅是对企业的高收入员工有利,导致只有利于高收入雇员的歧视。对一些职业的覆盖限制(如领薪水的雇员、小时工、销售代表)是允许的,只要这种覆盖条件不产生被禁止的歧视现象。

有少量的利润分享计划规定最低年龄限制,而几乎所有的利润分享计划都规定了一个工作年限作为参与计划的条件。美国《国家税收法》允许最低年龄的限制为21岁,工作年限最高为一年(如果计划提供全额和立即分配的而不是延期的安排,则工作年限最高为两年)。

利润分享计划的加入条件比其他养老金计划要宽松,在实际情况中计划包括了所有在企业工作了一年及以上的员工。其主要原因如下:其一,企业实施利润分享计划的目的很大程度上是为了调动员工的积极性,使员工可以更努力地工作,而这不仅仅针对长期员工;其二,雇主向计划缴费的数额是在企业赢利的基础上依据相关规定计算而得的,不受参加计划的雇员的数量与年龄等因素的影响;其三,政府扶持企业利润分享计划,对计划设计的税收优惠门槛较低,参加利润分享计划的雇员数量相应比较大。

二、缴费条件

利润分享计划下雇主既可以自由决策缴费(如由公司董事会每年作出决策),也可以按某一固定的事先确定的缴费公式缴费。如果是自由决策,计划要满足永久性要求,即雇主的缴费必须是客观存在和连续发生的。这种缴费具有一定的弹性,公司董事会可根据公司目前的财务状况和资本需要来调整缴费量。此外,自由决策缴费还排除了缴费超过联邦免征所得税最大量的可能性。在实际操作过程中,如果实施自由决策缴费,计划经常规定最小量和最大量。例如,计划可以规定缴费不能超过利润的15%,但自由决策可以达到这一限额,或者规定缴费要在利润的10%~30%之间,具体百分比由薪酬指导委员会决定。固定公式下的缴费,一般被表述为利润的一个固定百分比或者利润的累进百分比。固定百分比通常用于税前利润,但也可以用税后利润作基数。累进百分比中利润水平越高缴费百分比也越高。这类事先确定公式的缴费的优点是,如果有一个固定的缴费公式,计划可以增强雇员安全的情绪和感觉;如果没有的话,雇员可能对其能得到的份额不太确定,激励作用会削弱。

无论使用固定公式还是使用自由决策的办法,管理人员必须决定雇员直接或间接分享公司利润的程度。要作这一决定,管理人员必须考虑计划的目的、公司的业务、利润的方式、雇员的年龄组成和工作年限等。显然,如果采用固定公式缴费,对这些因素应给予更多的考虑。此外,利润分享计划通常都要明确每年的缴费量限额。这主要是出于优先保证股东的最低资本回报率的考虑。缴费量限额有几种不同的表达方式。例如,计划可以规定:当股利支付少于某一量,或者总利润不能超过一个已定的量,或者当利润少于公司资本金的一定比例,今后几年就不能缴费。很多计划也规定,任何一年雇主缴费不能超过联邦所得税减免的最大量。

利润分享计划通常不要求员工缴费,但允许他们在自愿的基础上缴费也是很普遍的,雇员缴费时可以不考虑雇主的缴费水平。这些自愿的缴费,既可以当作选择性延期缴费,也可以看作税后所得缴费。如果是前者,计划必须满足 401(K) 条款的延期百分比要求;如果是后者,则必须满足 401(K) 实际缴费百分比审查要求。

三、资金分配

1. 向雇员账户分配

作为一种缴费确定型计划,利润分享计划的管理者为每一个参与者设立个人账户,并且按照法律规定每季度必须向参与者提供其账户金额的报表,这样就使计划参与者能够随时清楚自己退休账户中的退休金数量。

《国家税收法》并不要求利润分享计划有固定的缴费公式作为符合税收优惠的条件,但却要求有一个确定的分配公式,即需要有一个方法和公式来决定记入每个参保者账户的数额。将缴费分配到每一个参保者账户上通常以工资或者以工资和工作年限为基数。如果是以工资作为基数,将以每个参保者工资占所有参保者工资的比重为基础进行分配。例如,如果雇员 A 一年挣 10 000 美元,所有参保者的收入是200 000 美元,则雇员 A 将被记入雇主年总缴费的 5%(10 000/200 000 = 5%)。如果是以工资和工作年限为基数,则要考虑两个因素各自所占的比重。例如,计划规定工龄增加一年、收入增加 100 美元都可以记入一个单位。雇员 A 如果工作了 20 年,可以有 20 个工龄单位;其收入 10 000 美元,则可以有 100 个工资单位,共计 120 个单位。因此,雇员 A 个人账户的分配额就取决于这 120 个单元在全部参保者所得单位总和中的比重。一般来说,以工资作为分配基数的分配方式比较普遍,但以工资和工作年限为基数的方式也正在发展之中。

在很多利润分享计划中,当雇员在未完全分配时终止雇佣合同,这部分未完全分配的资金要被没收,这些没收资金可以被用来减少雇主缴费,但更多的是在其余的人中间进行再分配。再分配总的来说是以每个人工资为基数;如果以其余人账户余额为基础进行分配,则可能产生有利于高收入员工的歧视结果,这是《国家税收法》不允许的。但是,利润分享计划的投资收入却可以账户余额为基础进行分配。因此,缴费、没收资金和投资收益在利润分享计划中可以有不同的分配方式。

2. 账户资金分配条款

《国家税收法》允许缴费"在数年后,或达到规定的年龄,或在诸如解雇、生病、伤残、死亡、劳动关系终止等情况下,在参与者中间分配缴费或者分配积累的资金"。一般情况下,计划参与者对计划缴费额的分配,需要服从《国家税收法》和计划相应条例的双重规定。

很多延期利润分享计划的主要目的是为了让雇员在基金中建立一份资产,以增强其退休后的经济保障。法律要求计到雇员账户的积累额在达到正常退休年龄时应完全分配,不用考虑雇员的工作年限。而在发生死亡或者完全、永久残废后,积累额也可以立即进行全额分配。如果是一个雇员自愿终止劳动关系或者被公司解雇,其是否有权参与分配积累资金则取决于该公司利润分享计划所规定的条款。当然,对于其自身的缴费,雇员通常有权享受属于其缴费的最低限额退休金;而按照《国家税收法》的规定,在一个延期的利润分享计划中,当终止雇佣关系时,雇主提供的缴费额也必须分配给雇员,但雇主缴费额的分配必须满足以下两个可供选择的最小授权方案中的一个:

(1)具有五年工龄后享受100%的收益权利;

(2)分级权益,工作三年后获得20%的权利,然后每年增加20%,直到七年后实现100%的权利。

此外,计划也允许员工在终止雇佣关系之前提取一部分既得退休金或者直接向计划进行贷款,具体情况如下所示。

(1)在职取款。

有关法律规定,允许在职员工"在固定数年后"从一个符合税收优惠条件的利润分享计划中提取一部分既得退休金。《国家税收法》规定为两年。也就是说,如果缴费记入雇员账户已经达到三年,而且该公司计划允许,则该员工可以提取等于第一年缴费和那年投资收益之和的资金。《国家税收法》还规定,如果发生经济困难或参与计划五年后,允许取出既得资金。当然,计划参与者应将其取款数量作为本年应税收入来申报,这一数量应作为普通收入进行纳税。而且,如果参与者在 59 岁半以前参与分配从账户中提款,分配额中应税收入的 10% 要征附加税。所以,为了避免缴税带来的损失,计划参与者在取款时比较谨慎,往往愿意选择在规定范围内向计划借款。

(2) 贷款。

延期利润分享计划也可以向员工发放贷款,一个计划参与者有权贷到其账户上既得数额的一定比例的款项(如 50%)。相对于在职取款来说,贷款的偿还将使得计划不会偏离其退休保障的长期目标。但有些雇主还是倾向于采用取出条款,因为贷款使员工感到为使用"他们自己的钱"而支付利息会产生不满,取出条款则不存在这个问题。

相关法律对贷款作出了相应的规定。如果《国家税收法》规定的条件得到满足,员工借的钱不再缴纳联邦所得税,但利息的支付不能免税。法律要求贷款对所有计划参与者一视同仁,对高收入雇员的贷款比例不能高于其他员工。法律还要求贷款利率必须合理,并有充分的保障,而且只能由计划来贷。

法律还对贷款数量、贷款协议、还款期限作出了规定,如果这些条件不满足,雇员贷款将被看作应税的分配。符合条件的最大贷款量取决于雇员个人账户余额的既得权益。如果既得权益在:a. 10 000 美元以下,可以得到全部贷款;b. 10 000 ~ 20 000 美元之间,可以得到 10 000 美元借款;c. 在 20 000 ~ 100 000 美元之间,可得既得权益 50% 的借款;d. 100 000 ~ 500 000 美元之间,可得 500 000 美元的借款。上一年度最高未偿贷款余额超过新一笔贷款的未偿余额,将减少符合税收优惠条件中五万美元的最高限额。贷款必须有合法实施的协议,这些协议包括贷款数量、条件和偿还时间。至于偿还的期限,贷款应在五年内偿还。贷款的资金需要分摊成许多笔等量的资金,至少要按季度偿还。如果贷款是用来获得一所住房(用来作为计划参与者的主要住所)并且满足数量限制条件,五年的时间限制不再适用。

四、投资决策

绝大多数利润分享计划允许雇员决定个人账户投资,并从很多不同的投资组合中进行选择。这些选择包括下面两个或两个以上的组合:一个政府债券基金,一个或一个以上债券基金,一个雇主的股票。很多雇主可能有更多的基金可以选择,一些雇主还可能通过投资公司来提供几个供选择的基金。

规定这些选择的主要目的是为了减轻雇主的受托人责任。相关法律要求计划至少提供三个不同的投资组合,这些投资项目要有不同的风险系数和投资回报率,计划参与者至少可以有权按季地改变投资。如果雇主的股票可以公开交易并且计划也提供了三个必须的选择,利润分享计划的资金也可以投资于本企业,并为雇主的股票提供正常的责任保护。对于投资于本企业的普通股,大多数情况下,投资比例可以不受限制,但也有些计划在条约中规定这个比例为10%。此外,所有购买、出售相关股份等活动必须通过受托人实施。

利润分享计划可以允许雇员们将其账户的部分余额投资于人寿保险和健康保险。但是,如果计划参与者投资的基金积累还不足两年,则其必须满足《国家税收法》的附加条件。这些条件如下:

(1)如果只购买普通的人寿保险合同,每位参保者的总保费必须少于分配到其账户上总缴费和没收收入分配额的50%。

(2)如果只购买意外保险和健康保险合同,支付的保费不能超过分配到雇员账户基金的25%。

(3)如果购买普通的意外和健康保险合同,花在意外和健康保险合同加上花在普通人寿保险上的保费总量不能超过分配到雇员账户金额的25%。

五、税收优惠

雇主向利润分享计划缴费免税的限制在《国家税收法》第404节(Section 404)作了规定:雇主向一个利润分享计划的缴费可以从其当期应税收入中扣减,从而可以减少公司的当期应税收入,只要缴费额不超过每年所规定的减税限制。对利润分享计划,免税缴费的最大数量等于雇主纳税年度所有被覆盖雇员工资总额或者应计收入的15%。当一个纳税年度的缴费大于那年度缴费限额时,称为缴费余额。如果在一个给定年度的缴费超过了那年的允许减免数额,雇主可以在下一纳税年度对其超额支付部分进行减免税的处理。但任何超额缴费都要征收10%惩罚税。如果利润分享计划与一个退休金计划并存,并拥有重叠的工资基数,则在两个计划下,任何纳税年度的免税总额不能超过所覆盖雇员工资总额或当年应计收入的25%。如果在某年度缴费超过允许的免税额,超额部分将在下一个年度计算免税,但下一年度免税数额(包括当期的缴费减免)不能超过工资总额或应计收入的25%。在要求缴费年度免税总量不超过25%的限额时,利润分享计划本身缴费免税限额不能超过参与员工工资或应计工资的15%的条件同样有效。

六、计划的终止

尽管一个符合税收优惠条件的利润分配计划要求其必须是持久的,但如果确有业务需要,雇主可以终止计划而没有不利的税收后果。一个计划被终止后,基金里所有的财产将在计划参与者之间明确其所有权。每一个计划参与者都有权拥有其账户的余额。一旦终止计划,受托人将按照计划条款决定计划资产的分配。计划参与者可以选择一次性支付,也可以选择在一段时间内分期支付,也可以用其购买即期年金或延期年金。

第三节　利润分享计划在中国

一、利润分享计划对中国的借鉴意义

1. 利润分享与国有企业结构创新[①]

所谓企业治理结构是指界定企业中最主要的利益主体的相互关系的制度。也就是说,企业治理结构所要回答的问题,就是企业中最主要的利益主体的相互关系。但是,我国国有企业改制中按公司法组建的公司制企业,由于仅从出资人—经营者的关系来考虑,且仅考虑了出资人(可称货币资本产权主体)的利益(投资收益),因而构建的法人治理结构存在两种偏向,由此构成了现有国有企业改制中治理结构制度安排的缺陷。单一强调货币资本产权主体的产权收益,使该产权主体的代表——国家或代理人独占剩余索取权,且又有相当一部分由于改制不规范,实际上掌握着控制权的人,如董事长、总经理,由政府任命且一人担任。因而,这些改制国有企业的治理结构仍然采取“资本雇佣劳动”式的出资者单边治理。可描述为,作为出资人的全民是企业所有者,拥有企业所有权并成为初始委托人,由于委托人的特殊性,政府充当了一级代理人和二级委托人,经理和企业员工等只是下一级代理人,他们对出资者负责,在为出资者的利润最大化目标努力工作后领取工资报酬。这种单边治理结构,使企业利润为出资者独享,导致国有企业各利益主体目标不一致:货币资本产权主体追求利润最大化;经理人员,包括科技创新人员等人力资本产权主体追求自身价值最大化;员工等劳动产权主体追求就业稳定和工资收入增加最大化。而目标的不一致,影响着国有企业效率的提高和竞争优势的形成。利润分享计划通过对人力资本产权和劳动产权的承认,使经理人和员工都分享剩余索取权并一定程度上参与企业管理和决策,使各利益主体的利益统一,这对国有企业治理结构的创新有很强的借鉴意义。

首先,实现国有企业治理结构创新,要实现国有企业治理结构从“资本雇佣劳动”式的单边治理机制向各利益主体共同治理转变,使经理人、科技创新者、企业员

---

① 高宜新,“利润分享与国有企业治理结构创新”,《生产力研究》,2003 年第 2 期。

工和作为出资者的全民一起成为国有企业的所有者。一方是出资者,以货币资本产权主体进入企业;一方是经营者和科技创新者,以人力资本产权进入企业;一方是员工,以劳动产权主体进入企业。三方都作为产权主体参与企业生产经营,共同拥有企业控制权和剩余索取权,共同决策并分享利润。这种机制的形成,可使人力资本所有者——经理人员和科技创新者及员工进入初始委托人序列,改变初始委托人缺位的状况。因为尽管初始委托人之一的全民或国家仍然是抽象的,但另一部分初始委托人,即人力资本产权主体的经理、科技创新者和劳动产权主体的广大员工却是具体的自然人,他们拥有企业剩余索取权,具有最优监督积极性。其次,实现国有企业治理结构创新,改变只有货币资本才是企业所有者的状况,使人力资本也成为企业所有者。作为最重要的人力资本所有者的经理人员,拥有了企业剩余索取权。他们一方面不再仅仅追求自身价值实现最大化,且把企业利润最大化作为自己的工作目标而与之一致;另一方面,与行政组织、企业组织之间的关系又发生了变化。原来单边治理结构下,行政组织是国有企业的唯一所有者,拥有全部所有权,经理人员必须首先满足行政组织的偏好才能被其承认。而在共同治理机制下,所有者的多元化,使经理人员须同时对各产权主体负责,其业绩考核与任用更多地由企业组织决定。这样,经理人员就会把追求企业发展定位于首要目标,其行为也会更合理化。再次,实现国有企业治理结构创新,能够有效激励人力资本产权主体和劳动产权主体的投入。在"资本雇佣劳动"的单边治理结构中,人力资本产权主体和劳动产权主体不拥有企业所有权,势必减少专用性人力资本和劳动的投入,由此带来此两者的工作效率低下。而在共同治理机制下,它们两者拥有企业所有权,因而专用性投入将较充分。因为如果投入不足将影响企业剩余总量和分得的企业剩余。所以,企业所有权的获得能够有效地激励人力资本所有者,国有企业实行共同治理将比单边治理更有效率。

2. 利润分享与国有企业裁员

如本章第一节所述,利润分享计划具有自动抵制失业和通货膨胀的宏观效能,它通过企业利润与劳动力成本的结合,使得劳动力成本更具弹性,从而企业可以用这一计划部分地替代裁员来渡过经济危机。从微观上看,利润分享计划本身也对员工工作绩效有正向激励作用,有助于提高企业业绩,这本身也是对裁员的一种内部抵制。这一规律对我国的国企改革也有一定的借鉴意义。一味地采取下岗、裁员的方式,不仅社会阻力大,而且不能从公司治理机制上真正地解决问题;而利润分享计划对与促进职工工作积极性和提高企业劳动生产率有较直接的效应,企业效益提高了,裁员的压力也会随之减轻。

这里需要注意的一点是,利润分享计划并不能完全地替代裁员,因为国外的分享经济理论在我国并非完全适用。国有企业的劳动力过剩不仅仅是数量上的过剩,更主要是结构上的过剩。分享经济理论的一个假设前提是:每雇佣一名员工就能为企业带来一定利润。而国有企业普遍存在人浮于事、现有人员无法为企业创造利润的现状。因此,一方面我国目前的国有企业改革不能指望完全用利润分享制来替代裁员;另一方面,国有企业提高经济效益也不能仅仅靠裁员①。

3. 利润分享制在我国的宏观及微观适应性

利润分享计划的最初提出就是为了通过微观手段解决宏观经济的滞胀问题。目前,中国经济并非处于滞胀状态,那么政府是否还有必要给以税收优惠和政策引导,从宏观上鼓励这一计划的施行呢?事实上,从理论角度看,利润分享计划对滞胀的治理机制显然可以预防滞胀的发生,因此,从宏观经济效能的角度出发,实施利润分享制度有助于防止中国经济未来出现滞胀现象,是有宏观现实意义的。

微观上讲,利润分享计划是否适用于一个中国企业,取决于企业战略、企业文化等多方面综合因素。在劳动力雇佣和人力资源规划方面,企业战略分为成本领先战略、差异化战略和集中战略。对实施成本领先战略的企业来说,若实施利润分享计划,则随着企业利润的提高,人力成本将不断上升,从而使企业的成本优势逐步减少甚至完全消失,因此,利润分享计划并不适用于采取成本领先战略的企业。中国目前大部分制造加工型企业所采取的都是成本领先战略,且成本的领先主要体现在廉价劳动力上,对于这些企业而言,利润分享计划明显不适用。相反地,对于一些新兴的高新技术企业,对于知识型员工集中的企业,对于采取市场领先战略的企业,利润分享计划的激励效果就更为有效,事实上该计划的采用也是在这些类型的企业中居多。此外,在分享经济理论模型中,认为劳动力的数量和质量都是足够的,并不存在劳动力供给不足的问题。在这一前提下,利润分享才能提高劳动力供给并进而提高企业劳动生产率。但我国目前劳动力供需结构冲突仍比较明显,如果企业无法招聘到其所需要的战略性人才,那么利润分享制的微观效能就会由于劳动力供给的结构性不足而降低,甚至无法发挥。因此,如果一个企业需要的人才类型在劳动力市场上供不应求,那么该企业不适合实施利润分享计划②。

二、利润分享计划在中国企业中的实施办法③

在国内,采用利润分享计划激励企业员工的具体做法主要有以下几种。

---

① 韩笑,"利润分享制及其对我国的借鉴意义",《北京工商大学学报》(社会科学版),2005 年第 1 期。
② 同上。
③ 仇雨临,《员工福利概论》,中国人民大学出版社,2007 年。

（1）对企业内部各部门进行部门评价,根据各部门的重要性、对企业贡献等评价因素确定各部门的权重。

（2）对各部门内的各岗位进行岗位评价,根据各岗位的责任、任务、工作环境、劳动强度等评价因素确定各岗位在部门内的权重。

（3）到年末,按年初约定的比例从企业总利润中提取企业员工理论分享总额。

① 固定比例法。公司根据成功达到目标的情况决定一个百分比,把这一百分比的税前或税后年利润作为利润分享的奖金。② 比例升级法。例如,公司可以决定700万元以内的利润,2%用于利润分享,超过700万的利润,4%用于利润分享。比例升级法可以通过增加分享金额的办法,激励员工为超额利润目标而努力。③ 获利界限法。这是只有在公司利润超过事先定好的最低标准并且低于最高标准的时候才进行利润分享。公司建立最低标准是为了保证公司对股东的回报,建立最高标准是因为公司认为创造超额利润的因素不是员工生产力或创造力,而是诸如技术革新这类因素。

（4）根据各部门的权重将企业理论奖金总额分摊到各部门,形成各部门的理论奖金总额。

（5）依据绩效考评分数取得各部门实际奖金总额。

按年初制定的各自不同的《部门绩效考评标准表》分别进行绩效考评,得到各部门的绩效考评分数(绩效考评总分为100分),确定各部门的实际奖金总额。各部门的实际奖金总额 = 部门理论奖金总额 × 部门绩效考评分数/100。

（6）根据部门内各岗位的权重将部门实际奖金总额分摊到各岗位,得到各岗位的理论奖金额;再对各岗位上的员工按年初制定的《岗位绩效考评分数标准表》分别进行绩效考评,从而确定各岗位的实际奖励金额。各岗位的实际奖励金额 = 岗位理论奖金额 × 岗位绩效考评分数/100。

本 章 小 结

　　利润分享计划是利润分享制的一种实现形式。广义的利润分享计划指的是与员工分享公司利润的所有形式的计划,它包括现金计划、延期支付计划及混合计划。狭义的利润分享计划指的是延期利润分享计划,指企业将利润记入员工个人账户,资金由信托机构管理,并为未来的支付作积累。积累的资金在一定的年限以后,或者雇员达到一定的年龄,或者在特定的情况下如解聘、生病、伤残、退休、死亡以及劳动关系终止时才支付给员工。雇主之所以建立延期利润分享计划,一方面是为计划覆盖的员工提供一种享受税收优惠的积累财富的工具,将之作为员工退休收入的主要来源;另一方面,利润分享计划作为企业整体薪酬的一部分,在激励员工达成企业目标上发挥着重要的作用;此外,利润分享计划操作设计上的灵活性也是吸引雇主的一个重要因素。西方发达国家的利润分享计划发展相对成熟,在计划的覆盖范围、缴费条件、资金分配、投资决策、税收优惠以及计划的终止各方面都有较为系统的规定,从而形成了一套规范的制度体系,具有较浓的企业行为方式和市场运作气息,值得我们学习和借鉴。利润分享计划也被我国的一些企业所引用,但在国内的发展并不成熟,在应用中还存在一些问题,需要进一步改进和完善。

案例　沃尔玛公司的利润分享计划①

沃尔顿希望每个员工都能像合伙人一样参与公司业务,他要求每个经理视员工们为"合伙人",注意倾听员工们的意见。他曾说:"如今,我们这种行业中管理者所面临的真正挑战,是如何成为所谓雇员的伙伴,一旦他们做到这一点,这支队伍——管理者及其员工——便会无坚不摧。"

在沃尔顿年轻的时候,他就希望建立一家大的零售公司,其所有雇员都享有公司的股份,有机会参与公司的决策,共享公司的利润。他认为,如果公司与员工共享利润,不论是以工资、奖金还是以红利、股票折让等方式,那么,源源不断地流进公司的利润就会不断增长。因为员工们会不折不扣地以管理层对待他们的态度来对待顾客。如果员工善待顾客,顾客们称心满意,就会经常关顾本店,这正是连锁店行业利润的真正源泉。仅靠把新顾客拉进商店,做一笔算一笔,或不惜成本大做广告是达不到同样效果的。

1971年,沃尔玛公司开始实施利润分享计划,这一举措在很大程度上促进了沃尔玛公司的前进。这一计划保证每个在公司做了一年以上,以及每年至少工作1 000小时的员工都有资格分享公司的利润。通过运用一个与利润增长相关的公式,把每个够格的员工工资的一个百分比归入它的计划份额,员工离开公司时可以取走属于自己的份额,或以现金方式,或以沃尔玛公司的股票方式。1991年,沃尔玛公司这一额度为1.25亿美元。计划份额管理者通过利用这些资金进行投

①　案例来源:张德,《人力资源开发与管理案例精选》,清华大学出版社,2002年。

资,使得员工个人账户存款额大增。到1992年,利润分享数额已经达到18亿美元,这些都是带有公司"合伙人"性质的权益。现在,沃尔玛公司80%以上的员工或借助利润分享计划,或通过雇员任务计划直接拥有公司的股票。剩下的20%左右的员工或者是不够资格参与利润分享,或是进入公司的时间还不够长。

琼·凯利是沃尔玛公司总部的一名员工,当初进入公司时,公司规模还很小。他哥哥试图说服他辞去工作,认为他在沃尔玛公司以外任何地方都能挣更多的钱。然而1981年他的利润分享数额是8 000美元,到1991年已达到22.8万美元。他对哥哥说,如果他能找到任何别的挣这么多钱的地方,他马上换工作。他说:"如果你忠于这家公司,你的忠诚所获得的报酬将是惊人的。我很高兴自己能这么忠心耿耿。"乔治亚·桑德斯是沃尔玛公司的一名退休员工,她为公司工作了21年,退休时从利润分享计划中得到20万美元,她说:"我觉得为沃尔玛公司工作真是太棒了。"沃尔玛公司的一位名叫鲍勃·克拉克的卡车司机说:"我1972年在沃尔玛公司工作,沃尔顿先生曾对我说,如果我在此工作20年,他保证我会从利润分享中得到十万美元。最近,我查了一下,我的利润分享数额已达70万美元。我曾为另一家公司开了13年车,结果离开时只拿到700美元。有人问我对沃尔玛公司怎么看,我反问他们,'你们认为我会怎么看?'"

复 习 讨 论 题

1. 利润分享计划是如何在美国实施的? 它对我国利润分享计划的实施有什么借鉴意义?

2. 概述分享经济理论、人力资本产权理论和团队激励理论,并说明这些理论是如何为利润分享计划提供理论依据的。

3. 在我国实行利润分享计划对国有企业治理结构有什么影响?

4. 利润分享计划适合在哪些类型的企业里实施?

第十一章

员工持股计划

【本章提要】

20 世纪 70—80 年代后,随着美国首次以法律的形式规范员工持股,员工持股计划(Employee Stock Ownership Plan,ESOP)在世界范围内得到蓬勃发展。近年来,特别是国家在大力推行国有企业制度改革,以及 20 世纪 90 年代初,我国股票市场的启动也掀起了一股员工持股计划的热潮。员工持股计划已逐渐发展为一项重要的员工福利。在这一章里,我们将详细介绍这种典型的员工福利计划。本章的学习要点在于以下几个方面:

(1)员工持股计划的概念、特征和分类;

(2)员工持股计划的发展历史;

(3)员工持股计划的理论基础;

(4)员工持股计划的制度设计;

(5)员工持股计划在中国的实践与应用。

第一节 员工持股计划概述

一、员工持股计划的概念、特征与分类

1. 员工持股计划的概念与特征

美国是员工持股制度较为成熟和典型的国家,其理论和实践均走在世界前列并值得借鉴。按照美国员工持股协会(The ESOP Association)的定义,员工持股制度是一种使员工主要投资于本企业的员工受益计划,或者说,是一种使员工成为本企业股票拥有者的员工受益机制[1]。美国经济学家埃勒曼(Ellerman, 1997)给出的定义更为细化和具体,他认为,作为西方企业"参与"制度的一项重要内容,员工持股制度是指在股份公司内部或者外部设立管理员工股的管理机构,公司以某种形式(包括有偿或无偿)赋予企业员工全部或部分股份,帮助企业员工持有公司股票,并以此为基础让员工参与企业治理的一种新的股权制度[2]。这一定义,点明了员工持股计划包含人力资本产权中所有权与控制权的两层次含义。这里需要注意一点,"员工持股"有广义与狭义之分,广义的员工持股等同于"员工所有权"(Employee Ownership)泛指由员工持有本企业股份或股票的行为和制度,包括员工持股计划、股票奖励计划、股票优惠计划、股票延期支付计划、股票期权等多种形式。狭义的员工持股是指美国的"员工持股计划"。"'员工持股计划'(Employee Stock Ownership Plan, ESOP)是企业内部员工根据协议与合同,通过法定程序有条件地拥有企业股份的一种企业分配制度。"[3]与其他员工所有权形式相比,员工持股计划具有这样一些特点:员工持股计划不需要员工自己出资,而是依靠公司,以直接或间接的方式向员工资助;员工持股计划可以得到国家税收和金融的支持;员工持股计划一般通过设计信托账户来实现;员工股采取托管的方式进行管理;不保证向员工提供固定的收益或福利,而是将员工的收益与其所在公司的股份相联系。在许多场合人们把这称为标准员工持股形式。本章所讨论的"员工持股"一词即采用狭义概念,等同于"员工持股计划"。我们可以采用如下标准来判断一个股权激励方案或制度是不是员工持股计划[4]。

(1)持股者的身份必须是本企业内部员工,即本公司的员工拥有本公司的股

---

① 杨欢亮、王来武著,《中国员工持股制度研究》,北京大学出版社,2005 年。
② D. P. Ellerman, *The Democratic Firm*, http: // www.ellerman.org, 1997.
③ 肇越、杨燕绥、于小东,《员工福利与退休计划》,中信出版社,2004 年,第 346 页。
④ 杨欢亮、王来武,《中国员工持股制度研究》,北京大学出版社,2005 年,第 92—93 页。

份,这一标准使得员工持股与员工作为社会普通的证券持有者持有股票的行为区别开来。

（2）持股员工具有广泛性特征,即企业大多数员工参与持股,强调非高薪员工的普遍参与,这一标准将员工持股与管理层股权激励区别开来。

（3）持股者依据自身持有的股份,以某种方式索取剩余,参与企业治理。

（4）股权具有时间限制,即,一方面,员工要获得本企业股份,必须在企业工作足够长的时间;另一方面,股份的转让或推出的时间按企业规定办理,不能任意转让,以保证员工持股的稳定性。

2. 员工持股计划的分类[①]

按照员工购买公司股票的资金来源,员工持股计划（ESOP）主要分为两大类:杠杆型 ESOP 与非杠杆型 ESOP。

（1）杠杆型 ESOP。

杠杆型 ESOP 也称为贷款型 ESOP,就是向贷款机构筹集款项,由企业的信托基金会用于购买企业已有的或新发行的股票。不论这笔起始贷款是贷给员工持股计划的还是贷给公司的,这种贷款都有股份作担保,通常还有公司的保证。ESOP 信托基金会利用贷款获得企业的股票后,企业要每年从其所获取的利润中向信托基金会贡献现金,数额至少要能够补偿贷款的本息。这样,经过一段时间（一般是 5～10 年）后,贷款得到偿还,信托基金会的股票就分配到各个职工的个人名下,在其退休或离开企业时,职工可以从信托机构取得股票或现金。由于利用贷款发展 ESOP,可以享受到政府在税收等方面提供的各种优惠条件,如贷款利息率较低、偿还贷款可以在税前列支等,因而这种职工持股计划被称为杠杆型ESOP。

杠杆型 ESOP 涉及的主体:① 员工持股计划（ESOP）信托基金会;② 实施 ESOP 的公司;③ 公司股票持有者;④ 银行或其他资金借出者;⑤ 雇员。其中,员工持股计划信托基金是一个公司内部专门拥有的企业或股东以股票或现金形式提供给职工的资产,并用这些现金购买企业的股份（参见图 11-1）。

杠杆型 ESOP 的特点:① 杠杆型 ESOP 是从公司贷款,或由公司或准备出让股权的股东担保向银行和其他信贷机构贷款,来购买现有的或公司新发行的股票。在前一种方式下,原有的公司股东可获得现金流量;在后一种方式下,员工持股计划从第三方借钱购买公司新股,可作为公司理财的一种工具,获得享受税收优惠的资本收入。② 公司投入给员工持股计划用于归还利息和本金的现金在一定限度内

---

① 埃佛里特·T·艾伦,《退休金计划》,经济科学出版社,2003 年,第 195—198 页。

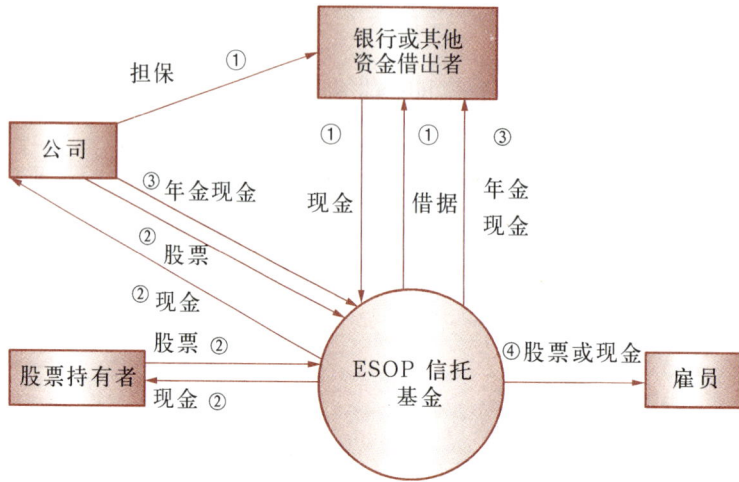

注：① 银行贷款给公司担保的 ESOP 信托基金。
② ESOP 从公司购买股票，或 ESOP 从现有股票持有者手中购买股票。
③ 公司每年向 ESOP 进行免税缴费,ESOP 偿还银行。
④ 雇员在退休或者离开公司时得到股票或现金。

图 11-1　杠杆型 ESOP

是享受减税的(通常为参加计划的员工工资总额的 15%)。③ 为鼓励有关机构向员工持股计划贷款而给予的税收刺激,使员工持股计划能以低于公司贷款的利率取得借款。④ 贡献给员工持股计划用于还债的现金红利可以享受减税。

（2）非杠杆型 ESOP。

非杠杆型 ESOP 也称为非贷款型 ESOP,是指由公司每年向该计划贡献一定数额的公司股票或用于购买股票的现金,以逐步获得公司的股份。然后,股份被转移到员工持股计划,随即又被分配到参加人的名下。这种职工持股计划无法享受贷款低息方面的优惠,但企业每年对持股计划贡献的现金(分配给员工持股计划的红利,不是指直接分配到员工个人手上的部分)仍是可以免税的。

非杠杆型 ESOP 涉及的主体：① 员工持股计划（ESOP）信托基金会；② 实施 ESOP 的公司；③ 雇员(参见图 11-2)。

非杠杆型 ESOP 的特点：① 由公司每年向该计划贡献一定数额的公司股票或用于购买股票的现金,这个数额一般为参与者工资总额的 15%,当这种类型的计划与现金购买退休金计划相结合时,贡献的数额比例可达到工资总额的 25%；② 这种类型计划由公司每年向该计划提供股票或用于购买股票的现金,职工不需作任何支出；③ 由员工持股信托基金会持有员工的股票,并定期向员工通报股票数额及其价值；④ 当员工退休或因故离开公司时,将根据一定年限或要求相应取得股票或现金。

注：① 每年公司将股票交给 ESOP。
　　② 每年公司将现金交给 ESOP 购买股票（雇员并不缴费，ESOP 为雇员持有
　　　股票并定期通知他们股票的数量与市值）。
　　③ 当雇员退休或离开公司，根据一定年限或要求相应取得股票或现金。

图 11－2　非杠杆型 ESOP

二、员工持股计划的历史沿革[①]

员工持股计划最早产生于美国，其产生与发展历程大致可概括为以下四个阶段。

1. 萌芽阶段（19 世纪后期到 20 世纪 20 年代末期）

美国的员工持股计划萌芽于 19 世纪后期。美国第一个工会联盟（1869）——劳动骑士团主张的核心思想之一就是"工人所有制"。骑士团成员在 1878 年到 1886 年期间建立了 135 个工人合作社。到了 20 世纪 20 年代，美国东北部的工业领袖们担心，因为贫富悬殊而带来的社会冲突和矛盾会影响到美国经济的发展。所以，一些公司开始尝试运用参股制、利润分享等政策来缓解劳资冲突。而员工购买股票计划成为当时较为常见的一种所有制形式，被称为"新资本主义"。当时的做法是先由公司宣布一个计划，然后从每个员工的工资中（两周或一个月）扣除一小部分，用于购买本公司股票。一般公司会折价向员工出售股票，而每个员工都有属于自己的股票账户。随着时间增长，个人拥有的股票会逐渐增加。然而，发生在 1929 年的全球性经济危机引发了美国股市的崩溃，许多员工因此失去了其股票账户上的价值，从而使员工对企业的所有权参与计划也随之失败。

2. 重新探索阶段（20 世纪 50 年代后期到 20 世纪 70 年代初）

20 世纪 50 年代，为了缓解企业经理与企业所有者之间因前者权力"膨胀"而引发的冲突，美国开始对企业经理实施股票奖励计划。企业经理层持股尽管离员工普遍持股相距甚远，但它毕竟突破了传统的资本雇佣劳动的逻辑。在此背景下，律

---

① 仇雨临，《员工福利概论》，中国人民大学出版社，2007 年。

师、投资银行家路易斯·凯尔索于 1958 年与著名哲学家阿德勒合作出版了《资本主义宣言》一书，在书中提出了员工持股计划的概念，并于 1961 年成立了"员工持股计划发展中心"。凯尔索还创办了一家投资银行，专门支持员工持股计划的发展。但是，在 20 世纪 70 年代以前只有极少数公司接受他的观点，因为员工持股计划的管理机构只能按照美国财政部国内税收署的规定借钱为员工持股计划参与者购买股票，而没有明确的法律许可，所以其推行的范围很小，只限于人数极少的小企业。

3. 迅速发展阶段(20 世纪 70 年代中期到 20 世纪 80 年代后期)

进入 20 世纪六七十年代以后，美国经济出现了滞胀局面。同时，由于科技的发展又使得财富急剧集中，社会分配不公的矛盾日益突出，使美国社会潜伏着巨大的危机。为了解决这些矛盾，凯尔索的理论得到了美国国会的支持。1973 年，凯尔索说服了当时任参议院财经委员会主席的拉塞尔·朗（Russell Long），主张应该从税法上制定允许和鼓励员工持股计划的法律。因此，在制定 1974 年的《员工退休收入保障法》的过程中，朗等人促使这部联邦法律成为实施员工持股计划最重要的法律框架和基础。从那时起，美国国会着手修订了许多部法律来规范和鼓励员工持股计划的发展。最主要的包括 1984 年和 1986 年的《税制改革法》。这些立法极大地推动了员工持股计划的实行。这一阶段是美国员工持股计划发展最为迅速的一个时期，而且形式日趋完善和多样化。实施员工持股计划的公司数量从 1974 年的 200 多个发展到 20 世纪 80 年代末的一万多个。

4. 稳步发展阶段(20 世纪 90 年代初以后)

进入 20 世纪 90 年代，美国员工持股计划进入了一个稳步发展的阶段。截止到 2000 年底，美国员工持股计划拥有的总资产已达 5 000 亿美元。目前大约有 10 000 家公司实施员工持股计划，参与员工人数达 800 多万（占私人部门劳动力的 8%）。参加员工持股计划的员工总退休金的 3% 以上来自员工持股计划的收入。员工持股计划的发展受联邦政府立法的影响很大，在 20 世纪 80 年代中期实施员工持股计划的公司增长迅速，而在 1989 年取消了某些税收优惠后则出现过一定程度的下降。

从世界范围来看，员工持股计划作为一种成熟的企业股权形式，在各个国家都获得了蓬勃发展。英国自 1978 年政府通过立法用税收减免的方式对员工持股予以支持开始，至今大约有 5 000 家公司实行了员工持股计划，约有 350 万职工参加；在法国，1997 年底实行员工持股计划公司的全部资产为 125 亿法郎（1993 年为 95 亿法郎），共 300 万雇员参加这项计划，每个雇员的平均收益为 5 300 法郎（1993 年为

4 300 法郎）；日本早在 1968 年，已有 20% 的公司实行了员工持股计划，到 1990 年，全日本 2 719 家上市公司中有 1 943 家采用了员工持股计划，占上市公司的 71% ，职工参加比例为 45.12% 。另外，一些转型和发展中国家的员工持股发展也相对比较迅速。1996 年 11 月，埃及全国只有 86 家员工持股会，其中 29 家占有公司的多数股份。到 1999 年 9 月，埃及政府批准了 270 家员工持股会；在波兰，自 1990 年颁布国有企业私有化法律起，到 1999 年底，全国已有近 2 500 家公司通过实行员工持股进行了私有化；俄罗斯在 1992—1994 年间，15 000 家大企业进行了以员工持股为主要方式的公司制改造；1997 年底，韩国已有 100 万上市公司的职工参加了员工持股计划①。

三、员工持股计划的理论基础

纵观员工持股理论的演变，大致以 20 世纪 90 年代中期为界分为两个阶段：90 年代中期之前的员工持股理论，基本上把员工持股作为克服资本主义经济社会运行中某些弊端的一种制度安排。这一时期的代表性理论有二元经济论、分享经济论、民主公司论及流行于欧美的第三条道路理论等。90 年代中期之后有的经济学家把员工持股当作人力资本产权的实现形式加以研究，具有代表性的理论主要有布莱尔的利益相关者论及公司专门投资论②。员工持股计划与利润分享计划的含义与特征本身就有一定重合，本质上也极其相通，因此其理论基础也有一致之处。其中，分享经济论在前一章已经介绍过，在此则不再赘述。

1. 二元经济论

20 世纪 60 年代初期，美国著名经济学家、律师路易斯·凯尔索率先提出员工持股计划，他也被称为员工持股计划之父。路易斯·凯尔索认为，尽管现行资本主义制度曾经创造出经济的奇迹，但它却不能创造出经济的公平。在美国，1% 的人口拥有 50% 以上的公司证券；10% 的人口拥有 90% 的公司资产。而当今发达资本主义国家企图通过税收等再分配的手段达到体现社会公平、消除贫困的目的，在现实面前显得苍白无力。导致高度集中的计划经济失败以及现有资本主义制度无力消除贫困的根本原因在于"人们对产品的生产和服务的提供这一问题存在着简单而固执的误解"，即无论是自由经济之父亚当·斯密及以后的凯恩斯理论家们，还是高度集中计划经济的创始人马克思主义者们都认为，产品的生产和服务的提

---

① 孙晓，"国外员工持股计划的比较与借鉴"，《工会理论与实践》，2002 年第 3 期。
② 杨欢亮、王来武，《中国员工持股制度研究》，北京大学出版社，2005 年。

供——社会财富是由劳动这一唯一的要素创造的,而资本只是一种劳动的辅助工具。凯尔索认为,以劳动价值论为理论基础的一元经济论,在前工业社会里,在劳动是生产的首要途径并占生产投入的大部分的情况下,基本上是正确的。但是随着工业革命和科技革命的发展,现代经济已变成资本取代劳动作为生产财富的手段的经济,在这种新的经济时代,生产过程的本质已经发生变化,科技革命的成果只会落在那些掌握大量资金的极少数人手里,而靠劳动收入的工人的生活水平则不会大幅度提高,社会不公会越来越严重。为了解决这种经济不公现象,凯尔索提出"二元经济理论"(也称两要素论),其基本思想是,劳动和资本同为生产要素,通过这两种要素获得收入是人的基本权利。根据这一思想,凯尔索等人提出未来社会需要一种既能促进经济增长又能鼓励社会公平竞争的制度,这种制度必须使劳动者的劳动收入和资本收入能够结合起来,为占大多数生来没有资本的人,打开一条获取资本所有权的道路。于是,他们设计了员工持股计划,并将它作为向员工提供资本信贷的手段,即在公司财务上给员工一种赊账,使其获得资本所有权,然后员工利用这种资本所有权的收益来偿还赊账,通过信贷的方式使劳动者变成公司资本的所有者[1]。

2. 民主公司论

经济民主论是美国著名经济学家大卫·P·埃勒曼于20世纪90年代初在《民主公司》(*The Democratic Corporation*)一书中所提出的一种经济主张。他认为"人人拥有与生俱来的不可让渡的享有自己劳动果实的权利和民主自决权利"。但是资本主义忽视了这些权利,使企业成了一种雇佣关系,而雇佣关系否认了上述权利,因此资本主义不是一种理想的经济模式。而"国家社会主义也没有废除雇佣关系,它只是在公有制的名义下,用工人雇佣制代替私有制的雇佣制,因此也不是一种理想的经济模式"。为此,他提出了第三种方式的社会经济制度——经济民主制度,即用建立在私有财产中民主和正义基础上的市场经济来替代现行的资本主义经济和国家社会主义经济。"这种经济的基础是民主的公司制或以劳动为基础的民主公司。在公司里,'雇佣关系'被成员关系所替代",人们共同占有劳动的正面和负面成果。民主公司的表现形式是一种混合型的民主公司,即西班牙蒙德拉贡式职工合作社与美国员工持股计划中最有价值的思想结合的产物,而它的基本特征是民主公司应赋予工人选举权和剩余索偿权。这是一种成员权利,是不可让渡的。它是与传统资本主义和社会主义公司完全不同的一种公司形式,它是实现经济民主制度的有效形式。这一理论同时赋予员工企业决策权和剩余利益索取权,对员

① L. O. Kelso and P. Hetter: *Two-Factor Theory: The Economics of Reality*, New York: Vintage Books, 1967.

工持股计划给出了有力的理论支持。然而,当代的员工持股计划中,员工决策权还是受到一定限制的,因此埃勒曼的理论已经不是一般意义上的员工持股,而是在员工持股的基础上组建由员工自制的员工股份制企业。

3. 第三条道路理论

第三条道路理论的代表是安东尼·吉登斯,他在 1994 年出版的《超越左和右》①以及 1998 年出版的《第三条道路》②较完备地阐述了其理论思想。他认为世界的变化使传统的阶级政治分析已经过时,面对新挑战,只有超越左右对立、兼顾发展与正义、权衡权利与义务的第三条道路才能适应新的时代。第三条道路是一种思维框架或政策制定框架,它试图超越老牌的社会民主主义和新自由主义。他的这种分析主要还是针对政治领域,然而该理论在经济领域的充分推广却是支撑了具有经济民主和经济平等特点的员工持股计划的发展。

在美国,杰夫·盖茨是第三条道路的积极倡导者,他认为资本主义社会贫富不均加剧的根源在于所有权的过度集中,因此必须改变所有制,让政府和个人都参与进来。但是如果由政府介入,就走向了社会主义;仅仅由私人去做,又难以完成所有权分散化的改造。所谓第三条道路,在所有制方面就是把少数人的资本所有权扩大到多数人,同时又不能依赖政府来完成这个改革,那么最切实可行的方法就是员工持股计划。

4. 利益相关者论和公司专门投资论

公司专门投资论(Firm-Specific Investment Theory)起源于利益相关者理论(The Stakeholder Theory)。玛格丽特·M·布莱尔在其《所有权与控制——面向 21 世纪的公司治理探索》③一书中,将公司治理归纳为公司的利益相关者为了获取各自利益的一系列法律、文化和制度安排。这些利益相关者包括股东、经营者、债权人、员工、供应商、客户、社区、政府等,公司的存在是为了给所有的公司利益相关者共同分享。公司的利益相关者根据自身所提供的资源和承担的风险获取在公司中应得的利益。企业的所有权主体并不仅仅是股东,而应拓展为出资者、债权人、员工、供应商与用户等利益相关者。利益相关者论认为将公司的剩余控制权和剩余索取权赋予股东是错误的,因为股东缺乏足够的力量去控制经理人和防止公司资源的滥用,股东的分散可能导致搭便车行为盛行,而且很多外部股东难以了解企业内部信

①　A. Giddens：*Beyond Left and Right — The Future of Radical Politics*，Cambridge：Polity Press，1994.
②　A. Giddens：*The Third Way — A Renewal of Social Democracy*，Cambridge：Polity Press，1998.
③　M. M. Blair；*Ownership and Control: Rethinking Corporate Governance for The Twenty-First Century*，Washington，D. C.：Brookings Institution，1995.

息。其他利益相关者,特别是员工可能是更有效的公司监管者,尤其是那些拥有公司专业技能的员工,由于其利益与企业的经营息息相关,且他们随时可掌握企业内部信息,因而让他们来监管公司运行是比股东监管更好的选择。

公司专门投资实际上是人力资本投资论的一个深入与扩展。这一理论认为股东并不是企业的唯一投资人,也不是企业唯一的风险承担者。企业员工由于在同一公司长期工作而积累了重要的特殊技能(特殊技能是与通用技能相对的,指对本企业价值高对其他企业价值低的技能),这些技能使得他们对于该企业来说具有更高的特殊生产能力,而这些能力又不能在其他企业应用,因此员工也承担着更大的风险。在知识经济时代这些特殊知识和技能起到了越来越大的作用,企业必须关注这些技能的人力资本投资收益,因此要提供一种有效的公司治理结构以确保人力资本投资得到应有的回报,而员工持股计划正是这样一个较为有效的制度设计。

四、员工持股计划的主要内容①

典型的员工持股计划的基本内容和主要做法包括下列方面:

1. 设立员工股份信托基金

这是一个可以控制雇主股份的独立和合法的实体,即员工股份信托基金会。该基金掌握和控制这个计划的所有资产。

2. 设置悬置账户

员工股份信托基金从银行借款购买公司股票,但不直接发放给员工,而是放在一个悬置账户内,随着借款的偿还,再按照确定的比例分次转入员工个人账户。

3. 员工广泛参与

至少应该有70%的非高薪阶层的员工参与这个计划,而且非高薪阶层参与该计划所得平均收益不得低于高薪阶层所得平均收益的70%。

4. 参与各方的获益限制

员工股份信托基金归还贷款的减税额不得超过工资总额的15%~25%;每个参加该计划的个人从中得到的收益不得超过其工资总额的25%。

---

① 仇雨临,《员工福利概论》,中国人民大学出版社,2007年。

5. 获得股权的限定

参与员工持股计划的员工获得独立的股权须工作满五年;或工作三年后获得应有份额的 20%,以后逐年增加 20%,七年之后获得全部股份。

6. 投票权力

已经分配到股票的员工以个人名义行使表决权;尚未分配到参与者手中的股票,由受托人或基金执行人行使表决权。

7. 多样化投资选择

对接近退休年龄的员工,允许将其账户中的资产投资到其他行业,对接近 55 岁和参与该计划十年以上的员工,可将其 25% 的股份向外投资。

8. 分红及利益分配

如果员工账户的股票价值超过 50 万美金,则每年只能再分到十万美元;利益分配可以采取股票形式也可以付给等额现金。

9. 员工股份的价值评估

对于非上市公司的股票,员工持股计划执行人在按照规定将股票分配给员工之前,信托基金会必须请独立的评估者按美国劳工部的规定进行评估,且以后每年一次。

10. 股票回购规定

对于员工参加持股计划而得到的股票,如果员工希望变现,公司有用当前公平的市场价格购回这些股票的责任。

11. 信托人的资格和标准

员工持股计划的信托人可以是一个人或一些人,也可以是一个独立的银行或信托公司。主要任务是购买该公司股票,保护参与者利益。

12. 税收优惠

美国 1984 年税收改革法案对于员工持股计划的四种参与者均提供税收上的优惠(员工持股计划的参与者、实行员工持股计划的公司、发放贷款的银行和出售股权的股东)。

13. 公司补助

实行员工持股计划的公司,通常都会对员工持股提供若干优惠或补贴,以促进和推动员工持股计划的实施。

五、员工持股计划的现实意义①

1. 创造员工福利

员工持股计划本身就是作为一种员工福利计划而存在的。员工通过接受这一计划,可享受除工资体现出的劳动收益外的资本所有权收益,分享公司利润,并可以通过持股会行使所有者管理权。

2. 税收优惠

首先,企业使用向员工持股计划供款来替代加薪可以免除高额的累进所得税;其次,ESOP 允许企业为持股信托基金会借款,且可以用税前利润来还本付息;再次,对于股权出售者的雇主也可以享受资本利得税②的延迟好处。

3. 提供了一种股权出手的税收优惠途径

对于密切控股的私人企业来说,雇主年老退休时通常希望出手全部或部分公司股权,使得资产流动性得到改善,以避免继承者因无力缴纳大笔遗产税而将企业出售。因此通过 ESOP 将公司出售给员工是一种理想选择,因为这种方式下,可以将资本利得税延迟,获得税收优惠。

4. 潜在的生产率提高利得

美国员工持股计划协会对全美 239 个成员公司进行了问卷调查,结果显示: 近80% 的公司认为实行员工持股计划后,员工的劳动积极性和公司的生产效率大为改善或有所提高。

5. 筹措资金

一方面,通过新增股份出手给员工,达到增资扩股的目的;另一方面,由于

---

① Michael A. Conte, Hoseph Blasi, Douglas Kruse, and Rama Jampani, Financial Returns of Public ESOP Companies: Investor Effects vs. Manager Effects, *Financial Analysis Journal*, July/August,1996, pp. 51 - 61.
② 资本利得税(Capital Gains Tax, CGT),是对资本利得(低买高卖资产所获收益)征税。常见的资本利得如买卖股票、债券、贵金属和房地产等所获得的收益。

ESOP 允许借款,并且由于还款时的税收优惠,相对来讲筹资成本很低。公司可以使用这笔借款去实现经营目标。

6. 防御敌意收购

通过实行 ESOP,公司将股份分散在企业员工之中,利用企业员工担心企业被收购后可能的裁员心理和员工对企业的归属感,在一定程度上可以帮助企业抵御敌意收购。因此在实际中,ESOP 成为一些公司应付可能的敌意收购行为的重要手段,并且不乏成功案例。

第二节 员工持股计划的制度设计

员工持股计划的方案设计与实施是个非常复杂的系统工程,涉及法律、财务、绩效考评、分配、监管和信息披露等各个方面的问题。下面以美国为例,来介绍员工持股计划设计、实施的具体步骤以及需要解决的几个技术性问题,以期对整个制度的操作与实施有一个全面系统的认识。

一、制定员工持股计划的步骤

员工持股计划的制定需要综合考虑各方面的因素,而且由于计划类型不同,在运作程序上也有许多区别。一般来说,制定计划方案的步骤,一般包括以下几步。

1. 确定企业选择实施员工持股计划的目的

不同的公司在实施 ESOP 时出于不同的目的,有的是为了从企业主手中购买股份,有的是为了争取税收优惠,有的是为了资产剥离或资产重组,有的是为了筹措新的资本以挽救濒于倒闭的企业,有的是为了防止被他人恶意并购,也有的是为了创造一种新的企业文化将员工和公司结为利益共同体,等等。因此,一个公司要实施 ESOP 必须明确目的。

2. 目标确定后,进行可行性分析

这种可行性分析可由外部顾问,也可由企业自己进行,通过分析来决定企业是否适合实施员工持股计划。进行可行性分析需要考虑几个因素:一是改制的成本;二是员工工资总额是否足够大;三是公司能否负担向计划转移的收益。许多员工持股计划主要购买现有的股份,这是一种非生产性的支出。公司需要权衡能否有

可支配赢利来支付向计划的捐献;四是管理者是否认同使员工也成为公司老板的思路。创造一种与员工持股计划相适应的,管理层与员工层能和谐相处的企业文化,对于一个成功的员工持股计划来说是必备的条件;五是新建立的公司不太适合建立员工持股计划。对于许多新成立的公司来说,建立员工持股计划的好处不足于弥补其成本,因为新的企业还没有开始赢利,也享受不到多少减税的优惠。

3. 进行价值评估

对于上市公司来说,企业的价值通过资本市场得到确定。而对于封闭性的非上市公司,在建立员工持股计划前,要由有资格的、独立的评估机构对公司的价值和将出售给员工持股计划的股票进行一次初步的评估。随后,当转让完成时,还要进行一次最后的价值确定。

4. 进行方案设计和起草

这个过程一般是由拥有员工持股计划专家的法律公司进行的,他们负责设计和起草与员工持股计划相关的文件,并把这些文件提交给内部收入服务局(IRS)。

5. 为员工持股计划提供资助

非杠杆型员工持股计划的资金来源是公司的捐赠,杠杆型的计划来自贷款,或是由现有的受益计划(如利润分享计划)转换而来。在一些特殊情况下,员工持股计划的资金来源于员工在工资或其他利益方面的让利,这种方式主要被用于挽救濒于危机的公司。

6. 选择信托机构负责管理计划

员工持股计划所持有的股票(包括其他资产)应在受托人的名下持有,受托人对计划拥有的资产负信托责任。

二、员工持股计划的实施步骤

员工持股计划的实施有两种方案:增资发行新股方案与市场交易方案。

1. 增资发行新股方案

公司通过增资发行新股方式实行员工持股计划时,其主要程序和步骤如下:
(1)成立、设置或委托一个员工股份信托人。即,建立一个负责员工股份购买和管理运作的员工股份信托基金。

（2）由员工持股计划（通过信托人或信托基金）向银行或其他贷款人贷款筹资。

（3）员工持股计划（通过信托人或信托基金）以公允市价购买公司股票。

（4）贷款通过信托人或信托基金支付给雇主，股份由信托人或信托基金控制，公司确保持股计划贷款的偿还，而信托基金所拥有的股份作为贷款偿还抵押物。

（5）雇主向员工持股计划缴纳足以偿还贷款的本金与利息。

（6）员工持股信托基金将上述款项偿还给银行。

（7）信托基金逐步将其持有股份按一定条款分配给符合条件的员工。

2. 市场交易方案

公司通过市场交易方式实行员工持股计划时，其主要程序和步骤如下：

（1）员工持股计划贷款筹资，公司用购买的股份作为附属担保品保证贷款的偿还。

（2）员工持股计划以公允市价向外部股份出售者购买公司股份（存量股份）。

（3）员工持股计划将所获利润偿还贷款（股份的抵押与偿还与前一种方式相同）。

（4）信托基金逐步将其持有股份按一定条款分配给符合条件的员工。

三、相关技术性问题剖析

1. 杠杆型的员工持股计划获得贷款的方式

杠杆型的员工持股计划获得贷款的方式有两种：一是"镜子贷款"；二是有担保的贷款。

在通常情况下，银行等金融机构愿意给员工持股计划之类的计划借款，但倾向于直接以公司为基本的还款单位。这种典型的交易方式是贷款直接借钱给公司，而公司依次把这笔钱以同样的方式和条件借给员工持股计划，就像镜子反射光线一样，因此，被称为"镜子贷款"。在机制上，公司每年向员工持股计划提供享受减税的贡献金或现金分红，然后由计划以归还"镜子贷款"的名义还回公司，再由公司直接向银行等贷方还款。公司与员工持股计划之间的转兑过程只是名义上的，但员工持股计划由此实际得到股票。

在很多情况下，由于员工持股计划的结构或者一些特殊行业的管制问题，公司不能作为直接的借款者。因此，一种变通的方式是，员工持股计划直接从银行等贷方获得资金，而由公司和（或）出让股权的股东作为还款的担保人。这就是有担保的贷款方式。在这种情况下，公司每年向该计划提供享受减税的贡献金或现金分红,由该计划直接向贷方还款。

2. 公司对员工持股计划贡献金的限制条件

美国国会对员工持股计划是提供税收优惠的,但有一定的限制条件。通常情况下,在杠杆型的员工持股计划中,公司支付给计划用于归还贷款本金的贡献金中,相当于参加计划员工工资总额25%左右的数额是可以享受减税的。此外,由计划获得的股票而分得的公司红利不包含在25%这个比例之内,这些红利也可以用来还贷。如果员工在全部获得其所有的股权之前离开公司,他被收回的股份可以分给其他任何人,这部分股份不包含在限制的比例之列。如果计划没有借款,即在非杠杆型的员工持股计划中,公司的年度贡献限制是参与计划的员工工资总额的15%。如果这种计划与其他退休金计划相结合,即意味着公司每年给该计划一个固定的贡献额度,那么这种贡献的比例可从15%提高到员工工资总额的25%。

对公司提供的贡献金的限制还有许多。其中重要的一点是对于每个计划参与者来说,其从公司所获得的贡献金不能超过个人年度工资总额的25%,或超过三万美元。

3. 贷款的偿还

美国1986年的税法允许公司给计划用于偿还员工持股计划贷款的合理的股票红利享受减税优惠。这些支付不被计入上述25%享受减税优惠的公司贡献金。尽管对合理的红利从来没有明确定义,但大多数的咨询专家认为这个分享价值的比例应和同行业中的其他公司支付的利润水平一致。许多公司也给本公司的员工持股计划提供优惠股以获得较高的分红。但无论使用哪种股票,这些红利必须分配给员工账户。公司通常以股票的形式将这些红利从悬置账户分配到员工个人账户。

公司也可以直接向员工支付红利,通常公司依据已分配的股份进行分红(无论是杠杆型的,还是非杠杆型的)。这些分红对公司来说,同样是享受减税的。

4. 员工如何获得股票

员工持股计划要求,年龄超过21岁,年工作时间超过1 000小时的员工都必须被纳入计划。员工获得股票实际上是被分为两步进行的。第一步是员工持股计划通过信贷取得的股份(通常集中在员工持股信托基金会),在贷款还清之前,员工并未真正拥有其权利。在此期间,这部分股票实际是处于悬置状态的。按照计划偿还贷款的情况,悬置账户的股份获得相应份额的实际权利,直到贷款全部还清,员工持股悬置账户才能拥有100%完全股权的股票。第二步是从悬置账户到员工个人账户的分配,即员工获得既得受益权。依据有关法律,员工获得既得受益权有两种方式:一是员工工作五年以上后即取得100%的股权;二是渐进式,即从员工参加计划之后的第三年开始,每年按个人应得股份兑付额的20%划到个人账户,使股票实际归个人所有。之后每年相应划转20%,到第七年员工就得到100%的股票份额。

5. 员工股份的兑付

根据美国最新的法律规定,员工个人对股票的兑付有多种选择。当员工年龄到55岁,参加计划的时间超过十年时,他可以将个人账户中25%的股票提取转移出来用于其他投资,或直接兑现。当员工60岁时,他可以将个人账户中50%的股份拿出来用于其他投资或兑现。这种规定对接近退休年龄的员工来说,增加了收益的安全性。但这种规定只适用于1986年12月31日以后建立的员工持股计划。

当员工退休、死亡或丧失工作能力时,公司应不迟于员工退出计划的第二个计划年度(员工持股计划年度不同于公历年度),将员工拥有完全股权的股份直接交给个人或兑现。对于未到退休年龄而离开公司的员工,对员工个人的兑付应不迟于员工离开后的第六个员工持股计划年度。这种兑付的方式可采取在五年内分期等额的方式,也可以一次兑付。从总体上说,员工持股在退休后兑付的时间最长不能超过十年。

员工退休后,也可以将其拥有的股票继续留在信托基金,但最长不能超过70.5岁。在这段时间内,员工拥有的股票由于未兑现,因而不用缴纳资产所得税。此外,员工在退休时也可以选择将其所拥有的股份转存到其他养老福利计划,以享受推迟分配收入缴税所带来的税收好处。如果员工在59.5岁以前得到计划所带来的分配收入,则不仅要缴纳普通的个人资产收益税,还要被额外加征10%的税收。一般地,员工都是在59.5岁之后,将可能从员工持股计划得到的兑付收入分为五年提取,以此来减少一次性兑付较多收益而缴纳的较高税收。

6. 员工持股的投票权

一般地,它取决于股票的类型和具体情况。通常对于公开上市公司的股票,参加员工持股计划的员工可以依据其所拥有的已被分配到个人账户的股份数额行使所有股东的权力。在私人经营的公司中,持股员工一般在涉及某些重大问题上,如公司资产的出让、公司清算等方面有投票权。在其他情况下,尤其是股票还未被分配到员工账户之前,有关股东的投票权由员工持股计划的受托人依据《员工退休收入保障法》的规定行使。受托人可以独立作决定,更多的情况是,管理者或员工持股计划行政管理委员会来指导受托人,或者受托人直接接受持股员工的意见。员工可以仅仅在公司治理中最主要的问题上扮演角色,也可以不限于这些权力。

7. 公司对员工股票的"回购"

对于员工参加计划而得到的股票,如果员工希望变现,公司有用当前公允市价购回这些股票的责任。一般地,对于上市公司来说,员工拥有的股票在退休后可以直接在股票市场上,以市场定价转让变现获得收入。而对封闭持股的公司,员工持股计划为员工提供一种"兑付权"(Put Option),退出计划的员工通常有权将他的股票以公平的市场价值退回给公司或员工持股计划。因此,相对来说,员工持股公司(封闭公司)每年需要由一个外部的、独立的评估机构来对公司的资产和股票的价值进行评估。封闭性的私人公司也就必须承担退出员工的股票回购义务。

8. 员工持股计划的终止

一个员工持股计划因为许多不同的原因而终止,如公司员工的结构发生变化,或者是企业主准备将公司出售给外部人等情况。当计划被终止时,一种情况是,所有的计划参与者都将拥有完全的股权。受托人将对信托基金进行清算,并分配财产。需要强调的是,在封闭性的公司中,这种被分配的股票将被赋予"兑付权"。

在其他情况下,公司可以简单地"冻结"(Freeze)计划,不再对计划投入新的贡献金,但继续保留信托基金会和按原有计划应支付的收益,直至所有的员工最终都退出。当计划被冻结时,所有的员工也都相应获得完全的股权。另外,员工持股计划可以被转为其他形式的合法计划,如利润分享计划等。

第三节　员工持股计划在中国

一、我国员工持股计划的界定、特点和典型模式

我国的员工持股是一种舶来品,受到了西方的影响,基本沿用了西方的概念,又结合中国实际作了一些改动。我们将较有代表性的概括如下:企业职工持股制度是企业员工通过持有本企业一部分特殊股权,以此参与企业经营管理和剩余利润分配所形成的一套完整的企业管理体系。

1. 我国员工持股计划的特点

(1) 投资人的特殊性,即投资人必须具备企业职工身份,并具有为本企业服务的一定年限;

（2）投资方式的特殊性，即企业职工股权的取得主要以未来劳动的收益经过若干年后才能完全换取，股权收益的大小取决于职工群体劳动的协作和努力；

（3）股东权益的限制，即企业职工股的持有人必须通过持股会参与企业的经营管理和剩余利润的分配，股权的转让受到严格的限制，一般为较长的一段时间（5～10 年）；

（4）股份的管理必须通过职工持股会或与本企业相独立的法人①。

理论上虽然如此界定，但我国的员工持股由于受制于特定的政治、经济、社会、法规政策等条件，目前还处于尝试阶段。员工持股计划出现形式复杂的局面，许多形式尚不稳定，许多方式不规范或不符合员工持股计划的基本标准，因此确定我国现存员工持股计划的特点和典型模式是个见仁见智的事情，这也造成了理论界众说纷纭的现象。

2. 我国员工持股计划典型模式应遵循的原则

（1）模式较为接近员工持股计划的基本标准；

（2）模式具有代表性、方向性或前瞻性；

（3）模式的运作较为成功；

（4）模式符合中国国情。

以此标准，我们国内员工持股计划有几种典型模式可供借鉴：浦东大众模式、深圳泰然模式和深圳金地模式，关于这三种模式的详细介绍，见本章末的案例讨论。

二、我国股份制企业内部员工持股计划的运行机制②

1. 股份制企业内部员工股的形成机制

（1）员工股的持股资格界定。

根据我国有关政策规定，允许参与员工持股计划的人员通常包括以下四类：① 在公司工作满一定时间的正式员工；② 公司的董事、监事、经理；③ 公司派往投资企业、代表处工作，劳动人事关系仍在本公司的外派人员；④ 公司在册管理的离退休人员。除此四类人员之外的人员均不允许参与员工持股。

关于离退休人员的持股存有争议。有的人认为，员工持股应严格限定在在职员工范围之内，这样，通过持股提高在职员工的工作积极性，进而促进企业经营业

---

① 王斌，《企业职工持股制度的国际比较》，经济管理出版社，2000 年，第 1 页。
② 杨欢亮、王来武，《中国员工持股制度研究》，北京大学出版社，2005 年。

绩的提高,改制才会有效果,而离退休员工再有积极性也无法直接创造经济效益。因此,允许其持股的意义不大。也有人认为,离退休员工虽然离开工作岗位,但仍是公司的一笔宝贵财富,尤其是知识资本密集型企业,允许离退休员工持股可继续激发他们的积极性,促使其关心公司发展,并积极为公司发展献计献策,发挥余热。这两种看法都各有道理,关键要看所适用的员工持股政策的规定如何。如果政策允许就应该给离退休员工持股的机会;如果政策对此没有明确,而离退休员工对公司仍有间接贡献,则亦可允许他们持股。当然,允许离退休员工持股的数额要低于在职员工的平均持股额,一般最高持股额为在职员工的最低允许持股额。

（2）员工股的取得方式。

员工股的取得方式主要有四种:① 增资扩股,即经过公司股东会或产权单位同意,内部员工持股原则上通过增资扩股方式设置;② 产权转让,即通过资产存量置换来实现产权转让,形成员工股份;③ 增资扩股与产权转让的混合;④ 发起设立,即员工个人与其他股东共同出资作为发起人设置。

（3）员工持股的资金来源。

通常有如下几种方式:① 员工的自有资金;② 由公司非员工股东担保,向银行或母公司贷款;③ 可将公司公益金、工资结余划为专项资金,借给员工认购或直接认购股份,并按一定原则分配给员工;④ 在存量资产转让的方式下,允许员工以向原企业股东负债的方式购买股份,员工以分红款在一定期限内偿还购股款后真正获得股份;⑤ 专利、专有技术等作价入股。

（4）员工股的认购。

员工股的认购要坚持自愿申请、利益共享、风险共担及公开、公平、公正的原则。认购程序如下:

① 由公司(或持股会)制定员工认购方案;

② 员工集体讨论并经公司股东会或产权单位统一;

③ 员工向持股会或工会提出认购申请;

④ 持股会或工会审查员工持股资格;

⑤ 确定员工认购的数量;

⑥ 办理认购手续并缴纳相应资金;

⑦ 持股会向购股员工出具持股证明。

（5）员工持股的比例。

员工持股比例涉及两方面内容:一是员工持股占企业总股本的比例;二是员工内部经营者和一般员工之间股权设置的比例。目前各地对此没有明确限定,实践中由企业在政策允许范围内根据自身规模、经营状况和员工购买力来确定。

对员工持股占总股本比例的限定主要有三种情况:① 按企业总股本多少,分档限定员工持股比例,企业总股本越小,允许员工持股的比例越大,但不同部门和地区的规定差别较大。例如,南京规定公司总股本在 1 000 万元以上的企业员工持股比例可占公司股份的 35%～50%;总股本 1 000 万元以下的,员工持股可占 50% 以上。而深圳规定公司总股本在 5 000 万～2 亿元的员工持股比例占公司总股本的 35%;1 000 万～5 000 万元的,占 35%～50%;1 000 万元以下的,可占 50% 以上。② 规定员工持股最高比例。如黑龙江规定员工持股股份一般不超过企业股本总额 30%。③ 规定员工持股最低比例。如甘肃规定员工持股比例不低于总股本 10%。

对内部经营者和一般员工之间股权设置比例,各地规定大体有三种:① 倍数规定。例如,深圳规定董事长、经理持股额原则上为员工平均持股额的 5～10 倍。② 比例规定。例如,黑龙江规定按照企业注册资本额 3 000 万元以下、3 000 万～5 000 万元、5 000 万元以上三个档次,董事长或总经理持股额最高不能超过员工持股总额的 3%、2%、1%。③ 原则规定。例如,厦门规定企业主要领导和领导班子成员必须持股且持股比例应当高于一般员工。

2. 股份制企业内部员工股的管理机制与治理结构

(1)员工持股的组织形式。

目前,在实践中,多数省份规定员工持股要通过建立员工持股会或类似的机构来进行。例如,北京、上海、天津、南京、陕西、宁夏等明确规定了《职工持股会管理(试行)办法》。也有部分省市规定直接持有、间接持有可以并行。与国际管理接轨,并结合具体国情,将员工持股纳入机构管理的范围是一种趋势。

下面介绍一下员工持股会的运作方式。员工持股会通常设有会员大会和理事会,部分还设监事会,这三大机构的职责和权力类似公司中的股东大会、董事会和监事会。会员大会由全体持股员工组成,是持股会的最高权力机构,涉及持股会章程、利润分配、增(减)资、选举理事等重大事务,均须 2/3 以上会员表决通过,会员大会按照出资金额行使表决权。理事会是会员大会的常设机构,理事由会员大会选举和罢免,负责员工持股会的日常和管理工作,包括员工出资的募集、管理公司出具的员工持股会出资证明、管理员工持股会会员名册及向会员发放出资证明、向会员办理分红及出资转让,以及提出员工持股会增减资方案、持股会章程修改方案等。理事会由全体理事选举产生理事长,大的公司因持股会员较多还设副理事长若干名,理事长一般作为员工持股会的代表人,出席公司股东会,并作为董事的当然人选直接进入公司董事会。监事会是由会员大会选举和罢免的监督理事行为是否符合持股会员利益的机构,一般由有财会、法律、管理知识背景的会员担任。

（2）员工参与和企业治理结构。

员工持股制度对中国国有企业治理结构可能产生很大影响。所谓企业治理机制，是指在作为独立法人的企业组织中，企业经营决策权力在企业不同成员之间的分配和相互制衡的关系。而企业法人治理机制从股东主权的"单边治理"向股东、经理人员和一般员工等所有企业利益相关者"共同治理"转变已经成为一种现代趋势。在我国，员工持股制度首先有助于实现国有企业产权结构多元化，打破国有股一股独大的局面，为构建现代公司治理结构奠定产权基础；其次，员工持股制度的引入使得员工成为企业真正的主人，大大提升了劳动力在新的企业法人治理机制中的地位，激发了员工的工作积极性和企业归属感；再次，员工持股会成为代表员工权利的机构，使得在我国工会功能缺失的情况下员工权利得到更充分的表达。

3. 股份制企业内部员工股的退出机制

员工作为内部股东与自然人作为外部股东的最大区别，就在于员工同时也是本企业的劳动者，而且他们持有的股份不能自由处置。在我国，规范的员工持股制度在员工股权管理上都规定：除员工退休或离开企业之外，一般不能退股，不能转让，不能继承，也不得上市交易。此外，各省市有关员工持股的暂行办法或试行条例中，大多对员工股作了禁止转让的规定，这样可有效避免频繁转让导致管理混乱，并防止员工因为只注重投机获利而放松对企业发展的关心。允许股权随意转让还容易导致员工股份的股东集中，而多数员工如果丧失股东身份，员工持股计划将成为一纸空文①。

上述规定的存在虽然有着必要性，然而在我国企业员工流动性较低的情况下，可能使得一个员工的股份在退休前一直处于被锁定的状态，使其承受过大风险；同时，即使到退出时，也会由于数额巨大而难以兑现。因此，实际中如果将灵活性和原则性结合起来，将会有更好的效果。例如，规定若干年后可以逐年变现一部分股份，但同时规定员工的最低持有额。

三、员工持股计划实施的配套措施

1. 完善相关的法律法规

到目前为止，我国各种经济立法及规定涉及员工持股的条例较少且分散，而《公司法》和《证券法》对员工持股根本就没有规定。当然，各种经济立法还要不断修改完善。同时，也应该考虑通过制定专门法律或修改已有立法的办法，对员工持

---

① 迟福林，《中国职工持股规范运作与制度设计》，中国经济出版社，2001 年。

股的一系列问题进行规定、规范,以确立员工股的法律地位,维护持股者的合法权益。

(1)维护员工持股股份代理机构的合法性。

员工持股计划的实施过程中,虽然公司会为每一个员工设立股份账户,但是,每个员工名下的股份一般要求由代理机构进行管理。这个代理机构可以是公司自己设立的员工持股会,也可以是具备一定资格的社会中介机构。无论是什么机构,对员工股的代理,不仅代理登记股份、股份分红等工作,而且代理员工参与决策的工作。对于这类代理机构,应明确其合法性。

(2)打破实施 ESOP 的公司不能上市的不合理规定。

一个时期以来,国家证券管理部门规定,凡有内部员工持股的股份有限公司,在上市时,必须将职工持股退回去,否则不能上市。同时,在制定创业板上市规则时,再次把有员工持股的企业排斥在外,这是不合理的,等于国家不支持企业搞员工持股计划。这种规定将窒息员工持股制度,延缓企业制度创新的步伐。对此,必须尽快转变观念,采取切实可行的办法,完善相关法规,为内部员工持股企业上市打通道路。比如,可以规定,这类企业上市,其内部员工原来持有的股份在几年之内不得转让,几年之后每年只允许转让一定比例的股份。

(3)鼓励和支持员工支付预期劳动的行为。

员工持股计划应该允许员工支付预期劳动。具体来说,就是员工购买本企业的股份不是用过去劳动(现金)支付,而是用预期劳动(贷款)支付。从目前国有企业的员工的实际收入来看,在实施员工持股计划中,完全让员工支付现金购买股份,许多员工存在支付困难。通过鼓励和支持员工用支付预期劳动的方式参加员工持股计划,更有利于调动员工的积极性。支付预期劳动可以有两种方式:一是由企业为员工股代理机构(如员工持股会)担保,由其向银行申请贷款,形成员工持股,然后用员工股股本的每年分红,逐步偿还贷款本息;二是国有股在向员工出售时,由企业担保,员工支付部分购股现金,其余部分由员工股股本的每年分红分期偿还。无论采取哪种方式,员工名下的股份都不是全部产权,只有在贷款或欠款还清以后,才能转为全部产权。目前,无论是为员工持股会贷款,还是员工持股会分期付款都有很大的障碍,应该通过立法鼓励和支持员工以支付预期劳动的方式参加员工持股计划。

2. 政府的政策支持

员工持股计划,作为社会保障制度的一种补充,不仅仅是让持股的员工得到个人收益,更重要的是可以减轻失业形成的社会压力。因此,政府职能部门,尤其是承担宏观调控职能的财政、金融、税收部门,也应出台相应的政策,支持员工持股计划的实施。

（1）财政支持政策。

国有企业的福利基金和奖励基金，是属于员工的劳动所得。但是，由两个基金形成的资产目前被定性为国有资产。应该通过制定相应的财政政策，允许在员工持股计划中，把这两类基金形成的资产量化给员工。当然，可以规定一定比例限制，比如，这两类基金数量占到企业净资产50%以上，只能量化60%；如果两类基金数量不到企业净资产10%的，可以全部量化给员工。在这部分资产量化到员工个人名下的过程中，不能采取平均主义的做法，应根据员工的工龄、岗位、职务、贡献等多种因素考虑，尤其是要适当向企业优秀管理人员、技术骨干倾斜。除此以外，在国有资本退出中，还应制定员工持股优惠的财政政策。凡是国有资本退出的国有企业，可优先把国有股出售给企业员工，而且，本企业员工一次性买断，可享有一定的资产打折优惠政策。

（2）金融支持政策。

在员工持股计划中，员工持股会可以申请向银行贷款。但是，目前没有银行能够提供此类借款。可以说，目前的商业银行以国有为主，在没有相关政策规定的条件下，银行管理人员不可能也不愿去冒风险。因此，应该允许各商业银行每年拿出一定贷款额度支持员工持股计划。

（3）税收支持政策。

目前，我国对员工持股的企业实行双重征税：一是对企业实现的利润征收公司所得税；二是对税后个人分红征个人所得税。员工持股计划的推广，必然会增加员工的收益。对于员工股的分红收益，如何征税，应该制定更明确、更具体的税收条例。相关条例应该是以税收优惠为主导。税收优惠条例可以与社会保障相关联，对于把分红收益转入社保账户或参与失业保险、养老保险的，应该免收或少收个人所得税。为了鼓励居民将消费资金转为投资，在我国也可以考虑免征个人持股分红的所得税。如果不具备条件，可首先考虑对个人分红用作再投入的那部分红利收入免征个人所得税。

本 章 小 结

　　员工持股计划(ESOP)，作为一种新型的财产组织形式和制度安排，最早产生于美国，随后在世界范围内得到迅速传播与发展。这项福利计划的普及，一方面源于它能激发员工的积极性、主动性和创造性，通过调整和治理企业的产权结构，增强企业的竞争力;另一方面,在宏观效能上,员工持股计划也起到了缓和社会矛盾、维护社会稳定的重要作用,从而获得政府的支持与推动。

员工持股计划在西方发达国家已经有了一套比较成熟的操作方法,本章在对这一计划的发展历程与理论基础进行介绍的前提下,以美国为例,重点阐述了计划设计与实施的操作实务。当然,任何一项有效的制度都是要基于现实环境的。我们在借鉴发达国家员工持股计划理论与实践的同时,结合我国的具体国情,对我国企业员工持股计划的形成、管理与退出机制的建立进行了分析,并讨论了配套措施的设计。

案例一 员工持股模式之一 ——"浦东大众模式"[①]

浦东大众的职工持股会是以上海大众企业管理有限公司(以下简称管理公司)作为法人名义建立起来的。管理公司通过与上海大众出租汽车有限公司(以下简称总公司)对浦东大众股份的协议转让,管理公司取得了对浦东大众20.08%的控股权,公司职工持股会是由经持股会统一办理持有公司股份的员工自愿参股组成的。持股会会员是持股会的股东,但会员个人不直接享有公司股权;持股会以工会社团法人名义独立承担民事责任,并代表持股会全体会员行使股东权力。持股会会员以其出资额为限对持股会承担责任,持股会以其投入公司的全部出资额为限对公司债务承担责任。持股会初始投资额为 2 700 万元,每一元为一股,初始持股总数为 2 700 万股。职工持股会资金来源为职工出资和持股会投资收益。持股会初始的持股及以后增加对公司股份持有比例,通过以下途径获得股份来源:公司其他股东转让的股份;公司增资扩股时认购公司发行的新股(配股);公司其他股东放弃配股的余额。持股会会员大会是持股会的最高权力机构,负责选举和更换理事会成员,审议批准理事会的报告,审议批准持股会增资方案、投资方案和收益分配方案等事项。理事会由持股会会员大会选举产生,为持股会的常务办事机构,对会员大会负责,主持持股会日常事务工作,如办理会员入会、退会手续,收缴会员认购资金,办理会员转让股份等工作。会员转让股份,均通过持股会办理转让手续。会员转让股份的价格,统一按上年末公布的每股净资产值确定,并通过持股会办理现金转让手续。持股会理事及公司董事、监事、总经

---

① 案例来源:李果、黄继刚、王钦,《员工持股理论与实践》,经济管理出版社,2002 年,第 96—97 页。

理任职期间,不得转让所持股份。

在成立职工持股会以来的两年中,管理公司的资产规模与股东权益都取得了较大的增长。管理公司的资产主要分布在三个方面,即对浦东大众控股的长期投资、以出租汽车为主的固定资产投资和资本市场的短期投资。对浦东大众的控股从1997年5月的2 600万股,经过1997—1998年浦东大众实施送股和配股,目前已达10 306万股。出租汽车数量也有较大增长。管理公司的股东权益从1997年4月的7 000万元经过不到两年的努力,到1998年底已经达到10 853万元,增幅达55%。两年来,管理公司虽然没有向股东分配过现金红利,但投资者可以通过股权内部转让的方式得到同样的现金分红。

管理公司是以职工持股会为内涵的公司,所以管理公司实质上是一家民营企业,目前管理公司控有浦东大众20%以上的股份,这样就形成了浦东大众是由一家企业控股的上市公司的市场定位。由于管理公司的投资者全部来源于大众集团的职工,而管理公司经营效益大部分来自浦东大众,因此职工与企业更具有利益相关性,尤其是经营者持股较多,更具有激励性。

通过转让非流通股的方式,只要尊重企业发展历史,合法取得股权,合理确定股权转让价格,就不存在国有资产流失的问题。相反,通过内部职工持股能有效增强企业凝聚力,使国有资产退出竞争性领域,有利于进行经营结构的调整。

案例二 员工持股模式之二——"深圳泰然模式"[①]

泰然公司原名为深圳市工业区开发公司,成立于1985年6月,1998年更名为"深圳市泰然实业发展总公司",为深圳市直属的一级国有企业。从1995年8月开始,泰然公司成为股份制试点企业。在投资管理公司、体改办和国资办的指导下开始了现代企业制度改革,由单一的国有投资主体改组为多元投资主体。改革时企业正式职工180人,根据持股比例占有股本价值2 600万元左右。在持股额的分配上,企业采取了"效率优先,兼顾公平"的原则,公司的经营决策者和高级管理人员持股额可为普通职工的3~4倍,同时根据岗位、责任大小来决定职工所持的股份份额。为了达到留住人才、激发工作积极性的目的,公司同时规定,企业内部部门经理以上的管理人员必须全额认购所配股额。在效率优先的基础上,企

---

① 案例来源:李果、黄继刚、王钦,《员工持股理论与实践》,经济管理出版社,2002年,第97—98页。

业也尽量做到了兼顾公平,具体措施包括适当考虑职工在本企业的工龄,以及退休职工可享受平均配股额的 60%,并可保留五年的分红,五年后由公司按当时的股价予以回购。采取由工会作为社团法人托管运作的方式,工会中的股东代表依照法定程序进入公司的董事会,代表持股职工的利益,参与企业决策。同时,在进行分红时,由工会按职工持股总额统一接受公司利润分配,再按职工持股数额进行二次分配。

在员工的认购资金中,按职工自己出资 40%,30% 由企业通过工会贷款给职工,另外的 30% 则从企业自留的公益金中划转。

在实行员工持股两年多来,泰然公司基本上实现了当初改革时所设想的目的,也就是:留住人才、提高职工对企业的关切度、激发职工的积极性和主动性。泰然模式,在股份制改革过程中推行职工持股制度,由工会代行职工持股会的功能,比较合理又精简了机构。同时,职工出资、企业公益金、企业贷款三方面结合解决了职工持股所需资金。

案例三 员工持股模式之三——"深圳金地模式"①

金地集团的前身是成立于 1988 年 1 月的"深圳市上步区工业村建设服务公司",当时只是一家既执行企业功能又执行部分政府职能的公司,主要从事福田区最大的工业开发区——上步工业村的规划、建设及管理。

1992 年以前,工业区的开发和管理工作没有纳入正轨,公司管理也出现了杂乱无章的局面。1992—1993 年两年间公司进行了调整和整顿,企业面貌发生了很大的改观。先后投入资金 2 300 多万元,完善了工业区的配套设施。原来的工业区建设服务公司也转变为实体化的经营管理企业,确定了以"房地产为支柱,工业为主导,商贸、服务配套发展"的企业构架。

1993 年,企业实现销售收入 2 460 万元,利润 814 万元。1994 年开始试行内部职工持股制度,成为深圳市被列入首批现代企业制度试点企业的第一家区属国有企业。

金地集团在实施股份制改造过程中,设计了 3 030 万股作为内部员工持股的股份总额,每股面值为一元,并规定员工持股总值不得超过总股本的 30%。实行

---

① 案例来源:李果、黄继刚、王钦,《员工持股理论与实践》,经济管理出版社,2002 年,第 98—100 页。

职工持股制度后,公司总股本中约70%为国有股和法人股,约30%为内部职工股。在内部职工股的总量中,70%供现有员工认购,30%作为预留股份,用于奖励公司优秀人员和新增员工认购。

金地集团实行职工持股的资金通常有三个来源:① 职工个人出资认购公司股份,占资金来源的35%~50%。② 公司为职工个人提供贷款,专用于认购公司股份,大体占资金来源的35%。贷款本金从企业分红中扣回。利率参考同期住房贷款利率。③ 从公司的奖励基金和福利基金中提出一部分直接奖励给企业的优秀职工。

企业现职职工购股的资金中的35%由员工个人出资,35%由公司贷款给职工,30%由工会从公益金中支出。以后职工购股,将采取50%由职工个人出资,50%由公司贷款的办法。

职工持股的运作内容涉及以下三个方面:① 内部职工持股首先要由职工本人提出申请,由员工持股管委会审查持股资格和持股限额。除部门经理以上管理人员必须足额认购外,其余职工以自愿为原则。② 高层经理的个人持股数量不能超过职工持股总量的10%。③ 内部职工股不转让、不交易、不继承。职工离开企业后,所持股份由管委会收购。回购款交职工本人或法定继承人或指定受让人。员工持股管委会对持股职工建立持股账户。员工持股管委会以社团法人名义参与企业的利润分配,然后再对持股职工进行二次分配。预留股份的红利作为员工持股管委会的准备金,可以用于回购职工股,也可用于二次分配。

金地集团实行职工持股的资金来源有一部分是公司为职工提供的贷款,吸收了美国企业实行职工持股的财务杠杆办法。这一点是值得充分肯定的。中国企业要实行职工持股,由公司为职工提供贷款,可能是比较切实可行的办法。但是,企业为什么要为职工购股提供贷款呢?在美国,许多企业实行职工持股时,是因为职工降低了工资,以此作为交易,换取贷款或股权。而金地集团为职工提供购股贷款,似乎有些"福利化"的味道。

职工直接出资与企业内部贷款相结合的办法,好处是可以防止职工轻率决策,毕竟动用个人积蓄对职工个人来说是件大事;坏处是可能造成制度转移的缓起步,即开始乃至很长一段时期内,职工实际持股的数量太少,起不到太大的激励作用。

企业对持股会(管委会)预留股份的做法似乎有点问题。特别是预留股份的分红形成的准备金,可以对职工持股进行二次分配是不对的。预留股份的股本是谁支付的?关键不是用什么资金支付的,关键是谁支付的。谁出资谁受益,是股份经济的原则。其中从集体到个人的逻辑也是明显的。

复习讨论题

1. 如何判断一个股权激励计划为员工持股计划?

2. 阐述杠杆型员工持股计划与非杠杆型员工持股计划的特点与区别。

3. 简述员工持股计划的制定与实施步骤。

4. 概述员工持股计划的理论基础,并说明这些理论是如何为员工持股计划提供理论依据的。

5. 实施员工持股计划对企业有哪些现实意义?

6. 利润分享计划与员工持股计划的主要区别是什么?

第十二章

其他福利计划

【本章提要】

本章由两部分组成,即企业团体人寿保险计划和员工培训计划。团体保险是保险业务的重要组成部分,而团体人寿保险业务是团体保险最重要的组成部分之一,因而其日渐为企业重视并应用到员工福利计划中。

员工培训计划是一项促进企业与员工共同发展的福利措施,它不是一项简单的学习项目,而是需要企业遵循战略性、系统性、实用性和多样性的原则为员工提供培训。本章的学习要点主要有以下几个方面:

(1) 了解团体人寿保险计划的主要内容;

(2) 清楚员工培训计划的内容和意义;

(3) 知道怎样建立一个高效的员工培训体系。

第一节　团体人寿保险

一、团体人寿保险概述①

1. 定义

团体保险,指的是由保险公司用一份保险合同为一个团体内的许多成员提供保险保障的一种人身保险业务。其中,符合上述条件的"团体"为投保人,团体内的成员为被保险人,保险公司签发一张总保单给投保人,为被保险人因疾病、伤残、死亡以及离职、退休等提供补助医疗费用、给予抚恤金和养老保障计划。

一般来说,定义中的"团体"是要超过一定人数和比例的,即投保团体的员工比例不得低于75%,绝对人数不得少于八人。并且,"团体"必须是已经存在的单位法人,为了团体保险才组成的团体不算在内。

2. 分类

一般来说,根据团体保险合同的保障范围,可以将团体保险分为团体人寿保险、团体健康保险、团体意外伤害保险三个大类,其中每个大类中还包含若干小类。

团体人寿保险,指的是以团体或者雇主为投保人,同保险人签订合同,以团体员工为被保险人,在员工退休面临养老需求的时候,由保险人给付保险金的一种团体保险。

团体健康保险,指的是以团体或者雇主为投保人,同保险人签订保险合同,以其所属员工为被保险人,同时约定由团体雇主独立交付保险费,或由雇主和团体员工分担保险费,当被保险人因疾病或分娩住院时,由保险人负责给付其住院期间的治疗费用、住院费用、看护费用,以及在被保险人由于疾病或分娩致残疾时,由保险人负责给付残疾保险金的一种团体保险。

团体意外伤害保险,是指当被保险人(团体员工)遭遇意外事故导致死亡或残疾时,由保险人负责给付死亡保险金或残疾保险金的一种团体保险。团体意外伤害保险包含在广义的团体健康保险中,团体意外伤害保险是团体保险最早的形式之一。

---

① 此节主要参考肇越、杨燕绥、于小东,《员工福利与退休计划》,中信出版社,2004年,第374—375页;陈文辉,《团体保险发展研究》,中央编译出版社,2005年,第13—16页。

3. 特征

团体保险作为企业为员工提供的一种福利性的保险,具有以下几方面的特征:

(1) 团体核保。

与个人保险不同,团体保险只通过一张主保单,向许多与投保人有特定关系的被保险人提供保障。这体现了团体保险最显著的特点,就是用团体的风险选择取代个人的风险选择。在投保过程中,保险公司不需要团体中每个人的可保证明,而只需对团体整体进行风险评估,对团体的可保性作出判断,即保险人用对团体的核保代替对个人的核保。团体核保的一个好处就是使得保险风险先在团体内部分散,可以减少逆选择的发生。保险人只需重点考虑该团体的人数以及团体人数加总产生的可预测的死亡率和发病率,无需对团体内的每个人进行相关预测。

(2) 经验费率。

这是团体保险的另一重要特征。经验费率是指由以往的理赔记录所决定的团体保险的费率。如果一个团体足够大,那么它的实际理赔记录是相对比较可信和有借鉴性的,因此可以根据理赔记录来确定该团体的保费。团体中个人以前的理赔记录记载的个人理赔经验越多就越具有可信性,那么单一年度的理赔经验资料在决定保险费时就起了更大的作用。如果团体不是很大,大部分的保险公司会采用混合费率来避免理赔经验不足所产生的误差。

虽然理赔记录是决定团体保险费率的重要因素,但是并不是说团体的其他特征就是不重要的。保险人除了主要参考理赔记录之外,还会考虑其他的团体特征因素,如团体的行业类别、职业特征、工作性质和年龄分布等。保险人往往会结合这些因素来确定费率。

(3) 保险计划内容灵活。

国外的团体保险一般没有预先印好的险种条款,而是采取量身定制保单的做法,具有很强的灵活性。这主要是因为,团体保险是作为整个企业的员工福利计划的一个组成部分,不同的企业团体会有不同的安排来满足自己的需求。在大多数情况下,只要团体投保人的要求不会使管理手续过于复杂,不会引起逆选择,且不违反法律,保险人都尽量予以满足,并在团体保险合同中加以体现。

国内的团体保险虽然不是像国外那种量身定制保单,但是在团体保险中也体现了一定的内容灵活性。国内的保险公司积极推出团险新品种,以满足不同的企业团体的需要,比如,除了开发人寿保险和医疗保险等主要险种之外,有的保险公司针对女性员工,开发出专门针对女性的安康保险;还有的为企业团体客户提供机动车车险等新险种,以满足不同团体的需要。

（4）管理成本低。

团体保险的低成本特征，主要体现在以下三个方面：① 单证印制和单证管理成本低，团体保险一般采取一张主保单承保一个团体的做法，节省了大量的单证印刷成本和单证管理成本，简化了承保、收费等手续，节约管理成本并且环保；② 附加佣金所占的比例低。团体保险的佣金占总保费收入的比率较个人保险的这一比率要低，因为它不像个人保险那样，对每一位被保险人相对应的个人代理支付佣金。而且许多大型的团体投保人常常直接与保险人洽谈，免除了佣金支出，从而降低了成本；③ 团体保险的核保成本低，因为团体保险中一般不要求个人进行体检和其他的一些核保要求，节约了公司的费用成本。

值得注意的是，团体保险的低成本特征，并不意味着保险公司经营团体保险的利润率特别高，因为与团体保险低成本对应的是团险的低费率，它意味着投保人和保险公司一起分享着团体保险的低成本好处。

4. 团体人寿保险与一般人寿保险的区别

一般保险合同的特性，在团体人寿保险合同中都存在并适用。但团体人寿保险合同与一般人寿保险合同之间仍存在着一些差异。

（1）在一般人寿保险合同中，通常只有一个被保险人，而团体人寿保险合同是由团体作为投保单位，以投保单位的多数员工甚至员工眷属为被保险人，因此，它的被保险人数往往较多。不仅如此，为保证团体人寿保险能达到较好的效果，使保险费更趋低廉、投保手续更为简单，必须对团体的规模以及应参加的比例加以限制。不过，团体内部部分员工可能因工作流动而丧失投保资格，同时也会有新员工进入公司而获得参保资格，因此在团体人寿保险合同的存续期间，允许被保险人退保、加保，以符合实际需要。被保险人如果包括有员工眷属，则当员工本人退保时，其眷属也应随之退保。

（2）团体人寿保险合同对被保险人的投保金额有一定的规定。由于团体人寿保险的保险费是按照平均费率计算，且有来自投保单位的分担或补助，为保证保险费负担的公平性，也为降低风险的逆选择，并增进团体人寿保险业务的风险分散和平均化，所以对每个被保险人的投保金额都有一定的规定。如可以依职位而定、依薪酬而定、依固定金额投保、依工作年限而定等。此外，对单个被保险人的投保金额设有上限，一般是以平均保险金额的数倍为上限（大多以 3.5 倍为上限）。

（3）团体人寿保险合同都要求团体雇主参与分担保险费，其分担额度通常为保险费的 50%~100%。这是因为团体人寿保险合同采用的是平均费率，在团体中每一位被保险人的单位保额（如每万元保额）的费率都是相同的。因此实际情况是，年纪较轻的人负担年纪较长者的部分保险费；同时，年长者通常因工作年限较长或职位较高或薪水较高等因素,其投保金额也较高,这也使得年轻者负担着较高的平均保险费。所以,如果雇主不参与分担(甚至全额负担)保险费,可能会导致年纪较轻者没有意愿参保的现象发生,而减少团体保险分散风险的作用。实行保险费分担制度,才不会造成上述年轻者不能接受的情况。

5. 团体保险的意义

(1) 对保险公司来说,是保险业参与员工福利计划的重要方式。

团体保险计划对于保险公司参与员工福利计划来说具有重要作用。以前的保险市场大多把竞争的焦点放在个人保险市场上,目前个人保险业务已经开发得十分充分,有远见的保险公司这时候把眼光放在企业业务中。团体保险虽然保费低,但是相对来说风险较小,而且能够避免逆选择,对于保险公司来说,这是比较平稳的业务。另一方面,在开发团体保险业务上,还有一定的发展空间,这时候如果保险公司能够开发出一些较新的有市场竞争力的团险业务,就能够在团险市场上赢得一席之地。

(2) 对企业来说,团体保险是员工福利计划的重要部分,对员工具有激励作用。

现阶段企业为了留住有价值的员工,想尽办法提高企业薪酬的竞争性,但是考虑到工资的刚性增长规律,一般都不会直接提高工资,这时候员工福利计划就成了提高总体薪酬竞争力的有效手段,因此企业日益重视员工福利计划的发展。作为福利计划重要形式的团体保险业务,对于企业来说也有着重要的作用:一方面,国家把企业员工福利的支出算作企业成本,税前列支,这样实际上减少了企业的纳税基数,一定程度上算是增加了企业的收入;另一方面,通过一整套的团体保险计划保障员工权益,例如,通过团体寿险计划保障员工的养老权益,通过团体健康保险计划保障员工的医疗权益,通过团体意外伤害保险计划为员工突发事故提供保障,有的团险计划甚至会保障员工的家属。通过这一系列的保险计划,体现了企业对员工的关怀,一定会激发员工的工作热情,留住有价值员工,进而提高企业绩效。因此对于企业来说,团险计划意义重大。

(3) 对员工来说,团体保险对于保障个人权益有重要作用。

企业为员工举办的团体保险计划是除个人社会保障外的重要补充保障方式。由于社会保障强调"低水平,广覆盖",因此对于每个人的保障程度并不是很高,例如,对一个年老并且多病的员工来说,养老保险和医疗保险难以提供足够的保障以维护其养老和医疗权益。企业为员工提供的团体保险计划就是社会保险的重要补充,团体保险具有保费低、成本低的特点,可以在社会保险之外为员工撑起另一块保护伞。因此团体保险对于员工来说,亦是意义重大。

6. 团体保险的优势和局限性

团体保险的优势及局限性的分析由图 12 – 1 给出。

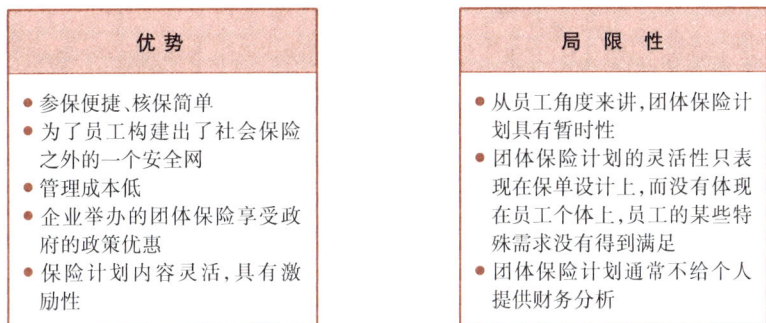

优　势	局　限　性
● 参保便捷、核保简单 ● 为了员工构建出了社会保险之外的一个安全网 ● 管理成本低 ● 企业举办的团体保险享受政府的政策优惠 ● 保险计划内容灵活,具有激励性	● 从员工角度来讲,团体保险计划具有暂时性 ● 团体保险计划的灵活性只表现在保单设计上,而没有体现在员工个体上,员工的某些特殊需求没有得到满足 ● 团体保险计划通常不给个人提供财务分析

图 12 – 1　团体保险的优势与局限性分析

二、团体人寿保险的主要内容[①]

1. 主要险种

团体保险发展至今,已经比较成熟,随着我国金融市场的完善和国民的保险需求的提高,团体保险逐渐开发出各种险种,以满足市场的需要。

团体人寿保险的险种丰富,主要险种有以下几种:

(1) 团体定期寿险;

(2) 意外死亡和伤残保险;

(3) 亲属团体定期寿险;

(4) 遗属收入给付;

(5) 团体终身寿险;

(6) 团体万能寿险;

(7) 团体变额万能寿险;

(8) 团体年金保险。

2. 参保资格

团体人寿保险的参保资格相比之下比个人保险要求低,一般只要投保团体的员工比例不低于 75% ,且绝对人数不低于八人,保险公司就可以为企业办理团体保险业务。但是对于团体内的个人来说,一般要求是企业的正式员工,因为兼职员工

---

① 此节主要参考了陈文辉,《团体保险发展研究》,中央编译出版社,2005 年,第26—30 页。

除了离职率高之外,还有可能为了得到团体保险给付而寻找就业。除此之外并无其他的关于身体状况和经济状况的特殊要求。相对来说,参保资格要求比较低。

3. 保障范围

团体人寿保险相对于其他团体保险来说,是最早开办的业务,保险范围相对较为简单和普通,却是与正常人的生命息息相关的保险利益,虽然简单,但是很重要。团体人寿保险一般就被保险人死亡、失踪或完全残疾的情况下给予保险金。

（1）死亡保险给付。

当被保险人在团体人寿保险合同有效期内,因疾病和意外事故身亡时,由保险人依照该被保险人的保险金额全额给付死亡保险金。团体人寿保险的每个被保险人的保险金额未必相同,所以死亡保险金是按照不幸身故的被保险人的保险金额给付的。

团体人寿保险合同的死亡保险给付,包括因疾病或意外事故所导致的死亡,除了投保人或者被保险人自己或受益人（如有两人以上者,其他受益人不在此限）的故意行为导致被保险人死亡外,都可以获得死亡保险金的给付。

（2）失踪保险给付。

被保险人在团体人寿保险有效期间内失踪的,如果经法院宣告死亡,则保险人以判决书所确定的死亡日期为准,按照被保险人的保险金额给付死亡保险金;如果投保人或受益人能出具证明文件,足以证明该被保险人极有可能因意外伤害事故而死亡,则保险人以意外事故发生日期为准,按照该被保险人的保险金额给付保险金。但日后发现该被保险人生还,受益人应将已领的死亡保险金在一定期限内归还保险人。

然而,由于造成失踪的原因有很多,法院按照不同原因分别确定宣告死亡的时间,因此,无论是什么原因导致被保险人失踪,都必须经过相当长时间的等待。这对受益人而言,可能会带来经济上的困难,因此,如果投保人或受益人能证明被保险人确实已发生不测,即可由保险人先行垫付死亡保险金。如果发现被保险人生还,受益人应当及时归还垫付的死亡保险金。

（3）残疾保险给付。

当被保险人在团体人寿保险合同的有效期内因疾病或意外事故而导致以下七种残疾程度的一种时,由保险人按照该被保险人的保险金额全额给付全残疾保险金。这七种残疾包括:双目失明;两手腕关节缺失或两足踝关节缺失;一手腕关节及一足踝关节缺失;一目失明及一手腕关节缺失或一目失明及一足踝关节缺失;永久丧失言语或咀嚼功能;四肢机能永久完全丧失;以及中枢神经系统机能或胸、腹部脏器功能极度障碍,终生不能从事任何工作,维持生命所必需的日常生活活动完全需要他人扶助。

造成残疾的原因很多,且残疾程度又分为很多级,而团体人寿保险合同是对疾病或意外伤害事故造成的全残疾(即一般称之为第一级残疾)负有给付残疾保险金的责任,至于第二至第六级残疾则不在责任之列。

4. 保障期

一旦团体保险对某一员工生效,那么,只要他继续为雇主服务,该保障就将持续有效(当然,假设雇主一直在维持计划的有效,并且员工个人缴纳了个人应支付的保费)。如果员工因为离职、解雇等原因停止了为雇主的服务,那么对该员工的保障在国外一般仍可保持一段时间,例如,在美国是在离职日之后的31天内原团体保险保障继续有效;在我国,一般规定以投保人书面通知保险人时或在接到书面通知约定时间后保障不再有效。国外设计这种保障延期规定是为了使员工有时间将团体保险替换为个人保险,或者在另一家提供团体保险的公司找到工作,或者将到期的定期保险转换为现金价值形式的保险。

三、美国的团体人寿保险计划①

美国的团体寿险计划品种多样,发展历史悠久,比较成熟完善。介绍美国的团体寿险对我国团体保险业的发展有一定的借鉴作用。下面简要地介绍美国的几种团体寿险计划。

1. 团体定期人寿保险

团体定期人寿保险指的是企业为员工提供的一年一付的团体定期保险。这是美国企业员工福利计划中最常用的提供死亡抚恤金的方法。团体定期寿险提供的福利额度通过下面的保险福利一览表确定,其中要考虑的因素包括:员工需求、计划总成本、法律规定的非歧视要求和员工的支付能力。表12-1为一个简单的员工福利样表。

团体定期寿险的筹资分为缴费型(员工和雇主共同缴费)和非缴费型(雇主缴费),在团体定期寿险的受益人指定方面,员工可以根据需要指定和改变其受益人,对此存在的唯一限定是指定的保险受益人不能是雇主。在结算方式上,计划所覆盖的员工或受益人通常是分期领取团体定期寿险的保险金,而不是一次性领取,分期领取根据团体主保单所列的程序表来进行。团体定期寿险只有在主保单和州政

---

① 此节主要参考了杨燕绥等译,《员工福利手册》,清华大学出版社,2007年,第260—275页。

表 12 - 1   基于员工收入的保险福利样表   单位: 美元

员工月收入	团体定期寿险
1 500 以下	25 000
1 500～2 000	30 000
2 000～2 500	35 000
2 500～3 000	40 000
4 500～5 000	65 000
5 000 以上	70 000

资料来源: 杨燕绥等译,《员工福利手册》,清华大学出版社,2007 年,第 256 页。

府法律许可的情况下才可以转移,对员工来说此举意义重大,因为他们可以将其拥有的团体寿险收益从遗产中移出,从而避开联邦政府遗产税。团体定期寿险对企业来说,提供寿险保护能树立良好的公共形象并能改善雇佣关系,而且向员工提供这样的福利保障能提高他们的精神风貌,增加企业的产出;对员工来说,参与团体定期寿险计划,为个人储蓄、个体人寿保险和社会保障福利增加了一道低成本的保护网,减轻了人们对于员工过早死亡造成种种不利后果的忧虑。

2. 永久性团体寿险

永久性团体寿险是针对上面的团体定期寿险所说的,其保障期限一般超过一年。团体永久寿险在美国经过多年的发展已经形成了多种形式,它们主要是冲着团体寿险享受优税福利的政府政策而建立起来的,主要包括团体缴清保险、均衡保费团体保险、补充团体寿险和团体普通寿险。

(1) 团体缴清寿险。

团体缴清寿险计划允许在员工退休前付清它们所购买的部分或全部团体保险项目的费用,员工在工作期间采用趸缴方式购买寿险。员工每缴一次费,其缴清保险的总额就会增加一些。团体缴清寿险一般适用于员工人数在 500 人以内的企业,另外,它通常只对呈现一定特征的团体进行承保。购买团体缴清型保险的首要条件是只有那些提供比较稳定的雇佣关系的雇主才能购买,因为罢工和停工会打乱员工的缴费。团体缴清保险的优点是,同团体定期寿险相比,它提供了永久性的保护;与之相关的另一个优点就是被保险人的现金价值积累使他们在雇佣关系终止后还能受益。

(2) 均衡保费的团体长期寿险。

团体万能寿险(GULP)是均衡保费的团体长期寿险的主要形式。许多雇主都将 GULP 作为传统团体寿险的替代物或补充形式。这是因为 GULP 具有很多的优势,比如,GULP 是一种低缴费的"改进型福利计划";GULP 以团体为单位签订,就不需要个体保险代理人跑前跑后;还有,如果员工在终止雇佣关系后继续受计划覆盖,那么雇主就不存在转换的费用;而且,GULP 还是雇主向那些高薪员工提供额外福利的有效手段之一。

（3）团体普通寿险。

这是 20 世纪 60 年代出现的一种新型的永久寿险形式。在理论上,团体普通寿险允许员工选择其中的部分或全部保险款项作为他们的永久保险;保单实际上由保费和储蓄两部分组成;雇主缴费只能作为永久保单中定期保险的保费,而员工自己的保费则被计入现金价值;这种保险可以是限期式支付(如支付截止到员工满 65 周岁),也可以是终生式的支付。但在实际的操作中,由于保险单的风险金额和被保险团体的死亡率的不断变化,团体普通寿险中的员工缴费经常是年年变动的。美国国税局对保险产品的监控力度也在加大,使得虽然一些团体普通寿险计划仍在实施,但其覆盖范围有限。

3. 退休生活储蓄

退休生活储蓄计划是退休员工所享有的又一种寿险福利。退休生活储蓄计划是通过在寿险公司或信托机构建立一个独立的账户来向退休员工提供团体定期人寿保险,该计划让员工在他们工作期间就为自己退休后的生活进行储蓄。退休生活储蓄计划曾经一度很受雇主欢迎,因为雇主可以享受税收优惠。

4. 意外伤亡和断肢保险

雇主们除了提供团体定期寿险或其他形式的具有现金价值的团体寿险之外,通常还提供意外伤亡和断肢保险。根据计划的公式,意外伤亡和断肢保险额通常是员工团体定期寿险额的几倍。但提供福利的前提条件是员工的死亡或断肢必须是意外事故,在某些断肢事故处理中,员工的保险金根据保单或员工保险手册规定的金额来支付。

5. 补充团体寿险

完全员工缴费保险又叫做补充保险,它基于员工拥有的主保单凭证提供福利。但有时也基于保单签订后发放给员工的个体保单提供待遇。保险费通过工资扣除的方式进行缴纳,但它没有任何的税收优惠待遇。迫于竞争和资金的压力,员工只有达到个人最低的签保条件时才可以购买这样的保险。由于该保险为员工个人所拥有,所以当雇佣关系终止时,它将随员工转移。

第二节　员工培训计划

在传统的经济模式中,资金是企业发展的最重要资源,因为,规模经济对技术水准与人员素质的要求相对比较低下,企业只要通过大量的资金投入扩大产业规模,就可以实现高额回报。然而人类社会进入知识经济时代后,企业竞争的焦点已不仅仅是资金、技术等传统资源,而是建立在人力资本基础之上的创新能力。因此,企业只有增加对人力资源的投资,保持企业学习的能力,才能不断更新技术手段与管理理念,从而在市场竞争中占有一席之地。

将员工培训作为企业长期战略计划的重要部分,对企业和员工来说是一项双赢的举措。一方面,通过员工培训可以增强企业的竞争力,实现企业的经营目标;另一方面,将员工个人的发展目标与企业的战略发展目标统一起来,可以满足员工自我发展的需要,增强员工对企业的归属感。国际上的许多公司都非常重视员工培训,自觉地将员工培训纳入日常的管理活动中。对这些公司来说,培训是一种企业福利,如同每个员工都有享受养老保险的权利一样,每个员工也都有享受培训的权利。对社会来说,培训也是一种社会福利,如同企业赞助公益活动、倡导社会效益一样,每个企业都有责任努力提高每一个作为社会一员的员工的生存技能。对求职者来说,他们已不再过分地关心工作能挣多少钱,而是更多地关心公司能否提供培训机会,对自己的职业发展是否有帮助。员工培训逐渐成为吸引优秀人才的重要筹码,员工已经意识到培训是促进自我完善的"软福利",因而,培训福利化被提升到了前所未有的高度,成为现代企业员工福利中不可或缺的一部分。

一、员工培训概述

1.员工培训的含义及目标

员工培训有广义和狭义之分。狭义的员工培训是指企业根据特定工作岗位的要求对员工进行技能训练。广义的员工培训则包括训练和教育两个方面,不仅要让员工通过学习掌握工作技能,还要让其充分运用知识、发挥潜能,最大限度地使员工的个人素质与工作需求相匹配,促进员工现在和将来的工作绩效的提高。

从上述定义来看,员工培训的根本目标是发展劳动者的职业技能,为企业培养一大批能迅速适应和满足生产及经营需要的员工。具体可细分为四个方面:(1)帮助新进员工了解新的职业和岗位要求,使其迅速适应新环境;(2)帮助员工扩大知识面,掌握特定岗位的技能,使其在轮岗时迅速找到新岗位;(3)帮助被提拔的员工提升工作技能,使其能在高层次的工作岗位上顺利发展;(4)帮助被解聘的员工学习新技能,使其能顺利再就业。

2. 员工培训的重要作用

企业的良性发展来自员工整体素质的不断提高,而员工职业生涯合理规划的实现也来自自身职业技能和知识水平的持续提升。因此,作为一种战略性的人力资本投资项目,员工培训已经受到企业和员工双方越来越多的关注,它的重要作用主要表现在以下几个方面:

(1)促进员工的知识更新。

人类科学知识正以每三年一倍的速度增长,到 2020 年的时候,知识的总量将变成现在的 3～4 倍;到了 2050 年,目前的知识将只占届时知识总量的 1%。正如美国福特汽车公司首席专家路易斯说过的那样:"在知识经济时代,对职业生涯而言,知识就像鲜奶,纸盒上贴着有效日期,如果时间到了还不更新所有的知识,你的职业生涯很快就会烂掉。"[①]企业员工培训可以让员工不断补充新知识,掌握新技能。员工通过培训不仅可以适应工作变化的需要,而且能够发掘自身潜能,激发创新能力,拓宽职业生涯发展的通道。

(2)降低员工离职率,促进企业发展与个人发展相结合。

在一份京、沪、穗、深职业经理人的总体情况调查报告中,涉及薪酬、福利、企业认可度、个人满意度、生存状况等情况的对比情况。其中在福利的调查项中,85.7% 的经理人反映,与医疗、住房等其他方面的福利相比,他们更看重培训进修。由此看出,在这个"知识 + 资本"的年代,企业的薪酬固然很重要,但员工看重的待遇并不仅限于此。如果企业不提供培训福利,员工看不到职业发展的前景和进步的希望,他们就会因得不到有效的激励而没有工作的激情,因没有超越的愉悦而懈怠、而思变。长此以往,人才流失将成为一个企业难以解决的问题。"逆水行舟,不进则退",在激烈的市场竞争中,对企业和员工双方来说,不建立长期持续的学习机制,就面临着被淘汰的命运。因此,规范、科学、针对性强的培训机制可以保证员工素质与企业运作所需的一致性,激发员工的工作热情,实现员工发展目标与企业发展目标的有效结合,从而成为吸引和留住人才的重要手段。

(3)提高企业的竞争力。

任何企业的创新、变革和发展,都是源于企业员工的不断学习和进步,员工素质将最终决定企业的竞争优势。企业的兴衰成败早已证明:"得人者昌,用

---

① 谌新民,《员工培训成本收益分析》,广东经济出版社,2005 年,第 3—5 页。

人者兴,育人者远。"人才竞争已成为企业之间竞争的核心,美国《财富》杂志指出,"未来最成功的公司,将是那些基于学习型组织的公司"①。企业通过培训,可以提高员工的自觉性、积极性、能动性、创造性和企业归属感,增加企业产出的效益和组织凝聚力,并为企业的长期战略发展培养后备力量,从而使企业长期持续受益。因此,只有不断开发并有效调动人力资源的潜能,企业才能适应日新月异、快速变化的社会环境、经济环境、组织环境和技术环境,从而能动性地全面提升自身的竞争力。

(4) 促进企业文化的建立。

良好的企业文化可以有效地提高劳动生产率,树立企业良好的社会形象,是企业发展战略的灵魂。企业精神是企业文化的核心和基石,是企业的一种无形资产。培训能传达和强化企业的价值观和行为,将积极向上的企业精神扎根于员工心中,激发他们的事业心和责任感,从而有效地引导员工融入企业的文化之中。因此成功的企业培训可以塑造良好的企业文化,增强企业的凝聚力和辐射力。

3. 员工培训的原则

员工培训并非是一个简单的学习项目,要想获得高效的培训成果,企业在对员工进行培训的过程中应掌握以下几项原则,否则会事倍功半,走入培训的误区。

(1) 战略性原则。

企业培训要服从或服务于企业的整体发展战略,避免发生盲目追逐潮流的短视行为。培训既要满足当前生产经营的迫切需要,又要具有战略眼光,为企业的未来发展作好人才储备。为此,在每个培训项目实施前要进行培训需求调查,认真分析企业发展战略,找到企业战略意图过程中的一些阻碍,并努力通过培训来清除这些障碍。

(2) 系统性原则。

由于人员培训是教育与开发的结合,因此培训工作表现为一个系统的、复杂的过程,其系统性原则主要表现为培训过程的全员性、全方位性和全程性。

全员性是指从基层工人到最高管理者的全体员工都要接受培训。随着科学技术和生产力的快速发展,企业的组织越来越精简,这就对不同层次员工的素质提出了更高的要求,企业只有为所有员工提供内容各异的培训,才能满足各种各样的学习需求。全员性还体现为每一位员工同时还是培训者,尤其是直接从事管理工作的人员,不论他的职务高低,都必须承担培训下属的责任。

① 刘再炯等,《员工培训管理》,对外经济贸易大学出版社,2003 年,第49 页。

全方位性主要体现在培训的内容丰富宽泛,满足不同层次的需求。具体内容从简单的技能训练到管理人员的开发,从提高员工工作技能的培训,如销售技巧、沟通技巧、管理方法等,到培养员工业余兴趣的学习等,涵盖了员工希望学习和想得到的各种知识和技能,充分体现了企业以人为本的精神。

全程性是指企业的培训过程贯穿于员工职业生涯的始终。现代企业人力资源管理不同于人事管理的一个方面就是重视员工的职业生涯发展,它是指为达到职业生涯计划所列出的各种职业目标而进行的针对知识、能力和技术的发展(培训、教育)活动①。

(3)实用性原则。

员工培训应有较高的实用性,要根据企业的实际需要组织培训,一切从岗位的要求出发,既不能片面强调学历教育,也不能急功近利地要求立竿见影。在培训的过程中,要把培训内容和培训后的使用衔接起来,这样,培训才不会与实践脱节,避免培训的形式化。

(4)多样性原则。

企业员工所具备的职业技能不同,对知识的需求也存在较大差异,因此企业在组织培训时应考虑不同层次员工的特点,因材施教,根据培训对象的类别采取不同的培训方式。如一线员工操作技能的培训采用模拟训练法比较合适、管理人员管理技能培训主要是运用案例研究法和课堂讲授法等。

二、员工培训的形式与模式

1. 员工培训的形式

员工培训形式多种多样,根据不同的标准主要有以下三种划分方式。

(1)按培训与工作的关系,可分为在职培训、岗前培训和脱产培训。在职培训是指员工不离开自己的培训岗位,在工作的同时接受培训。在企业中,这是一种最常见、最普遍的培训方式,它无需另外设置场所及配备专职教员,而是利用现有的人力、物力来进行培训。岗前培训是指面向新员工和企业内轮岗的员工,在他们上岗之前进行的培训。这种培训都是依据特定的岗位需求设计的,针对性较强。脱产培训是指企业为了企业和员工的共同发展,让员工暂时离开现任的工作岗位去接受培训。脱产培训主要是用来培养企业的紧缺型人才,或为了引进新设备、新工艺,由工厂选送员工去国内外对口企业、高等院校进修。这三种培训形式各有所长,也存在一些问题,具体优缺点见表12-2。

---

① 刘再垣等,《员工培训管理》,对外经济贸易大学出版社,2003年,第54页。

表12－2　三种培训形式的比较

	在 职 培 训	岗 前 培 训	脱 产 培 训
优点	简单易行、成本较低,员工无须脱离岗位,不影响工作。	组织性和规范性强,培训效果明显。	有利于引入新理念和新工艺。
缺点	缺乏良好的组织,不规范,短期内无明显效果。	不适于技术性强的操作岗位。	费用高,对工作影响大。

(2) 按培训对象在公司中的地位可分为高层管理人员培训、基层管理人员培训、专业技术人员培训和一般员工培训。由于高层管理人员知识、能力及管理方式对企业的经营影响很大,因此企业对高管人员的培训主要是引导其合理利用自己的经验以充分发挥自己的才能,帮助他们发现和理解企业内外部环境的变化,以及根据个人的相关情况弥补欠缺的技能。基层管理人员培训主要针对这一群体管理经验不足的特点,让他们能通过培训尽快掌握必要的管理知识和技能,明确自己的职责,合理处理工作中的冲突和矛盾。专业技术人员培训是指面向会计师、工程师、设计师等各类专业技术人员,旨在更新他们的专业知识及提升沟通协调能力的培训。这类培训可以帮助专业人员了解最新的技术发展动态,以及掌握团队工作技巧等。一般员工培训则主要是依据工作说明和工作规范使一般员工掌握必要的工作技能。此外,了解企业文化和规章制度也是一般员工培训的重要内容。

(3) 按员工进入企业先后顺序可划分为新员工培训与老员工培训。新员工由于缺乏完成规定工作所需的知识和技能,也缺乏对特定集体工作习惯的了解,因此需要通过培训尽快地适应新岗位和新的工作环境。同时,由于企业处于一个不断变化的经济环境之中,企业员工的知识、技能和行为方式必须同不断变化的外部环境相适应,因此老员工的知识结构、职业技能等方面同样需要通过培训来加以改善和提高。这两种培训形式较为普遍,是许多企业常设性的培训项目。

当然,除了这三种主要的划分方式之外,还有其他的分类标准。比如,按培训项目可分为过渡性教育培训、转岗培训、提高业务能力培训、专业人才培训、人员晋升培训;按培训地点分为企业内培训、企业外培训;按培训范围分为全员培训、单项培训;按培训组织形式分为正规学校、短训班、非正规大学、自学等形式①。

2. 员工培训的模式

合理高效的培训模式能促使培训项目的顺利开展,在企业竞相进行人力资本投资的过程中,培训模式的科学性及可操作性始终是企业进行培训模式创新时所关注

---

① 谌新民,《员工培训成本收益分析》,广东经济出版社,2005 年,第 17 页。

的重点问题。随着员工培训的发展,许多先进的培训模式脱颖而出,值得我们借鉴。

（1）职业模拟培训模式。

职业模拟就是将员工分为若干个受训小组,代表不同的企业或个人,在假定的工作情境下,扮演各种特定的角色,如总经理、部门经理、会计、秘书等,并针对特定的工作任务进行分析和决策。这种职业模拟培训旨在让受训员工在模拟的环境中接触真实的工作流程,以提高他们的适应能力和实际工作能力。近年来,在国际上出现了一种职业模拟公司,如德国的"商务模拟公司"。它通过提供仿真的业务活动环境,为受训者的各种模拟职业行为建立了劳动组织依托和归属感,促使受训者把"商务模拟公司"当成真正的经营机构。受训者在模拟的经营活动中可经历全部业务操作过程,了解和弄清其各环节之间的联系,学习商贸规则,熟悉市场机制,可以出错并无需付出任何现实的代价,不必承担任何经济活动风险。模拟时,除货物是虚拟的并且不发生实体位移外,其他如票据、账册、操作方式、核算办法等均按照现实经济活动中通行的做法设计和运作。由此可见,"商务模拟公司"不失为一种极好的实践教学模式。

（2）"双元制"培训模式。

德国的"双元制"职业教育是一个非常成功的职业教育制度,它是由一个复杂的社会网络所支撑的。所谓"双元制"职业教育,是指在企业接受实践技能培训和在学校接受理论培养相结合的职业教育形式。学校与企业分工协作,以企业为主,理论与实践紧密结合,以实践为主。"双元制"的形成有两个突出特点：一是企业参与培训的积极性和自愿性,二是企业参与培训的强制性和约束性。

接受"双元制"培训的学生,一般必须具备中学的毕业证书,之后,自己或通过职业介绍中心选择一家企业,按照有关法律的规定同企业签订培训合同,得到一个培训位置,然后再到相关的职业学校登记取得理论学习资格。它有两个学习受训地点：培训企业和职业学校。学生每周在企业学习 3～4 天,在学校学习 1～2 天。对很多小企业来说,自我开展培训是有一定难度的,因此出现了"跨企业培训中心"这样的机构。跨企业培训中心由行业协会管理,属于公共服务机构。学生在接受企业培训和学校教育的同时,每年抽出一定时间,到跨企业培训中心接受集中培训,作为对企业培训的补充和强化。

（3）企业办大学模式。

企业办大学的员工培训模式最早要追溯到 1955 年美国通用电气公司创办的"克劳维尔学院"。据悉,身为通用电气 CEO 的杰克·韦尔奇曾 250 多次出现在教室里,亲自为 18 000 多名经理和行政管理人员授课。企业办大学这种培训模式为企业培训员工提供了一个更高的战略平台,因为它可以从整个公司的战略角度,将企业内部的各种有效资源整合到一起。企业大学的教育目标定位、课程设置和教学方式,与企业市场策略、企业品牌和文化结合得更为紧密,从而让员工的发展真正成为企业文化发展中的一部分。但是这一模式只适用于实力雄厚的大型企业,中小企业只能采取联合办学或委托公共教育机构培训员工。

据统计,在世界 500 强企业中,有 70% 的企业建立了企业大学或商学院。而国内像摩托罗拉大学、海尔大学、春兰大学、金蝶大学、新希望商学院、蒙牛商学院、武汉小蓝鲸企业学院等一大批知名企业的企业大学或商学院也相继诞生。其中,摩托罗拉大学是一所较为优秀的大学,它把这一全新的企业培训理念引进中国,对国内企业在今后自己办企业大学产生了深远的影响。摩托罗拉大学中国区成立于 1993 年,通过给各个不同层次的员工进行各种技术和管理培训,为公司管理本土化提供了帮助,造就了大量的本土化与国际化相结合的管理人才,极大地促进了公司事业的发展。另外摩托罗拉大学独创的"六西格玛黑带"(6Sigma Black Belts)项目还给联想公司创造了上千万元的经济回报,甚至还给摩托罗拉的几十家供应商带来了很好的效益。除此之外,惠普商学院在办大学方面也有自己独具匠心之处,它推出的"惠普之道 MBA"和"惠普经理人必修课"两大课程,如今已成为众多企业高层经理人的升迁必修课。

三、高效的员工培训体系

员工培训是一种人力资本投资,这种投资能否带来经济与社会收益关键在于其是否建立了一个高效的员工培训体系。什么是高效的员工培训体系呢?它包括事前科学的培训需求分析、事中合理的培训计划设计与实施,以及事后有效的评估三个重要环节。离开这三个环节,员工培训体现出来的更多是成本,而且将会与预期效果相去甚远。

1. 员工培训需求分析

建立有效的培训体系,首先要从需求分析入手。需求产生于目前的状况与期望状况之间存在的差距,这一差距就是"状态缺口"①。为了弥补这一缺口,就产生了培训需求。培训需求体现在两个层次上,即组织需求和个人需求。组织需求是确定企业需要员工具体什么样的素质和能力,这一需求是自上而下的;个人需求是员工个人对增强自身竞争的能力,进行自我素质提升的需求,是一种自下而上的需求。个人需求和组织需求是不同源的,只有当员工为了更好地胜任自己的岗位,寻求更多的在企业内部的发展机会而产生培训需求时,组织需求与个人需求才能有机地结合起来。这两种需求结合得越好,培训的效果就越好。

---

① 林媛媛,《企业培训理论与实践》,厦门大学出版社,2005 年,第 53 页。

现行主流培训需求分析从多个维度进行，包括组织分析、工作分析、人员分析三方面。

（1）组织分析。

组织分析是在企业层面上展开的，它一方面是对企业未来的发展方向进行分析，以确定企业今后的培训重点和培训方向；另一方面是对企业的整体绩效作出评价，找出存在的问题并分析产生问题的原因，以确定企业目前的培训重点。通过组织分析，可以确定在企业层面上需要进行什么样的培训。具体来说，组织分析的内容包括：企业经营战略分析、企业资源分析以及企业"压力点"分析三个方面。

① 企业经营战略分析。员工培训应当与企业的经营目标、经营理念相结合，培训才不会偏离方向。培训的目标是帮助企业达成经营目标，这就需要在安排计划时考虑企业在近期、中期、长期的经营计划和目标、企业文化与经济环境，通过对这些因子的分析，确定符合企业发展方向的培训目标及培训战略。

② 企业资源分析。没有资源支持，培训目标就难以实现。企业资源分析包括培训经费、培训时间及与培训相关专业知识分析。培训经费要在培训年度伊始提交完整的预算，在选择内部培训还是外部培训时，企业可根据自身拥有的人员和专业水平及预算约束进行确定。如果企业内部缺乏时间或能力，那么可选择从专业机构购买培训服务。选择对象可以是咨询公司、培训公司、科研机构和高校。

③ 企业"压力点"分析。企业"压力点"的指标包括：骨干员工流失率、人均产值增长率、单位成本、客户满意度、员工满意度等。这些指标都是企业根据实际情况制定的，要求员工表现的期望值会因不同的岗位而有所差异，因此企业管理者首先需要对这些压力点进行分析，确定何种指标需要通过培训来达标，以便制定相应的培训计划。

（2）工作分析。

工作分析将说明工作本身各项任务的重要程度，以及各种重要任务对任职人的技能、知识方面的要求。工作分析的最终结果是有关工作活动的详细描述，包括劳动者执行任务和完成任务所需要的知识、技巧和能力。工作分析的结果也是将来设计和编制相关培训课程的重要资料来源，它需要富有工作经验的员工积极参与，以提供完整的工作信息与资料。工作分析有三个基本步骤：

第一步，选择要分析的工作岗位，列举出工作岗位所需的各项任务。可通过访谈、现场观察等方式进行，也可以和其他任务分析人员共同讨论确定岗位任务清单。

第二步，确保任务清单的可靠性和有效性。可以采用德尔菲法①，外聘或在企

---

① 德尔菲法是20世纪60年代初美国兰德公司的专家们为避免集体讨论存在的屈从于权威或盲目服从多数的缺陷提出的一种定性预测方法。为消除成员间相互影响，参加的专家可以互不了解，它运用匿名方式反复多次征询意见和进行背靠背的交流，以充分发挥专家们的智慧、知识和经验，最后汇总得出一个能比较反映群体意志的预测结果。

业内部找一组专家以开会或书面调查的形式回答有关各项工作任务的问题。然后,把各专家的回答进行统计分析,找出关键性影响因素,这样就可以确定比较客观的任务清单。

第三步,工作任务确定后,就要明确胜任一项任务所需的知识、技能。获取有关工作所必备的基本技能要求是工作任务分析的核心,这同样可通过访谈和调查问卷形式来搜集。对于比较规范的企业,这项工作开展起来比较简单,因为此工作的实质也可以理解为员工能力素质模型或胜任力模型,对于已经建立此类模型的企业,只需按照模型中对应的岗位能力、素质要求,挑选出工作清单所列的岗位要求的能力、素质要求即可。

(3)人员分析。

在进行人员分析时,首先要对人员进行分层。根据英国学者查尔斯·汉迪(Charles Handy)的"三叶草"理论,企业员工被分为三类:核心人员、合同人员、弹性人员(参见表12-3)。

表12-3　"三叶草"型组织

人员类型	人 员 说 明
核心人员	优秀的专业、技术、管理人员 他们所拥有的知识体现出组织的特征,且替换成本昂贵的员工,包括顾客关系良好的员工、高绩效小组的员工
合同人员	为组织提供相应的专门服务,从清洁工到顾问
弹性人员	兼职人员及临时工,根据需要而受雇

资料来源:马丁·所罗门,《培训战略与实务》,商务印书馆国际有限公司,1999年7月第一版,第11页。

查尔斯·汉迪指出,不同类别的企业员工对企业所起的作用是不同的,而企业投入培训中的资源是有限的,所以对不同类别人员的培训应分别对待,根据其对企业作用的大小来相应地分配培训资源。由于核心人员对企业起着支柱的作用,因此培训的重点应放在这类人员身上。

人员分析的主要内容通常包括两个方面:一是对现有人员的胜任力进行分析,该分析既包括对眼前胜任力也包括对未来应该具备的胜任力展开分析;二是对现任人员的工作绩效进行评估,要根据绩效评估标准和指标,评估现任员工的工作业绩。其中重点是工作质量、工作数量和工作行为。在进行人员分析时有一些重要指标是不容忽视的:① 受训准备。员工的准备情况会在很大程度上影响培训效果,因此有必要考虑员工是否具有必备的学习能力及正确的学习态度。② 学习动机。学习动机与培训中知识的获得、行为方式的改变或技能的提高密切相关。管理者通过调查员工的学习动机,还有助于判断培训是否可以解决绩效问题。③ 员工专业技术素质。通过分析员工的专业技术素质,企业可以更准确地制定培训方案,使培训取得更好的收益。

2. 员工培训计划的制定

在对培训需求进行充分分析并确定下来后,企业就可以开始设计培训计划了。有效的培训计划能激起员工的学习兴趣,使其真正有所收获,因此,科学合理的培训设计是培训成败的关键。

员工培训计划不是单一的,而是多方面的。从层级结构来看,有整体培训计划、培训管理计划和部门培训计划。这三类计划是从上至下逐级指导的关系。处于顶层的整体培训计划规定了企业培训的总方向,起着控制全局的作用;处于中间的培训管理计划是整体培训计划的细化和进一步体现,同时又是部门培训计划的设计指南;处于底层的部门培训计划是各部门具体培训工作的实施规划,它是前两个计划的基础保障,没有这一计划,前两个计划只能是空中楼阁。从时间结构来看,培训计划可分为长期培训计划、中期培训计划和短期培训计划,它们之间是一种包含的、从长期至短期逐级细化的关系。上述六类培训计划相互配合,共同构成了完整的企业培训计划系统。

培训计划是整个培训过程的开端,必须在设计初期获得各级员工直接主管的支持与认可,要让员工及其主管承担培训效果转化的最终责任。在制定计划时,要以来自人力资源其他业务板块或一线部门主管提供的信息为依据,转化为培训可实施的语言,经过汇总后形成列表。培训计划的主要内容包括:培训目的、培训对象、培训师、培训内容、培训方法、培训时间以及培训场地七个方面,具体内容见表12-4。

表12-4　培训计划的组成列表

组成部分	概　述	需注意的问题
培训目的	建立明确的培训纲领,提升员工综合素质,增强企业执行力,满足企业各阶段发展战略的需要。	应与公司的发展、员工的职业生涯紧密结合。
培训对象	按纵向的级别分为普遍操作员级、主管级及中高层管理级员工;按横向的职能分为生产系统、营销系统、质量管理系统、财务系统、行政人事系统的员工。	培训对象的确定应先于培训内容、方法以及时间、场地等项目。具体培训员工的选定可由各部门推荐,或自行报名再经甄选程序而决定。
培训师	规模较大的企业一般都设有负责培训的专职部门及培训师,而小企业一般委托外部的培训机构来进行员工培训。	无论是内部的培训师还是外聘的讲师,都必须具有广泛的知识、卓越的训练技巧,以及丰富的经验及专业技术,才能得到受训的员工的肯定和信赖。

（续表）

组成部分	概　　述	需注意的问题
培训内容	包括开发员工的专门技术、技能和知识，改变工作态度的企业文化教育，改善工作意愿等。	具体内容应依据培训对象的特点及不同需求而分别确定。培训内容应注意将个人智慧标准化和制度化，从狭隘的岗位职务培训转向丰富多彩的全方位培训。
培训方法	主要的培训方法有座谈式、演讲式、现场指导式、集体训练式以及个人辅导式。	应根据培训需求和培训对象来选择培训方法，除此之外，还应考虑企业的客观条件是否具备运用某种方法的可能性。
培训时间	培训时间可长可短，主要根据培训目的及培训者的能力而定。	培训时间的选定尽量不要影响到受训员工的工作。
培训场地	利用内部培训场地或利用外部专业培训机构的场地。	内部场地适用于工作现场的培训和部分技术、技能、态度等方面的培训；外部场地适用于需要借助专业培训工具和培训设施的培训项目。

　　培训计划设计好以后，在具体实施过程中总会遇到一些问题，产生这些问题的原因可能是由于计划本身设计得不合理，与企业实际的培训需求不相符；也有可能是由于企业的内外部的运营环境发生改变，培训计划已经不能适应新形势。因此，培训必须随时依据现实情况的变化作出修改，并逐步完善，满足企业与员工的实际培训需求。

3. 员工培训的评估

　　传统意义上的员工培训评估是指一个完整培训流程的最后环节，是对整个培训活动实施成效的评价与总结。但随着员工培训事业不断发展，人们发现有效的培训评估应贯穿于整个培训进程之中，也就是说，一个科学合理的培训评估应该从培训需求分析、培训计划制定以及培训活动组织实施多个方面同时进行，但每个阶段评估的重点有所不同。

　　目前国内外运用得最为广泛的培训评估方法是美国学者柯克帕特里克（Kirkpatrick）在1959年提出的培训效果评估模型，柯克帕特里克从评估的深度和难度出发将培训效果分为四个递进的层次——反应层面、学习层面、行为层面、效果层面。反应层面主要是搜集学员的意见反馈：他们喜欢这个项目吗？他们对培训人员和设施有什么意见？对课程设置满意吗？学习层面的评估是最常用到的一种评价方式。它用以了解学员在知识、技能、态度、行为方式等方面的收获，确保学员真正理解和吸收培训内容。行为层面的评估主要考察学员在接受培训后行为习惯是否有所改变，他们在工作中是否用到了在培训中学到的知识技能。效果层面的评估上升到组织的高度，即判断培训是否对企业经营成果具有直接的贡献。表

12－5 是改良后的柯克帕特里克四层次评估模型,较为完整地体现了企业在四个层面上的评估活动。

表12－5　企业员工培训评估一览表

评估层次	评估标准	评 估 重 点	评估方法	评估主体	评估时间
第一层次	反应层面	学员对培训活动的整体性主观感受	问卷调查 访谈法 观察法	培训主管机构	培训进行中或培训刚刚结束
第二层次	学习层面	了解学员真正理解、吸收的基本原理、事实与技能	测试 问卷调查 现场模拟 座谈会	培训主管机构	培训结束后
第三层次	行为层面	了解学员接受培训后行为习性是否有所改变,并分析这些改变与培训活动的相关性	绩效考核 观察法 访谈法	培训主管机构 学员上级主管 同事及下属 直接客户	培训结束后三个月或下一个绩效考核期
第四层次	效果层面	了解学员个体及组织绩效改进情况,并分析绩效变化与企业培训活动之间的相关情况	投资回报率① 纯净考核结果 企业运营情况 分析	培训主管机构 学员上级主管 企业企管部门	下一个绩效考核期或一年后

资料来源:彭剑锋,《人力资源管理概论》,复旦大学出版社,2003 年,第465 页。

在培训评估过程中,人们往往忽视对培训评估结果的沟通,尽管经过分析和解释后的评估数据将转给某个人或某个部门,但是当应该得到这些信息的个人或部门没有得到时,培训就达不到预期的效果。一般来说,企业中有四类人或部门必须要得到培训评估结果:① 人力资源开发部门,他们需要这些信息来改进培训项目;② 管理层,由于他们当中有一些是决策人物,决定着培训项目的未来;③ 受训员工,他们需要对自己的培训效果有所了解,这种反馈有助于他们继续努力学习和工作;④ 受训员工的直接经理,他们需要根据培训评估结果来安排和调整受训员工的工作。

四、中国的企业员工培训

1. 员工培训在中国的普及程度

与发达工业化国家相比,中国企业员工培训的普及程度还是较低的。据调查,1993 年,有70.9% 的美国企业向员工提供了有计划的正式培训;日本在1985 年有

---

① 投资回报率(ROI) = 培训净效益/培训成本×100% 。

83.9%的企业向其员工提供了某种形式的培训,1 000人以上的企业几乎100%地实施教育培训,即使是30~99人的小企业,实施员工培训的比例也高达77.6%①。而在中国,虽然近半数企业建立了培训计划,但真正严格执行的企业却不多,特别是私营企业,"严格执行"培训计划的比例只有34.4%。此外,从培训经费上看,美国企业每年在培训上的花费平均约300亿美元,占企业销售额的1%左右,而我国企业在员工培训经费的投入上普遍较低(参见表12-6)。

表12-6   2006年我国企业员工培训费比例   单位: %

划分标准	企业类型	培训费占企业销售额比例				
		0.5‰以下	0.5‰~1‰	1‰~3‰	3‰~5‰	5‰以上
上市情况	已上市	43.1	26.2	19.3	6	5.4
	拟上市	47.5	28.6	16.1	10.0	3.7
	未上市	49.6	28.6	16.2	4.4	3.9
资产额	资产额3亿元以上	45.3	25.7	18.9	5.6	4.5
	资产额3亿~1.5亿元	44.5	31.4	16.2	5.7	2.2
	资产额1.5亿~3 000万元	49.3	27.1	16.8	3.5	3.3
	资产额3 000万元以下	52.5	24.8	13.8	3.8	5.1
行业	农林牧渔业	43.2	29.7	16.2	2.7	8.1
	采掘业	62.5	16.7	12.5	8.3	0
	制造业	50.5	26.7	15.9	3.5	3.0
	公用事业	41.5	29.3	24.4	2.4	2.4
	建筑业	39.7	29.5	24.4	3.8	2.6
	交通运输、仓储和邮政业	38.8	28.4	19.4	7.5	6.0
	批发零售餐饮业	45.9	32.8	13.1	4.9	3.3
	金融保险业	35.4	22.9	27.1	10.4	4.2
	房地产业	58.9	20.0	12.6	4.2	4.2
	社会服务业	47.3	24.8	14.7	7.0	6.2
	通讯与信息技术业	44.9	26.9	15.3	7.4	5.6
	其他	49.6	22.5	16.7	1.8	6.1

资料来源: 根据《企业员工培训——中国企业人力资源管理调查报告》中的数据整理而成。

从表12-6中,我们看到,绝大多数的企业在员工培训上投入的经费不到销售额的1‰,仅为美国企业员工培训投入比的1/10,与发达国家相差甚远。在国内的这些企业当中,上市企业在培训经费的投入上比非上市企业要高,但总体水平并不

---

① 谌新民,《员工培训成本收益分析》,广东经济出版社,2005年,第102页。

太高。不同资产额企业在员工培训经费投入比例上差别不太明显,资产额 3 000 万元以下企业培训经费投入在 5‰ 以上的比例相对高些,但投入在 0.5‰ 以下的比例也相对较高,说明这一类企业在培训经费投入上处于不稳定状态。从不同行业看,金融保险业、交通运输仓储和邮政业、农林牧渔业企业对员工培训经费投入相对较高,采掘业、房地产业、制造业、批发零售餐饮业等企业对员工培训经费投入相对较低。

从培训时间上来看,美国 90% 的公司有正式的培训预算,员工每年平均接受 15个小时的培训。我国国企每年人均脱产培训时间为 18 小时,若扣除每年送人前往干部管理学院进修、读 MBA 所用时间,国企人均培训时间仅为 5.6 小时。

通过以上粗略的比较可以看出,企业员工培训的普及程度在我国还比较低,无论是在培训投入额、培训计划的执行,还是员工参与培训的时间上都与发达国家存在很大差距。

2. 我国企业员工培训中的误区

(1)缺乏人文培训。

我国企业一般重视对员工的技能方面的培训,如组织协调能力、管理理论、合作精神和操作技术等,却忽视了对员工思想、人品、道德及为人处事能力的培训。员工的个人修养、谈吐实际上是一个企业文化的外在表现,它从根本上决定着员工的处事态度、工作质量和水平。欧、美、日企业很重视员工的做人培训,把它称为"态度培训",通过这种培训来提升员工士气,培养员工对组织的忠诚,培养员工应具备的意识和态度。企业是一个大家庭,员工就是这个大家庭的成员。家庭不仅要教育每一个成员成才,还担负着把他培养成有理想、有道德、讲信义的人的职责。

(2)缺乏系统性培训。如前文所述,要进行有效的培训必须做好事前的需求分析与计划制定工作,培训计划要与企业总体目标紧密结合。然而许多企业在实际培训过程中,往往容易出现内容、方式、课程与企业总目标联系不紧密的情况,培训只是流于形式。此外,有些企业只有基本的岗位培训,没有连续的培训方案,新员工进入公司后完全依靠个人的自觉性学习。

(3)缺乏实用性培训。由于对培训没有进行认真的调查与分析,一些企业培训员工缺乏针对性和实用性,脱离工作实际,盲目跟风。我国企业对培训内容的选择能力还十分有限,常常受媒体热点炒作的影响,致使员工重复学习或被动学习,既耗费了员工时间,又浪费了企业资源,对企业发展帮助甚微。此外,有些企业在培训中为了节省费用,只重共性而忽视个性,没有区分不同层面的员工的特点和需求,使学习内容空泛而无所侧重,达不到培训的预期目标。

3. 我国企业员工培训的发展方向

（1）以"学习型企业"为发展目标。

"学习型企业"的最大特点是：崇尚知识和技能，倡导理性思维和合作精神，鼓励劳资双方通过素质的提高来确保企业的不断发展。"学习型企业"要求员工培训做好三个方面的工作：第一，要确立起企业的培训文化，让企业中的所有员工接受并支持培训，使员工培训在企业中受到员工，特别是企业管理者的重视，成为帮助员工成长的最好福利和促进企业发展的战略工具。第二，要把培训学习纳入到工作中，不要一味地将其当作学历培训或技能培训，培训学习可以是心理素质的培养，或者工作心得的交流，学习型企业的氛围必须要和工作紧密结合，这样既可以实现全员学习，节省不少费用，也可以实现一些实质的、有价值的创新，包括管理和技术改进。第三，要建立培训学习的文化氛围，一个企业的学习，不能是强加式的，还必须要建立一种人人学习、共同进步的文化氛围，把培训学习作为企业文化建设的一个核心组成部分。

（2）员工培训工具高科技化。

传统的员工培训以讲授为主，培训工具十分简单，一间教室、一张黑板、一本教材。这种培训往往易受时间、地点、人员方面的限制，难以收到良好的培训效果。利用高科技来丰富培训手段和提高培训质量，是近年来国际上兴起的企业培训的潮流。特别是电脑多媒体技术被广泛地运用于企业培训工作，如运用光盘进行人机对话、自我辅导培训、利用终端技术互联网进行规模巨大的远距离培训等，都使培训和教育方式产生质的变化。例如，美国戴尔计算机公司已使员工在网上获得更多的正规培训，在戴尔公司的某一新产品投放市场之前，员工就可以从网上获得关于该产品的图文并茂的详细说明，从中可以了解如何安装使用新产品。相对而言，网上培训已充分显示其快捷性和实用性，教室培训已处于次要地位。这种技术创新，使员工获得新知识和新技术的速度大大加快，使企业可以迅速适应市场的快速变化。

（3）员工培训社会化。

现代企业的许多要素，如管理、经营、销售，乃至文化理念，都有许多相通之处，这就为培训的社会化创造了基本条件；同时，现代社会的分工和信息交流的畅通，使得培训能以社会化的形式出现，通过培训产品的组合来满足各方面的需求。国有大型企业由于自有资源丰富，现在一般都设有自己的专业培训机构，常见的形式有培训中心、人力资源开发中心、公司大学等。但对于小型企业来说，则趋于把培训工作外包给专职的培训公司或管理顾问机构，即在培训方面进行社会化管理。企业把培训职能进行外包，部分原因是因为这些机构不仅有足够的师资队伍、充分的信息、专业的培训技巧,而且还可以提供更广泛的交流机会。小型企业把培训工作外包出去既可以保证培训的质量,同时因为本企业不再设专职的培训师,也可以减轻本企业培训工作方面的负担,降低成本。近年来,一些大型公司也开始青睐"外包"这种社会化的形式。社会化已经成为现代员工培训的一种发展趋势。

本 章 小 结

　　本章主要讲了团体人寿保险和员工培训计划两种员工福利计划模式。在第一节中,主要介绍了团体人寿保险计划。团体人寿保险作为保障员工权益的一项重要福利计划,越来越受到企业的重视。团体人寿保险具有保险计划灵活、管理成本低等特征,并且对于保险行业、企业和员工来说都具有一定的意义。通过介绍美国的主要团体人寿保险计划,可以为我国团体保险业务的发展提供一定的借鉴意义。

　　本章的第二节主要介绍了员工培训计划。作为一种战略性的人力资本投资项目,员工培训逐渐成为企业为促进员工自我完善而提供的一项"软福利",是企业吸引优秀人才的重要筹码。随着员工培训计划的深入发展,其组织形式日趋多样化,并在实践探索出科学实用的培训模式,如职业模拟培训、双元制培训、企业办大学等。一个高效的员工培训体系要求企业做好培训前的需求分析、制定科学的培训计划,以及对整个培训过程进行贯穿始终的评估。目前中国的企业员工培训在企业中的普及程度还比较低,且存在许多认识和实践上的误区,因此,只有清晰准确地把握员工培训的改进与完善的方向,中国企业的员工培训计划才能走上一条健康的发展之路。

案例一　我国团体保险的发展及主要保险公司的团体人寿保险业务[①]

　　我国的团体保险其实是我国最早的保险业务之一,早在新中国建立初期,1951 年,中国人民保险公司即开办了团体保险业务,当时的保险产品和承包方式都比较简单,主要险种是定期人身保险,该险种一开办就受到了大量企事业单位

---

　　① 案例来源:经各保险公司网站主页搜集整理。

的广泛欢迎,团体保险业务的增长十分迅速。此后,团体保险业务的发展受到了整个保险业及经济形势的影响,于1953年停办,1954年恢复,1958年又再次停办。直至1979年,国务院批准人民银行关于恢复国内保险业务的报告,决定恢复办理国内保险业务后,团体保险成为人身保险恢复发展后最先启动的业务,团体保险业务进入了发展的新时期,到今天团体保险的发展已有将近30年的历史。

目前,我国主要提供团体人寿保险业务的主体大概有六家,分别是中国人寿、太平洋寿险、平安寿险、新华人寿、泰康人寿和太平人寿。下面用一个表格介绍一下这六家寿险公司提供的主要团险产品(参见表1)。

表1　六家寿险公司的主要团险产品

公　司	主　要　团　体　寿　险　产　品
中国人寿	永泰团体年金保险 国寿养老年金保险 国寿团体年金保险 国寿团体定期寿险 国寿团体终身寿险 国寿安泰团体定期寿险保险
太平洋寿险	补充养老保险团体年金保险 团体累计型养老保险 团体定期寿险 员工团体年金保险(万能型)
平安寿险	平安团体退休金投资联结保险 平安团体年金保险(分红型) 平安久久团体养老保险 平安新世纪增值养老保险 平安创世纪团体年金保险 平安养老金保险 平安团体定期寿险 平安团体一年定期寿险 平安终身寿险 平安养老金附加终身保险
新华人寿	员工福利团体退休金保险(A款)(分红型) 裕祥团体年金保险(分红型) 瑞祥养老金保险 瑞祥定期寿险 员工福利团体退休金保险(B款)(分红型)
泰康人寿	团体定期寿险 泰康团体年金保险(分红型) 团体定额型养老年金保险
太平人寿	太平团体一年定期寿险 太平团体定期寿险 太平团体年金保险(分红型) 太平团体退休金保险(分红型)

案例二　十年树木　百年树人[①]

IBM 是信息产业中屈指可数的巨人之一。IBM 的一切教育活动似乎要渗透到员工的血液里去，影响改造着员工的个性和气质，使员工的举手投足间都体现出作为一个 IBM 人的风采。IBM 的教育特征在于，不论是现职人员，还是临近退休的员工，甚至连已经离开公司的人也被作为教育对象。这在世界上不计其数的企业中，恐怕是绝无仅有的创举吧。

IBM 的员工教育运动，具体来说，包括下列内容：

任何进入 IBM 的新员工都必须接受新员工入厂教育。新员工教育内容广泛，花样繁多，涉及 IBM 各类工种的大致概况，要求员工对 IBM 的生产、设备、销售、管理都有一个大致的了解。这种新员工入厂教育规定期限为三个月。

三个月后，员工开始上班，成为一名 IBM 公司的成员。事实上，处于这种状态的员工不能彻底称得上是 IBM 人。所以，在进入 IBM 后，从第一年到第三年，公司都会对他进行一种被称为"入厂教育"的再教育，逐步造出真正的 IBM 人。换句话说，员工只要跨进了 IBM 公司的大门，他就必须不断地接受 IBM 的各种教育活动。这些教育活动级别不一，层层推进，绵绵无期。

因此，五年后，有能力的员工又再接受特殊的骨干员工教育。在这五年里，除了这些约定的教育活动外，在平时工作中，还有随时参加种种讨论会、学习会、演讲会等。公司利用这一切机会对员工进行潜移默化的教育，使员工成为一个真正杰出的 IBM 人。在这种以骨干员工为成员的进修活动中，教育内容侧重于人事管理，特别是对有倾向做管理工作的员工，重点进行"人事管理"教育。所以，那些认为参加过 IBM 规定的教育活动后，就不会再有任何进修的看法，是完全错误的。并且，IBM 还把各位员工所接受进修的教育记录，全部存储在公司的电子计算机中，使人事部门能够一目了然。

优秀员工进入公司八九年后，又要参加"候补管理者教育"。而且，当他成为管理者的时候，或者已经做了几年管理者，甚至有一定管理经验后，仍要再一次接受进修。据统计，IBM 一年中接受教育的员工达数百批，平均每年有 14 000 名员工接受进修。为了接受各种各样的进修，每名员工每年要牺牲 7～20 天的工作量。但是磨刀不误砍柴工。因为，IBM 总是以事半功倍为指导思想的。

---

①　案例来源：宿春礼，《现代公司员工福利计划方案设计》，中国财政经济出版社，2003 年，第 163 页。

　　IBM 总部还规定,世界各国的 IBM 分公司,每年都要派一定数量的人员出国进修。这是一种具有国际规模的教育,各国的 IBM 人互取所长,互补所短,交流经验,吸取精华,以促使 IBM 的更加庞大繁荣、兴旺发达。有时,IBM 总部还召集世界各国的 IBM 分公司部门负责人聚在一起,进行富有国际色彩的教育进修。

　　IBM 重视员工教育活动,实际上是某种意义上的公关手段,或是销售手段。因为 IBM 认为,通过对员工的反复教育,不仅可以提高 IBM 员工的才干、能力,也可以使员工具备作为一般市民的修养。正是通过优秀员工变为优秀市民的途径,把 IBM 公司的牌子打出去,把 IBM 的声名传播到世界各地。

　　IBM 的员工教育是以公司全体人员为对象的。比如,新入公司的员工教育、干部进修和一般修养,这些工作都由人事教育进修部门负责;在营业、技术开发及生产等部门所举办的以员工、顾客和经济界人士为对象的常年进修、学习会,则由各部门所属的几名负责进修的人负责办理。托马斯·沃森一世曾经如是说:"要想在这个世界上出人头地,就必须去加快资金流动,去大把花钱。"他的这种思想贯穿于他的生活领域、经营领域、管理领域。他对教育部门的投资也是如此。IBM 有时花在这种进修部门的进修费用,甚至可能超过一个小市镇的中型企业的全年销售额。

　　IBM 公司为了鼓励员工业余自学,还规定:凡是在国内各种学校里学习与 IBM 有关的技术、操作、设计概念的员工,公司为其承担75%的学费。只要员工能获得证书,公司一定当面付清。另一点是,留学人员也支付其工资。既然艺多不压身,又能报销大部分费用,何不努力学习,扩大自己的知识面呢? 于是员工纷纷寻求各种机会学习,以提高自身的修养。

　　老沃森告诉他的经理们:"教育的目的和实质是为了造就人才。世界上有哪一个企业能够不依靠各个领域的人才却跻身于尖端企业中,并且能长久不衰呢? 恐怕还没有这样的成功实例吧! 观察历史上的各种企业以及当今世界上的多如牛毛的企业,它们的成功,都是因为倚重人才、依靠人才;它们的失败,最重要的原因也是'树倒猢狲散',人才各自飞走了。正是这样,为了企业的发展而培养必要的优秀人才,所有的企业都无一例外地要对此倾注全力、耗尽心血。拥有优秀人才是公司立足于世的支点,顺理成章地,'培养优秀人才'就是公司至高无上的使命。"

复 习 讨 论 题

1. 团体人寿保险与一般人寿保险的区别？

2. 团体人寿保险作为员工福利具有哪些价值？

3. 为什么将员工培训计划称为企业的"软福利"？

4. 如何建立一个高效的员工培训体系？

参考文献

1. 爱德加·薛恩,《组织心理学》,经济管理出版社,1987 年。

2. 埃佛里特·T·艾伦等,《退休金计划——退休金、利润分享和其他延期支付》,经济科学出版社,2003 年。

3. 陈佳贵、王延中,《中国社会保障发展报告 2001—2004》,社会科学文献出版社,2004 年。

4. 陈亭楠,《企业文化实务手册》,中国致公出版社,2007 年。

5. 崔少敏,《补充养老保险——原理、运营与管理》,中国劳动社会保障出版社,2003 年。

6. 程晓明,《医疗保险学》,复旦大学出版社,2003 年。

7. 程延园,《劳动法学》,中国劳动出版社,1997 年。

8. 迟福林,《中国职工持股规范运作与制度分析》,中国经济出版社,2001 年。

9. "当代中国"丛书编辑部,《当代中国的职工工资福利和社会保险》,中国社会科学出版社,1987 年。

10. 邓大松、刘昌平,《中国企业年金制度研究》,人民出版社,2004 年。

11. 董志超,《企业管理的 0.618——人力资源管理与决策支持系统 HRMD》,企业管理出版社,2003 年。

12. D·麦格雷戈,"X 理论和 Y 理论",载于 D·S·皮尤,《组织理论精粹》,中国人民大学出版社,1990 年。

13. F·赫茨伯格,"激励—保健因素",《组织理论精粹》,中国人民大学出版社,1990 年。

14. 谷照明,《产权改革与员工持股》,北京大学出版社,2002 年。

15. 何娟,《人力资源管理》,天津大学出版社,2000 年。

16. 侯淅珉等,《为有广厦千万间——中国城镇住房制度的重大突破》,广西师范大学出版社,1999 年。

17. 胡苏云,《医疗保险和服务制度》,四川人民出版社,2001 年。

18. J·J·莫尔斯、J·W·洛希,"超 Y 理论",《哈佛管理论文集》,中国社会科学出版社,1985 年。

19. 吉姆斯·K·范佛里特,《激励人的十二大诀窍》,同济大学出版社,1990 年。

20. 加里·德斯勒,《人力资源管理(第六版)》,中国人民大学出版社,1999 年。

21. 雷蒙德·A·诺伊等,《人力资源管理:赢得竞争优势》,中国人民大学出版社,2001 年。

22. 理查德·索普,《企业薪酬体系设计与实施》,电子工业出版社,2003 年。

23. 李果等,《员工持股制度理论与实践》,经济管理出版社,2002 年。

24. 李怀康等,《社会保险和职工福利概论》,北京经济学院出版社,1990 年。

25. 李新建,《企业雇员薪酬福利》,经济管理出版社,1999 年。

26. 李燕萍,《人力资源管理》,武汉大学出版社,2002 年。

27. 林羿,《美国的私有退休金体制》,北京大学出版社,2002 年。

28. 刘云龙、傅安平,《企业年金——模式探索与国际比较》,中国金融出版社,2004 年。

29. 刘正周,《管理激励》,上海财经大学出版社,1998 年。

30. 刘昕,《薪酬管理》,中国人民大学出版社,2002 年。

31. 刘燕生,《社会保障的起源、发展和道路选择》,法律出版社,2001 年。

32. 马丁·韦茨曼,《分享经济——用分享制代替工资制》,中国经济出版社,1986 年。

33. 马斯洛等,《人的潜能和价值》,华夏出版社,1987 年。

34. 乔治·T·米尔科维奇,《薪酬管理(第六版)》,中国人民大学出版社,2002 年。

35. 仇雨临,《员工福利概论》,中国人民大学出版社,2008 年。

36. 仇雨临、孙树菡,《医疗保险》,中国人民大学出版社,2001 年。

37. 让-欧仁·阿韦尔,《居住与住房》,商务印书馆,1996 年。

38. 斯蒂芬·P·罗宾斯著,孙健敏、李原等译,《组织行为学(第七版)》,中国人民大学出版社,1997 年。

39. 时正新,《中国社会福利与社会进步报告(2000)》,社会科学文献出版社,2001年。

40. 宿礼春,《现代公司企业福利计划方案设计》,中国财政经济出版社,2003年。

41. 孙海法,《现代企业人力资源管理》,中山大学出版社,2002年。

42. 王斌,《企业职工持股制度国际比较》,经济管理出版社,2000年。

43. 文跃然,《薪酬管理原理》,复旦大学出版社,2004年。

44. 文宗瑜、唐俊,《公司股份期权与员工持股计划》,中国金融出版社,2000年。

45. 翁天真等,《利润分享与劳动分红》,中国劳动出版社,1995年。

46. 吴之为,《公司职员管理规划考核激励》,首都经济贸易大学出版社,2000年。

47. 西蒙,《管理行为》,北京经济学院出版社,1988年。

48. 解进强、史春祥,《薪酬管理实务》,机械工业出版社,2008年。

49. 约翰·E·特鲁普曼,《薪酬方案》,上海交通大学出版社,2002年。

50. 约瑟夫·J·马尔托其奥著,周眉译,《战略薪酬人力资源管理方法(第二版)》,社会科学文献出版社,2002年。

51. 徐滇庆等,《中国社会保障体制改革》,经济科学出版社,1999年。

52. 许谨良、魏巧琴,《人身保险原理和实务》,上海财经大学出版社,1997年。

53. 杨燕绥,《企业年金理论与实务》,中国劳动社会保障出版社,2003年。

54. 杨燕绥、王瑶平等译,《员工福利手册(第五版)》,清华大学出版社,2007年。

55. 张美中等,《企业年金——中国养老保险的第二支柱》,企业管理出版社,2004年。

56. 张西超,《员工帮助计划——中国EAP的理论与实践》,中国社会科学出版社,2006年。

57. 肇越、杨燕绥、于小东,《员工福利与退休计划》,中信出版社,2004年。

58. 郑秉文、和春雷,《社会保障分析导论》,法律出版社,2001年。

59. 郑大奇,《薪酬支付的艺术》,中国言实出版社,2000年。

60. 郑功成,《社会保障学》,中国劳动社会保障出版社,2005年。

61. 郑功成,《社会保障学——理念、制度、实践与思辨》,商务印书馆,2000年。

62. 郑功成等,《中国社会保障制度变迁与评估》,中国人民大学出版社,2002年。

63. 中国企业国际化课题组,《企业人力资源国际化管理模式》,中国财政经济出版社,2002年。

64. 周弘,《福利的解析——来自欧美的启示》,上海远东出版社,1998年。

65. 周培玉,《企业战略策划》,中国经济出版社,2008年。

66. 左祥琦,《工资与福利》,中国劳动社会保障出版社,2002年。

67. Baker, A. C., Flex Your Benefits, *Personel Journal*, 1998, pp.54−61.

68. Barber, A. E., Dunhan, R. B. & Formisano, R. A., The Impact of Flexible Benefits on Employee Satisfaction, *Personnel Psychology*, 1992, pp. 45 – 74.

69. Bergmann, T. J., Bergmann, M. A. & Grahn, J. L., How Important are Employee Benefits to Public Sector Employees, *Public Personnel Management*, 1992, 23(3), pp. 397 – 406.

70. McClelland, D. C., *The Achievement Motive*, New York: Appleton-Century-Crofts, 1953.

71. McClelland, D. C., Power is the great motivation, *Harvard Business Review*, 1976, 54(2), pp. 100 – 110.

72. DeCenzo, D. A. & Holoviak, S. J., *Employee Benefits*, Prentice-Hall, 1990.

73. Duggan, G., A New Age for Flexible Benefits, *Risk Management*, 1992, pp. 95 – 99.

74. Wilensky Harold & Lebeaux Charles, *Industrial Society and Social Welfare*, New York: The Free Press, 1965, pp. 130 – 140.

75. Harris, N., *Flexible Plans Help Employers Cut Retirees' Health Costs*, Business & Health, 1992, pp. 57 – 60.

76. Rosenbloom, Jerry S., *The Handbook of Employee Benefits*(5th ed.), McGraw-Hill, 2001.

77. Lawer, E. E., *Motivation in Work Organization*, Wodsworth Publishing Company, 1973.

78. Lepak, D. P. & Snell, S. A., The Human Resource Architecture: Toward a Theory of Human Capital Allocation and Development, *Academy of Management Review*, 1999, 24, pp. 31 – 48.

79. Lengnick-Hall, Mark L. & Beremen, Nancy A., A Conceptual Framework for the Study of Employee Benefits, *Human Resource Management Review* 1994, 4, pp. 107 – 108.

80. Milton and Rose Friedman, *Free to Choose*, Avon Books, 1981, pp. 82 – 118.

81. Paul Menzel and Donald W. Light A., Conservative Case for Universal Access to Health Care, *Hastings Center Report*, July-August, 2006.

82. Robert. DEILERS & Robert M., *Crowe Group Insurance Handbook*, 1965, pp. 3 – 5.

83. Rosenbloom, J. S. & Hallman, G. V., *Employee Benefit Planning Englewood Cliffs*, Prentice-Hall, 1991.

84. Siegel, A. L., Ruh, R. A., Job Involvement, Participation in Decision Making,

Personal Background and Job Behavior, *Organizational Behavior and Human Performance*, 1973, 9, pp. 318 – 327.

85. Titmuss, R., *Essays on the "Welfare State"* (2nd ed.), London: Unwin University Books, 1958.

图书在版编目(CIP)数据

员工福利管理/仇雨临主编. —2 版. —上海：复旦大学出版社，2010.2(2025.1 重印)
(复旦博学·21 世纪人力资源管理丛书)
ISBN 978-7-309-06936-5

Ⅰ.员… Ⅱ.仇… Ⅲ.企业管理-职工福利 Ⅳ.F272.92

中国版本图书馆 CIP 数据核字(2009)第 188961 号

员工福利管理(第二版)
仇雨临 主编
责任编辑/苏荣刚 宋朝阳

复旦大学出版社有限公司出版发行
上海市国权路 579 号 邮编：200433
网址：fupnet@ fudanpress.com http://www.fudanpress.com
门市零售：86-21-65102580 团体订购：86-21-65104505
出版部电话：86-21-65642845
上海华业装潢印刷厂有限公司

开本 787 毫米×1092 毫米 1/16 印张 25.5 字数 461 千字
2025 年 1 月第 2 版第 7 次印刷
印数 15 501—16 600

ISBN 978-7-309-06936-5/F·1536
定价：69.00 元